U0580004

Charles
Leslie
Stevenson

现代西方
价值哲学经典

The Classic Works
of Modern Western
Value Philosophy

北京师范大学价值与文化研究中心　组编
冯　平　总主编

史蒂文森 卷

姚新中　张　燕　主编

北京师范大学出版集团
BEIJING NORMAL UNIVERSITY PUBLISHING GROUP
北京师范大学出版社

致 谢

2018年北京师范大学价值与文化中心正式立项组织《现代西方价值哲学经典》（第一辑）的编辑和出版。《现代西方价值哲学经典》（第一辑）共八本。《尼采卷》由孙周兴主编，《布伦塔诺与迈农卷》由郝亿春主编，《舍勒卷》由倪梁康和张任之主编，《哈特曼卷》由邓安庆、杨俊英主编，《闵斯特伯格卷》由刘冰主编，《杜威卷》由冯平主编，《史蒂文森卷》由姚新中、张燕主编，《刘易斯卷》由江传月主编。

在本套丛书出版之际，特别感谢北京师范大学杨耕教授，感谢北京师范大学价值与文化中心，感谢中心主任吴向东教授，感谢中心的工作人员陈乐、张永芝，感谢北京师范大学出版社饶涛副总编辑和本套丛书的策划编辑祁传华编审，感谢孙周兴、倪梁康、张任之、邓安庆、姚新中、郝亿春、刘冰、江传月、杨俊英和张燕的鼎力相助。

诞生于19世纪中叶的现代西方价值哲学，是西方现代化运动之子。它直面现代人的困境，直面生活的巨大不确定性和信念的极度虚无主义，为我们提供了宝贵的思想资源。相信本套丛书一定能为中国的价值哲学研究做出贡献。

《现代西方价值哲学经典》（第一辑）总主编　冯平

2022年11月6日于复旦大学 杜威研究中心

目录

导　言 \ 1

语言哲学

意义的一些实用方面 \ 11
被看作词语倾向性的意义 \ 25
情感意义的特殊性 \ 31
描述意义；语言规则 \ 34
意义的相互关系；隐喻 \ 43
意义的其他种类：独立和依赖的情感意义 \ 48

元伦理学

一致和分歧的种类 \ 53
工作模型 \ 69
分析的第一模式 \ 79
第一模式：方法 \ 93
劝导 \ 113
分析的第二模式；劝导性定义 \ 125
第二模式：方法 \ 141
劝导性定义 \ 148
有效性 \ 166
分析的实践意义 \ 178
伦理术语的情感意义 \ 187
伦理学的情感概念和认知蕴含 \ 203
意义：描述的与情感的 \ 215

相关理论

某些相关理论 \ 235
内在价值与外在价值 \ 256
对杜威伦理学的反思 \ 275
可避免性；非决定论 \ 293
伦理判断与可避免性 \ 311
相对主义价值论与非相对主义价值论 \ 323
摩尔反对伦理自然主义的某些形式的几个论证 \ 341

导　言

查尔斯·史蒂文森(C. L. Stevenson)是20世纪著名的元伦理学家、情感主义(emotivism)伦理学的主要代表人物。他的著作《伦理学与语言》《事实与价值》承继和发扬摩尔开创的元伦理学，是典型的道德语言理论，对道德语言开展语言学的分析。当人们争论"什么是好的""这个比那个更好"这类价值问题时，他们在争论什么？如何解决分歧？史蒂文森认为，解决道德问题需要先分析道德语言，尤其是分析核心的道德语言"好"(善)、"正义"等，这样才能正确理解道德的本质并寻得解决道德问题的方法，而不是像传统的规范伦理学那样执着于寻找确切的道德原则。如果没有搞清楚道德问题中的术语就试图回答道德问题，就会把道德理论的万丈高楼奠基于危险的"流沙"之上。史蒂文森的情感主义伦理思想就是借由道德语言的功能、分析道德语言的情感意义和描述意义，来澄清道德问题的本质，并由此进一步找到道德分歧的根源，并有可能确定解决道德分歧的方法，这些方法可能既有理性的方法也包括感性的方法。

史蒂文森的行文颇具论战色彩。他在作品中

提及众多哲学家的伦理学理论，在比较中澄清自己的理论，在批评中博采众长。他将自己所提出的情感主义理论区别于培里的兴趣理论、艾耶尔的表达主义、摩尔的直觉主义，以及相对主义、主观主义等。在纷繁复杂的元伦理学流派中为自己的理论划出一席之地。史蒂文森的伦理学是情感主义伦理学的集大成者。他的“态度理论”是情感主义的。他认为，伦理分歧无法还原为信念分歧，更深层次的是态度分歧。他批评以往的规范伦理学包括情感主义伦理学(如休谟)，只是在谈论关于态度的信念，将伦理学作为自然科学的一个分支，而没有也不可能揭示道德分歧的真正性质。同时，他又是一个温和的情感主义者，他的理论是对已有的极端情感主义理论的继承、修正和完善。他指出，道德问题区别于科学问题，但又并非完全无关。善恶好坏问题属于态度领域但又可以借助理性方法来影响态度。

(一)

史蒂文森持有情感主义的或态度理论的观点。他认为，伦理分歧的性质是态度分歧，即双方态度对立且至少一方意图消除差异以取得统一。史蒂文森将信念分歧(包括关于态度的信念上的分歧)与态度分歧截然区分开来：前者是描述和解释事情的问题，后者则是赞成或不赞成的问题。

他批评将道德分歧(态度分歧)混同于信念分歧，或者还原为信念分歧的做法，即使这些理论也强调了态度或者情感之于道德判断的重要性。价值区别于事实，态度区别于信念，道德判断被划归为情感表达领域，区别于理性描述或推理运行的科学领域。该做法可以追溯至近代情感主义伦理学家休谟，他将道德判断看作判断者的感受，认为道德判断无法经由对象事实推论而出。但史蒂文森却认为休谟的做法远远不够。他认为，休谟持有一种无信念分歧则无态度分歧的普遍主义立场，态度分歧最终被还原为信念分歧。因为按照休谟的观点，只要具有关于某个对象的全面的、清楚的和真实的知识，那么，基于相同的人性基础或者心理机制，大多数人都会对其具有相同的态度或普遍的感觉，即达成一致的道德判断。与此不同，史蒂文森则指出，即使对对象事实的认知相同，但每个人的性情、利益、立场等有差异，他们对此的道德判断也依然可能大相径庭。史蒂文森精准地指出了牛顿力学背景下休谟道德哲学的自然科学特质：在休谟的道德哲学中，“善”“应当”等道德概念所包含的独特性被消解，它们被还原为一套可供科学研究的普遍心理机制的产物。

与休谟相似，培里的兴趣理论专注于对兴趣的心理学研究，却把道德判断等同于关于兴趣的心理陈述，仅仅强调"关于态度的信念"(关于态度的信念也是信念的一种)的一致和分歧。史蒂文森指出，休谟和培里的情感理论都将道德分歧看作关于情感或态度的信念的分歧，这样的做法是有害的，因为他们把"伦理学的心理方面及其分析方面与规范内容混淆在一起"，既曲解了分析又妨碍了评价。再如，经验主义者杜威区分"被欲求的"(desired)与"值得欲求的"(desirable)，把前者归为事实描述，把后者归为评价性的属性，包含预期性，断言该事物将积极建构一种结果，它要实现这种结果。但史蒂文森批评杜威将"X是善的"等同于"X将受到赞赏和将被欲求"，把道德判断的意义等同于对其可预见的考虑，认为杜威混淆了预见性意义与情感意义，将态度分歧消融于信念分歧中。由此可见，史蒂文森认为，态度分歧是伦理分歧的本质，伦理学不是心理学的分支，伦理问题不属于知识领域。他的理论是非认知主义的。

史蒂文森区分态度分歧和信念分歧，区分表达情感与描述情感，是其区分情感主义与相对主义的立足点。情感主义伦理理论一般被批评为价值相对主义。史蒂文森指出，相对主义把道德陈述等同于关于情感或态度的信念，把"X是好的"拓展为"X被____认为是好的"，即X是为当下的说话者、说话者所属的团体或大多数人所喜爱或尊重的。情感主义理论视伦理陈述为对态度或情感的表达而非描述，价值判断与态度之间不存在信念这样的中介。作为非认知主义的情感主义与相对主义的区别是表达主义与主观主义的区别。主观主义只是中立地描述不同人的不同态度；表达主义观点下的道德判断则做出了价值承诺，不仅表达态度，而且试图影响他人的态度。当然，不同的人做出的价值判断可能不同，但他并不因此把价值看作是相对的，因为不同的价值态度谋求的不是共存而是消除分歧求得一致。这要求我们把价值问题看作真问题，严肃地面对态度冲突和价值判断背后的"赞成的理由"，致力于通过讨论以求得问题的解决。在真实的生活场景中做出价值判断的人们也力图如此，不可能不做出价值承诺。所谓的相对主义观点反映的一般是社会科学家在价值问题上所持有的中立立场，他们只是转述大众的态度，自己却不做价值判断。问题在于史蒂文森虽然要为道德语言的规范性力量进行辩护，但在他的情感主义理论中，道德的客观性、道德判断的一致性仍然难以得到保障，也就是说，在他的逻辑推演中，道德陈述也只是显露出规范他人的意图而难以具有真实的规范效用。

从“态度分歧”“情感意义”走向“规范性”，道德判断不仅表达情感、态度，而且谋求引起、改变他人的情感或态度，这样的论证说明道德判断还是有着规范性功能的。虽然史蒂文森的情感主义伦理学是元伦理学的，是对伦理语言的中性分析，但其理论却属于非认知主义，是“关于规范的非规范性元伦理学”，肯定了道德概念的现实影响力。

考虑到伦理判断的“规范性”，史蒂文森认为，伦理判断只可且应该限于可避免的行为。史蒂文森也认为，可避免性是伦理判断的前提，对于不可避免、不可选择的行为根本没有进行伦理判断的可能性。另一方面，伦理判断的意义或作用在于其实践性，即影响人们未来的行为选择，如纯属不可避免的事件则没有进行伦理判断的必要性。史蒂文森延续了休谟的做法，强调伦理陈述的功能在于改变人们未来的态度或行为，在于预防和感化。而这要求未来的行为可以因为选择的不同而改变，即具有可避免性。该主张体现了史蒂文森情感主义伦理学的要义，即伦理陈述不仅表达情感，而且影响情感，引导他人以应然的方式行为。

在决定论和非决定论之间，史蒂文森持有一种微妙的态度，他在强调未来行为的可避免性时反而需要一种“半决定论”。改变态度以改变行为预设了态度和行为之间的决定与被决定的关系，因此改变前者才能改变后者。史蒂文森以这种方式在决定论和自由选择之间实现了他的平衡：以往的行为是由我们的选择决定的，而伦理判断的作用就在于改造我们的态度，允许我们以新的选择来重塑未来行为，摆脱以往的错误行为。史蒂文森的重点显然放在了未来行为上，所以才突出行为的可避免性，突出非决定论对于伦理判断的必要性；而同样无法忽略的是改变过往错误行为本身又是对未来行为的控制和决定，需要建立在以选择可以决定或可以引导的行为的基础之上。

（二）

史蒂文森被称为“温和的情感主义者”。他认为态度分歧是伦理分歧的本质，但信念和态度具有一定的因果关系，理性的方法只能通过改变信念来影响态度。情感意义是伦理术语的主要特征，但道德语言同时具有描述意义，而且两者相互影响。

史蒂文森批驳了摩尔的“善的不可定义”“自然主义谬误”的观点。摩尔是元伦理学传统的开创者。许多强调情感之于伦理学重要性的人都受过摩尔的影响，而史蒂文森正是认为不可定义的性质其实是伦理术语的情感意义。他肯定摩尔看到了伦理谓语在主语之外有附加因素，它是不可定义的、非自然的。同时，他并不接受神秘的直觉主义，而是指出，被摩尔指责为自然主义谬误的地方是一个“劝导性定义”。在改变态度中处于核心作用的是使用劝导性定义去调整概念的描述意义。我们不能期望通过指出人们的实际态度而导致态度一致，而必须利用各种科学、信念来促使态度改变。

他将自己的情感主义伦理学区别于以往的极端表达主义者。他指出，艾耶尔、罗素、卡尔纳普和其他一些同样持有情感理论的哲学家，他们的观点太过极端。因为他们过于重视伦理问题与科学问题的区分，让人们误以为道德判断“不真不假”、反复无常，可以无视对象的性质和后果，完全与科学无关。比如，逻辑实证主义者卡尔纳普认为，规范伦理学的命题不是科学命题，前者既不能被证明也不能被证伪。艾耶尔也是在此基础上提出情感主义(表达主义)观点的。史蒂文森认为，早期的情感主义者给人的印象是，他们似乎在摈弃伦理学。史蒂文森对激进的情感主义观点做了一定的修正：信念与态度不同但有因果联系(casually related)；道德分歧本质上是态度分歧，但道德分歧一般也包含信念分歧。他肯定伦理术语具有复杂的描述意义，而不只是情感意义，并且，描述意义在伦理判断中有其重要的地位。描述意义和情感意义相互影响，伦理方法亦有理性方法(科学方法)和非理性方法两种。由此，他认为艾耶尔等表达主义者的思想可以而且应该被改造为可容纳科学方法和理性工具的理论。

(三)

在史蒂文森看来，虽然伦理与科学、态度与信念的区别很重要，但它们各自的相互关联对于伦理而言也同样重要。他肯定道德问题有双重起源：态度分歧和信念分歧。依据分析道德语句的工作模型，“这是善的”同时具有描述成分(“我赞成”)和祈使成分(“你也赞成它吧”)。据此展开为两种分析模式和相应的解决伦理问题的不同方法。

第一模式：“这是善的”具有指谓说者的赞成态度的描述意义和

引起听者赞成态度的情感意义。他区分出三种情感意义："独立的""半依赖的""依赖的"。一些非隐喻的感叹词可以完全具有独立的情感意义，而大多数词的情感意义只有部分独立性，还有一些词的情感意义完全取决于其描述意义并会随之发生变化。而"善"的情感意义往往依赖或半依赖描述意义。依据第一模式，史蒂文森指出解决伦理分歧的两种方法：理性的方法和非理性的方法。借助理性的方法，我们可以通过改变判断理由来改变态度。"关于任何说者认为可能改变态度的任何事实内容的任何陈述，都可以归结为赞成或反对某个伦理判断的理由。"简言之，理由是说话者认为可能改变态度的任何事实陈述。但这种事实陈述的澄清，作为对道德判断的理由论证，对情感意义的影响是心理的而非逻辑的。另一种方法是非理性的方法，依赖于情感意义，如语调、恰当的隐喻、洪亮的声音、戏剧性的姿势等，直接作用于情感，强化自身伦理判断的劝导性。

第二模式则试图在此之外呈现更加丰富的描述意义，说"这是善的"意味着"这具有 X、Y、Z……性质或关系"。第一模式仅仅把"这是善的"的描述意义识别为说者持有赞成态度。在解决分歧的方法上，劝导性定义保留情感意义，通过改变概念定义的方式来改变概念的描述意义，再将描述意义和情感意义结合起来，从而为情感意义规定新的方向。简言之，劝导性定义通过改变"善"的描述意义以增强或改变其情感意义的力度。显然，强调描述性意义的劝导性定义与第一模式中的"劝导"这种非理性的方法非常不同。两种模式都肯定理性之于道德问题的重要性，要么通过肯定使用理性方法以事实理由来支持道德判断，要么通过肯定通过定义伦理术语达到劝导的目的。

与此一致，史蒂文森认为，若截然分离内在价值(目的)与外在价值(手段)就好比强调结论而忽视理由，会造成伦理问题无法理解也无法讨论的困境。伦理学的经验研究可以渗透到伦理学的方方面面，不存在外在于经验研究或世俗的伦理价值。他质疑内在价值与外在价值、手段与目的的区别，认为根本目标在某种程度上是目的，但它在大多数时候是作为达到其他众多目的必不可少的手段才被看成目的。区别内在价值与外在价值的人参照一个目的来衡量其他事物的价值，而这个目的本身的合理辩护显然会产生许多令人困惑的问题。史蒂文森认为，事物的价值在于它是否继续产生效果，服务于其他目的。因此，我们需要关注经验问题，尤其是人性事实与环境事实的关系，形成对伦理结果的支持，经验不断累积，则明智的规范可得。在手段与目的、内在价值与外在价值的问题上，史蒂文森突出了科学知识的重要性，显露出其一定的经验主义立场。然而，伦理问题是复杂的，伦理分歧作为态度分歧具有极大的不确定性。虽然理性方法、经验科学服务于道德问题的解决，但毫无疑问，理性的作用是有限的。道德分歧不能完全还原为信念分歧，伦理概念的情感意义不可定义。史蒂文森指出，虽然态度与信念相互影响，但两者的关系是事实的而非逻辑的，信念上的改变对态度的影响需要依靠态度持有者的心理状态起作用。哪些事实信念与道德争论有关完全取决于争论者的根本态度。在论证理由(事实理由)和道德结论之间没有归纳或演绎的有效性。他一再强调，两者之间的因果关系是心理的而非逻辑的，从理由到道德结论不是必然的逻辑推论。信念之间只是间接地服务于加强或减弱态度。换言之，科学方法关于事实的认知和推理，不能直接决定态度。考虑性情、所受教育、立场等因素上的差异，即使对事实的认知达成一致，双方依然可能存在态度分歧。这种分歧显然不是由信念分歧引起的。理性方法发挥作用的媒介始终是我们每个人的具体心理状态，能否最终改变我们的态度和选择依然是偶然的、不确定的。史蒂文森突出道德问题的现实复杂性、不确定性，虽可借助理性方法进行协调、对话或者进行关于道德概念的教育、宣传，但另一方的道德态度并不必然被改变。

(四)

史蒂文森的价值哲学思想，为我们理解道德语言、解决伦理分歧提供了独特的视角。史蒂文森的情感主义不只是道德语言理论，更是基于道德和语言心理学的成熟的伦理理论的一部分，意在澄清日常生活中的规范性问题(伦理的、美学的、经济的、法律的、政治的等)的本质和结构，以及解决这些问题的方法。在具体观点上，史蒂文森的情感主义伦理学立场将道德判断看作态度表达，处于争论之中；他的语言哲学使用意义的倾向性理论也面临弗雷格-吉奇反驳；史蒂文森对日常道德语言的分析被批评为过于烦琐。但是，不可否认，他重新肯定了被逻辑实证主义认为是无意义的价值语言的情感意义，确认道德陈述的非认知特质，并肯定在道德问题上可以发挥理性的方法、科学的作用。道德判断虽然主要是情感表达和制造影响，但这并不意味着它们就不可能得到理性的支持，不意味着我们不能进行理性争论以促成一致。史蒂文森尊重人类经验的复杂性，以及符号和声音在驱动一个人的情绪和行为上的力量。史蒂文森区分态度与信念，但在理性论证和态度改变之间建立了心理上而非逻辑上的联系，试图划清伦理学和科学的界限，又搭建了伦理学和科学沟通的桥梁。

语言哲学

意义的一些实用方面[①]

I　语言研究的相关性[②]

如果我们想较详细地理解伦理学，防止伦理问题出现混乱，并对其进行更简便的研究，就必须始终注意伦理语言和使伦理语言具有特殊功能的逻辑和心理因素。这种研究途径的必要性，及其所引入的中心议题，将在第二章的"工作模型"部分进一步说明。

这种研究的某些内容只要参考伦理实例就可以直接展开，但另一些内容则需给予较全面的探讨。我们必须在一般的符号理论中寻找背景，使其引出的结论随后能扩展到那些我们感兴趣的较特殊的问题上去。关于语言的情感用法尤其必须这样做，因为这种用法尽管近来得到了许多研究，但仍需仔细考察。同样迫切需要注意的是，说明

① 选自《伦理学与语言》(中国社会科学出版社，1991)，第3章第1—4节，姚新中译。在对该书的选编中，对原译作中某些错误和个别人名、书名译法进行了修改，脚注进行了修正，恕不一一标出。——编者注

② 这类小标题中的序号由编者添加。——编者注

相互限定的情感意义和描述意义是如何相互关联起来的。这些课题多少超出了狭义的伦理学分析的范围，却构成了本章的题材。当然，对如此巨大的主题进行详尽无遗的研究既不可能也不必要，对它的研究只要使本章的问题能够得到解决也就足够了。

Ⅱ 说明情感意义的例子

如果把词的情感意义与声音或姿态所表达的笑、叹息、呻吟等所有情感现象所表达的东西加以比较和对照，我们就能很好地理解它的这种意义。显然，这些“自然”的表达方式是情感或感觉的直接行为征兆，这种行为征兆确证着情感或感觉。“笑”给予相应的喜悦心情一个直接的“发泄”，这种发泄方式是发自内心的和不可避免的，因此，如果笑受到抑制，那些喜悦心情也可能会受到某种程度的抑制。同样，叹息也直接解除了悲伤，耸肩则主要表达漠不关心的态度。人们不能仅仅根据这一理由，就认定笑、叹息等本来就是语言的一部分，或认为它们具有情感意义。但还存在着一个重要的类似点，即作为语言组成部分并确实具有情感意义的感叹词，与叹息、尖叫、呻吟及其他“发泄”情感、“表达”态度的方式是相像的。例如，“乌拉”(hurrah)这个词，可以像任何单纯的叫喊一样表达人的热情，并能够以同样直接的方式释放情感。

在直接发泄情感的感叹词与指称(denote)这些情感的名词(如“情感”)之间，显然存在着差别，对确切的差别及其所有的相应后果，我们需要进行耐心的分析，但在分析的一开始，我们基本上就能清楚地看到，指称情感的词语常常无法生动地表达情感。一个人要表达热情，只能把“热情”一词说得像一个感叹词，并努力用各种姿态及尖叫或以“乌拉”特有的声词加以烘托。由此可见，指称情感的词，在直接用来发泄情感上是一个多么相对无能为力的手段。

不管情感词还有多少不足之处，但它适宜于“发泄”情感。在一定程度上它不同于指称情感的词，而近似于表达情感的“自然形式”，如笑、呻吟和叹息。但类比到此必须结束。从语言学理论的观点来看，必须对感叹词和情感的“自然”显现加以比较。前者是公认的言语语法的组成部分，而后者不是。前者是词源学家和语言学家感兴趣的对象，后者则只能引起心理学家和生理学家的兴趣。一个人可以在狭义上谈论感叹词的“意义”，但对能否在狭义上谈论呻吟和笑的“意义”却常常难以做出决断。可以肯定，在一定意义上呻吟也“意谓”(mean)着某些东西，正如身体降温有时可以“意谓”(mean)逐渐恢复健康，或关税可以“意谓”(mean)限制贸易一样。但“意义”的这种含义，比语言学理论中任何同样的含义都要宽。为什么情感的“自然表达方式”只有在广义上才能被认为具有意义，而在功能上与它们非常相似的感叹词，却可以在狭义上被认为有意义呢?

答案的实质内容在于：感叹词的表达依赖于其使用历史中形成的惯例，这与呻吟或大笑的表达是不同的。如果在不同的语境中使用感叹词，它们就会适用于“发泄”或多或少的感情。好比说，在各种语言中人们都呻吟，但只有在英语中才说“ouch(哎哟)!”。如果一个人学习法语，就必须学会用“helas”代替“alas(哎呀)!”，虽然他只是叹息，却能一如既往。语言学家关心的是研究语词惯例，因此他们对感叹词比对未形成惯例的表达方式要有兴趣得多。哲学家们同样具有这种兴趣，但原因不同。惯例化表达方式的情感意义，与自然表达方式相比要多得多。它有可能与语言的描述方面相混淆，因而使世界充满了虚幻的哲学的“实体”。

埃德加·赖斯·巴勒斯(Edgar Rice Burroughs)在他的闹剧中讲道：火星绿人总是以刺耳的尖叫声表达他们的喜悦(即使这是一种轻松的善意的喜悦)，而以哈哈大笑表达他们的愤怒。他解释说，这样的行为完全是偶然形成的惯例问题，地球居民之所以对此感到惊奇，只是因为我们不习惯这样的惯例。如果真是如此，如果我们的大笑和呻吟仅仅是因为我们碰巧受到了这样的训练，而不是因为存在某种难以避免的本质趋向，那么大笑和呻吟就会成为语言学理论中令人感兴趣的题材。但假如巴勒斯先生的心理学找不到更有力的证据，那么生于地球的语言学家和哲学家是不会为这样的声音费心的。

在某种程度上，有些感叹词除了具有可被惯例化的能力外，还有类似于自然地大笑或叹息的“语言学适合性”。一个词的单纯声音，可以与以往的使用习惯相结合，因而在生理上适合于发泄某种特定情感。(这与象声词有点接近，但不完全相同。象声词模仿的是它所指称对象的声音，因此首先适合于说出某个对象，其次才适合于表达感情。)但从整体上看，语言学的适合性是一个次要的因素，一个人在学会说出一个外来的咒语时，可能还不知道它的用法，并且还未感到这种咒语是他发脾气的方便手段。甚至当他知道这是一个咒语时，他还会认为这个咒语并不像自身语言中相应词语那么强有力，因为后者背后蕴藏着他自身语言习惯所积累起来的能量。

只要一个词渗透到我们情感表达的习惯之中，就会相当顽强地保持自己的位置。这种情况很容易在日常生活中观察到。事实上，它常常为孩子们所发现。孩子们模仿一种甜蜜的友好音调，然后用来咒骂自己的狗——试试看狗能否“真正理解”他们的话——时，就会发现这个试验是相当困难的。伴随骂人语言的习惯力量太强大了，甜蜜的声调因此失去了作用。

当然，情感术语依然要完全随生理学的变化而变化，后者构成了其发展的一般动力。俗语不断生灭，昨天的亵渎言词明天就可能变为高雅的术语。[①] 然而情感变化具有自身的惰性法则。一个人不能像引进科学那样，轻而易举地用命令来引进情感术语。它们必须不断按自身的规律发展，从外面很难打断其发展过程。并且有些术语的情感意义比它的描述意义发挥作用的时间更长。

到目前为止，我们看到的还仅仅是情感术语如何依赖说话者的习惯，但是它的用法还有另一个同样重要的方面，即听者的习惯。当一个感叹词代替另一个感叹词而其他成分却大致不变的情况下，这个方面最容易被看出来。一个女演员在适当的时候发出“哎呀”这个词，可以增强观众的同情。尽管观众已经为她的姿态、语词和剧中展示的**一般情境**所支配，但他们对于“哎呀”的反应习惯也不能被忽视。假若女演员十分小心地以训练有素的动人技巧保持悲剧性姿态和语调，但却用“乌拉”这个词代替“哎呀”这个词，那么这场戏就变成了拙劣的滑稽表演。对“乌拉”的习惯反应与感情的表达方式发生了如此强烈的不和谐的冲突。为了引起同情，女演员必须使用其情感意义已恰当地为听众习惯所接受的语词媒介，否则她的姿态和语调就毫无作用。

就这些从极为简单的例子中概括出来的结论而言，情感词显然既要适合于表达说者的感情，又要适合于激发听者的感情，这种适合性是从它们应用于情感语境的全部过程形成的习惯中产生的。

在礼仪习惯中我们可以找到情感意义的类似物，这种类似物在某些方面比大笑或呻吟更富于启发性。这种相似性是如此之大，以至于人们可以把礼仪当成情感的符号语言的一种形式。当然，温文尔雅在某些方面，其性质是审美的，而其另一些方面的性质是实践的，但仍然有许多方面的内容属于惯例，它们的主观任意性并不亚于语言惯例。在外人看来，它们有时像语言惯例一样让人难以理解。例如，一个人应该轻触帽檐，应该在路边行走，女主人在欢宴宾客

① ［英］H. L. 门肯：《美国语言》，第4版，第6章第5—8节，纽约，1919。

时应该先吃，应该用右手持叉把食物送到嘴里，等等。这是表达社交礼仪的习俗的“象征”，其中有些属于美国的地方风俗，在英国人中则不常见。追溯这些习俗的起源，就是追溯它们的词源，并可以在不同民族那里找到相似的来源。像感叹词一样(而与笑或叹息不同)，良好礼貌的表现形式来源于习惯势力，并会随着习惯的变化而成为“陈旧的”或者“过时的”。正如感叹词为了达到自己的全部情感效应，必须由相关情境和适当语调相伴随一样，礼仪的习惯方式必须在适当的地方以适当的形式来展现，当然，这是人们确实想显示某种特别适于表达的敬意的礼仪，而不是仅仅出于习惯而做出的姿态。

Ⅲ 澄清意义实际含义的困难

上面的叙述解释了情感术语如何使用，但没有提供“情感意义”的明确**定义**。虽然在这里还不可能求得该术语的精确定义，但我们将致力于寻求一个近似定义，并在这个过程中随时对其中某些有趣问题进行一些偏离主题的考察。

除非能把“意义”归于某种标示属意义的公认含义，在这个属意义中，情感意义是一个种意义，而描述意义则是另一个种意义，否则使用“意义”这个术语将会使人误入歧途。情感意义必须是一个种意义，不然最好给它另起名称。因此我们的第一个任务，是找出需要研究的意义的“属”的含义。

在许多其他含义中，存在着一种我们虽然习以为常，但却不适合于解决我们问题的含义。按照这种含义，一个符号的“意义”就是人们使用这个符号时**所指的东西**(例如，“饼”的意义是食品，“硬”的意义是坚硬物的特征)。按照奥格登(C. K. Ogdell)和理查兹(I. A. Richards)的观点①，用“所指对象”一词来代替“这样使用的意义”一词是方便的。但这种意思不可能是所要求的作为属的意思，因为某些词(例如“哎呀”)并没有指谓什么，但确实具有一种意义，即情感意义。

意义的另一种含义对我们的研究可能会更有用。按照这种含义，一个符号的意义必须根据使用该符号的人们的心理反应来定义。它可以被称为心理学含义上的“意义”，或用莫里斯(C. W. Morris)②的

① [英]奥格登、[英]理查兹：《意义之意义》，10页，伦敦，1923。
② [美]莫里斯：《符号学基础》，见《标准自然科学国际百科全书》，第1卷，芝加哥大学出版社，1938。

术语来概括，为“实用含义上的意义”。(例如，尽管饼是可吃的，但不能想象“饼”的意义可吃；同样，尽管坚硬是坚硬物所具有的特征，但“坚硬”的意义却不是这种特征。)假如“意义”的这种意思足够清楚，我们就很容易把它理解为指出了所要求的属意义，情感意义和描述意义都是这一属意义下面的不同种意义，因为人们可以用所涉及的心理过程来区分这些不同的种意义。

但不幸的是，意义的这种属的心理学意思是不清楚的。为它们下一个恰当的定义，的确一直是语言学理论最令人头痛的难题之一。下面我们可以很容易看出其中的原因。

只要“意义”这个术语依然适宜于讨论语言，那么给它下定义的一个必要条件就是这种意义**一定不能**变来变去，使人莫名其妙。当然有些变化还是允许的，否则我们就会把虚构的实体作为结论，而这种实体在复杂的实践活动中既无所作为又毫无作用。我们要求“意义”这个术语必须在这种复杂性中区分出某种相对稳定的东西，而不仅仅是为了尊重这种复杂性。任何地方，只要一个符号“意指的东西”少于它“暗示的东西”，那么就需要某种含义，在这种含义上，符号的意义可以帮助人们理解**许多**语境。但人们并不需要某种变化无常的含义，在这种含义上，一个字眼每次使用时都有不同的“意义”。

如果符号的意义必须相对稳定，那么是否能用伴随符号所产生的心理反应来定义“意义”呢？这里的反应绝不是稳定的，而是从一个情境到另一个情境发生着剧烈的变化。在足球比赛中，“乌拉”可以表达生机勃勃的遗憾，而在其他时候，伴随它的可能只是最微弱的情感反应。对于一个分拣邮件的人来说：“康涅狄克”这个名字引起的只是随手一掷，而对于一个老居民来说，它却可以带来一连串的往事回忆。怎么才能从这种心理波动中找到某种稳定的“意义”呢？

正像后一个例子所显示的那样，人们在为“意义”的心理含义下定义时所产生的麻烦绝不仅限于“情感”情境，在涉及语词对象的情境中，这同样令人迷惑难解。在符号与符号对象之间(例如，在“康涅狄克”这个名词与康涅狄克州之间)，必须保持一种相当稳定的关系，这种关系就保存在上述心理含义的“**意义**”之中。因为如果“康涅狄克”脱离了使用这个名词的人们所有的心理习惯，它就没有任何对象，就像某种复合而成的噪声一样毫无意味。但是我们可以看到，与语词相伴而生的心理反应是变动不居的，这种不稳定的方式怎样能够保持一个稳定的关系呢？怎么可能(人们可以想象这么一种混乱的情境)在框架上悬挂一个重物并使之保持确定距离，同时悬挂重物的唯一线绳又总是长短不定呢?

我们为了进一步说明这个令人困惑的问题，仍需强调“意义”的属含义，但在选取事例时必须着眼于我们期望以后可以称为更典型的“情感”情境。正像人们不会把“康涅狄克”的意义与其直接的心理反应等同起来一样，人们也不会把一个感叹词的意义与任何时候都出现在活生生语境中的有充实内容的情感等同起来。伴随的情感随着许多不稳定因素(如声音、姿态、情感、语言等)的变化而变化，因此与一个词相伴而生的情感，在不同的时候，其实际程度和种类总是变动不居的。我们如果把每种这样的情感都当作一种特定的“意义”，那么就会使“意义”成为一种我们已经决心要避免的难以捉摸的含义。

出于同样的理由，我们也不能把感叹词的“意义”定义为词的“情感联想”，或环绕该词的“感情氛围”。问题在于：是哪一种“联想”和哪一种“氛围”呢?这些模模糊糊的联想不是也像内容充实的情感一样变化吗?假如有人认为联想必须是脱离任何现实语境的语词所引起的联想(就像试验用“哎呀”这个字眼来帮助某人的学习一样)，那么就会引起严重的混乱。首先，既然一个脱离了现实语境的字眼所引起的直接联想非常少，那么人们自然会认为，用这种联想来定义的“情感意义”也非常少，从而认为它毫不重要。这是很不幸的。因为“情感意义”不管多么混乱与含糊，仍然常常是在开始引起人们注意的含义上被使用，而这种含义是值得给予关注的。其次，把情感意义等同于联想，会助长粗暴地歪曲反省的倾向。它可以使人们以为当该词在具体现实的语境中出现时，联想依然会相伴而生，从而以一种纯附加的方式增强了情境的总情感氛围。在前面关于女演员的例子中，仿佛“哎呀”这个词，也于引进了它的联想作为情感的“额外成分”后，就变成合适的了。通过内省就能看出，这种情感与剧中总情境引起的情感是截然不同的。任何人只要对此稍加考虑，就不会相信这种额外的情感与总情感氛围是一致的。但使人误解的术语会使还要荒唐得多的虚构情感永久长存，因此绝不允许这种术语搅乱我们正在研究的问题。

可见，情感意义不是实体性情感，不是隐蔽的联想，描述意义也不是某种简单映象。这样说是为了排除一种不便利的谈话方式，而不是陈述一个事实。我们重申，必须为“意义”这个术语保存一种含义，这种含义尽管是心理上的，但却可以使我们有根据地断言意义是相对稳定的。怎么才能找到这样一种含义呢?

只有当我们以幼稚的方式寻找答案时，这个问题才会使人困惑不解。这就好像我们试图为1美元的"购买力"下定义，[①] 这种定义的必要条件在于，它必须包含某种相对稳定的东西。我们在看到美元总是被用来购买不同的东西时，就会感到困惑。"购买力是我昨天买的晚餐呢，还是昨天买的书？"让我们再举一个例子：将单词的意义和咖啡的刺激力（stimulating power）进行比较，并考虑如何才能给"刺激力"下一个定义。

咖啡的这种能力就是喝咖啡所引起的刺激感吗？显然不是。刺激力必然相对稳定，它只能随着咖啡的不同牌子，或煮咖啡的不同方法等而变化，但是喝咖啡所产生的感觉却变化无穷。在一个人筋疲力尽的时候，咖啡对他根本起不了刺激作用，而当他神经紧张激动不安时，同样分量的咖啡却可能带来最强有力的刺激。怎样能够把稳定的刺激力与这些不稳定的精神状态相等同呢？

也许可以把刺激力等同于在某种人为的特定简化条件下咖啡所产生的刺激效果。但这也是不足取的。要说明能保障刺激足够稳定的条件并不容易；即使能够做到这一点，还是可能会产生误解。首先，如果在这种条件下产生的刺激非常微弱，人们就会认为咖啡的刺激力微不足道，可以略去不计。其次，人们可能认为在任何条件下，咖啡所具有的刺激程度都相同，都可用纯附加的方式来增加饮者的精力……

这样的例子不一而足。现在可以清楚地看到，这些建议特别是关于情感情境的建议，与我早已抛弃的意义定义是多么相似，因此随之而来的问题也是完全相同的。不论对于"意义"还是对于"刺激力"来说，我们都需要一个用心理反应来定义的术语，这个术语能够在心理反应变化不居的情况下，指出某种相对稳定的东西。所以，对一个术语的分析可能有助于了解其他术语。

"能力"这个语词马上就提供了一条线索。这个术语在洛克的著作中经常出现，是从亚里士多德的"潜能"一词派生来的。在很多场合中，这个术语会让人产生严重的误解，因为它诱惑人们情不自禁地使用人格化和拟人化的手段。但在一些当代的理论中[②]，运用能力的重要性一直是一种非常有前途的分析所研究的对象。在这些研究中，"能力"这个术语通常被"倾向性"这个术语所代替。下面我们

① 这个例子是从迈克斯·布莱克（Max Black）那里借来用的，但他的本意是驳斥我们下面对意义所做的大部分分析。1美元≈7.14元人民币，2023-12-28。

② 这里的说明更接近于布劳德（C. D. Broad）而不是卡尔纳普（Rudolf Carnap），因为对布劳德的分析更容易做简化的描述。

也将使用后一术语。但是，在为了解决目前问题而使用这个术语之前，我们有必要先对其用法做一个较清晰的了解。因为篇幅所限，我们只能做一个大概的探讨，在这种探讨中，常常不得不为简单起见而牺牲精确性。即使如此，这种阐述仍然是有益的，它将帮助我们更好地理解“意义”，并从而更好地理解“情感意义”的定义。

Ⅳ 倾向性

“倾向”这个字眼(或“能力”，或“潜能”，或“潜在的能力”，或“因果特性”，或“趋向”等)，在论及复杂的因果环境时是有用的。在这些环境中，某种被说明的事件是许多自变量的函数。为了说明问题，我们继续展开前面的例子。尽管咖啡常常“引起”刺激，但它从来不是刺激的唯一原因。刺激的程度还依赖于许多其他因素——一个人的初始疲劳程度，他的胃的吸收状况，及其神经系统的素质等。因此可以用图 1 来表述这种情况：

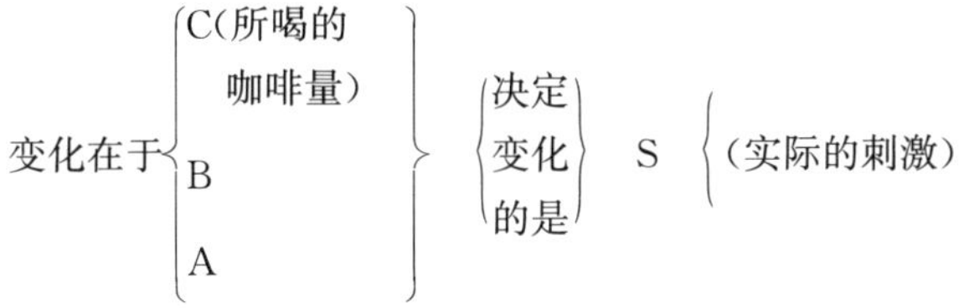

图 1

这里的 A 代表一组时常变化的状态，即喝咖啡的“伴随条件”；B 代表另一些变化不太明显的状态，如咖啡的化学成分等；B 组因素在关于倾向性的讨论中有着重要地位，但为了简化问题起见，在下面几页的论述中，我们暂且对它们置之不理。

如果单独地看，C 与 S 之间当然不存在稳定的联系，因为这种联系会随着 A 的变化而变化。然而 C 与 S 的关系是非常重要的。在 A 的每一种稳定状态下，S 都可以以**某种**稳定方式与 C 发生相关变化，并且在 A 的某种状态下，C 的变化可以引起 S 的剧烈变化。为了说明这种关系，我们可以简便地说咖啡(C 显然涉及了它)有一种产生 S 的“倾向”。当然这不过是换一种说法来表述“咖啡是一个刺激物”而已。

我们再举一个例子。糖的“可溶性”是它的溶解倾向。我们可以像对待其他倾向一样，按上面的分类法区分这个倾向中的各种因素。把糖放入水中，是一个可比于 C 的因素；水温和对水进行搅拌的程度，相当于 A 的因素；糖的化学成分，则是相当于 B 的因素；而糖的实际溶解状况，则可比于S。在“糖是可以溶解的”这个陈述中，涉及的就是这样一种因果研究，尽管没有明确规定A组和B组的因素具体应该是什么。

这些例子当然不能等同于“倾向”的正式定义，但它们可以帮助我们在研究过程中免除一些较严重的混乱。

现在我们必须考虑，究竟在什么意义上一个对象具有可以产生某种效果的“稳定”倾向，即使这种效果伴随该对象的程度常常并不固定。当然，这简直就是解释为什么咖啡带来的刺激程度不同，但这种刺激能力却稳定不变的问题。我们很快就会看到，对于**意义**也必须做出差不多同样的解释。借助前面使用过的符号，这种解释可以简述如下：

> 如果对于A的每一种稳定状态，都存在着一种C与S关联的固定方式，那么咖啡的刺激倾向(诸如此类的东西，只要在细节上做出必要修正，可适用于各种类似的例子)就可以说是保持着稳定。

更具体一些说，让A保持某种状态，例如A_1，假设某星期的每一天都发现C的单位数目总是S单位数目的两倍。再者，让A另外保持一种稳定状态，例如A_2，假设同一周的每一天都发现C的单位数目总是S单位数目的3倍。通过连续进行这样的试验，我们就可以得出结论：对于A的每一个稳定状态，在整个星期中C与S之间都存在着一种稳定联系；或者换句话说，咖啡的刺激倾向在此期间内保持不变。(注意：对于A的不同状态，这种相互关系不一定是相同的；我们所要求的仅仅是，对于A的每一种状态，应该都只有一个稳定的相互关系。)

同时，让A保持某一稳定状态，例如A_1；假设有**一天**，C的单位数目是S单位数目的两倍，而**第二天**，却是3倍。这里，虽然A的状态是稳定的，但C与S之间的相互关系却不稳定。也就是说，咖啡的刺激倾向在这一期间发生了变化。

因此，尽管结果的变化**有时**标志着倾向的变化，但没有**必要**因此就说倾向的变化恰恰来自结果的变化。不变的倾向要求的不是不变的S，而是只有A变化时C与S的关系才变化。

我们所设想的测试试验显然是人为地简单化了，例如，刺激的“单位数目”的相关因素比实际情况所允许的要精确得多，而且数量的比较也常常被“多少”的比较所取代。再者，在实践中要保持A组因素的稳定也是不可能的，因此必须“允许”它们的变化，或者用统计方法粗略地删除这种变化。然而这些以及它们的问题，不管对于完整的研究多么重要，作为较详尽的细节在我们这种简化论述中是无法包容的，因此我们将不再注意它们。

现在我们更加密切地注意任何倾向性都要涉及的几个因素，并为讨论这几个因素提供一套专门的术语。

存在某种相对简单的因素(如上面所说的 C)，它显而易见地影响着具有倾向性的对象。我们把它叫作“刺激”，对于机体的倾向而言，这个术语具有心理学上的通常含义。对于其他类型的倾向而言，我们必须从广义上理解这个术语。例如，我们可以把 32 华氏度或以下的温度称为水结冰这一倾向的刺激。

在同样的广义上，我们可以用“反应”这一术语来指称对象所具有的工作倾向。

在某个既定的时刻，即使刺激和反应还没有出现，倾向可以说已经存在了。由于引入了一个明显不会使人误解的多义词，我们可以很方便地说，即使在具体刺激尚未出现时，倾向也**具有**一种刺激；同样，在具体反应尚未出现时，倾向就**具有了一种**反应——也就是说，只要具备了一定的总体条件，某种因素就会合法地刺激——反应的形式与另一种因素发生关系。无论什么时候，具体的刺激和反应一旦出现，倾向性也就得到了“实现”；反之，具体的刺激和反应没有出现时，倾向性还是“潜在的”。

还有一组较复杂的因素(如上面的 A 组)，它们是“伴随条件”，倾向在这些条件下可以得到实现。这些因素的变化可以改变反应所呈现的精确形式，但正如我们已经看到的那样，不能说倾向的改变**仅仅**是因为这些作用。为了方便起见，有时候可以说，当某些因素完全缺失时，倾向仍然会继续存在着，即使这样一来，反应也许无法伴随刺激而出现了。但除非这些因素经常以某些形式出现，否则倾向将很少得到实现，以致根本不值一提。

还有另一些因素(如 B 组)，它们迄今一直受到程度不同的忽视，现在必须给予注意。它们可能是比伴随条件更为持久的因素，并且它们内部的变化各不相同，因而我们说倾向已经变化了。我们用什么特定名称(如“可溶性”“恢复力”“刺激力”等)来称呼倾向，将在根本上决定一个既定因素是否可以归入这个因素组，而不归入伴随条件。当一个人决定了某个因素的变化是说其所指的倾向性自身已经变化了(而不是说其实现方式已经变化了)时，这也就决定了这一因素是与所探讨的具体名称相应的 B 组因素之一（当然，倾向的许多具体名称都是含混不清的，这就使得人们把某些内容归类于伴随条件，或归类于 B 组因素，因此倾向的变化标准常常是一种大致的标准）。有些 B 组因素是间接的，有些则是直接的。因此在咖啡的"刺激力"这个例子中，咖啡的生长方式是间接因素，而咖啡因的含量则是直接因素。而最直接的一组因素，则当且仅当倾向变化时才发生变化，因此它被称为倾向的"基质"。①

但很多倾向的基质都是未知的。确实，"倾向"这一术语和许多指示具体倾向的常用术语的大部分有用性在于可以使人们在不知道倾向基质之前，用来探讨刺激和反应在伴随条件下的相互关系。正像布劳德指出的那样：尽管人们对热知道得不多，但在用原子理论解释热倾向的基质之前很久，就已经把它看成某些物体影响人类机体的倾向了。还有许多其他倾向——几乎包括心理学所提到的全部倾向，甚至还有物理学和化学提到的大量倾向——其基质的性质依然是人们争论不休的。但这绝不是一个不可克服的困难；因为总有一个基质可以被推断为现存的，而且即使关于它的其他方面知道得甚少，也可以假定这个基质能够恒久地保持自身所具有的属性。也就是说，如果认为刺激和伴随条件不足以产生反应，但却发现它们事实上产生了反应，那么试验者就可以推断出存在某种作为附加因素的基质。并且只要发现了这一点，即刺激与反应的关系伴随条件的变化而变化的方式是可以预测的，就能推断出此基质没有发生变化。无疑，如果他知道了这一基质，就处于更保险的地位，因为他具有了较丰富的归纳证据，从这些证据中可以判断出刺激与反应的关系将来能否继续下去。但他对基质的无知，仅仅是一个困难，而不是一个不可克服的困难。"基质"不是**掩饰**他的无知的名称，因为这个术语标示出了他通过其结果间接了解到的因果关系中的诸因素，并可以引导他不断前进，直至获得关于这些因素的较完全的知识。

如果我们总是能够了解这种基质，那么就可以把基质的变化当成是检验倾向变化的确定标准。但由于我们通常并不了解它，所以为了实际的方便，我们可以像前几页里所做的那样②，用刺激、反

① basis 在此是指一种倾向的核心内容或基本的东西，因此，在此译为"基质"。——译者注

② 这个做法还有一个理由，即像布劳德在《心灵及其在自然中的位置》一书中有效地加以维护的那样，某些基本的倾向并没有基质。这是一个我们不可能花时间来讨论的问题，但用一种以某种相反的观点为前提的方式也同样无法解决倾向的"变化"问题。

应和伴随条件三者相互之间的关系来解释倾向的变化。

我们将看到，对于“倾向”这个术语和标志倾向中某些因素的那些术语，我们均未给予正式定义。我们大都是通过例子来为它们分类的。既然观点的分歧主要与细节相关，那么我们只要还抱有简单的近似定义，不会有无实际作用的希望，他就不会企求任何更精细的分析①。但是有两种混乱的现象，必须给予应有的注意。

对某种倾向做一个假设是诱人的，即把这种倾向看成一种特殊的、高居其“有形”成分之上的对象。事实上，一个人提供了刺激、反应、伴随条件和倾向的基质，详细地陈述了它们之间的关系，也就说明了倾向的全部内容。这几个因素之间的相互关系具有最重要的意义，但毫无疑问，关系并不是一个额外的对象。同样，在探求“实在性”的过程中，把倾向等同于基质也是具有吸引力的。但这也不是额外的对象。一个人即使对实际构成倾向基质的某些因素知道得很多，但如果不知道这些因素与刺激、反应和伴随条件的关系，也就不能说他对这个倾向知道得很多了。②

把倾向看作其自身反应的原因，这种毫无意义的见解是造成混乱的又一个根源。例如，考虑一下这样一个陈述：“球的反弹是因为它具有反弹的倾向。”这并没有解释球会反弹的原因，虽然“倾向”这个术语暗示了反弹反应来源于某种刺激，是在一定伴随条件下与某一基质共同作用而产生的结果。由于这种回答没有确定作用因素究竟是什么，因而是微不足道的、用处不大的。同样，“人的理性功能使人能够推理”，这种陈述也毫无价值。

但绝不能认为对所有这类习惯的说法都可以轻易地加以批评。“这个球因为有更大的弹性，所以比那个球反弹得高。”这一陈述绝不

---

① 充分的分析会引入某些含义更广的议题，像“原因”和“规律”的意义和(b)“知觉”和“物质”的意义一样。关于(b)，应该注意洛克的观点，一个物体的第二性质作为那个物体的属性，是带有倾向性的，而第一性质则不是。但根据后来更为合理的理论，应该赋予第一和第二性质以同样的地位。那么，一个物体是否存在着某些不带倾向性的性质呢？如果存在的话，它们就是某种康德式的物自体的完全不可知的性质吗？本作者假定，充分展开这个问题，既有助于保持物体的某些非倾向性的性质，也有助于避免任何完全不可知的“实体”；但这里我们不可能展开这个问题，只能将其作为理论的初级水平的标志，现在所做的分析，正是在这一水平上进行的，这虽然令人遗憾，但又是不可避免的。

② 如果对“倾向”给出适当的定义，这个定义大概只是“在用法上”给出的。任何这样的定义的术语都带有人格化的倾向。关于“用法定义”的说明参见怀特海(Alfred Whitehead)和伯特兰·罗素(Bertrand Russell)《数学原理》(伦敦，1931)第1版导言和第3章。更明晰的说明可参见艾耶尔(A. J. Ayer)《语言、真理与逻辑》(伦敦，1948)的第3章。

是无意义的。即使它把“弹性”片面地定义为反弹的倾向，但仍然有些实际内容。这里排除了一些其他的可能解释，例如，球之所以反弹得高是因为它的下落速度较快，或是因为落到了较富有弹性的表面，从而开拓了人们的经验范围。再如，“蜜蜂之所以营造蜂巢，是因为它们有这样一种本能”，这也不一定是无足轻重的。因为本能固然是一种复杂的倾向，但仍然不是任何一种倾向，而只是一种与习惯不同的倾向，它相对地不受环境变化的影响。而且，知道了营造蜂巢这一点并不是不重要的(“官能心理学”之所以空洞无物，并不是因为它使用了倾向性的术语，而是因为它误用了这些术语)。一般说来，当D是倾向，R是D的反应时，任何形式的“D引起了R”的陈述都将具有实验的意义，而不论它所提出的检验D的特定标准在多大程度上超出了检验R的标准范围，并因此把R与较大的归纳背景联系起来。我们所举的后几个例子与前面的例子不同，只要满足了这一条件就很能说明问题。“原因”这个字眼在这样的语境中似乎是不合适的，但日常用法认可了这一习惯用语，并且只要把握了其内在含义，这一习惯用语对于解决许多问题都是有用的。

当一个倾向D被说成是E的原因，而E又**不属于**D的反应的任何部分时，并不存在特别的困难。如果D现象与E现象之间存在一种合乎规律的联系，就可以在粗略但常用的意义上把它称为“因果联系”。因此，某些药物的**有毒性**是政府限制其销售的原因。倾向的原因与**间接的**B组因素通常是同一类东西，并且只要倾向本身不用这些因素来定义，就不会带来困难。因此，我们可以说。以某种方式对钢进行加热、**锤打**、冷却的过程，是钢变得较有弹性的原因。当然，没有谁会反对用倾向性的某些原因为它确定一个具体名称，但必须看到，任何把这些原因归于所命名的倾向的论断，实际上没有对其做出任何新的说明。

在用例子进行精确分类时，布劳德要求注意这种倾向的“次序”①。如果把磁性看成第一级的倾向，那么金属**获得**磁性的倾向(铁有这种倾向，而铜没有)就是第二级倾向。一般说来，第一级倾向可以是第二级倾向的反应，而第二级倾向依次可以看作第三级倾向的反应，如此等等。综上所述，一旦我们意识到**倾向**可以是某种其他东西的**结果**，也就很容易看出它本身也可以是一种反应。因此为倾向做次序排列显然是可能的。

---

① 布劳德在此将这一分类有趣地应用到了关于“内在观念”这一古老的争论问题上。

被看作词语倾向性的意义①

我们已经解释了倾向性的性质，以及倾向在什么意义上是“稳定的”(虽然解释非常粗略，但也许很有用处)，现在可以回到关于意义的问题上来了。我们在排除读者、说者和作者的条件下，完全从听者的观点出发来考虑一下意义——情境。当我们做了这样的简化处理后，所要维护的观点，其基本意思如此：

> 在所要求的心理意义上，符号的意义不是任何时候都伴随符号的某种具体的心理过程，而是符号的倾向性。反应依伴随条件的变化而变化，是由听者的心理过程组成的，刺激则是他所听到的符号。

这就是说，听到符号和对这个符号做出反应，两者之间是一种复杂的因果关系，因为倾向性总是涉及因果关系的背景。尽管关于意义的因果理论常常受到批评。但对于这里所讨论的“意义”的

① 选自《伦理学与语言》(中国社会科学出版社，1991)，第3章第5节，姚新中译。——编者注

含义来说，我们很难找到其他能够顺理成章地自圆其说的观点。符号在眼睛、耳朵或者神经系统中产生了某些结果，任何其他心理过程则必定是其较为间接的结果。① 而且，听到符号(刺激)并非产生相应心理过程(反应)的唯一原因时，对于其他因果因素而言，我们也能用倾向性所要求的研究方法来说明伴随条件并推论出存在着的基质。

这样的观点几乎消除了前文②中提到的困难，即需要得到，但似乎又不可能得到这样一种含义，即在这种含义上，即使符号的心理效果发生了变化，符号“意义”仍然可以保持稳定不变。我们将发现，在分析的某些更具体的争论性方面，这个困难还会出现，但从总体上看，只要摆脱了人为的简化和假设，它就会消失。反应中的变化并不一定指倾向中的变化。在咖啡这个具体类比意义的例子中，我们已经看到，只要反应中的变化能够用伴随条件的变化来解释，就可以说倾向依然保持不变。这一结论显然同样适用于被称为符号意义的这种特殊倾向。伴随符号的心理过程可能变化，但不一定说符号的意义也发生了相应的“变化”，因为意义是一种倾向，而心理过程只是反应。因此，对于上述“意义”的倾向含义来说，符号的意义要比符号的心理效果较为稳定一些——这显然就是前文的探索所寻求的东西。

当然，我们不能自以为仅凭这些议论，就可以准确地确定某一既定符号的意义何时已经变化这样的检验标准。要找到这样的精确标准，就必须对其伴随条件中所应考虑的因素和不必考虑的因素做出明白的划分。但目前的说明只是——偶然的例子提供了关于这种划分的界限。因此，“意义的变化”这一短语，本身就是模糊的。还有一些难以明确划分的两可情况，对于这种两可，不论人们说“这个符号的意义变化了”，还是说“虽然这个符号的意义没有变化，但伴随条件已经发生了变化，因此人们对它的通常反应已经变化了”，都带有很大的主观任意性。我们下面将看到，用“描述意义的变化”这一短语，可以部分地消除这种含混性。但在目前的研究范围内，“情感意义的变化”这一短语并不能做到这一点。事实上，任何更详尽的说明都不可能达到完全的精确，但我们有理由希望这种含混性并不是达到我们目的的致命的难点。③ 简言之，“意义的变化”这个短语，

① 或者说“附随现象”。

② 指“澄清意义实际含义的困难”部分。——编者注

③ 在论述道德术语时，本书并不总是力图消除模糊性，因为本书的目的在于引起人们对日常语言灵活性的注意。然而在论述“意义的变化”时，使一个术语有专门的用法是便利的，这时如果可能的话，模糊性就会被消除。

在日常语言中是有用的，并且只有在对生活反应迟钝的理论所造成的人为条件下，即把它强行变成某种假定的含义时，它才会带来混乱。因为在这种假设的含义上，唯一的“实体”代替了分析。对于随后的伦理学问题来说，我们要做的不仅仅是消除这种人为状态。要建立一个适当的语言学理论还存在许多困难，在这里我们只要能迈出最初的稳妥的有限几步，指出它迄今很少得到复杂性的研究，就可以适可而止、心满意足了。

现在我们必须附带注意一个有可能被误解的问题。意义一直被看成**符号**的倾向性，而不是**使用**该符号的**人**所具有的倾向性。但后面的解释也不是不可能的。一般说来，无论什么时候，只要倾向具有涉及对象(而不是事件)的因素，那么说对象**具有**倾向性就没有多大的区别。因此，一个人既可以说糖有溶解于水的倾向，也可以说水有溶解糖的倾向。既可以说咖啡有刺激人的倾向，也可以说人有受咖啡刺激的倾向。同样，人们可以说符号有引起人反应的倾向，也可以说人有对符号做出反应的倾向。我们将采用前一种说法，尽管并非一定如此。我们通常把意义归于符号而不归于人，既然“意义”指的是倾向，因此我们最好把倾向归于符号。

这种说法最初看起来有些古怪，只是因为我们通常期望倾向的基质存在于所谓具有倾向性的对象之中。但就意义来说，显然不是这样的。不管这一基质的最终心理性质是什么，它都将存在于使用该符号的人之中，而不是存在于符号本身之中。但这似乎只是一个习惯用语的问题，只要能推导出基质的存在，确定这种基质的位置就没有多大的意思。事实上，在类似情况下我们往往含蓄地承认过这一点。如果人们在任何条件下都永远不再受咖啡的刺激，那么即使我们知道变化的不是咖啡的属性而是人的正常体质，我们无疑也会说咖啡**不再是**“一个刺激”了。实际上，我们承认人类属性的某些方面是刺激的基质而不是伴随条件。因为如果基质不变，仅仅伴随条件的变化是不会引起倾向变化的。即使在这一例子中，基质也不必限定在具有倾向性的对象之中，符号意义的基质也同样如此。

如果采用“这个符号具有某种意义”这样的习惯用语，我们就应该记住它是一个省略的短语，常常必须拓展为“这个符号对于K类的人来说具有某种意义”这样的完整形式。这与下述的说法是相似的：“X是一个刺激物”，这个短语省略了某些成分，必须经常扩展为“X对于K类的人来说是一个刺激”这样的完整形式。正像X对于某些人是刺激物，而对另一些人不是刺激物一样，一个符号对某些人有意义，而对另一些人没有意义。

我们现在继续进行的仍然是粗略的分析。我们要限定被称为“意义”的倾向的**种类**。一切词，即使是胡言乱语，都可以被认为具有**某种**影响听者的倾向。但我们并不认为所有词都是有意义的。这种严格的限制可以通过阐明倾向的原因来部分地获得：

> 如果符号影响听者的倾向是由符号用于交流所产生的复杂条件的作用过程引起的，并且没有这种条件作用，倾向就不能得以发展，那么这种倾向就可被称为通常含义上的“意义”。

虽然随着研究进程的发展，这种附加条件将会受到不言而喻的限制，但它对于把“意义”限定在适应语言学理论要求的含义内，仍然起了不小的作用。它将胡言乱语和日常“非语言学的”符号排除在意义的范围之外。在某种意义上，咳嗽可以“意味着”某人着凉了，但不一定就具有一种我们所说的意义，因为它缺乏交流思想所必需的复杂条件的作用。

下面我们将放弃仅仅考虑听者的这一人为限制，而将考虑的范围扩展到读者、说者和作者。读者很容易被包括进来。我们仅仅需要认识到，意义是一种倾向，这种倾向的刺激作用从阅读符号或从听到符号的角度，都可以分别得到说明。在其他的倾向性事例中，情况也常常如此。例如，对炸药的爆炸倾向起到刺激作用的，可以是震动，也可以是火花。

但如果把说者与作者引入我们的分析之中，就会产生较为复杂的局面。它们要求人们注意到，承认符号具有“被动”倾向——即被使用倾向的必要性。如果一个人的某些心理过程与其使用某个符号之间存在着某种相互关系，那么即使其他因素可以被归结为倾向的伴随条件和基质，我们也仍然可以说：这个符号具有被使用的倾向。但即使承认前面所说的附加条件，这种倾向也仍然只是该符号所具有的“意义”的一部分。这一心理过程，在听者看来是反应，而在说者看来却是刺激。

于是意义变成了两种倾向的结合，一种是被动的倾向，一种不是。即使如此，为了方便起见，我们仍然可以把这种结合说成是“一个”倾向。在日常用法中，倾向的统一标准不可能很精确，而且常常也不必很精确。因此我们可以说磁性是“一个”倾向，也可以说它是“两个”倾向。为了方便，统一的标准常常被允许随着人们的不同目的而变化。

我们已经看到，符号的心理相关物可以是刺激，也可以是反应，但还必须记住这些相关物与符号的联系常常是相互的。例如，当一个人试图“整理自己的思想”时，他既可以“与自己商量”，又可以在做出许多修正后“把它们记录下来”。某些简单的心理过程可以形成一些语词，这些语词反过来会产生另一些较复杂的心理过程；新的心理过程形成了新的语词，新的词进而又形成更为复杂的心理过程，等等。萨皮尔(Edward Sapir)说：“结果随手段而增长。如果没有适当的符号系统作为手段，就没有可行的数学推理这种语言，那么思想起源和日常应用就难以设想。”[①]除了用这种方法澄清自己的思想外，人们还可以用诗的语言来表达自己的情绪。因此，语言中物理方面和心理方面的因果联系不仅仅是简单的相互作用。如果不得不使用一个不贴切的比拟，这就好比是，一个受到咖啡刺激的人，正在运用自己增长起来的精力去制作和喝下更多的咖啡。

正是符号与其心理相关物之间的复杂的相互作用，使一些理论家带着疑心来看待意义的因果理论。语言的作用极为纷繁复杂，用任何因果理论来解释都显得粗陋不堪。但是人们需要做的，仅仅是更敏感地设想这样一种因果情境，并全面地评价它的种种复杂性。与非心理学的例子相似，这里对倾向的强调仅仅暗示它们是极为复杂的。它半是分析，半是类比。但只要它是类比，就绝不能长期代替较为复杂的系统性研究，而只能被看作旨在实现这种研究的手段，其作用在于提醒人们必须进行更全面的分析。生物学的进步不是来自对生命力的假定，而是来自对多种原因的敏锐寻求。由于维特根斯坦(Ludwig Wittgenstein)的工作，有些人已经认识到，“日常语言是人类有机体的一部分，其复杂性并不亚于人类有机体本身”[②]。他们期望语言学理论同样能够做到这一点。

要实际掌握一门像我们自己的语言的语言，尽管在童年阶段取得了巨大的进步，但只有当人们的智力完全成熟时才会达到完善，并且这种完善的掌握只有在长期历史发展所形成的语言环境中才有可能。很少人会设想，具有如此复杂的发展过程的意义，其本性会被证明如此的简单。使我们对这种复杂性变得不敏感的原因有很多，其中一个重要原因就是我们仅仅自觉地研究过它的一部分，而忽视了其他部分。我们认为，一个术语的意义，就像对一个理解许多其

① [美]萨皮尔：《语言论》，14页，纽约，1921。
② [英]维特根斯坦：《逻辑——哲学导论》，4002页，伦敦，1922。

他术语的人解释其用法的过程一样简单。但在这个过程中，意义绝不是从一开始就被建立起来的。可以说，老机器只要接上新开关就能重新发挥作用。一个术语的定义利用了做出种种定义而被扩展了的复杂倾向。如果我们以像“定义”这样的词来指称定义，那么就不可能认识到这种定义的本来面目。

情感意义的特殊性[①]

现在我们必须放下一般所说的意义，回到情感意义上来。按照下面的方式，情感意义可以被看成一个较具体的倾向：

> 情感意义是这样一种意义，在这种意义上，反应（从听者观点看来）或刺激（从说者观点看来）都是一种情感系列。

因此，正像在前文考虑时所要求的那样，情感意义是一种意义。从任何倾向都可以是另一种倾向的意义来看，情况也同样如此。一般说来，当一个倾向的刺激、反应，或者同时两者的变动范围包含在另一倾向的刺激和反应之中时，人们通常把前者看成是后者的具体倾向。因此，如果某种药物只能治愈有限的几种疾病，那么它的倾向，相对于能够治愈较多种疾病的药物来说，就是较为具体的倾向。倾向可以在不同的伴随条件下得以实现；普遍倾向的基质，也只有一部分与

① 选自《伦理学与语言》（中国社会科学出版社，1991），第3章第6节，姚新中译。——编者注

较具体的倾向相关，而对于许多目的而言，只要提及刺激和反应也就足够了。按照上述的习用方式，情感意义可以被认为是“一种”意义，因为情感属于更广泛的心理反应范围，这种反应被解释为一般的意义。应用同样方法，我们可以参考情感的种类来给情感意义分类。

所以要暂时引进“情感”这个术语，是因为“情感的(意义)”这个术语使人们想到了它。但在此之后，用“感情”和“态度”来代替它要更为方便一些。感情和态度这两个术语，不仅在全书中保持术语用法上的统一，而且强调了两者之间有一个重要的区别。“感情”这个术语，应被看成是对某种无须归纳，仅凭直接内省就能揭示其全部性质的感情状态的指谓。但态度则要复杂得多，这一点从前面的例子中可以看到。事实上，态度本身是以刺激和反应为标志的倾向性(倾向在整个心理范畴中无处不在)的复合体，刺激和反应涉及阻挠或助长所谓态度“对象”的一切东西。在这里，试图对“态度”做出精确定义是十分困难的，因此，尽管这个术语对于目前的工作十分重要，但也只能从流行的用法中，以及从指称具体态度的许多术语(如“欲望”“希望”“不赞成”等)中，对它做一个大致的理解。同时，重要的是必须认识到，直接的感情比态度简单得多，因此绝不能在实体化的引诱下，把它们与态度相混淆。

无论在什么程度上，符号的情感意义只要是一种激起态度的倾向，它就是一种二阶倾向，但它依然可以包含产生感情的各种倾向，在这一范围内，情感意义将成为一种一阶倾向。

现在我们可以比先前更清楚地看到，即使与之相应的直接的心灵反省状态发生变化，情感意义仍然可以大体上保持稳定不变。首先，意义与其反应(或刺激)相比不太容易受变化的影响，因为如果倾向稳定不变，只有在不同的伴随条件下意义才有可能出现不同的具体反应。其次，如果反应本身是倾向(即如果意义有部分是激起态度的二阶倾向)，心灵的直接内省状态仍会有较大幅度的变化范围，因为同一态度可以有不同的内省表现形式。

尽管如此，仍然可以假定意义只是**大致**稳定的。我们心理结构的不断变化使一切东西，包括意义的基质，都需相应地改变。但只有显著的变化才具有实际的重要性。人们常常把轻微的变化说成是“没变”，对于大多数目的来说，这种说法不仅是允许的，而且也是极为方便的。

这种议论有助于我们认识到情感意义，认真地选择某些情感术语而不是另一些术语，可以使说者激发起强有力的态度。例如：

A：(在争论中)我赞成这一提案，因为它限制了商业活动的**许可**程度。

B：许可？这实际上是一种压制**自由**的方式——而企业自由是我们民主制度的基石啊！

当然，B对“许可”的驳斥和对“自由”的维护，不一定是纯粹的情感变化——因为“许可”“自由”这些术语使自身具有了与其描述的意义截然不同的定义——但如果B并不力求为其中的一个做出定义，也不试图通过以后的例子来说明两者的使用方法，那么很明显，这种变化将主要是情感上的。因此，对听者的影响也会同样强烈。假如我们认为情感意义是某个孤立的词语所引起的黯淡联想，并混乱地假定这些联想必定是以纯附加的方式来增强态度的，那么就可以问道，词的“单纯”情感意义如何能够产生如此纷繁的差异？但只要我们正视语言发挥作用的各种条件，这种困惑就消失了。情感词长期利用着复杂的条件作用过程，正是这种条件作用使得它具有了情感倾向。这种倾向如果有适当的伴随条件，就会使词不是以附加而是以强烈得多的方式发挥作用，就像点燃火绒的火花一样。无疑，不能把适当的伴随条件视为当然存在的，但一个善于鼓舞人的演说者会小心地控制它们。首先他会努力抓住听众的注意力，赢得他们的尊重，进而会通过手势等方法使听众活跃起来，等等。然而一旦伴随条件准备好之后，他还必须在关键时刻注意选择具有强烈的固定情感倾向的词。没有适当的伴随条件，这个词难以发挥作用；但没有适当的词，伴随条件也就没有意义。研究情感意义的重要性，正是立足于后一个事实。不论我们是希望使用还是力求避免情感术语，理解这种术语经常能够产生强烈的效果，是绝对必要的。

描述意义；语言规则[①]

现在我们必须中断关于情感意义的研究，代之以对描述意义的讨论。这一讨论本身就很有趣，如果再对情感意义进行比较和相关研究，那么无疑它会更有趣。下一节所要进行的就是这个工作，关于描述意义有两个问题必须加以特别注意：

(a)一个符号由于其描述意义必定要产生的是**什么样**的心理过程？

(b)描述意义如何获得实际交流所必需的精确性？

对于第一个问题，我们下面的回答自然就足够了：符号的描述意义是其产生**认知**精神活动的倾向。这里所说的“认知”是一个一般术语，指相信、思考、假定、假设等这样一些具体的精神活动。但这种回答还远远没有完全解决这一问题，而仅仅是朝正面解决这个更广泛的问题——认知的性质问题——前进了一步。认知的性质问题是

① 选自《伦理学与语言》(中国社会科学出版社，1991)，第3章第7节，姚新中译。——编者注

意义理论不可避免地要讨论的问题。这个问题极为复杂，长期以来一直是心理学和认识论前进的绊脚石，本书也不可能对它做出明确的回答。但顺便谈一点看法还是可以的。

如果我们想要保持“认知”这一术语的某种含义，那么就似乎很难把“认知反应”等同于某种“单调的经验”，这种经验在反应发生的时候，通过内省可以揭示其全部的性质。有些人像休谟一样，企图把认知反应等同于影像，鉴于这种做法常常受到批评，这里就不必再对此加以注意了。而另一些人用不可定义的“自我超越”一词，把它理解为某种独一无二的经验，实际上提出一种假设，这种假设由于使用不可定义的词结束了所有深入分析的可能，因此它只有作为最后的手段才能被接受。也许有些感情是认知特有的，如产生“期待某事发生”的紧张感情。但这些感情仍然不能使人们理解所谓“自我超越”究竟是什么东西。[1] 于是，以行动的倾向来取代那种补充纯内省定义的做法，这种可能性依然存在，尽管要完全抛弃内省是没有理由的(注意，倾向，这个术语又一次出现了)。我们不否认，在认知和行动之间存在**某种**联系，而且如果不对行动做出说明，甚至就不可能恰当地定义“认知”[2]。

把认知部分地看作行动的倾向，这种分析有几个优点。在提供的伴随“同一思想”或“同一信念”出现的各种各样的内省图景上，它们远比其他分析优越。一个人连续几天相信某事，我们通常把这种现象作为认知的例子，但在这几天中，关于自身信念的内省图景显然是不够稳定的。在大部分时间中，这种图景完全处于他的有意注意之外。甚至当他“自觉地意识到”他的信念之时，也没有单一的固定经验总是标志着他的意识。后面这一点对于纯粹的内省心理学来说，是令人感到困惑的；但对于另一种心理学来说，困难并不怎么大，这种心理学把信念的感情方面看成是稳定的行为倾向的不稳定表现。而且倾向的观点容易解释人们如何能够具有“不付诸行动的信念”，因为在这种情况下，倾向只是未被实现而已。这种观点还能对这样的短语做出明智的分析，例如，“虽然他的信念是虚假的，但它确实指称了某物”。虽然存在着纷繁复杂的方式，不论人们说该信念

---

① 关于这个观点的讨论，见 E. B. 铁钦纳的《思维过程的实验心理学》(麦克米伦出版社，1909)第 2 讲和莱杰·伍德的《知识的分析》(普林斯顿，1941)第 1 章。

② 威廉·詹姆斯(William James)的《认知的功能》(载《真理的意义》，1884)，这篇论文并不代表詹姆斯最后的观点，也不是完全站得住脚的；但是它作为对带有较多行为主义色彩的认知的“影像论”的补充，仍然很有意义。

“指称”了什么，这种东西都必定与信念的刺激或反应因素有联系，尽管其联系的方式也许会异常复杂。因此，即使没有具体的刺激和反应存在，说错误的信念**指称了**某种东西，与说倾向**具有**刺激或反应的意思也是完全相同的。在这些方面，关于认知的倾向的观点与常识的区分具有相当的一致性——常识是一个值得结交的盟友。

然而我们展开这一观点，立即会遇到一个难以解决的麻烦：何种行动倾向可以叫作“认知的”？除非这种问题得到解答，否则定义就只有属，而没有必要的种差。但在提供种差时，实际上我们只能得到最模糊的近似值，此外别无所获。当一个人“把知识化为行动”时，他可以在许许多多的事情中选择一种去做。如果他的行动是对某种倾向的**反应**，那么即使倾向不变化，这些行动也可能发生变化。但我们至少能限定这些行动变化的**范围**，否则就不能把这种倾向称为“认知的”。要做到这一点是困难的，但具体说明**刺激**的范围也同样困难。

例如，一个人将怎样根据天在下雨这个信念来**行动**呢？也许他会拿上雨衣，或找一把伞；也许他不出门，随便捡起一本书来看；也许他会关上窗户，收好走廊里的椅子；也许他会打电话给一个朋友，取消下午约好的网球赛，等等。这个系列可以无限扩展，而任何一个这样的行动都属于上述认识倾向的可能反应。刺激也同样复杂。仅仅提及下雨的景象和声音是不够的，这些很可能只是信念本身的原因，而不是根据信念行动的刺激。所以，一个人看见了他的雨衣，或人们提醒他窗户是开着的，或想起了打网球的约会，等等，这些都必须包括在刺激之中。开列这样一个不完整的系列是容易的，但如果想说明包括该系列全部组成内容的总类，就完全是另一回事了。如果要详细解释某种特殊信念的总类非常困难，那么要弄清把一般信念和一般的认识倾向同所有其他行动倾向区分开来的标准，也同样非常困难。

如果这一问题的全部复杂性仅在于此，那么也许它就不会有多大的重要意义。我们只需要和弗兰克·拉姆齐(Frank Ramsey)一样承认，哲学常常不是一个“定义的体系”，而是一个“描述如何下定义的体系”[①]，同时记住，这样一个“描述体系”即使不完善，也足以消除较麻烦的混乱，这就足够了。但事实上，这种复杂性似乎标志着一个更深刻的问题，对此我们现在必须加以注意。假设某人相信天要下雨，实际带上了雨衣，那么他是仅仅根据天要下雨的信念采取行动的吗？如果他**不同时**认为雨衣可以使他在外免遭雨淋并**希望**既

① ［英］怀特海、［英］罗素：《数学原理》，263页，伦敦，1931。

要外出又不受雨淋，他是不会带雨衣的。这个例子说明了一个普遍适用的原则，即任何具体行动都不可能仅与一个简单的信念相关，它必须与许多**其他的**信念——通常是一个复杂的信念体系——相关。既然任何既定行动都要涉及许多倾向，那么所有这些倾向都是与该行动相关的。这些倾向中的任何一个发生了变化，即使所有其他因素不变，行动也会发生变化。

怎么才能说明这一点呢？能否这样说：这个人带上雨衣事实上是对天要下雨这个信念的反应，能否把他的其他信念和态度归结为**伴随条件**，这些信念和态度由于某种刺激，使其反应正好采取了上述的行为方式？也许可以。但我们必须记住，“伴随条件”这个术语在很大程度上是通过例子引入的，而且先前的例子中没有任何一个例子为我们提供自身就是倾向的伴随条件。

对于目前的这种研究来说，我们不可能找到任何有助于解决这个问题的经验方法，只有一个可以防止更严重简单化趋向的图式。该图式足以提供一个类比，即提供一些例子，这些例子不仅较易理解，而且将说明倾向是如何相互影响的。下面这个例子虽然非常简单，但也许对我们会有帮助：一些电磁铁围着一个小铁球，通上电源后，球就以某种方式运动。每一个电磁铁都具有一个影响小球运动的倾向，但小球的实际运动不可能仅仅与这些倾向中的某一个相关，而是必然与所有倾向相关。如果其他电磁铁都保持不变，那么任何一个电磁铁的变化，都会使球的运动发生变化。这个例子与上述问题虽有许多差异，但其性质是相似的：几个倾向一起出现，每一个倾向都对其他倾向的实现产生影响。

这种情况显然没有任何神秘之处。“倾向”这个术语总是被用来指称某种复杂的状态，在这种状态中，一个被给定的事件具有多种原因。这里，情境的复杂程度使其可以包含几种不同的倾向。只要每一种倾向在其他倾向不存在时是如何实现的知识是充分的，这种知识可以使人们仅仅依据某些归纳证据就可以推论出各种倾向一同出现时是如何实现的，那么区分这些倾向，对它们分别加以注意就是便利的。即使不能对倾向进行孤立的研究——这是就认识的例子，而不是就磁铁的例子而言的——人们仍然能观察到在其他因素大体不变的条件下，某一种倾向的**变化**会产生什么样的不同。如果这种变化得到了其他检验标准的证实，而不是仅仅涉及人们预计的既定反应，那么关于它的知识就会具有实用价值。

这也许是在模仿这样一种观点，即认知必须被表述为这样一种倾向，其反应受到许多其他倾向的反应的修正。但应该清楚地认识到下述两点：在强调**行动**的倾向时，上面的讨论并不是在坚决地维护行为主义的心理学。前面已经指出过，存在着这样的过程，这种过程以不同的方式包含着某些直接的经验，而“认知的”这一术语常常被用来指称这种过程。适当而全面的研究无疑必须对此做出说明，虽然它们似乎只不过是存在于认知之中的倾向而已。对外在行为(overt action)的这种强调，目的是补充内省分析而不是推翻这种分析。还有一点是，这里和其他地方一样，诸如磁铁这样的机械类比，一定不能用来掩盖问题的复杂性。信念比物理学研究的任何观察都复杂得多，在人们已知的范围内，它可以包括生理学或心理学所特有的因果解释。如果运用机械的例子作为设想的起点，以此预示更复杂的观念，它们也许有助于消除那些过于简单的“简单实体”，这种实体常常进入哲学和心理学之中，成为代替逻辑结构的虚幻物。

这些议论不过指出了确定“认知”的特殊性为什么是困难的，它们没有消除这种困难。这里也不准备为该术语提供一个合适的定义。既然在定义“态度”时存在着相似的困难(这又是一个尚未克服的困难)，那么人们将看到，我们在对一般意义和伦理意义进行分析的过程中所使用的关键术语，其明晰的程度，仅限于对其用法的例证和不要采取拟人化和过分简单化做法的劝告。承认这一点并不令人愉快，但在语言学和心理学理论发展的现阶段，我们很难看到对定义总是追根溯源的做法会得到什么报偿。除非关键术语获得了相当清晰的定义，否则探索就不应结束，因为只有以各种可能的方式进行不懈的探寻，人们才能最终得到对该术语的更清晰的知识。

因此，我们必须满足于说，描述意义是一个符号对认识发生影响的倾向，当然，我们必须记住，这种说法只是真正定义的近似的表述方式。不管认识本身的性质具有多大程度的倾向性，描述意义和情感意义的区别，主要在于它们属于不同种类的心理倾向，而心理倾向反过来又是由符号激发起来的。

这里我们并不打算讨论意义理论所包含的一个最困难的问题，即解释为什么各自具有自身意义的单词能够结合起来产生句子的意义。也许可以认为，每一个个别的单词都像一个完整的句子一样，具有影响认知的倾向。于是这个问题就可以归结为，解释几个单词的倾向实现结合时是如何互相影响的这样一个问题。我们仍用磁铁这个例子来做类推，不过现在是用来说明**意义**间的关系，而不是说明**信念**间的关系。可以把单个词的意义与单个磁铁的倾向相比较，把句子的意义与所谓磁铁组的倾向相比较。每个词都有这样一种含义上的意义，即如果在任何上下文中，一个词被其他词所代替，那么上下文的意义将出现典型的差异；但同时该词的意义赖以实现的精确方式，又依赖于与其一同出现的其他词的意义。

本节的开始部分提出了两个问题，现在可以论述第二个问题了，即描述意义如何才能达到实际交流所需要的精确程度？这个问题最好也由例子来展开。

把“从 X 到 Y 有 99 英里[①]”和“从 X 到 Y 有 100 英里”加以比较。用适当的地点代替 X 和 Y，那么这两个短语就都是具有描述意义的句子。我们区分这两个句子的意义时没有任何困难。但如果描述意义是符号产生其他倾向的倾向，那么在这种复杂的因果关系中，怎样才能保持如此细微的区别呢？通过什么样的手段，我们才能保证自己对一个句子的反应总是不同于对另一个句子的反应呢？

为了理解这一点，我们必须考虑**语言学规则**的功能，这种规则能使不同的符号**彼此**联系起来。（用莫里斯的术语来说，要理解“语用学”[②]的这一部分内容，就必须考察“句法学”的某些相应方面。）我们通过例子来看：

> 想一想尚未学习算术的儿童是怎么使用大数字的。“100”意味着**许多**；“1000”意味着**非常非常多**；“1000000”意味着“**多极了**”。随着孩子不断长大，这些符号如何获得较为精确的意义呢？一般而言，精确性只有通过技术**规则**才能达到。一个孩子会说：“99 之后是 100”，“10 乘 10 等于 100”，“1000 除以 10 等于 100”，等等。孩子通过获得这样说话的**机械**能力，就逐渐习惯于从数字的一种表达方式过渡到另一种表达方式，因此对任何一个这样的表达方式的反应，比起对没有规则的符号的反应来说，都更为持久。每一个符号的意义，都受到与算术规则相联系起来的其他符号的意义的修正（注意，这里所说的是对意义[倾向]的修正，而不仅仅是倾向赖以实现的条件）。孩子并非先获得对数学符号的全面理解，然后才学会支配符号的规则的，相反，这些规则是全面理解符号所赖以进行的条件作用过程的一部分。用萨皮尔的话来说，“这正是产品随着工具的增长而增长”。

① 1 英里≈1.61 千米。——编者注

② 属于符号学的一部分，即研究语言符号与其使用者的关系的一种理论。——译者注

从前面提到的内容中——“从 X 到 Y 有 100 英里”——很容易看到这样的规则在发生作用。其描述意义的任何变化都会为符号变换所抵销（“100 是 50 的两倍”；或“100 英里，这是汽车按时速 50 英里开 2 小时的路程”；等等），人们在必要的时候，常常使用这种符号变换。这种符号活动所遵循的规则由死记硬背和参考图表造就出来，并有着十分固定的程序：用机械的方式由一个符号转变为另一个符号。它们本身从一开始就不足以建立一种意义，但它们使已经以其他方式发展起来的变化莫测的意义变得较为固定。① 关于规则发挥这种作用的精确方式——通过机械性的相关符号来改变符号意义的表现方式——是一个尚未研究过的语言心理学问题。但不管详细的解释会怎样，规则显然确实具有这样的作用，而且为任何精确的思想交流所必需。

语言学规则并不限于数学，它们的功能渗透于整个描述性的语言领域之中。例如，假如一个人在判断自己是否有一个活着的姑奶时，他先要大体上理解“姑奶”这个术语；但如果他脱离其他的术语来孤立地理解这个术语，他的反应就是不稳定的，也不会有什么实际作用。他可以说：“姑奶，就是我祖父母的一个姐姐(妹妹)，也就是我父亲的父母的一个姐姐(妹妹)。”这种说法，只需要死记硬背其定义就行了，虽然它也许会通过其他办法得到补充说明，如书面定义，或家谱等。正是这样的方法，即回溯到其他符号的方法，使我们得以保存一个固定的描述意义。回溯的过程与其说是知识的获得，不如说是知识的起点，但对于澄清符号的意义，使之符合将要使用它的经验语境，这种方法常常是不可缺少的。

再考虑一下这个句子：“约翰是一个著名的运动员。”这句话有一种让人以为约翰个子很高的倾向，产生这种倾向的原因，是许多运动员的个子都很高。虽然这句话容易使人产生“高个子”的联想，但我们通常不应该说它本身含有任何高个子的含义，因为，语言学规则并没有把“运动员”与“高个子”相联系。相反，我们说，“一个运动员也许个子很高，也许个子不高”。这句话强调了一个规则，它使“运动员”这个词的倾向**脱离了**“高个子”倾向，从而也使“运动员”的

① 人们有时认为，像“或”和“非”这样的逻辑常项要获得其意义，只能从支配它们的语言学规则中得到。但实际的学习过程显然要比这复杂得多。叫一个小孩带这个**或**那个东西来，当两个东西他都没有带来时，他就不会受到赞扬，而当带了一个东西来时，他就会受到赞扬。赞扬和不赞扬是非语言环境的内容，而这种非语言环境有助于给出“或”的意义；对于这里所讨论的心理学含义上的“意义”来说，要弄明白怎样才能消除，或不考虑它们或它们的同义词，是不容易的。

意义从它的**联想**意义中独立出来。

在语法规则中，我们必须包括所有“先验”的陈述方式、定义[①]和排斥某些词组的规定（说明后者的一个例子是“没有宾词，就不能使用介词”）。这种陈述除了使描述意义变得持久外，是否还具有其他功能，这是不准备在这里加以讨论的问题，但它们至少具有上述功能，这是显而易见的。

规则与描述意义的关系如此密切，因此我们必须在定义“描述意义”的过程中注意到这种关系，并对已经做出的论断进行适当的限制。因此，对“认知”的分析不论多么粗糙，多么不妥当，完整的定义都可以这样来提出：

> 假若倾向是由复杂的条件作用过程引起的，而这种条件作用过程又是某一符号在交流过程中产生的，或者假若倾向至少在相当固定的程度上是由语言学规则提供的，那么该符号的“描述意义”，就是它影响认知的倾向。（例如，一个在交流中从未用过的术语，如果语法规则把它与以前在交流中使用过的其他词相联系，那么这个术语就可以被指定具有某种描述意义。）

如果我们准备对符号意指的东西和符号使人联想到的东西，像在上面提到的运动员例子中所做的那样做出区分，那么这个关于语言学规则的附加条件就是十分重要的。当一个符号使人总是联想起某事时，我们可以把这种联想称为该符号的倾向。但这种联想如果不受语言学规则的约束，那么它就绝不是在我们现在所规定的（完全符合惯例的）含义上的“描述意义”。而且，对于判定一个符号意义发生**变化**的时间，这个附加条件提供了一个较为精确的检验标准，因为在许多检验意义变化的标准中，我们可以包括一个语言学规则变化的标准，而符号本身必须与这些规则相一致。

记住，即使一个符号影响认知的倾向并非**完全**为语言规则所固定，仍然可以说该符号有一个描述意义。语言规则对符号的固定作

---

① 但是定义不一定总是这样分类的。当它们描述人们实际上如何使用语言或预言说话者后来如何使用语言时，它们就成为关于语言的日常偶然的陈述了。只有当人们把它们用作整理思想的符号来练习，或者用作确定从被下定义项回溯到定义项的普遍程序时，它们才有助于保存语言规则。要注意，对阐述一件事情的意义的心理学**描述**是一回事，而阐述它的意义又是另一回事。后者虽然是经验（心理学）研究的课题，但它本身并不是经验的研究——正如物理学练习，可以用经验的研究来完成，但它本身并不是经验的研究一样。

用仅须达到一个“相当的程度”就可以了。这种要求较为宽容，因此，人们可以说一个词具有某种模糊的描述意义。无论什么时候，只要描述意义是模糊的，它就总是容易受到细微变化的影响。单靠语言学规则是不足以防止这种情况出现的，或者说由于语言学规则缺乏具体性的说明，因此我们无法阻止这种情况的出现。① 为使用一个符号而**判定**的附加规则常常可以消除这种模糊性，但在这种规则被制定出来以前，我们要说(只要存在着一些被人们习惯于使用的，并且一开始就存在的规则)，即使符号具有这样的模糊性，它也不会丧失自己的全部描述意义。上面所介绍的那种较为宽容的要求，即描述意义只需由语言学规则确定到达“一定的程度”，就证明了这种实用的说法是有道理的。当一个符号隶属的规则越来越少时，它的模糊性也就越来越大，直到达到这一点，这时我们可以说，它已经丧失了全部描述意义(即使有时它仍会对认识产生影响)。但是对于这种情况出现的那个关节，为了方便起见，我们可以让它依然是模糊的，因为就我们的研究目的来说，对此做出任何严格的区分是不必要的。

① “模糊性”，在那里是根据一个符号与其指称对象之间的关系来解释的——也就是根据语义学来解释的。(因为一个符号与其指称对象总是通过描述意义相联系的，而这里则是通过心理的意义相联系的。)所以显然存在着一种与模糊性相对应的“语用学”上的东西；而且因为描述意义在某种程度上依赖于语言学的规则，因此也存在一种对应于模糊性的“句法学”内容。

意义的相互关系；隐喻[①]

在区分了情感意义和描述意义之后，我们现在来看看它们两者是如何联系的。

一个符号显然有两种意义，就是说，它既有影响感情和态度的倾向，又有影响认识的倾向。既然事实上大多数常用词都包含有这两种意义，所以我们一开始就应该格外注意它们之间的联系。

语言中情感意义和描述意义的增长，并非表现为两个孤立的过程，而是连续地相互影响的同一个过程。就拿一个简单的非典型例子来说，一个词获得一种情感上的褒义，其原因部分地在于它通过描述意义，指称了某种为人们所喜爱的东西。对于大多数美国人来说，“民主”具有令人愉快的情感意义，因为它的指称物使他们愉悦。但即使两种意义常常同时增长，也不能由此就得出结论说，它们必然总是一起变化。任何一种意义，都可以在另一种意义大致不变的情况下发生变化，正因为如此，两者之间的区别是重要的。

例如，假设有些人不赞成“民主”的某些方面

① 选自《伦理学与语言》(中国社会科学出版社，1991)，第3章第8节，姚新中译。——编者注

的内容，但仍然赞成其他方面的内容，他们就可以让“民主”的描述意义保持不变，而逐渐在使用中使它具有较少褒扬的情感意义。同时，他们也可以让强烈的褒义保持不变，而让原有含义上的“民主”获得一种仅仅指称他们所赞成的描述意义。为了避免交流中词不达意，确定哪一种意义正在发生变化是非常重要的。在研究这一问题时，对情感意义和描述意义做出区分将对我们有很大的帮助。

一个特别有趣的现象是由意义的所谓“惰性”产生出来的。假设——虽然这具有很大的人为色彩——一个术语的情感褒义的产生仅仅是因为其描述意义所指称的是人们赞成的某事，再假设某一说者以其听众暂时认可的方式成功地改变了该术语的描述意义，那么人们当然期望情感意义会自然而然地发生相应的变化。但事实上这种变化往往是不存在的。由于情感意义有惰性，它不会随着赖以产生的描述意义的变化而自动改变。放弃上述人为假设，如果我们记得情感意义不仅依赖于描述性的指涉，而且依赖于姿势、语调，以及一直与该词相联系的感情生动的情感语境，那么就不难看出，情感意义为什么能够不受描述意义剧烈变化的影响，而保持自身的相对稳定。

我们将看到，情感意义的这种惰性，对后面的伦理学研究有很大的意义。因此，我们采用下面的这种说法来加以概括：情感意义无论在何种程度上都**不**具备描述意义的功能，而且两者中任何一方都可以离开对方继续存在，或不受对方变化的影响，我们就说这种情感意义是“独立的”。因此，一个非隐喻的感叹词可以具有完全独立的情感意义，但大多数词，包括“民主”“自由”“高尚”，等等，则只有部分独立的情感意义。同时，情感意义无论在何种程度上都是描述意义的一种功能，在后者变化后的一个短暂时间中，前者也将发生相应的变化，这时我们就说这种情感意义是“不独立的(依赖的)”。

比较非情感意义词的描述意义的同义词，可以大致地检验出情感意义是否具有独立性。因此，“民主”的褒扬力量不论在多大程度上超过了“以公民投票决定规则的政体”的力量，前者的情感意义都是独立的。但这样的检验很不精确，它没有考虑到**两个**术语所共同具有的独立情感意义。找到描述意义上的同义词也是不容易的，因为每当这样的同义词在情感上不同义时，人们常常会去重新定义其中的一个，而这种定义方式将带来描述意义上的差异。

为了弄清楚情感意义和描述意义之间的进一步联系，我们需要简要地讨论一下隐喻的问题。虽然现在的工作与隐喻并没有特殊的关系，但隐喻对解释情感意义和描述意义的重要差异是有用的。

人们常常说，虽然隐喻的说法“具有”字面意义，但不能从字面意义来“把握”它。让我们来看看这种说法到底是什么意思。例如，“整个世界是一个舞台”，这种说法在字眼上类似于说“整个第三层楼是一个实验室”，“整个东区是一座兵营”，等等，它们似乎都符合某些语言学规则，而语言的认识倾向通常正是通过这种规则而得以保存的。说隐喻的陈述具有“字面意义”，按照这些规则(包括支配着其他语境中的单个词的规则)，这种说法的实际意思是说它具有一种通常所说的描述意义。说这个意义不能在“字面上理解”，是说该陈述在现有的伴随条件下，以任何通常的方式都不能实现。这些伴随条件是该句子出现的现实语境，其中特别重要的是听者对说者的可能意图的预计。这绝不是对该情境的准确分析，但它指出了一个一旦说出来就显而易见的真理，即如果不求助于语言学规则(句法学)，就无法恰当地区分一个句子的隐喻含义和字面含义。这种语言学规则在整个语言系统中支配着它的单词要素，并因此保存着**通常**以非隐喻方式实现的描述倾向。

必须把隐喻句的字面意义同所谓的“翻译”意义明确地区分开来。例如，当一个人被引导着用普通词句来表达“整个世界是一个舞台”时，他可能会把这句话“翻译”成“现实生活常常像一台戏”，或“现实生活具有某种常规，每一个人都要以预先安排好了的程序来表现自己”，甚至翻译成“每个人的行为中都存在着许多浅薄和作假的成分”。显然，在这些翻译句中，没有一句具有与隐喻句的字面意义(在上面解释过的含义上)相同的描述意义，因为后者不是在字面意义上被理解的，而这些翻译句却正是从字面意义上来理解的。或者可以说，可以把“翻译句”定义为从字面上来理解的句子，这种句子在**描述**上**指谓**隐喻句**暗示**的东西。在其他地方，我们已经看到一个句子所暗示的与认知有关的东西远远多于它在描述上指谓的东西。隐喻句充满了这种暗示，翻译的作用就是以其他术语重复隐喻句的暗示力量——这些术语的效果与它们的暗示性内容有所不同，是它们以普通方式实现的描述意义的一部分。

然而必须记住，从来没有一个句子，在描述意义上所指的东西能够与另一句子所暗示的东西**完全**一致。之所以如此，如果没有其他理由，那么就是因为一个句子的描述意义总是由于语言规则的作用而变得十分确定，这种规则使它受到语言中许多其他术语描述倾向的系统限制，而句子所暗示的东西，由于超出了任何固定规则的限制范围，因而是十分模糊的。要把隐喻确切地翻译为非隐喻的术语，这是不可能的。人们只能提供翻译，而这种翻译总是近似的。因此人们通常需要给予多种而非一种翻译，其中每一个翻译句都确切地表现隐喻在其内容丰富的模糊形态中所暗示着的一小部分内容。有时作为隐喻“特定”的翻译句所表达的东西，事实上常常具有以偏概全的作用，因为它很容易使人们忘记该隐喻的许多其他含义。在上面“整个世界是一个舞台”的三种翻译中，第二种翻译似乎就是一个“这样”的翻译，因此这在莎士比亚的戏剧中得到了最充分的发挥。同时，第三种翻译虽然没有被展开过，但我们仍然可以合理地认为它在该隐喻的全部反响中，指出了一个部分的但相关的方面。①

现在我们来看看隐喻的认识方面是如何影响其情感的。显然，某些隐喻的强烈感人效果与“独立”的情感意义没有多大的关系，而与隐喻的描述意义(即使这并非从字面上理解的意义)及其可能的翻译的关系密切。这种关系如何发生的问题，是一个极其复杂的问题，任何企图对此进行恰当分析的做法都只能是莽撞的。但下面的观察也许会具有较谨慎的作用。

对于某些简单的隐喻来说，例如，“他是一头猪”这样的口语，即使描述意义没有在语境中得到完全的实现，其情感效果似乎也应部分地归于非独立情感意义的完全实现。因此“他”受到了“猪”这个字眼所带来的贬损，原因就在于这个字眼的字面意义指的是猪。隐喻的作用仅仅局限于这种范围，即从词的通常的描述效果中区分出它的情感效果，并以此来增加语言提供的情感工具的数量。

但隐喻的作用显然不仅于此。常常出现这样的情况：一个在字面上使用时几乎没有情感效果的词，在隐喻上使用时却具有很大的情感效果。“整个世界是一个舞台”，这句话比任何使用同样词的文字的感人效果都要大得多。无疑，这部分是由于对这一句子可能有多种翻译，而这些句子又具有非独立情感意义，部分是由于行文的艺术；但很难相信这些因素足以提供甚至使人联想到一个完整的解释。从表面上看，似乎伴随条件阻碍了隐喻的字面意义以任何普通的方式得以实现，因此这有助于强化每个术语的情感倾向实现的方式。在解释一个倾向的特定实现如何影响另一个倾向的实现时，出现了一个普遍的问题。一根火柴有产生火和烟的倾向，当某种伴随

① 威廉·燕卜荪的《朦胧的七种类型》(纽约，1931)对诗歌语音的某些方面做了丰富的解说。

条件使它产生的火少于平常的情况时，就会产生比平常多的烟。但是正如我们看到的那样，这种比喻至多是导向一个更复杂的问题，而不足以暗示诗意隐喻所具有的丰富复杂性，因此，它们的有用性是有限的。人们只能认为，关于隐喻的情感效果，对其充分的解释只能存在于心理学中某个很少涉及的领域。在这个领域，对此给予心理物理学解释的希望甚小，而且，任何纯粹的内省分析所能做的，不是指出某种**做法**，而仅仅是提供一系列有趣但彼此没有联系的例子。

然而根据上述说明，我们可以做出如下结论：不管在起源上还是在实际作用中，情感意义和描述意义之间都存在着极其密切的联系。它们是一个总情境中的两个不同**方面**，而不是可以加以孤立研究的两个“部分”。对于不同的目的，这个或那个方面可能在理论上要求给予优先的**注意**。在实践中，为了避免牺牲总体上的可理解性来成全对过分的细节问题的认识，假定它们比实际情况更容易区分，常常是必要的。下面的伦理学分析经常要做出这样的妥协，而且作为这样的妥协，它将会起到自己应有的作用。但是，如果这种做法超出妥协的范围，那么隐喻这个问题就必定会提醒人们注意所有未被涉及的内容。①

① 理查兹在《修辞哲学》(牛津，1936)的第5章和第6章，以及《教学中的解释》(纽约，1938)的各处，对隐喻做过具有指导意义的研究。由于现在的论述有时与理查兹的观点完全不同，因此他不必为此论述的不完备负责，但笔者在这个及其他许多问题上，从他那里得到了不少的帮助，因此对他充满感激之情。

意义的其他种类：独立和依赖的情感意义①

在对上述关于意义的论述下结论之前，应该防止对意义做出好坏区分的倾向——这在流行作家中是很普遍的。这种做法妨碍了不偏不倚的研究，掩盖了详细分类的必要性。

尤其值得指出的是，“情感的”这个术语，有时是以极其概略的方式使用的，它有时甚至成了这样一个“废纸篓”的标签，这个“废纸篓”装满了与科学目的无关或有害的各种各样的语言用法。人们不仅把那些用来改变感情和态度的倾向，而且把那些实存的、拟人的、模棱两可的、含糊不清的、使人误解的、支离破碎的，或以任何混乱方式表达出来的东西，都称为情感的表达。该术语的这些用法是十分自然的，也并非总是不方便的，因为语言的混乱常常伴随着强烈的情感效果的出现；但这种用法很容易导致人们做出如下假设，即任何可归为“情感的”表达都因此可以完美地各居其位，而不必受到更多的注意。这时，这种用法就会给人们的研究带来不幸。

① 选自《伦理学与语言》(中国社会科学出版社，1991)，第3章第9节，姚新中译。——编者注

通过其他一些方法来进一步区分意义，能够更好地补充说明“情感的”和“描述的”这两个术语。如果意义被理解为符号产生心理反应的倾向，那么通过必要方式对心理反应分类，人们就可以对意义做出进一步的区分。因此，对于那些产生影像的具有显著持久倾向的术语，我们可以方便地称其为具有形象化意义①。如果可以证明某种形式的形象化意义总是与情感意义或描述意义相伴而生，那么这种情况可能只是偶然的，绝不会因此就使两者的界限模糊不清。有时候，为了进行科学研究，为了使某些复杂概念变得生动易懂，人们常常去寻找确切的形象化意义。在这方面，詹姆斯的“意识流”的表达方式是有用的。另一些时候，即在影像的介入使复杂的描述短语更加模糊不清，或将简单的语言幻化为复杂的描述短语时，找到相对不受形象化意义影响的描述意义，将是有帮助的。

再看另一个例子。有时候一些表达方式，由于受错误的实体化及不连贯的语法等的影响，常常倾向于激发一种被约翰·威斯顿(John wisdom)称为“哲学的困惑”②的精神状态。在所使用的广义心理学含义上，可以说这些表达方式有某种“意义”。但人们可以因为它们的语法规则太粗糙，或它们激起的困惑状态是非认知的，而否认这些表达方式具有描述意义。同时，人们也可以因为它们所激起的困惑状态与通常所说的“感情和态度”极为不同，以至于最好将其划分为其他精神状态，而否认这些表达方式的意义**完全**是情感的。因此，在这些事例中承认存在着一种独立的意义是有用的，例如，可以把这种意义称为“混淆意义”。

描述意义与混淆意义之间的区别不会比“认知的”这一术语的意义更加清楚，因此，关于两者之间分界线究竟在哪里的问题，势必会引起争论。这样的争论无时不有，但在它们被解决之前，“混淆的”这一术语暂时作为讨论所需要的工具，其运气似乎比“情感的”要好些。只要不发生混乱，情感意义可以广泛地运用于文学和日常生活中，一个清醒的人绝不会认为它是一种“语病”。即使某个时候它变得令人讨厌了，也有大家公认的办法来取消或者缩小它的影响，例如，运用补偿性的声调，或者改变有褒贬含义的术语，等等。然而，(如果我们的判断是根据那些确实如此的例子，而不是那些其性质仍有争议的例子做出的，那么)混淆的意义总是一种“语病”，纠正和控制它的方式是非常复杂的。只有经过最细心的分析，也许只有

① [美]维吉尔·C. 奥尔德里奇：《图像意义与图像思维》，载《凯尼恩评论》，1943年夏季号。
② 1936—1937年的《亚里士多德学会学报》中以此为题目的论文。

对混乱之所以形成的原因进行认真的诊断，才能清除掉一些混乱。

在有些事例中，一个具有混淆意义的陈述(再次不管那些有争议的事例)**也会**具有情感意义，并且后者很可能主要是前者的结果。一旦混淆被消除，情感意义就会大大减少。这样说来，情感意义与混淆意义的关系，正像“依赖”的情感意义与描述意义的关系一样。关于前面介绍过的“独立”与“依赖”这两个术语的用法，我们这里来做一个概括，后者专指其存在依赖于其他意义而存在的那种意义。因此，正像上面说的那样，不仅存在依赖于描述意义的情感意义，还存在依赖于混淆意义的情感意义。当然，人们还可以承认存在着依赖于形象意义的情感意义；至于像“准依赖的情感意义”这样的术语，则用来指称那些其存在以符号的认知性**暗示**为条件，即以描述倾向为条件的意义，这种倾向尽管很少受所谓“描述意义”的语言规则的修饰，但它仍然可以对情感倾向通常实现的方式造成极大的影响。当然必须记住，任何种类的依赖性情感意义都不等于它所依赖的**那种**意义，因为两者在上述的反应性质上不同，虽然两种反应常常同时出现，但强调这种区别仍是重要的。我们还必须记住，独立的和依赖的情感意义，其区别并不取决于(因此与褒贬的情感意义的区别不同)构成反应的感情或者态度的种类差异，而取决于倾向自身产生并继续存在的条件。如果我们把这些观点弄清了，那么“依赖的”这一术语对于讨论关于符号效果的许多方面都将大有裨益。

对意义和依赖的情感意义所做的任何更详细的分类，都应该随着目的的变化而变化。我们这里所做的分类没有任何强制性，但是无论是通过这些还是通过其他区分，把“情感的”这一术语作为认真研究的工具，而不是使语言的非描述方面湮灭无闻，对于这一点肯定是有强制性的。

元伦理学

一致和分歧的种类[①]

Ⅰ　分析的目的与范围

本书不涉及伦理学的全部内容，而只是探讨其中范围狭小得多的一个特殊部分。它的第一个目的，是澄清如“善”“正当”“公正”“应当”等伦理学术语的意义。它的第二个目的，则是描绘能够证明或论证伦理判断的一般方法。

这种研究与规范伦理学（或评价伦理学）的关系，就像概念分析和科学方法与各门科学的关系一样。既然人们并不期望一本研究科学方法的著作去完成科学本身的任务，那么同样也不能期望从这部著作中找到评价行为是否正当的标准。分析研究或方法论研究的目的，不管对于科学还是对于伦理学来说永远是间接的。它只是为了使人们在解决其问题时具有清晰的头脑，减少在调查研究中的习惯性浪费。为此我们必须仔细考察人们的行为活动，否则关于意义和方法的分析就会成为闭门造车。但这并不是说分析者一定参与到

① 选自《伦理学与语言》（中国社会科学出版社，1991），第1章，姚新中译。——编者注

他所分析的问题中去。对于伦理学来说，任何这种直接的参与都是危险的，它可能使分析丧失其不偏不倚的公正性，把相对中性的研究扭曲成——为某种特殊道德准则的辩护。因此，虽然迄今为止规范问题构成了伦理学内容中最重要的部分，渗透于日常生活的各个领域，吸引了立法者、社论撰写人、说教小说家、教士和道德哲学家们的注意力，但在本书中，我们还是把它放在一边不予回答。本书的任务仅限于改善人们所使用的工具。

Ⅱ 信念分歧与态度分歧

我们的第一个问题虽然看起来是表面性的，但实际上却具有极为重要的意义。

道德**一致**和**分歧**的性质是什么？它与自然科学中出现的一致和分歧的性质相同吗？如果两者之间存在着差异，那么这种差异仅仅是一种研究题材上的差异，还是一种具有更普遍意义上的差异？

如果我们能够回答这一问题，那么对于构成规范**难题**的东西就可以获得一种普遍性的认识，关于道德术语和方法的研究也就有了适当的方向，因为这种研究必须解释规范问题怎样变得清晰易懂，以及怎样才易于接受论证和探索。当然，也有一些与这一问题没有直接关系的规范问题，例如，那些在个人的深思熟虑中而不是在人与人的交往中所产生的问题，和那些不包含人与人之间的分歧或一致，而纯粹是个人内心犹豫不决或增强信念的问题。在下面我们将会看到，即使是这类问题，也与我们所提出的第一个问题，有着间接的联系。同时，如果我们首先注意观察人际交往之中的困难与问题，那么这将给我们带来一些便利，因为正是在人际交往的问题之中，道德术语和方法的用法得到了最清楚的证明。

为了简便起见，我们把注意力明确限定在“分歧”这个术语上，通过该术语的含义来研究与之相反的肯定性术语(即一致——译者)。首先，必须区分“分歧”的两大类型。我们完全可以用一般的方式来进行这种划分，而暂时不去决定究竟哪一种分歧是最典型的规范伦理学的分歧，并从其他学科中寻找说明问题的实例。

对于科学、历史、生物学及其相应的日常生活中出现的分歧，我们只需稍加注意一下就行了。无论光传播的性质，还是利夫·埃里克森(Leif Ericsson)的航海，或者琼斯上一次来喝茶的日期，这些所引起的疑问在性质上都是相似的，因为它们都包含着某种主要属于信念(Beliefs)的对立("信念"这个术语绝不能——至少暂时不能——包含道德确信的含义，因为后者是否属于目前意义的"信念"，还是一个有待讨论的问题)。在这类事例中，一个人认为P是答案，另一个人则认为非P或某个与P不能共立的命题是答案，并且各自都可以在讨论过程中努力提出一些证据来论证自己的观点，或者借助较新的材料来修正自己的观点。我们把这种情况称为"信念分歧"。

还有另一些事例，虽然与上述事例截然不同，但同样可以恰当地称为"分歧"。这些分歧涉及的不是信念，而是态度的对立——有时是短暂和缓的，有时是强烈的——即意图、愿望、需要、爱好、欲望等的对立。① 由于人们常常情不自禁地从理智的角度看待这些情境，过分注意其中的信念成分，所以仔细地研究具体情境对我们是有帮助的。

假设两个人决定共进晚餐。一个人建议到有伴乐的饭店去，另一个人却表示他不喜欢听音乐，并建议去另一家饭店。于是就像我们通常估计的那样，他们在选择究竟去哪一家饭店吃饭的问题上，很难达成一致的意见。这一分歧与其说来自不同的信念，不如说来自不同的爱好。只要他们俩都**希望**去同一家饭店，分歧就会随之消失。这个简单事例中出现的分歧虽然是和缓的、暂时的，是一种小规模的分歧，但仍然是地地道道的"分歧"。

我们很容易找到更多的例子。A太太在社交上雄心勃勃，希望多与名流交往。而A先生却为人随和，对老朋友忠心耿耿。于是他们在邀请哪些客人参加晚会的问题上就会发生分歧。博物馆馆长希望购买当代艺术家的作品，而他的一些顾问却希望购买以往大师的名作，他们之间也会产生分歧。约翰的母亲担心踢足球有危险，希望他不要去踢，而约翰尽管在信念上也同意存在着危险，但却无论如何要去踢球，于是他们之间也发生了分歧。这些例子和前面的那个事例一样，都包含着态度上的对立，其区别仅仅在于这里的态度要更强硬一些，对方维护自己的态度可能也更认真一些。我们把这种分歧称为"态度上的分歧"②。当两个人对同一事物持有相反态度(如一个人赞成，一个人反对)，而且至少其中的一方意图改变对方

① 这里使用的"态度"这个术语，与培里(R. B. Perry)所说的"兴趣"具有同样广泛的含义，参见培里的《一般价值论》(1926)一书。

② 上面所提出的全部例子中，除了具有态度上的分歧外，还潜存着信念上的分歧。任何不是人为勉强杜撰出来的例子，都难免如此。但是这些例子对于我们所要达到的目的而言，还是合适的。

态度或者怀疑对方态度的正确性时，我们就说他们存在着态度上的分歧。然而我们还要仔细考虑这种情况：一个人在试图改变另一个人的态度时，也会因为受该人意见的影响而准备改变自己的态度。态度上的分歧与信念上的分歧一样，不一定都导致敌对性的竞争。相反，双方都认为有益的相互影响，可能会引发双方目标的互换。

两种分歧的差别主要表现在两个方面：前者是关于怎样如实地描述和解释事情的问题，而后者是关于怎样才能赞成或不赞成这些事情的问题，并因此通过人的怎样努力影响这些是否赞成这件事情的问题。

我们在把它们的区别应用到下述事例中时，可以更为清楚地看到这一点。假设尼雅热温先生坚持说要大多数投票人赞成某一议案，而克劳热提尔先生却坚持说大多数投票人反对这个议案，这时两人之间显然存在着分歧，而且这种分歧与**态度**(即他们相信投票者所具有的态度)有关。这两位先生之间出现了态度上的分歧了吗？显然没有。就上面所说的争论而言，他们的分歧是**关于**态度的**信念上的**分歧，而不一定就是**态度上**的分歧。关于态度的信念分歧只是信念分歧的一种特殊形式，与关于感冒的信念分歧一样，其区别仅仅在于题材不同。它并没有蕴含说话者本身态度的对立，而仅仅与他们关于投票人态度的信念对立有关。而态度分歧所指的却只是说话者自身态度上的分歧。这两位先生没有对立的态度，却有关于态度的对立信念，正像他们没有对立的感冒，却有关于感冒的对立信念一样，就他们都力图公正地描述人们的态度状况而言，他们的分歧是信念上的，态度在这里仅仅作为认识的一个对象而存在。

类似的区分也适用于“一致”这个肯定性术语。一致既可以指相同的态度，又可以指相同的信念。信念上的一致，即使是关于态度上的信念的一致，也必须与态度上的一致区分开来。为了方便起见，我们可以把信念或态度上的“一致”作为“分歧”的逻辑反语，而不是作为它的全然对立的词来使用。如果人们摇摆不定或者犹豫不决，如果人们只有信念或者态度上的差异，而并不力图消除这些差异以取得统一，那么他们之间就既不会有“一致”，也不会有“分歧”。

为了保持阐述上的一致性，我们将继续集中注意对“分歧”的探讨，并把“一致”主要当作“分歧”的反义词来考察。之所以不采用相反的也许看起来更自然的研究程序，仅仅是因为我们下面要把信念与态度的区分加以扩展，贯彻到伦理学**方法论**中去。由于这一特殊目的，我们必须对“分歧”进行比对“一致”更详尽的研究，因为在任何既定的社会里，被普遍接受并通过社会习俗具体体现出来的规范，固然比争议的道德规范要多得多，但后者却能提供这样一些实例，在这些实例中，推理方法得到了更为明显的运用，因而也较易于研究和说明。

现在，我们必须看看两类不同的分歧是如何联系在一起的，并继续通过非伦理学(至少不明显是伦理学)的例子来说明我们的观点。

现实生活中出现的争论，常常不是只包含一种分歧，完全排除另一种分歧，而是两者兼存的，因此我们不可能把自己的信念和态度截然区分开来。许多人都指出过，我们的态度使我们沉迷于有希望的思考之中，而且态度会导致我们抑制或发展我们的某些信念，这些信念可以向我们揭示达到既定目标的手段。反过来，我们的信念也常常影响我们的态度，因为如果我们改变了对某些事物性质的信念，也就可能改变自己对它的赞许形式。信念与态度之间的因果关系不仅是密切的，而且是相互的。是一般的信念引起一般的态度，还是相反？这个问题只会使人误入迷途。这就好比问：“是流行作家影响公众的趣味，还是公众趣味影响流行作家？”我们必须摒弃那种认为信念和态度只能互相排斥的观点。影响是双向的，虽然有时一方会占据优势。

因此，上面区分的这两种分歧实际上有着密切的联系。在有些事例中，一种分歧的确完全依赖另一种分歧。假设 A 和 B 双方对 X 的真实面目有相同的态度，但由于 A 对 X 的信念是错误的，而 B 对 X 的信念是正确的，那么两者对于 X 本身就会产生相异的态度。通过讨论与研究，纠正了 A 的错误，就可以解决 A 和 B 的信念分歧。而信念分歧的解决反过来又足以能够导致态度分歧的消除。X 之所以会引起态度分歧，**正是**由于它引起了信念分歧。

在这一类的例子中，人们大概会反对这样的说法，“两种分歧起初都存在，其中一种依赖于另一种”，而会说：“最初出现的仅仅是信念上的分歧，关于 X 的态度分歧纯粹是表面的。”然而，如果 X 能够清清楚楚地呈现出来，以致双方不论对它的信念有何分歧都能够指称同一个 X，那么后一种说法将会使人产生严重的误解。一个人肯定在尽力支持 X，而另一个肯定在尽力反对 X，如果由于无知，一个人采取了违反自己更大的目的的行动，那么在 X 的问题上，最初的态度分歧是真正的分歧，这种说法完全可以说是恰当的。把所谓“表面上的”分歧这个术语仅仅限定于具有模棱两可的事例之中，是适宜的。在这类事例中，双方虽然用同样的术语指称 X，但实际上其中一方指称的却是 Y。

无论分歧在什么地方出现，两种分歧的联系总是事实上的而不是逻辑上的。仅就逻辑可能性而言，可以出现没有态度分歧的信念分歧。因为即使一个争论必然是在某种动机的驱使下提出的，并因此不可避免地要涉及态度，但不能说伴随信念出现的态度也必然是对立的。例如，人们可以具有共同的理想和目标，并以此指导自己的科学推理，但仍会得出完全不同的观点。同样，也许每一种态度都必然伴随有某种关于其对象的信念，但伴随对立态度出现的却并不一定是不相容的信念。例如，A 和 B 两人都相信 X 有 Q，**正因为如此**，他们才对 X 持有不同的态度：A 赞成有 Q 的东西，而 B 反对这样的东西。既然可以发生两种分歧一起出现或两种分歧都不出现的情况，那么逻辑可能性就是多种多样的。所以在任何一个或一组既定事件中，人们都必须求助于经验来确定哪种可能性实际上是可以实现的。但是正像我们下面将清楚地看到的，经验明确地告诉我们，它包含**两种**分歧(或一致)的事例是无穷无尽的。

现在我们已经明白了两种分歧怎样才能区分开来，又是如何(在非常广泛的意义上)相互联系起来的。在这一初步探讨中还有最后一点需要注意。我们在对两种分歧进行区分时，实际上是以假设一个更为普遍的区分即信念与态度的区分为前提的。就像很多心理学上的区分一样，后一种区分是很难说清楚的。进一步的分析将会损害我们所做的区分吗？任何把信念与态度截然分开的做法是否都是一种古老思想流派的反映？按照这一流派的说法，信念作为众多内心印象的汇合，是一个特殊认识官能的产物，而态度却是另一个完全不同的官能的内驱力或能力。

只要稍加考虑，我们就会看到，完全可以用更合法的方式继续使用我们所做的区分。例如，我们可能会接受这样一种实用主义的观点，即必须(至少部分地)联系行动的意向来分析信念和态度。人们只要恰当地理解这一观点，就会发现它绝没有把信念和态度“等同视之”的意思。它表明，信念与态度的相似性要比以往的心理学家想象的大得多，但这并不等于说两者在每一个方面都一样，两者之间的相似性不会消除它们的差异。

如果说恰当地说明信念和态度**怎样**区别是困难的，那么为了实际的目的，我们在生活中又不得不每天进行对这两者的区分。一位象棋大师与一个新手对弈，开局时却走了看上去相当差劲的一步棋。

旁观者纳闷了："这种走法是因为他**认为**这是一步高招呢，还是出于宽宏大量**不想**给对手布下咄咄逼人的开局呢?"信念和愿望的区别在这里显然已经不再具有实际的意义，而仅仅是一种想象的产物。一个人可以想象这位大师对这种开局是经过深思熟虑的，用不用这种方式是依他是否想赢的愿望为转移的。一个人也可以想象这位大师总是抱着赢棋的愿望，用不用这种方式是依他的信念的变化为转移的。如果人们在想象复杂的"因果要素"中的这一独立变量时，力图将"信念"或"态度"看作实在的东西，那么为了纠正错误，所需要的就不是抛弃那些仅仅空谈行动的**一般**术语，而是尽量理解隐藏在简练语言后面的所有复杂关系。信念和态度是可以区分开来的要素，一个由它们决定的行为将随着任何一个要素的变化而变化，这种说法就是使用了一个熟悉的英语习语，只要不把这个习语变成某种人为的简单模式，它就能很好地表达我们要说的意思。这与下面的陈述很相似：收音机的选择性和灵敏性是可以区分开来的要素，由它们决定的收音质量将随其中任何一个要素的变化而变化。这种陈述不必使"选择性"和"灵敏性"指称收音机实体化的部分；同样，关于信念和态度的陈述，也不一定代表人们的实在的心理。

在下棋者的这个例子中，我们还可以补充一点，即旁观者并不缺少判断**什么样的**态度和**什么样的**信念决定象棋大师下棋的经验标准。不管旁观者的推论会把他引向哪里，他都必须从观察象棋大师的行为**开始**，因为只有在行为中才能找到做出实际决定所需要的一切根据。使其能够做出这一决定的行为，不知要比单纯移动一步棋子复杂多少倍。

Ⅲ　流行的观点

现在可以重新回到我们的中心问题上，看看在典型的规范伦理学事例之中，人们之间的分歧或一致是怎么回事。

如果为了解答这一问题而求助于他人著作，那么我们就会发现这样做并不值得。这个问题从来没有被明确地提出过。当然，有些作家虽然没有提到态度上的分歧或一致，但似乎含蓄地强调过信念上的分歧或一致。在那些认为伦理学与态度完全无关的理论中，这种情况是显而易见的。但这种情况同样也表现在许多把态度问题放在首位的理论中，虽然这一点并不像上述的理论那么明显。后者必须加以特别的注意，因为它会使下面将要提出的结论更加鲜明。

让我们考虑一下理查兹所维护的理论。① 尽管理查兹主要研究的是美学，但他提出的价值理论却具有相当普遍的意义，并与伦理学中的道德评价有关。他写道："现在我们可以扩展自己的定义了。任何能够满足一个愿望(即欲望，这种欲望可以是无意识的)而不妨碍其他同样重要或更为重要的愿望实现的东西，都是有价值的。"进一步说："一个冲动(即愿望或厌恶)的重要性可以被规定为……对个人活动中其他冲动的干扰程度，而个人活动是该冲动受阻所产生的。"②大体说来，在理查兹看来，"X是有价值的"这句话与"X所满足的愿望比它所阻碍的愿望要多"这句话，意思是相同的。

这个定义及他随后对规范研究的**心理学**性质的评论③，有助于我们分辨出理查兹的理论中暗含的关于道德分歧的观点。他认为道德分歧是一种**信念**分歧。从定义上可以看出，关于X是否有价值的争论，就是关于X所满足的欲望是否多于它妨碍的欲望。X能否做到这一点，是一个经验事实的问题，可以通过科学探究来证明。如果科学(包括心理学)的分歧本质上是信念分歧，那么价值分歧也必然如此。当心理学家在人们的态度(或欲望，后者似乎是最基本的态度)上各持己见时，这是心理学家的态度对立，还是仅仅是其信念的对立？前一个说法也许是滑稽的讽刺性夸张，但很难成为真理。

简言之，理查兹所强调的是**关于**态度的**信念**分歧，而不是态度分歧。如前所述，这两种分歧是完全不同的。

我们要通过说明区分信念分歧与态度分歧对上述事例的各方面的影响，来解释它们之间的差异。A、B两人都相信，对于A来说，X所满足的欲望多于它所妨碍的欲望；A、B两人还相信，对于B来

---

① ［英］理查兹：《文学批评原理》，第7章，伦敦，1942。

② 同上书，48、51页。

③ 理查兹对心理学的强调在下面这段话中可以得到证明："批评性的理论与经验价值有关，与认定这些经验有无价值的理由有关。我们在下面尽力表明批评性的评论只不过是心理学评论的一个分支而已。"如果他没有做出这样的评论，而只是提出了他关于"有价值的"的界定，那么他的伦理一致和伦理分歧的概念不知要引起多少疑问。在后面，我们将看到，这种界定实际上所起的作用比表面上所起的作用要复杂得多。但是当这样的评论与上述的定义一起出现时，随之而来的解释就变得可以理解了。然而应该记住理查兹的价值理论中存在着不同因素，而这些因素又总是以一种始终如一的方式结合在一起。例如，他写道："在所有有资格的人看来，济慈是一个比威尔科克斯更有效率的诗人，这种说法与说济慈的作品更有价值是一回事。"人们也许不大明白理查兹赋予了"所有的"与"有资格的"两个术语以多大的重要性。在理查兹更早的著作《意义之意义》(伦敦，1923，与奥格登合著)中有一段话，这段话提出了一种与《文学批评原理》不同的价值理论。

说，X所满足的欲望并不多于它所妨碍的欲望。即使他们在关于态度的信念上达成一致，我们显然也不能由此推论说他们在态度上也完全一致。同样，两人也许都相信，对于他们两人而言，X所满足的欲望将比它所妨碍的欲望多(虽然A得到满足的欲望较多，B受到的妨碍欲望较多，但后者在数量上少于前者)；或者相信对于某个较大团体的每一个成员来说，X都将如此(A是这个团体的人员，而B不是)；或者相信X对于全体人员之中的大多数人来说也是如此(A是多数中的一名，而B不是)，等等。尽管他们在关于态度的信念上，在认识的不同层次上，达成了一致的看法，但我们同样不能由此推断出A和B的态度一致。这使我们假定他们都相信，从长远观点看，对于一个人而言，X所满足的欲望比它所妨碍的欲望多，结果同样如此。在这个问题上，他们关于态度的一致信念就内含着他们态度上的一致吗？两者之间显然没有必然的联系。尽管B相信他的欲望(态度)与其他人的欲望一样，最终可以因X而得到满足，他仍然不愿意使自己当前的态度服从那些必须到最后才加以考虑的态度。因此他仍会反对X，但对于A来说，情况就可能不是这样。一个人在关于态度的信念上可以完全一致——所有这些是理查兹所希望的——但发现(至少**可以想象得到**)态度上的一致仍有待实现。

理查兹的分析仅仅是许多理论中的一种，他们虽然强调态度，但实际上却忽视了态度上的一致与分歧。强调信念上的一致与分歧，是一切企图把规范伦理学变成心理学的一个分支的理论的基本特征，也是一切企图把规范伦理学完全变成科学——不管是生物学、社会学，还是其他科学——的一个分支的理论的根本特征。① 科学问题上的一致和分歧总是信念上的，没有我们现在所关注的例外情况。如果伦理学是科学的一个分支，那么我们就必然会得出这样一个结论：伦理学中的一致或分歧永远是信念上的。

我们一定不能认为，**所有**理论家都忽视了态度上的分歧。理查兹本人也许并非始终如一完全不强调态度上的分歧。也许休谟曾经功利化地使用过这个概念，霍布斯可能也是这样，还有许许多多其他人的理论也都或明或暗地谈到过态度分歧问题。然而即使那些最

① 就理查兹的实际意图而不是就他的直接叙述而言，他并不是把规范伦理学仅仅当成心理学的一个分支，而是当成整个科学的一个分支。如果要探索X能够满足的欲望是否比它妨碍的多，那就必须探讨：X与Y、Z、W等都是欲求的对象。对这种关系的研究不能由心理学单独完成，它涉及了经济学、社会学、心理学等学科中的问题，心理学仅仅是有关学科中最**值得注意**的一部分。

接近于这一概念的人，也没有对它做出前后一贯的理论解释，随着他们理论的深入，他们关注态度分歧的观点变得混乱起来，并与某种其他的东西——通常是关于态度的信念分歧——相混淆。

Ⅳ　伦理学问题的二元性

现在可以陈述我们对这个问题的看法了。虽然这种说明开始时还仅仅是概要性的。

当伦理问题引起争论时，它们的分歧具有二元性。信念分歧几乎无处不在，因此我们必须给予它敏锐的注意力。但也存在态度分歧。一种分析要想与实践保持联系并把握道德的全部内容，就必须仔细地分辨出这两个因素，既不强调前者而排斥后者，也不强调后者而排斥前者。只有以这种方式，我们才能揭示道德术语的各种功能，清楚地认识伦理学方法与自然科学方法的异同。确实，只有以这种方式，伦理学分析才能正视自己的真正任务，因为伦理学分析的中心问题——甚至可以说"真正的"问题——就是详细地阐明信念与态度是怎样进行相互联系的。

如果考察一下日常生活中的具体道德问题，我们很容易看到它们与信念的密切关系，如果不想愚昧无知地评价一个对象，就必须通过这个对象的活生生的实际的前后关系去仔细地观察它。这种前后关系的信念分歧，反过来又会引起对该对象的各种不同的评价，因此这必须看成道德争论的一个重要原因。

与确定某种对象的价值相关的信念可能极为复杂，其复杂程度不下于对象自身所处的因果之网。不要企图在这些信念中划分出哪些与道德有关，哪些无关。**任何**信念都潜在地与道德具有某种关系，许多理论家经过认真的研究，都看到了这一点。但是他们所看到的常常只是局限于道德的某些方面，即通常认为最不具哲学趣味的那些方面。当问题涉及作为实现更高目的的手段的某物的价值时，就像我们所熟悉的论点所说的那样，有很多探讨手段和目的关系的信念就变得与道德明显相关了。但是当问题涉及的是最终目的，而且这些问题被认为是对于哲学而言具有至关重要的意义时，与之相关的信念的种类却要少得多。人们认为这时所涉及的信念也许仅限于心理学或生理学的特殊部分，或科学研究范围之外的某个独特的道德领域。这种观点在传统哲学中到处见到，非常普遍，因此值得注意。

与这些观念相反，我们的工作将力图说明，人们不断变化的全部信念，既与确定手段有关，也同样与确定目的有关。这个结论的基础，是对目的和手段相互关系的逻辑分析和心理学分析。一般而言，这种分析与约翰·杜威在其伦理学著作中所做的分析没有什么不同。但由于这一分析的细节的技术性较强，所以即使以粗略的方式进行分析，目前也还不能适当地加以展开。我们将在后面对它进行全面的讨论。但在这里，关于这种分析的一般要义有必要事先加以说明，因为它可以告诉人们，信念在伦理学的全部结构中都是相关的，任何企图缩小这种信念范围的做法都只能导致难以容忍的简单化。

然而，即使伦理学中有争议的方面包含着信念分歧和那些可能变得非常明确的行为方式的分歧，但一定不能认为伦理学仅仅涉及这种分歧。在规范伦理学中，描述事实的时候，人们总要考虑它将带来什么样的感受和对它应该做些什么。这里所说的信念就是指导或纠正态度的必要准备。道德判断就是向人们推荐某件事，要人们对该事件持赞成或不赞成的态度。它不需要客观地描述事实，也不需要毫无感情地讨论该事实是否已经得到赞许或按其自然性质将在何时得到赞许。因此道德家常常又是改革者，这绝不是偶然的。他的判断起着祈求、建设的作用，同时也为相反的建议开辟了道路，在这个方面，道德判断由于直接揭示并诉诸人的认识情感之天性，所以具有超认识的功能。

人们在彼此接受对方的道德判断时，就证实了道德判断是相互的。任何具有既定标准的社会都必然存在着这种影响。但是这些标准常常只是一些形式，尚处于不断转化调整的过程中，所以人们的目的是不同的。一些人希望采取新的方式，而另一些人希望继续使用过去的手段。态度分歧标志着争论的产生，即使态度分歧在其形成和解决过程中常常受到许多信念的左右和影响，但仍然需要特别注意把态度与信念区分开来，仍然需要检查态度分歧所产生的独特问题。

态度分歧使那些有助于间接解决这一分歧的信念自成一类，并且具有了相应的组织。把道德问题同纯粹的科学问题区分开来的，主要是态度分歧。

这些结论是以对日常生活中道德讨论的观察为基础的，而且也只有深入其根源中才能加以说明和证实。

一个金融家一直敦促其财产委托人支持任何他们认为有价值的

慈善事业。但一个委托人建议应该为穷人提供医疗设施，而另一个委托人则建议向大学投资，于是就产生了一个在现有条件下哪项事业更有价值的道德问题。在这种情况下，我们自然可以假设两个人都是无私和目光远大的，两个人的态度都可以被誉为“道德典范”或“利他主义楷模”。我们还可以假定每个人都尊重对方的目的，既愿意重新考虑自己的建议，又有兴趣说服对方接受自己的观点。疑惑或冷嘲热讽的暗示是不必要的，但态度上的暂时分歧显然是存在的。既然开始时一个人赞成投资医院，另一个支持改善办学条件，那么只有一个人接受另一个人的最初的态度，或两个人都赞成某种中立的替代性方案，他们的争论才会结束。

这种争论除包含着态度上的分歧外，还包含着信念上的分歧，也许他们(由于在局部问题上难以达成一致的意见，无疑他们都在努力以获得更多的知识)对于目前穷人的状况和已为穷人提供的医疗设施状况等问题产生了不同的看法。也许他们的分歧在于对大学财政状况或教育对个人和社会生活的影响产生了分歧。对于这些问题的信念是决定他们态度指向的重要因素。前面我们已经看到了信念和态度之间具有紧密的因果关系，这里我们又用另一个例子说明了这个普遍真理。

进一步考察这个讨论，我们将会发现，信念的差异性和不确定性非常复杂，要解决这些问题，必须进行更为详尽的研究。但显然不能因此认定态度与信念相比是非本质的。态度分歧是激发争论并使争论成为一个整体的基本因素。首先，它决定了哪些信念是相关的、需要讨论和检验的。因为只有那些与态度有关的信念才会被**提出**，而其他信念不管其本身多么有趣，都与所讨论的道德问题毫不相干。其次，它决定着讨论何时结束。如果人们对自己考虑的一切实际问题都形成一种信念，尽管如此仍然坚持自己的不同目的，即一个人赞成对医院投资，另一个人仍然赞成给大学捐款，那么他们之间仍然会有未被解决的道德争议。但是在他们都赞成投资大学时，他们也就结束了彼此之间的道德冲突。而且在这种情况下，即使两人的许多信念仍然积压，相互不认可(例如，关于教育的社会效果的信念)，他们仍然会结束争议。他们会得出结论说，这些继续存在的信念分歧不管以后如何解决，对他们的态度都不起决定性的影响。因此，当问题在于确定争论的范围和争论结束的条件时，我们需要注意的是态度分歧。信念固然对于道德问题有重大意义，但也必须给态度以合适的地位。

下一个例子将表明，态度的**信念**和其他信念一样，在规范伦理学中没有特别重要的地位。当工会领袖与公司代表争论，为了公正起见，资方是否应该给职工增加工资时，他们肯定不会(像弗兰克·拉姆齐曾经描述的那样①)致力于比较对各自态度状况的反省意见。这时双方通常并不怀疑对方的感觉印象，也不会一开始就讨论公众态度是什么，因为这些虽然也与争论有关，但即使它们被确立，双方的争论仍会继续下去。较高的工资水平的满足欲望是否比它所妨碍的欲望更多，这是他们所注意的唯一问题吗？在讨论理查兹的观点时，我们已经隐隐约约地认识到，这种考虑对于那些其欲望处于少数地位的人来说，似乎并不完全是决定性的。我们将看到，该观点从一开始就是以一个修正的民主理想为前提的，这种理想本身不论受到怎样的辩解，我们仍然必须对之加以维护。但如果不重新展开关于道德分歧问题的讨论，不重新展开我们一直在分析的关于解决这一问题的方法的讨论，我们就不可能维护这种理想。

显然，这种争论除了有助于形成态度的**信念**一致外，还有某种附加的驱动力。这种力量无疑部分地涉及关于态度的信念，部分地涉及其他信念，例如，关于公司财政状况的信念，提高工资水准惯例的信念，高昂生活费用的信念等。但许多这样的信念都与另一个因素有关：工会的主导态度是赞成提高工资，而公司的主导态度是反对提高工资。由于双方的愿望不可能都得到实现，所以态度的分歧贯穿于整个争论，被引入争论的各种信念(不管是否属于关于态度的信念)，都因为它们可能**改变**争论双方的态度而成了相关的信念。假如工会有理由相信自己与公众的情绪倾向于反对提高工资，那么这种看法就会缓和它对工人应该得到较高工资的要求；但这种信念远远不是决定性的考虑因素，因为工会也可以坚持说它一直受到公司和公众的不公正待遇。

与前一个例子相比，在这个例子里争论双方的态度可能更自私一些。也许正因为如此，他们才公开冲突，互不妥协，一心想战胜对方，而从未想过对自己的目的进行自我批评。这个例子展现的是日常生活中的讨价还价和竞争，而不是对责任和罪恶问题的较典型的“道德”考虑。这样的争论属于规范伦理学的范围吗？如果从狭义上理解“伦理学”，回答将是否定的。但是，在这里我们要从广义上应用这个术语，使其包括一切关于目的或行为的争论问题。这种广

① ［英］怀特海、［英］罗素：《数学原理》，289页，伦敦，1931。

义上的理解和传统观点没有什么矛盾，而且还有利于为我们的分析划分出一个具有同样性质的研究领域。虽然下面我们将不得不区分具有“特定道德”意义的伦理学问题和不具有这种意义的其他问题，但对于意义和方法研究来说，这种划分并不是首要的。

现在我们讨论一些强调态度一致的例子。态度分歧尽管只是引起道德争论的因素之一，但正是这个因素在伦理学中一直受到最严重的忽视，因此不仅在这里，而且在全书中，它都将得到我们格外仔细的关注。

假设我们努力使某人相信自己做错了事，而他回答说：“我完全同意这一点，正因为如此，我更加愿意再做一次这件事。”如果我们当时被他的回答弄糊涂了，就会推辞说：“这是他辱骂我们的反话，他辱骂我们是因为他认为我们具有陈腐的道德观念。他的真实意思是说，做这件事是完全正确的。为了侮辱许多认为这是一件错事的人，应该公开地做这件事。”但是不管我们怎样理解他的意思(可能会有好几种其他的理解方式)，我们都不大可能认真地接受他关于一致的主张。我们不是一直在试图使他不赞成自己的行为吗？他同我们达成道德上的一致不就是使他接受我们的否定态度，即要求他和我们在**态度**上达成一致吗？

态度上的一致和分歧是伦理学的本质特征，即使道德判断相对孤立并不导致任何公开的讨论时，它们的存在也是显而易见的。如果一个人总是喋喋不休地谈论自己的优点，告诉人们他是一个多么好的人，并且坚持说他总是履行自己的义务，我们就常常怀疑他是否正在掩盖某种隐秘的自卑感。我们在心里说，如果他真的相信自己，就不会处心积虑地寻求我们的赞许了，就不至于不得不直接使用道德判断引导我们对他持赞成态度而增强其自尊了。注意，在这个常识推想中，我们假定他的判断正在尽力克服一个可疑的态度分歧，这来得是何等迅速和自然。他认为我们的态度在心理学上也许与他自己对自尊的态度不相容，并且试图用不甚高明的方法把我们的态度**改变**成某种对他更尊敬的形式。

或者让我们再考虑一下这种情况，即日常生活中人们常常把自己的判断用于某些方面以达到有效地抑制某种行为的倾向。一个教师曾努力劝说一个有过失的孩子不应该偷东西。他在发现自己的努力并未奏效时，就去拜访孩子的家长，要求他们改变教育孩子的方式。他所希望的显然是使这个孩子反对偷盗并因此停止偷盗。他的第二个判断通过加强第一个判断强化了这个意图。他用间接影响来补充对孩子的直接影响，其中间环节就是孩子家长的态度变化。道德判断的这种用法(即有意地将判断用于有效抑制的关节点上)，不是证明了存在着一种非描述性的改变对象的动机，即调整态度的动机吗?

在我们强调这个重点的同时，让我们考虑一下密尔(John Stuart Mill)的《功利主义》对“可欲”一词做出的著名的双关解释。他说：“如果一物被欲求，那么它是可欲的。”由于前提是结果“可能产生的唯一证据”，这个解释就似乎成了公理。如果“可欲”的意思是**能够被欲求**，那么这种陈述就确实是完美无缺的。但密尔力图使这个词具有“好”的一切含义，于是这个陈述就远不是公理，相反却会带来很多争议。之所以如此，原因不难理解，“被欲的即可欲的”，这是一个不思进取的人经常挂在嘴边的说法，他希望人们不要改变自己的既有欲望。相反，“被欲的并非可欲的”，这种说法是一个坚定的改革者的典型特征，他企图抑制或改变人们现有的欲望。与那些关于什么是被欲的陈述不同，关于什么是可欲的陈述并非仅仅用来描述态度，而且还用来强化或改变态度。而且，那个所谓的公理之所以是矛盾的，就是由于它导致了态度分歧。尽管对于那些满足眼前状况的人来说，它无关痛痒，但对于那些力求根本改变人们目标的人来说，它却是不可容忍的。而且，由于这种陈述隐含着双重含义，又似乎仅仅给满足现状者提供公理支持，所以它对我们理解的危害性就特别大。为了保护密尔，我必须提醒大家注意，密尔肯定不是在追求这种效果，因为在我所引用的这一部分里，尽管存在着人人皆知的一些逻辑错误，但仍然可以从许多征候中看出，这些错误是出于一时糊涂。不过作为一个表现出忽视态度分歧的危害性的例子，它还是很能说明问题的。

通过更普遍的方法，从“相对性争论”的演变过程中，我们也可以用某种更一般的方式得出同样的结论。具有不同种族或气质特点、来自不同时代或互不相关团体的人们，在道德问题上的分歧可能比对实际问题的分歧更尖锐。如果我们承认道德包含着态度分歧，这种情况就很容易得到解释：不同的气质、不同的社会需要、不同的团体压力，所引起的态度对立要比引起事实性的信念对立更为直接和迫切。道德包含着态度分歧，这一论点因此增加了其成立的可能性。它也像其他假设一样，在它所解释的问题中找到肯定性的证据。在单独使用时，相对性争论不能自封为决定性的，但如果与其他观察结合起来使用时，它就有了重要的合法地位。

这一类的说明本来可以继续进行下去，但为了恰当地突出重点，目前仅需补充一点：尽管道德冲突产生于态度分歧——由于传统理论很少注意这个因素，所以本书需要经常给予关注——但它们极少(如果曾经有的话)仅仅从这种分歧中产生。信念引导着态度，因此在确立和证实信念或者为了实践的目的使信念形成互相联系的体系时所产生的问题，仍然在全部规范论述中占有至关重要的地位。如果我们想理解道德问题的基本性质，并因此力图在解决这些问题时少费些力气，那么就必须敏锐地注意道德分歧的**二元**性质。态度和信念各有自己的功能和作用，我们必须在它们的密切关系中加以研究。

工作模型①

Ⅰ　道德判断和祈使句的比较

关于分歧问题所得到的结论，为我们研究伦理学术语和伦理学方法论的基本特征开辟了道路。本章将有意以简化的方式探讨这两个课题。它不对道德判断做详尽分析，而仅仅提供分析用的“工作模型”，即一些定义。这些定义具有近似的道德含义，其近似的程度足以有助于我们达到眼下的目的。对于证明或论证道德判断方法的考察仅限于工作模型所涉及的范围。这一做法有助于我们介绍本研究的本质特征，强调这些特征的相互依赖性，并指出下面将要仔细展开的一些关节点。

可以从关于意义的某些看法开始我们的研究。

① 选自《伦理学与语言》(中国社会科学出版社，1991)，第 2 章，姚新中译，文中三个小标题分别对应第 2 章的第 1 节、第 3 节和第 4 节。——编者注
Working Models，在史蒂文森的著作中，实际上就是一些定义。他之所以把这些定义称为“工作模型”，是因为这些定义代表着他对一些道德概念的理解，按照这种理解去分析道德概念(术语)和命题意义与功能，是其情感主义伦理学的基本内容。——译者注

在前文[1]可以清楚地看到，任何定义，如果试图把道德术语和科学术语两者的意义等同起来而不加以进一步的解释和限定，就极可能造成人们的误解。这种定义会使人认为，规范伦理学的问题和科学问题一样，引起的仅仅是**信念**上的一致和分歧。这种意见由于忽视了态度分歧，因此在道德术语实际应用的情境中，至多只能把握住问题的一半。

我们不能忽视语言的多义性和灵活性来死守这个结论。完全有道理这样说："道德术语的有效意义**有时全部**是科学上的，而道德术语的**部分**有效意义则永远是科学上的。"但是，还有很多常见的事例，在这些事例中，道德术语的使用方式并**不仅仅**是科学上的，我们必须承认，术语具有与其非科学性功能相应的意义。

这种超科学意义的性质是什么？我们把道德命题与其他用法相似但较简单的命题做一比较，用类推法研究这个问题。

在日常祈使句中我们可以找到有趣的类似例子。从"你应该保卫你的国家"不是很容易过渡到"保卫你的国家！"吗？或者再说得通俗些，我们教训孩子说："你不应该哭。"这意思用"不许哭"这句话不是同样可以表达吗？毫无疑问，两者有着许多差别，但它们同样也有着这样的共同点：无论道德命题是不是祈使句，主要都是用来鼓励、改变，或者约束人们的行为和目的，而不仅仅是对它们进行描述。在这方面它们与科学命题不同。因此在与态度分歧有关的争论中，祈使句和道德判断一样显然占有重要位置。例如，前面我们第一次使用态度分歧这个概念时所举的那个去哪家饭店就餐的争论，就完全可以用祈使句来开始：

> A：7点去"格伦乌"与我一起共进晚餐！
> B：别去有音乐的饭店。我与你在"大使"饭店会面。
> A：但你一定要赶到"格伦乌"！……

于是争论就开始了。态度分歧既可以用普通第二人称的祈使句形式来表示，也可以用第一人称的复数"让我们——"的形式来表述。

由于祈使句与道德命题具有相似的功能，所以研究一些把它们**部分**地等同起来的定义是有用的。这些定义虽然不能恰如其分地标示出祈使句与道德命题用法上共同具有的微妙之处，显然也不够精确，但它们以粗略的形式保留了道德分析中的许多本质特征，因此，

[1] 指"一致和分歧的种类"部分。——编者注

把它们作为祈使句和道德命题的近似东西加以分析，对我们是有帮助的。正是这些定义，构成了前面曾经提到过的“工作模型”。

我们可以用很多方法设计这些“工作模型”，但下面所列的也许最为实用：

(1)“这是错的”，其意思是说：**我不赞成它，你也别赞成吧!**

(2)“他应该这样做”，其意思是说：**我不赞成他不这样做，你也别赞成吧!**

(3)“这是善的”，其意思是说：**我赞成它，你也赞成吧!**

我们注意到，每个定义都由两部分组成，第一部分是说明性的陈述：“我赞成”或者“我不赞成”，它描述说话者的态度。第二部分是祈使性的陈述：“你也这样吧!”它致力于改变或加强听话者的态度。两部分共同发挥作用，很容易引起态度上的一致或分歧。下面的例子可以清楚地说明这一点。

A：这是善的。

B：我完全同意，它确实是善的。

根据上述模型，对它进行直接翻译后就成为：

A：我赞成这件事，你也赞成吧!

B：我完全愿意赞成它，你也(继续)赞成吧!

这些话中的陈述部分，由于证实了双方的态度是相同的，所以足以表示相互间的一致。但如果把它们单独拿出来，它们所暗示的至多不过是对态度的纯描述。这时候，它们没有那种热情地表示赞许时所具有的**感染力**。这种感染力就是人们态度上的相互影响。它使人们自身的赞许评价加强和鼓舞其他人的赞许态度。后面的这一效果正是人们在道德判断上取得明确一致看法的最重要特征。通过对上面所举例子的解释，祈使句的意义已经得到了一定的揭示(虽然还很不完善)。

A：这是好的。

B：不，它是坏的。

用工作模型来解释，它就变成：

A：我赞成这个，你也赞成吧！

B：不，我不赞成它，你也别赞成！

这些话的陈述部分表明两个人有对立的态度，一个赞成，一个不赞成。而祈使部分则表明每一个人都在建议对方改变态度。既然已经限定了“态度分歧”仅仅与态度对立有关，仅仅与怀疑或者更改他人态度的企图有关，那么显然，前面提出的工作模型为这种分歧（尽管仍然是以不完善的形式）保留了一席地位。

但如果让工作模型对我们有利而不是有害，那么，使用它们时，我们必须极为谨慎。虽然它们强调态度上的一致和分歧是必要的，但却没有强调信念上的一致和分歧是否必要，因此这不能明确揭示道德问题的**双重**起源。如果说传统理论经常只见信念不见态度，那么我们一定不能犯相反的错误，只注意态度而看不见信念。后一错误，将会造成伦理学似乎与理性讨论、探索毫不相干，因此其错误的性质比前者更为严重。

但是既要避免这个错误，又保留作为近似定义的工作模型是可能的。初看起来，道德争执的全部性质及其组成要素的相对重要意义，似乎都应该仅从道德术语的定义中得到清楚的说明，但这种要求并不一定非满足不可。只要能够在别的地方适当地确立起研究重点，我们就不必死守这种要求。而且，对一个定义的中心要求，就是要求它为全面解释问题提供**妥善的办法**。如果工作模型突出了信念而忽视了态度，那么要通过补充说明来纠正强调的重点是很难的。正因为如此，我们必须抛弃传统型定义。相反，如果工作模型突出了态度而忽视了信念，那么重新确立正确的研究重点就是轻而易举的事了。在后面的讨论中，我们将转向方法论研究，那时伦理学的认识内容必然引起我们的格外关注。在这一点上，虽然仔细恢复信念问题在伦理学中的适当地位，承认它们是极其复杂和多样的，但是我们能对研究所涉及要素的各自地位做出恰当的权衡。

因此，在以后的部分，对意义的分析将强调态度的一致与分歧，而对方法的分析将强调信念的一致和分歧。这样做不仅不会掩盖两种因素之间的密切联系，相反，我们将看到，它使这种联系更加明确。然而，重要的是要看到这种做法带有某种程度的主观任意性。为了使分析完全彻底，我们还需要采取另一种做法。与此同时，我们必须十二分小心地注意，每当关于意义的讨论暂时与其他分析相脱离，不再向人们提示信念在道德问题中只有次要地位时，我们就必须阻止这种讨论，因为这样的观点不仅与分析的性质相矛盾，而且也与日常生活经验中最明显的事实不相容。

我们一旦避免了这一混乱，就会发现工作模型常常是富有启发性的。祈使句是工作模型的组成要素之一，具有相当有趣的功能。为了理解这一点，让我们把定义“善”的工作模型，与下面这个和它十分相似的模型做一比较：

> (4)“这是善的”，其意思是说：“我赞许它，**并且我希望你也赞许它**。”

这个模型与模型(3)的区别，仅在于陈述句“我希望你也赞许它”，代替了祈使句“你也赞成它吧!”这个辩护**似乎**微不足道，因为在现实生活中，“做某事”与“我希望你做某事”，常常在同样的意义上使用。例如，“我希望你打开窗户”与“请打开窗户”，通常有着同样的祈使效果。祈使的功能并不仅限于祈使语气，而且，如果认为出现在模型(4)中的陈述句也具有祈使功能，那么过多地解释模型(3)与模型(4)的区别就有点多余了。但事实上，模型(4)依然可能引起混乱。“我希望你也这样做”，这句话既可以被认为具有祈使功能，也可以被认为不具有祈使功能，甚至可以仅仅被看作对说话者精神状态的内容描述，用以描述他的希望，用来为达到认识目的而转达关于这些期望的信念，而不是求得它们的满足(如果说在日常生活中，这种解释不可能出现的话，那么在抽象复杂的哲学理论里这种解释却比比皆是)。特别是模型(4)也许会使人想到，“这是善的”这样一句话，其主要的甚至唯一的目的，就是表达**关于**态度的**信念**。它所强调的可能是信念上的一致和分歧，而根本不包括态度上的一致和分歧。定义(3)优越于定义(4)的地方，就在于它不容易受到这样的曲解。作为定义(3)组成要素的祈使句，从来不会**仅仅**被用作内省记录，因而清楚地表达了这样一个确定的事实：“**善**”不仅用于表达关于态度的信念，而且用于加强、改变和指导态度本身。

我们将前面的例子加以扩展，就可以看出定义(4)这种容易使人误解的特征。如果按照定义(4)而不是定义(3)的方式来解释这个例子，它就变成了：

> A：我赞成这件事，并且希望你也赞成。
> B：不，我不赞成它，希望你也不要赞成。

如果把它们看作纯粹的内省报告，这些陈述在逻辑上并不矛盾。每个人都在描述自己的精神状态。既然他们的精神状态不同，那么每个人的报告都可能是正确的。但是，如果我们还记得，这些陈述据称分别是对“这是善的”“这是恶的”的解释，那么我们就可能得出这样一个结论：按照定义(4)的说法，在善恶问题上人们并没有真正的分歧。他们也许认为相互之间有分歧，但那只是因为混用了代词的缘故。摩尔(G. E. Moore)实际上就是用这一结论作为归谬法，来处理任何依说话者的态度为转移来解释“善”的定义的①，并承认了他的分析所依的隐含假设。人们普遍接受了他的观点。但是，如果“我希望你也这样做”被认为具有祈使功能，以补充它的描述功能——或者进一步说，如果按照定义(3)的要求，用一个祈使句代替这个陈述句——并且如果承认道德争论与态度分歧有关，那么我们就必然会得出一个极为荒谬的结论。即：“人们在道德问题上不存在真正的分歧。”这个结论不仅忽视了摩尔提出的“善之不可定义性”，而且坚持了道德争论**完全**是信念问题这个观点。实际上，这些信念是通过检查道德命题自身而建立起来的，并与许多其他命题互不相关，尽管后者构成了这些信念发挥作用的一部分语言环境，但必须指出，不愿追究信念之外的东西(相当荒唐的是，这种探究通常不是因为形成了太多信念，而是因为信念太少而结束的)，既不是摩尔的许多“自然主义”对手的特征，也不是摩尔本人的特征，而且他通常比他们更仔细地强调，分析信念与其逻辑结论是互为前提的。

以上我们指出了工作模型的性质。对于“区分道德陈述和科学陈述的东西是什么”这个问题，我们的回答是：道德陈述部分地具有近似于祈使句的意义。正是这种祈使意义，解释了道德判断之所以与态度的一致和分歧具有密切关系的原因，并有助于说明规范伦理学怎样才能与心理学和其他自然科学区分开来。

Ⅱ　语言的灵活性

上面介绍的工作模型及其产生的相应的方法概念毕竟简陋了些，我们要考虑以后如何修正或改变它们。

模型的第一个缺陷是：祈使成分——包括保存道德判断的劝导

① ［英］摩尔：《伦理学》，100—102页，威廉斯·诺加特出版社，1912。［英］摩尔：《哲学研究》，333页，伦敦，1922。P. A. 施里普编辑的《G. E. 摩尔的哲学》(1942)一书，收集了本作者以“摩尔反对伦理自然主义的一些论据”为题目的文章，该文对上述论据和类似论据的东西做了详细的评论。

方面，和强调指出态度一致或分歧时是有用的等——作为完成模型的预期任务的工具实在过于迟钝了。如果一个人被明确地要求具有某种态度，他的自我意识就会使他不去服从这个要求。强求某人的赞许，只能得到他表面上的应承。但“这是善的”这一判断根本没有施加这种无效的影响，所以该判断鼓励人们赞许的力量只得到了很少的近似体现。

第二个缺陷与第一个缺陷多少有点类似，但更为严重。祈使句常常被用来行使一种单向的影响，一个人发出指示与命令，当然不希望得到句句的答复，尽管这不是使用祈使句的唯一方法，但却是最常见的用法。当祈使句笨拙地进入某种语言环境时——就像它们在工作模型中那样——我们能想到的只有这种用法。因此，模型提供的是一个关于意图的歪曲印象，这种意图是人们行使道德影响的基本原因。这些模型也许会使人想起那些热衷于改变他人使之符合自己要求的道德家——他们只希望宣传自己既定的目标，从不对这些目标进行反思。

如果说某些道德家具有这种动机，那么无疑其他道德家则不具有。一个发挥了某种影响的人不一定因此就要使自己摆脱所有的相反影响。他可以发起一场讨论，通过这种讨论，各方逐渐改变了态度，被导向一个其性质得到更完满理解的目标。有很多人发挥的影响不仅限于他们自身的直接需要，因此他们在人与人合作形成的道德体系中占有受欢迎的地位。他们带着了解问题各个方面的愿望参加讨论，不是要征服对方，而是渴望用其他观点来检验自己的道德判断，尽管人们并不总是以这种精神来提出道德判断，但必须记住，这种可能性显然是存在的，并已经在许多事例中得到了实现。因此我们没有任何理由说，人性中除了连人性也羞于承认的品质外别无他物。

因此，工作模型看来既可能错误地表达道德影响赖以发生的形式，又可能错误地表达伴随该形式而出现的动机。怎样才能避免它的缺陷呢？当前流行的关于语言和意义的各种理论对此做了回答。这些理论可能对哲学产生显著的影响，并且已经受到了当代一些伦理学作家的强调。道德术语指导态度的效用，虽然并非与祈使句截然不同，但也必须参照某种特殊、微妙的情感意义来解释。一个词的情感意义，是该词长期用于情感之中而获得的激起或直接表达态度的能力，而不是描述和指称态度的能力，其最简单的形式是典型的感叹词，较复杂的形式则表现为一种组成诗歌的因素，而日常生活中许多褒贬议论的术语，则是其为人们所熟悉的表现形式。道德判断借助这种意义来改变态度，不是诉诸有意识的自觉努力(像祈使句通常所做的那样)，而是靠较灵活的**联想**机制。也就是说，情感术语把自己所从属的主语或明或暗地显示出来，并因此**引导**而不是强制人们改变自己的态度。情感术语可以包含着与单向影响不同的双面影响。情感意义的本性和发生作用的机制，及其他与信念、姿态、音调等的合作方式，对这些问题的考察留待下面来解决。现在仅仅指出的是，不要误以为情感意义侵占了本来属于描述意义的位置。在伦理学和其他领域，情感意义具有许多合法的功能，只是当人们滥用它时它才会变得令人讨厌。

但是，仅仅修正工作模型中的祈使句成分还不够，它的陈述成分也具有缺陷，因为这种陈述对于许多语境来说过于简单了。为了突出态度上的一致和分歧，工作模型把陈述意义减少到最低程度，使人联想到道德判断所表达的仅仅是与说话者自身态度有关的信念。这种做法最明显的缺陷正如我们看到的那样，是没有现实基础的，因为它忽视了许多与道德有关的其他信念。如果像前文①那样，我们在与方法论的联系中强调信念——如果我们从伴随道德判断的支持理由，而不是从道德判断自身的意义清楚地说明这些信念——那么我们就能恰当地认识到道德争辩的全部性质。但是，一个更严重的困难出现了，它揭示出工作模型真正的并且不易克服的缺陷。道德术语因其多义性而著称，而对这种多义性尚未做出任何说明。所以我们的做法尽管敏锐地注意到了进入道德范围的信念，但绝没有足够敏锐地注意表达这些信念的各种语言形式。如果我们假设——像工作模型很容易使我们假设的那样——道德判断本身**从不**表达重要的信念，即这些信念**总是**由对道德判断提供支持理由的句子表达，我们就会忽视普通语言的灵活性，从而掩盖这个在整个伦理学体系中最需要注意的因素。

目前研究的目标，不是以任意的方式为道德术语设计一种意义，使之适合于确定的技术性目的，而是使日常生活用语摆脱混乱。为了实现这一目标，我们必须认识到在日常生活中，我们所面临的不是术语的“一种”用法，而是“多种”不同的用法。这种现象不是从琐碎的原因中产生的，因此我们的实际任务不是力图消除它，而是尽量使它的存在显而易见并通过仔细研究它的起源和功能，使之不再

① 许多其他信念可以为道德态度提供支持理由。本书未摘选这一部分。——编者注

成为犯错误的根源。①

然而，我们至今仍未预见到这一问题的全部复杂性。在谈到道德术语的“歧义性”时，上述议论只是使我们想到它的一些鲜明例子，如“grip”一词，有时表示用于紧握，有时表示一个手提箱。这就提醒我们，只要对日常用法做出认真的区分，就能把握住道德术语意义的确切数目，并且把一种意义从另一意义中区分开来，所需要的也仅仅是对已经建立的语言习惯进行一番有意识的仔细研究。然而事实并非如此。术语不仅是多义的，而且还是**含糊的**。虽然任何时候，总有一些因素肯定会被包含在术语的指称对象之中，而另一些因素则肯定会被排除在外，但仍然存在许多其他因素，它们既没有被包含在内也没有被排除在外。对于这些因素，不管是使用术语的人还是词典，都没有任何明确的意见。根据使用术语的语境和目的的变化来确定范围的界限所引起的波动是如此之大，以至于就普通用法而言，指定术语某种意义何时消失而另一种意义何时出现，就成了完全主观任意的了。

在“红”这个词上，我们可以找到说明语言含糊性的简单例子。光谱上有一个该术语必定指称的确定领域，而另一个较宽的领域则肯定不为该术语所指称。但在两个领域之间，存在着接近橘红的颜色，这是日常用法中的名称而不是科学的技术概念。人们既没有决定把这种颜色变成红色，也没有决定把它变成“非红色”。当然，我们可以在这个未被决定的领域中任意画一条线，说线的**这边**为红色，那边不是。但如果这样做，就可以看到很多其他的地方，同样适宜于画出这样的线。允许我们画出的不只是一条而是很多条线，使每条线都表示一种特殊意义的边界，用来寻求术语较宽的和较窄的明确含义。但是如果我们这样做，无论画多少线，以及在什么地方画线，要确定这些问题，都和前面的情况一样，仍然成了主观任意的事情。对于未决定的领域，术语的日常用法允许我们随心所欲。

道德术语的含糊性与此是同类问题，只不过更极端而已。也就是说，术语未被确定指谓对象的，数目更大，种类更多。因此一个道德术语，使用面可以非常广泛，有时其用法可以很容易接受检验，有时则相反。我们都知道，一个政治家许下“公正”的诺言，但实际

① 参见理查兹1940年在耶鲁大学所做的卑尔根演讲，该演讲收于《狂暴者》(1941年夏季号)。理查兹争论说：我们应该“研究……歧义性，不是害怕它，而是把它作为发展理解力的最好机会而欢迎它”。这一段讲得极为精彩。

上他使自己承担的义务很少，除非在选举前他给这个术语下了定义。“善”这个词同样可以给予多种解释。它可以用来意指某种品质，如可信赖、仁慈、诚实等，甚至也可以具体指星期天虔诚地去做礼拜这样的行为。这些内容不一定是与说者宣称的与善不可分离的品质，却可能是他希望属于善之逻辑内涵的品质。另外，我们可以说这个术语根本没有这种描述性的指称含义，甚至还可以说它所指的仅仅是说话者的态度。我们总是有机会来选择使其描述意义多一些还是少一些，这两种选择都不违反“英语自然用法”的灵活性要求。认识到这一点是重要的。

我们如果现在回到工作模型的问题上来，就很容易看到，就其描述意义而言，它们的缺陷还只是部分的。它们提供了一种可以归于道德术语的意义，这种意义完全适用于确定的语境。但如果把它们当成所有语境的典型，并且认为它们足以阐明所有语言的普通用法，那么它们就只能成为一条虚构的语言学规则。它们至少必须由另一些定义来补充。最后，绝不能认为各种定义详尽无遗地阐明了道德语言的可能性，而只能认为它们通过举例解释了道德语言的巨大灵活性。

Ⅲ 小结

尽管这里只提供了我们研究的纲要，只涉及了某些课题，相当粗略地展开了另一些课题，但它已经介绍了几个极具重要意义的观点。不能认为道德术语与科学术语是完全可比的，它们具有一种准祈使(quasi—imperative)功能，解释这些功能必须仔细注意情感的意义。它们也具有一种描述功能，由于与这种功能相伴而生的是多义性和含糊性，因此我们需要对语言的灵活性进行特别详细的研究。语言的这两个方面又与伦理学方法密切相关。尽管这种关系只是得到了片面的、不完善的研究，但已经足以提醒人们注意到这样一种有趣的可能性：为道德判断提出的理由，虽然在其自身真假的范围内得到一般的检验，但还可以用一种归纳逻辑和演绎逻辑都不能充分显示其特征的方法给予**该判断**以支持，因此这种理由必须成为另一种研究的题材。

分析的第一模式[①]

I 善的情感意义

对“善”这样一个术语的研究，把我们引向了关于意义的讨论。按照第二章提出的定义，“这是善的”，其意义等于说：“我赞成这个，你也赞成吧！”这只有作为工作模型，或作为非常近似的分析，才具有指导意义。我们已经看到，“你也这样吧！”这个短语，在用于强调态度的一致或分歧时，显得相当粗糙简陋。而“我赞成这个”这一短语，尽管为判断提供了一种可能的描述意义，但对于许多语境来说，也是过分简单了。我们对于意义的讨论，将有助于弥补这些缺陷，并有助于对日常会话中的微妙差别和灵活变化进行敏锐的分析。

我们来看看怎样才能去除工作模型中明显的祈使成分，用较合适的情感意义来代替它。

这个任务并不轻松，只有小心谨慎，才能使我们的研究不致陷于肤浅。也许有人会认为这里

① 选自《伦理学与语言》(中国社会科学出版社，1991)，第4章第1—3节，姚新中译。——编者注

所需要的不过是改善工作模型。似乎某种不像祈使句那样简单粗陋的其他短语可以派上用场——这种短语可以维护“善”的情感意义，使其免受明显的歪曲。例如，人们可能会提出：“这是善的”(如不考虑语言灵活性的话)，其意义与“啊！你本来应该和我一起赞成这个”，或者与“我赞成这个，它多好啊！”等短语有着相同的意义。

我们只要稍加注意就能看出，这些短语并不比工作模型更能说明问题。它们具有使其适于加强或更改态度的情感意义，所以大体上**相似于**“这是善的”。但是，在任何情境中，用它们代替后者，都不可能不使其情感含义发生某种微妙的变化。这也同样适用于其他寻求确切定义的种种努力。用其他术语来定义伦理术语，可以使我们得到较近似的定义。例如，“这是善的”，在情感上就非常接近于“这是值得赞许的”。但即使如此，细微的差别依然存在。

另外，如果我们期望一个定义必须保留“善”习惯上所具有的情感意义，那么“善”这个术语就是不可定义的。它没有与情感完全对等的东西，这是一个既不应引起惊奇也不应产生困惑的简单事实。“善”是不可定义的，其理由与“乌拉”是不可定义的一样。(人们只要尝试着把“乌拉”与“多么令人激动”互换一下，就能看出两者仅仅具有**大体上**的同义性。)尽管我们的语言中有许多相同的术语，但其情感术语却相对不那么多。每一个术语，都带着在自身情感史上形成的特殊烙印。

然而不能由此认定，我们不可能对“善”的情感意义进行更深入的研究。但这里所需要的不是给它下定义，而是确定其意义的特征。下面这个相似的例子具有许多为其他事例所共有的特征。在韦氏词典中，“Nigger”(黑鬼)这个单词后面，跟着的是这样一个短语：“黑人(Negro 现在常常含有蔑视的意思)。”注意，**定义**指出了“Nigger”和“Negro”的描述意义，在这个意义上两者是等同的；但其情感意义却是另一回事。任何情感同义词都与描述同义词不一样。如果把“Nigger”(黑鬼)这个字眼，读作“Negro，bah！(呸！黑人)”，就很容易看出这一点。“Nigger”这个词的情感意义的典型特征就是傲慢、蔑视，因此与“Negro”(黑人)这个词的情感意义不同，后者丝毫不带傲慢、蔑视的色彩。现在可以用相似的方法来讨论“善”。“善”的描述意义是可以定义的，尽管在这样做时可能会遇到我们后面非常关注的模棱两可、含混不清等复杂情况。但是，它的确切的情感意义却不能以下定义这种方式加以保存，而只能描述这种情感意义。

被定义项的意义与定义项的意义相同，但被描述的符号与描述的符号两者意义却有**不同**。当符号 Y 对符号 X 的意义进行描绘时，X 的意义是 Y 所指的对象，而不是 Y 的(心理)意义。因此，当“善”被描绘时，它的情感意义并没有被定义。但这并不妨碍人们进行伦理学的分析，正像它不妨碍人们编纂词典一样。

既然术语的情感意义具有倾向性，那么它的心理效果就会伴随条件的变化而变化。“善”显然就是如此。在很多情况下，这个术语只不过**标示着**态度由分歧达到了一致。如果某种相关的讨论被证明是必要的，那么，“善”这个术语所起的作用不过是为这种讨论做准备。在另一些时候，其效果具有强烈的劝告色彩；甚至还有一些时候，如用于讽刺，或以让人联想到“伪善”的声调说出时，它常常会引起相反的情感效果。这些观察虽然并不深入，但已足以表明不能用简单的方式讨论伦理学的情感方面。然而，现在我们需要理解的，是那个需要加以研究的问题究竟属于哪一类型。对伦理术语的特征进行描述，必须经常借助例子来逐步进行。我们将在下面几页含蓄地讨论这个问题。

具有情感意义的术语并不总是用于规劝的目的，记住这一点是很重要的，否则人们会因为目前的研究常常强调情感意义，而认为它对伦理学的劝告方面强调得太过分了。现在，我们要立即提出这样一些事例来努力防止出现这种可能的误解，在这些事例中，伦理术语实际上不具有情感的**影响**。

这些非常熟悉的例子，虽然过于简单，以至于本身不会引起人们多大的兴趣，但对于与它们同属一类的其他事例来说，则非常重要。有时，“善(好)”的用法与“有效的”用法相同，比如，说“穿雨衣是不被雨淋的好方法”，就是如此。有时，“善”的用法与“符合当时习俗”这一短语相同。比如，说“杀婴在斯巴达是善的，而在雅典不是”，就可能(虽然不是必然)如此。这些意思说明了这个术语具有一种几乎属于纯描述的用法。不过我们对此还要说，即使在这样的语境中，“善”的情感意义仍然存在，那么它在其中的**实际效果**也达到了可以完全忽视的程度。正像在隐喻中特殊的伴随条件抑制着描述意义一样，在这里正好相反，情感意义受到了抑制。因此，只要“善”被这样加以利用，那么随“善”出现的任何分歧，都可能是信念分歧，并可以用日常经验方法加以检验。

相似事例很多。有时候，“善”的用法等同于这样一些短语：“几乎受到普遍赞同”，或“受到我们社会(团体)成员的赞同”，或“你(听者)和我(说者)常常赞同”，等等。这里与态度的关系实际上是描述的而不是情感的；正如在“杀婴在斯巴达是善的”这种语境中一样。当这句话涉及的不是历史事件而是当代事件时，当然总是存在着这样一种**可能性**，即重新获得情感作用，用以**建立**或加强态度上的一致。但是，当态度一致被看成理所当然时，人们常常以这样一种语调来使用“善”，这种语调可以使情感意义毫无作用。于是，善就成了与纯描述词差不多的等同词，其指称的东西在该语境中是显而易见的。

几乎可以说，每一个伦理术语的情感意义，都有活跃的与不活跃的两种用法。这种情况是很常见的，并常常构成双关语的来源。例如，下面的两行诗就是如此：

> 只要有酒，有女人，还有歌，
> 那么不做错事就是错。

第二个“错”是贬义的，任何反对其邪恶影响的传统道德家，都会对它持不同意的态度；但另一个“错”只是作为描述术语而使用，我们的道德家在特定语境中可以清楚地看到它所指的内容。

当伦理术语被用于情感意义不活跃的语境中时，这种语境可以称为“伦理的”。但此时“伦理的”这个术语必须是在非常广义上来使用的。如果把它们叫作“规范的”，那么这种说法对我们的语言习惯来说，就过于苛求了。在任何情况下，过多地注意语境都是不必要的。伴随这种语境出现的偶然混乱，将在本研究的其他地方得到说明。说明它们时所使用的方法，是普通的科学方法，这些方法在实践中是很容易理解的。

Ⅱ　语言的灵活性和依赖的情感意义

对于规范伦理学的最典型的语境来说，伦理术语具有既是描述的又是情感的功能。对描述功能需要进行仔细的考察。如果我们打算妥当地讨论这个问题，同时又考虑到语言的灵活性，那么就不希望用一个简单的定义来结束我们的考察。必要时，我们必须研究那些伦理术语**能够**在其中使用的许多实例。按照理查兹的说法：“有一种并且只有一种真实意义的迷信”①，在任何研究领域中都会造成严重的后果，它也严重阻碍了伦理学的进步。

---

① ［英］理查兹：《修辞哲学》，39页，牛津，1936。

前面的部分已经简要地指出了语言的灵活性，这种性质与目前的研究密切相关，有必要加以更详尽的考察。我们尤其必须弄明白，在第三章《伦理学与语言》中关于语言规则的结论怎样与伦理学术语发生具体的联系的问题。

毫无疑问，即使情感意义是“善”①这个术语占主导地位的意义，它仍然可以用某种方式帮助我们获得知识。如果史密斯太太告诉她的女儿：琼斯是一个“好”裁缝；那么根据史密斯太太过去的认识，我们能够合理地断定琼斯一定具有丰富的缝纫经验。但如果一个缺乏文化素养的人说某出戏剧“好”，我们则有理由相信，我们那些文化素养较高的朋友们不会喜欢这个戏剧。如果人们称赞约翰逊是一个“好”伙友，我们就可以得出结论：他很少使人们讨厌。这也同样适用于具有特殊“道德”气息的语境。一个受人尊敬的朋友告诉我们，布朗是一个“好”心人；我们可以得出结论说，布朗尽力为别人着想和帮助他人。一个教士告诉我们，玛丽是“一个多么好的姑娘”，凭这一点我们就能确信，玛丽是一个贞洁、善良和虔诚的人。

那么，“X 是善的”，这句话实际上**意指**(部分或偶然地)它引导我们得出的结论，还是仅仅在提示着这种结论呢？也许它只是提示这种结论，因为推论在很大程度上依赖于我们关于说话者心理习惯的知识。我们对琼斯的信念依赖于我们对史密斯太太过去的了解；我们对玛丽的信念依赖于我们对该教士为人情况的了解。但这并不是答案。问题不在于我们**是否**运用了自己关于说话者心理的知识，而在于我们**如何**应用这种知识。假定每一个说者都在不同的意义上使用“善(好)”这个术语，那么我们还能确定它是在**什么意义**上被使用的吗？而且在这样做了以后，仅根据对所说的“善(好)”的分析，我们就一定能得出相应的结论(不管是关于财富还是关于纯洁)吗？或者，如果我们假定“善(好)”的描述意义只是指说者的赞许，并运用我们关于他心理特征的知识，就能确定他常常会赞许哪一类事情吗？简言之，我们利用自己关于说者的特殊知识，是在决定说者语词的**意义**之前，还是之后？

答案似乎取决于“善(好)”被用于各种情境时实际上所具有的确切含义。这是一个有助于解决问题的开端，但也会带来误解。实际上，“善(好)”并没有确切的定义，它的使用总是含糊不清的。上述

① “good”，这个词在下文中具有“善”“好”两层含义，当用于道德情境时，把它译为“善”，而用于一般价值情境时，译为“好”，作为抽象概念时，一般视情况而定，也有译为“善(好)”的。——译者注

问题预先假定了“善(好)”意指的东西与“善(好)”提示的东西有不同，但这种不同，就其精确性而言，是日常语言所无法达到的。这是该术语不同描述倾向之间的差别，其中一个受到语言规则的保护，另一个却没有受到这种保护。关于科学或数学的严谨的讨论，是利用相互关联的各组定义或形式公理进行的，在这种讨论中要进行上述区分，当然很容易。但在日常生活不那么严谨的谈话中，很多规则并没有制定出来，也没有为人们的语言习惯完全证实。即使有一些偶尔制定出来的规则，也并不总是为人们所遵守。当然，有些规则总能得到遵循。例如，不管“善”有哪些含义，它既不是“坏”的，也不是“中性”的。但许多其他规则还仅仅是一种可能性。如果一条规则引起了人们的特别注意，他们就可能为了特定目的而接受它——虽然通常只是暂时的。除非大量规则得到了永久性的确立，否则我们区分描述意义和提示意义的任务就不可能很好地完成。当规则处于被普遍接受的过程时，在一个很长的时期内，我们既可以接受它，也可以反对它，两种做法都不违反语言习惯。我们的决定可以解决由自己的用法所产生的问题，也可以确定哪些以后可以称为术语的描述意义，哪些则应叫作它的提示意义，但我们的最终产品与原材料绝不是一回事。

因此，如果喜欢，我们可以坚持说，上述例子的结论只不过是“X是善的”这句话提示的东西。我们也可以说，这些结论是它在分析上所指谓的东西。这两个答案中的任何一个都可以用来制定使用“好”的规则。必须记住，它们是我们的规则，而不是那种“暗中应用”于事例，经回想而发现的规则。虽然可以“发现”较普遍的规则，但许多具体的规则只有靠语言习惯来“提供”。这就是模糊术语的典型情境。当定义或分析这些术语时，人们很少将其看成既定的事实(就像为了某个创始人的利益来分析科学术语那样)。相反，意义存在于分析者用该术语造就的东西的形成过程之中。分析者不管多么渴望遵守习惯用法，仍有机会决定怎样使用该术语或赋予其什么样的含义。正像维特根斯坦曾经说过的那样：要消除模糊性，就像要描画影子的模糊边缘一样。轮廓分明的线，只能出现在我们描画之后，而不是出现在描画之前。

因此，我们必须敏锐地注意到这一事实，即伦理术语并没有预定遵守任何一组规则，分析也不能“出现”其“真实的”含义。但我们仍然不能对模糊性采取随意处理的态度。即使分析不能揭示“这个”含义，它通过例子得到的定义也必受到广泛的目的支配，伦理术语通常都是用于实现这样的目的的。不然的话，它会使术语更加模糊，更加模棱两可，而不会使术语得到更好的理解。

这些话涉及的尽管主要是伦理术语的描述方面，但也间接地说明了它们的情感方面。我们已经注意到，“善”可以被赋予一个相当复杂的描述意义。该术语的情感意义大都**依赖于**前者。因为要博得听者的赞同，首先必须使他对所赞赏的对象的性质有一定的信念。除非说者和听者都明确同意某个定义，否则，就不会出现上述情况。而双方在定义上达成一致这件事正像我们下面将看到的那样，本身就会引起一个本质上规范的问题。但是，并非“善”的所有情感效果都具有劝告意义，说明这一点，是有意义的。它的很多内容都能证明信念和态度相互关联，而这种关系正是伦理学的核心问题。

当“善”被赋予一种相对简单的描述含义时，情形并没有多大区别。语言学上可能有较复杂的含义，也不必用这一过程加以完全消除，它们仍然存在于认知性提示的形式中。很多情感意义都是**半依赖的**，要引起听者的赞同，不是靠明确地指出他所称赞的性质，而只是以一种模糊的方式使其想起这些性质。当这种情况出现时，我们必须十二分小心，以防止受错误理解的影响。“X 是善的”这一判断，可以使一个听者想到 X 具有某些性质，使另一个听者想到 X 具有另一种性质，而说者心中所想到的，却可能是第三种性质。因此，该判断可以导致态度一致，尽管受到了信念的影响，但其基础却不是信念一致，而是信念的隐蔽差异：每个人最后都相信 X 具有某些**他个人**所赞赏的性质。如果某些这样的信念是虚假的(这很容易被忽视)，那么其原因既在于表达信念的语言过分模糊，也在于**独立的**情感意义不同(这种意义仍然是“善”的全部意义中的一部分，即使其大部分的意义是依赖或半依赖的)，这导致人们暂时不再认真注意研究的结果。对于那些希望利用错误的人来说，这里有一个现成的语言武器可以使用。对于那些希望缩小和消除错误的人来说，则必须遵守语言的规则。把“X 是善的”这一判断与全部论证理由联系起来，就是这种谨慎的表现。这些理由清楚地指出人们归于 X 的实际性质，而不仅仅是提示了那些性质，因此促进了关于那些性质是否存在的探讨。

按照同样的思路还可以指出更多的东西。伦理术语的用法有时具有实体化的倾向，就像一个东西被“裹”在善中一样。如果这种实体确实存在，并增加了“善”的情感意义，那么，它就会引起(对于某些人的用法而言)一种依赖于混乱意义的情感意义，或依赖于形象化意义的情感意义。这些论题对于完整的研究虽然必要，但由于过于接近心理学和认识论一类的较大的问题，而且自身又非常复杂，因此这里不能试图对它们进行恰当的研究，即使是我们能够做的浮光掠影式的讨论，也必须留待后面的一章进行，现在强调一下，善的情感意义不是完全独立的而只是部分独立的，这就足够了。它可以依赖于其他任何一种意义，并且由于语言的灵活性，它总是部分地依赖于或半依赖于描述意义。

Ⅲ　第一模式的显著特征

如果想恰当地说明语言的灵活性，我们必须把研究分成两个部分，或者称为分析的两个“模式”。第一个模式就是第二章提出的工作模型的展开，作为对多种可能性之一的说明，把描述意义限制在说者的自身态度上，可以消除伦理术语的模糊性。它们所传递的所有其他信息，都将仅仅被看作一种暗示。第二个模式说明许多其他的可能性，允许伦理术语的内容变得与任何时候、任何语境所要求的一样复杂。像第一个模式对伦理术语分门别类一样，这使描述意义的提示在描述意义中获得较确定的地位。虽然情感意义仅在其依赖的而非半依赖的范围内才发生变化，但它仍将出现在这两个模式中。

既然工作模型已经指出了第一个模式的性质，那么我们似乎应该把大部分注意力放在第二个模式上。如果我们的兴趣完全在于语言研究，情况无疑是这样。但我们还有一个附加任务，即区分和强调道德争论和方法的独特性，而第一个模式对此特别能说明问题。它将发展成一个相对简单的形态，从而清楚地展现出大多数伦理争论的基本问题。一旦这些问题清楚了，理解第二个模式所产生的附加问题就会毫不困难。因此，下面几章我们将详细地研究第一模式，直到第九章再把注意力转向第二模式。同时绝不要以为第二模式提供的定义，在语言上不如第一个模式提供的定义那么规范。在这方面，我们没有任何理由去喜欢一个模式而讨厌另一个。

第一模式所要讨论的不是任何一个伦理术语，而是许多这样的术语。即使对它的说明与某个术语，如“善”相关联，也仍存在着几种必须承认的其他含义。因此，把它称为下定义的“模式”，而非特殊定义本身是恰当的。例如：

人们说，“善”有一种指谓说者“赞成”态度的描述意义，还有一种有助于引起听者赞成的情感意义，它并不因此就成了一个特殊的

道德术语。这既可以应用于"他是一个(道德上的)好人"这样的语境，也可以应用于"他是一个好伙计"这样的语境。这一广泛的、一般的意义，当然很容易被两个或更多的具体意义所取代，这些意义中每一个都包含在另一个模式中。我们承认"善(好)"有"道德善"之简略语的意思，它指称的不是说者的**任何一种**赞成，而只是那种特别严肃特别急切的赞成。同时，我们也赞成"善(好)"近似于"了不起"或"很不错"的意思。在这个意义上，它描述性地指出多种多样常见的态度。(在适当的语境中，每一个这样的较具体的含义，在情感效果上都有差异。)因此，在另一个分析模式的范围内，"善"既可具有一个广泛的含义，又可具有几个具体的含义。

与伦理术语的道德含义相连的特殊的道德态度，是不易描述的；但可以用下述方式给予大致的划分。记得前面讲过，态度是一种以某种方式未行动和未体验某种感情的**倾向**，其本身不是一个完成的行动或感情。如果我们想把一种态度与另一种态度区分开来，那么就可以通过把伴随典型判断而出现的各种反应进行分类来进行这个工作。我们把这个结论应用于现在的这个事例。假若某人在道德上不赞成某种行为，那么他在别人身上看到这种行为时，就会感到愤怒、屈辱、震惊；而如果他发现自己有这种行为时，就会感到有罪或受到良心的谴责。但假若他并不是在道德上赞成这件事，而只是不喜欢它，那么当看见别人有这种行为时，他只会感到不愉快，发现自己有这种行为时，他只会对自己生气。同样，如果他在道德上赞成某事，那么这种事情兴旺发达时，他会产生特别足的安全感(sense of security)；相反如果他仅仅是喜欢此事，那么他就只会感到一种普通的快乐。当刺激相同时，反应中的这些差别有助于区分道德态度和非道德态度。如果有必要，把这些结论加以扩充，我们就能发现道德与非道德的全部差异。

在说明道德的全部**起源**时会产生一个有趣的心理学问题，其范围远远超出了这些最初的区别。这里还不能对这一问题进行过多的论述，但使该问题免受肤浅的解释则是有用的。那些对道德家的格言警句越来越不耐烦的人，也许常常用一个手势就消除了他们之间的争议，并由于认清道德态度"仅仅产生于训练"而感到对此无须再说什么。不管这种不耐烦有时多么值得原谅，但它毕竟无助于细致的思考。首先，即使训练是形成道德态度的必要条件，但它绝不是充分条件。没有训练，孩子的冲动可能会不受道德约束；但如果训练不求诸孩子做既定事情的自发倾向，那么它就只能产生十分微弱的道德情操，甚至根本不能产生道德情操。其次，“训练”这个术语所指的是一个十分复杂的情境，这种情境绝不能一提了之。

人们不可能以为训练完全依赖于明显和有形的惩罚和奖励。例如，有些教师仅仅用微笑和皱眉就能使孩子们遵守纪律，而换上其他人，则根本无法维持纪律。训练的效果显然依赖于教师建立起来的威望。孩子们承认某些成年人具有权威地位，而否认另一些人具有这种地位。有权威的人稍一皱眉就会有效地阻止人们去做某事，而威望较低的人即使施以笞刑也只能使人感到不舒服。一个权威人士必定经常让人服从，即使他不在场加强他的命令，也是如此。因为孩子的安全感源于，孩子需要意识到**如果**权威人士知道，他(权威人士)是**会**赞成自己的。要对这些普通的事例做出完满的解释，需要一个关于人类动机成因的复杂理论。如果试图探讨训练影响态度的效果，那么，这些态度的形式复杂多样，而且又与许多其他态度相互联系相互影响，这就需要一种更为复杂的理论，在这种理论中，与训练不可分的威望和权威概念有着重要地位。

不管还会出现什么情况，训练显然都不能使道德态度必定保持其最初的方向。一个感到从事某种事业的道德冲动的人，在经历一个幻想破灭期之后，可能会以同样的热情从事另一项事业。道德态度一经形成，就会成为不依赖于其起源的独立力量。当训练力求达到的目的被新的目的取代时，使训练具有独特性的感情反而可能没有什么变化。目的的这种改变有时是因为新的权威人士代替了原来影响道德态度的人，有时也许是因为一个人试图摆脱所有权威人士的影响，凭借自己的思考来明确他的目的。①

尽管对道德态度还可以补充很多内容，但这里没有必要进行进一步的探讨。对于我们要达到的目的来说，伦理术语的道德含义并不比其他非道德含义更令人感兴趣，因为它们引入的课题不会产生语言学和方法论的具体问题。例如，支持“他是一个好伙伴”的理由。但是研究理由和判断之间的一般关系，并不一定要涉及这些区别。

① 杰罗姆·弗兰克在《法律和现代心智》(图德出版社，1936)一书中争辩说，那些企图否认一切权威的人常常做不到这一点。由于人们无疑需要依赖于权威，由此产生一种安全感，并因此增加了某种满足，所以在缺乏值得信赖的人的权威时，就会发明出以抽象原理形式出现的虚幻权威，这是人们构造出来的半人形象。弗兰克力图用这种方法解释存在于成文法之外的法律体系的“基本的法律神话”，而成文法是立法者应该发现而不是“创造”的东西。他扩展了他的理论，用来说明一切客观价值的观念。尽管弗兰克的理论具有思辨性，不可避免地会引起争论，但它极有意思，得到了法律理论和实践知识的很好论证。

在下面的论述中，常常使用“赞成”或者“不赞成”这样一些现成的词汇，这些词语可以代表上面所说的任何一种态度。①

现在我必须考虑几个细节问题。上面说过，第一模式在描述意义上只涉及说者的态度，但在伦理学的**问题**上，存在着一个明显的例外。“X是善的吗?”这是一句促使听者做出伦理判断的话，它的意义很容易被理解为：“**你**赞成X吗? 我呢?”“我呢?”这个短语是一个对影响的要求，大致可以比作一个对命令的要求，如在“我是向左转，还是向右转?”这种语境中，就是这样。显然，在伦理语境中，涉及的对象不仅包括说者的态度，而且包括听者的态度，如果在伦理问题上，这一规定同“善”的通常用法不一致，那么必须记住，第一模式只解释了消除语言模糊性的一个可能性，第二模式才提供可选择的多种解释。

在第一模式的所有其他语境中，关于判断的描述意义，尽管其中的动词不是现在时态，但仍可理解为仅仅指涉说者**说话时**的态度。因此，“约翰王(King John)(**过去**)**是**坏蛋”，在描述意义上不是说“我过去不赞成约翰王”，而是说“我**现在**不赞成过去存在过的约翰王”。动词时态是表明判断对象的时间要素，而不是说者态度的时间要素。同样，“结束一切战争**将是**极好的事”，这个句子在描述意义上，可以变为“我**现在**赞成结束一切**将来**可能发生的战争”。这一规定符合普通的用法，并有助于说明当情感意义附加于描述意义时，伦理术语为什么非常适合于寻求态度上的一致。情感意义影响着听者现在(即在或接近于说话时)的态度。因此，如果描述意义涉及说话者“现在”的态度，那么判断的全部意义将有助于使他们的态度相统一。当然，他们的统一能维持多长时间，这取决于说者目前态度的稳定程度，和听者所受影响的稳定程度。(情况常常是这样，一个判断除非得到仔细论证，否则其影响只能是暂时的。)

在第一模式的广泛范围内，一个判断可以被分析成这样：它宣称**说者**的态度是**稳定**持续的。在这种情况下，如果一种暂时的态度使某人把某事称为善的，那么他将会一直坚持一种错误。但后面的讨论将证明，这个问题是无足轻重的。

如果第一模式显得人为地简单化，那么必须重申，并非伦理学

① 因此，这里所理解的“伦理分析”，除不涉及美学的特殊术语并仅仅顺便提及经济学的术语外，包括了培里称为“价值理论”的大部分内容。美学评论也可以用现在的方式给予很好的分析，但由于存在许多细节问题，因此作者对于这一科目的观点必须留待今后某个时间来说明。

的所有方面都需要从某个术语的定义中得到直接的证明。如果“善”的意义被认为仅仅描述了**说者**的态度，那么就不必要求人们去注意可能影响其判断的社会传统和“传统习俗”。但是，把它们作为一种关于说者的态度(和判断)如何采取了特定方向的心理事实，从而独立地加以探讨，这是完全可能的。在人们宣称什么东西为善这个问题上，习俗起着巨大的决定作用。它们影响着人们如何选择将道德谓语从属于它的语法主语。但不能由此认为，在**定义**伦理谓语时必然要提及习俗。事实上，这也可能容易使人误解。如果习俗以这样一种无孔不入的方式影响人们的判断，那么任何人的判断也都在影响习俗。习俗成为现在这个样子，并逐渐发生缓慢的变化，正是每个人的判断与他人判断相符和相悖的结果——这种相符或相悖一旦达到社会规模，并被社会学解释的必须承认的无数其他因素所伴随，习俗就要发生变化了。伦理判断既受影响，也产生影响。因此如果一个伦理术语的定义，包括对某些现存社会风俗的具体说明，那么就很容易使人强调习俗对判断的影响，而忽视判断对习俗的影响。同时，人们把描述的内容仅限制在说者态度的范围内，判断对于习俗的影响是否会得到适当的强调。它不会被过分强调，因为第一模式也提示了影响的相反方面。任何说者在另一些时候都可能是一个听者；如果那些向他陈述道德判断的人，借助于伴随的情感效果和支持理由表明自己的某些态度，他就会受到他们的累积影响——这种影响作为同类影响多次反复和相互补充的结果，一旦取得一致方向，就会成为一种“社会压力”。

再举一个例子来说明。第一模式由于不指涉按原则行动(即，根据伦理**普遍化**的原则行动，并因此根据指向宽泛目标的态度而行动)，所以似乎显得人为地“单薄”了。但人们显然既能坚持认为按原则行事是善的(即认为做出或注意关于什么是善的的普遍判断是善的)，也能不违反第一模式的要求。这样一个规范论点不是从第一模式关于“善”的**定义**中**派生**出来的，任何赞成按原则行动，并希望他人也这样做的人，仍然能够在不放弃其道德目标的情况下，在第一模式的含义上**使用**“善”这个术语。如果对应该根据**什么**原则行动这个问题发生争执，那么人们在陈述某个原则时很容易在同一含义上使用“善”。例如，“利他的行为是善的”，这个判断陈述了说者所推荐的一个原则，而推荐这个原则并不需要由定义来确证其真假。

原则无疑在规范伦理学中占有显要的地位。即使人们对“X”下具体判断时，他对听者态度的影响通常也会相当广泛，超出了 X 所从属的那类对象。因为听者像说者一样，会本能地利用心理学的经济法则，这种法则通常来源于以大致的分类方式规定其态度对象的秩序。然后，他只要注意定义某个对象的特性，就能够对该对象做出赞成或不赞成的反应。如果这种做法助长了一种对于这个或那个对象的**特殊性**全然不敏感的态度，那么它可以从下述的做法中得到报偿，即利用相似性的类推或在刻不容缓的情况下，允许采取大体相适的行动。因此，一个原则(即关于一类对象的判断)，常常“潜在”于具体判断之中。但是，只有在这个意义上，即说者在被人问及本来可以提供该原则，或听者能自己提供该原则(虽然说者和听者可能都不准备提及**这个**原则)时，才能说这个原则是“潜在”①的。但如果原则广泛地存在于伦理学中，那么这种情况也能从对象的类属性上得到说明；而伦理学术语公开或隐含地包含着这样的属性，但不一定在术语定义本身中提到。因此原则的情况与风俗的情况没有什么差异，第一模式并没有把伦理学人为地简单化。定义没有提到的东西以另一种形式重新出现了。

即使完全忽略描述意义，第一模式仍然是大致可以接受的(尽管只是作为分析的一种，这种分析将受到第二模式的补充)。那时，“善(好)”只是由于其劝告性的情感意义，能常常**提示**说者赞成的东西，但不再描述**指谓**任何他赞成的东西了。但要注意，这里所否定的仅仅是某些语言规则，这些规则会以其他的方式保证“善(好)”仍可能指称人们的赞成态度。既然这些规则同样承认伦理术语具有情感意义，适于指出态度上的一致与分歧，既然普通用法比非普通用法使这些规则更为自然，那么第一模式将会保留这些规则。那些期望承认“善(好)”的**全部**情感意义的人可以这样做，但这样的分析不可能引入目前的理论无法说明的问题中。②

第一模式与普通用法的近似程度，以及它在许多含义中仅确定的一种方法，通过研究任何一个相似的简单语境都可以看出来。例如，考虑一下这个陈述：“我赞成这个，但它是坏的。”当然，像所有

---

① 康德的准则(maxim)这一术语，也许可以理解为具有“潜在原则”的意思，但绝对命令给予准则的地位当然与这里所论证的观点没有多大关系。

② 如果完全把伦理术语看成情感的，就会产生某些技术简化现象，那说明，**一切**描述的内容都将是提示出来的，而不是指谓出来的。因此，后文所进行的方法论讨论，能以更一致的方式展开，而对“我”和“现在”这些词的研究则不必存在了。但如果我们想全面地理解语言的灵活性，这样的简化则是不行的。我们必须讨论所有的重要可能性，伦理术语的纯情感意义虽然也是这些可能性之一，但并不非常复杂，并不要求对它进行比我们对情感意义已经提供的一般研究更详细的研究。

道德陈述一样，它也可以被指定一些意义。如果这是一个不听话的孩子说的，那么它可以被理解为："我赞成这个，但我的家长责备我这样做。"如果这是一个良心不安的人说的，那么它可能指示着一种矛盾态度："我的利己心赞成这个，但我的利他心反对这个。"或者，假设一个政治改革家做出了一条相似的陈述："我赞成建设公共房屋的计划，但这个计划是坏的。"我们常常习惯于努力使任何话具有统一的意思，这里我们仍然这样做。我们会问："你的意思是说，你只赞成该计划的**某些**结果，**另一些**结果则使你对整个计划持否定态度吗？"假若改革家回答说："不！我的意思是说，我完全地、绝对地赞成这个计划，但同时我坚持认为它完全地、绝对地是坏的。"如果我们出奇地有耐心，可能仍然去寻求某种似乎合理的意义：也许他在讽刺的意义上使用"坏"这个字眼，借以嘲笑"他的反对者——那些傻瓜"喋喋不休的议论。但如果改革家的声调不允许做这样的解释，那么无疑，我们将对这个人力图使自己自相矛盾的做法感到迷惑不解。确实，在第一模式那里，这种陈述真正成了一个矛盾。按照第一模式，"X 是坏的"，其意思是"我不赞成 X"，并伴之以使听者也同样不赞成 X 的情感意义。因此，改革家对于同一措施，既断言了他的绝对赞成，又断言了他的绝对不赞成。像上述种种可能解释的那样，坚持"我赞成 X，但 X 是坏的"这个句子**总是**一个矛盾，这对于伦理学毫无帮助；但是，如果不对此进行解释，人们必然会对这个句子做出上述矛盾的解释。因此，在普通用法既已允许的几个可能分析之内，第一模式是颇有根据的。

第一模式：方法[①]

I 论证的理由

“趣味问题不可争”这个格言只要从狭义上理解，就是有用的。对于食品和葡萄酒的品尝家来说，它常能结束一个已变得令人讨厌的争论。但是，如果我们把这个格言推而广之，应用于艺术趣味问题上，这个格言会遭到许多艺术批评家的反对，以至于很难被人们所接受。如果把它进一步推广，使之应用到所有人类态度问题上，那就必须慎重考虑许多文献的记载，这些文献既包括人类最早的文字记载，也包括当天早上的报刊社论。其原因并不奇怪。如果一个人不喜欢我们认为很好的某种葡萄酒，我们既没有语言手段改变他的爱好，也毫无理由去这样做。虽然我们可以强迫一个人去喝他不喜欢的酒，希望注意和习惯最终使这个人喜欢它，但在这个问题上争论下去只会劳而无功。然而，如果有人赞成某种我们所

① 选自《伦理学与语言》(中国社会科学出版社，1991)，第5章第1—3节，姚新中译。——编者注

反对的道德目标，那么问题就完全不同了。我们有能力改变和急于改变的，是一个人的态度而不是他的趣味嗜好。我们的态度与他的态度相互冲突；词语，既是改变态度的工具，也是改变信念的手段，因此，词语常能帮助我们解决这类争论。诸如此类的问题，只要当一个人冷眼看世界、漠视人生并无意改变生活进程时，才是“不可争论”的。

当然，有时人们之间具有态度分歧，但不一定十分迫切地要求解决它们的差异，他们也许认为这种差异会导致冲突；他们也许是太怯懦，太冷漠，或者太节约自己的时间，因而不想就这个问题进行争论；他们也许认为有些人的生活方式已经成型，难以改变，而另一些人也能按自己的方式生活。但情况并不总是如此。如果一个人赞成战争，另一个人维护和平，他们的态度与他们的生活方式紧密相关，那么他们不可能和平相处。生活本身需要一定的社会行为标准，任何人都不能随心所欲地生活。因此，改变态度，即通过把态度分歧变为态度一致的方式进行争论和商议的动机是复杂多样的。动机不总是属于相同类型的。既有广告商出售产品的欲望，也有牧师参加天国盛会的企求。这些动机产生于各种各样有根据无根据的希望或恐惧：既有对权力的强烈渴求，也有隐姓埋名的谦逊欲求；既有生活的原始欲望，也有挥霍浪费的奢侈欲望。

如果以霍布斯或尼采的眼光看问题，那么，我们就只能看到这些动机中很少的一部分。但即使我们反对这些作家的意见，去寻找那些被他们忽视了的东西，我们能看到的东西仍然不多。

发挥影响的语言手段，其复杂性绝不亚于动机的状况。在一定的环境中，我们只要以强调的语气说出“应该”“正当”这些语词，就可以产生决定性效果。当然，这必须以许多已存在的因素为前提。例如，听者已经习惯于受这些术语的影响，他对于说者怀有尊敬之情，他内心深处对于要求他的某种行为方向是赞同的等。但这些条件并不是经常出现的。因此，有主见的父母不得不经常“用某个词”来影响他的孩子，各种各样的领导人也要及时地改变其忠实追随者的态度。即使缺乏已有条件之外的其他因素的帮助，情感术语也可以无阻碍地发挥自己的影响力。但是，在更多的场合，听者会要求提供**理由**。他既不会如此顺从，也不会如此信任，以致把说者看成自己的最高权威。说者也没有必要使对方总是如此。如果一个人既不问为什么也不为相反意见提供理由，就接受我们所做的每一个伦理判断，那么，他就是一个对我们毫无益处的人。我们的人格不可能在与这种人的交往中得到发展，因为他在道德上已经变成了我们的附庸，而有些人喜欢有道德上的附庸，另一些人则愿意做这样的附庸，但大多数人对两者都是不愿意接受的。结果我们常常而且也希望发现，在第一个例子里，我们判断的情感力量仅仅在于它可以引发某种抵抗或相反的意见。于是，我们的听者，要为其坚持的态度提出理由，我们也同样为自己的态度提出论据。结果或许是我们改变了他的态度或他改变了我们的态度；或许是双方之间形成了某种中间立场；或许是双方仍然背道而驰，而且比以前更加相信自己是正确的。无论情况怎样，这种争论都是健康和富有启发性的，从而远远超过了争论开始时所使用的情感词的影响。

前面已经提到了论证或反对伦理判断的理由。这些理由属于我们在下面的论述过程中将给予注意的例外情况，它们与判断的关系是心理上而不是逻辑上的。它们并不像公理包含定理那样对严格的包含判断，也不像描述观察后的陈述与科学法则的关系那样，与判断具有归纳性的联系。它们就像理由支持命令那样支持着判断。它们有助于加强和促进对态度的持续影响，这种影响是情感意义在开始时就已经产生的。只要把态度当作信念的功能，这就是可能的。

Ⅱ　理由使用方式的例证

现在我们把全部注意力转入具体考察伦理争论中使用的方法。这一研究将贯穿于本部分，并总是以分析的第一模式为前提。与此相平行的研究，将在后面的第二模式理论中进行。为了使论述不被误解，有必要首先强调如下几点：

(a)方法论研究的宗旨不是对经常使用的方法的描述，而是判断这些方法中哪些有效，哪些无效。因此，形式逻辑必须区分出哪些是有效推理，哪些是实际推理，后者虽然也是人们做出的，但常常是虚幻的。而科学方法则要区分出哪些是科学家视为归纳根据的描述，哪些是关于这类程序**有效性的**预见。[①] 在伦理学中，我们只关心常用方法的描述，而不涉及关于其有效性问题的讨论。之所以如此，是因为其理由将在后面考察。同时我们可以看到，不管伦理学的问题超出信念一致或分歧的范围达到什么程度，它都包含着形式信息逻辑和归纳方法所不能包含的方法。当然，如果我们愿意，也

① ［英］J. M. 凯恩斯：《论概率》，218 页，麦克米伦出版社，1921。

可以把一些这样的方法称为“有效的”，把另一些方法称为“无效的”，但这样，就已经超出了这些术语的通常含义，将会使人产生误解。

(b)很多当代作家[①]同意这样的原则：“要理解一个句子的意思是什么，就看你如何去证实它。”本文的目的不是要探讨这一原则对于科学是否必要。在伦理学中，我们发现它对于第二模式是有用的，但也只是作为一个经验准则(a rule of thumb)；而对于第一模式来说，只要描述“证实”伦理判断的句子与论证该判断的理由相同(由于它们本不应如此)，那么这一原则就毫无用处。根据这一模式，除了那些将要提到的例外情况外，伦理判断和它的论证理由在逻辑上是各自独立的。

(c)这里所进行的研究并不仅仅是注意——什么是与“手段善”截然不同的“终极目的善”或“不依赖其后果的善”[②]，所引用的例子，大多数都属于**通常**被归纳为论述什么是“手段善”的那种例子。事实上，手段与目的的关系极为密切，无法分离，即使暂时分离也不可能。那些习惯于强调终极目的这种传统的人，和那些把所有其他问题视为“诡辩”的人，可以发现现在做出的这种强调是陌生的，微不足道的。但在第八章里，我们将要证明传统上所强调的东西是混乱的，也是难以实现的，而且更清楚地表明了伦理学方法论只能以这种“微不足道”的方式才能展现出来。同时读者必须谨慎，不要把下面的议论塞进传统模型之中。

这几点清楚了，第一模式的方法论轮廓就显得非常简单了：关于**任何**说者认为可能改变态度的**任何**事实内容的**任何**陈述，都可以归结为赞成或反对某个伦理判断的理由。这个理由事实上是支持还是反对这一判断将依赖于听者是否相信它；如果相信，那么就依赖于它实际上是否对他的态度发生影响。但为了方便，不管它是否被接受，我们都可以把它叫作理由(虽然不一定是“有效的”理由)。

一个被人相信的理由如何有助于改变态度，要对此做出完整的心理学解释，正像我们所看到的，是极其困难的，对此绝不能以任何实质方式(hypostatic way)来把握。但是，信念**确实**改变态度这一事实是不容怀疑的，它也不是一个新发现。在斯宾诺莎《伦理学》的第三卷中，对这种关系进行了详细的讨论，其中很多内容的基调都

---

① 如卡尔纳普、艾耶尔等实证主义者。——译者注

② “X是手段善”这一说法在情感上是能动的，它可以使听者由于其结果(也许是确定的)而赞成X，同时也可以表明说者对X的赞成态度。在另一种含义上，“善”在情感上是死板的，既没有表明说者的赞成态度，也没能加强对听者态度的影响。

出人意料地具有现代色彩。在第四卷中的第七个命题中，斯宾诺莎做出了这样的结论："一个情感只有通过另一个和它相反的、较强的情感才能克制或消失。"用当代的通俗语言来表达(虽然不能说是很确切的)，这就是说：信念改变态度是借助了某个既定态度与其他态度之间的中间环节实现的。由于多种态度在一起既相互限制又共同发生作用，所以只要能够揭示出新的赞成或不赞成的对象，信念就可以加强态度，或削弱其力量。这有助于说明为什么同一个信念由于具有信念的人的性情不同，对态度可以发生不同的影响。但不论怎样，我们都必须放弃进一步分析这种类型的努力，转而研究伦理学方法中更为重要的内容。

进一步的论述必须借助于典型事例来进行。为了将这些事例分门别类，我们把它们分成几组，尽管不期望这种分类达到详尽无遗的程度。由于当代或历史上受到人们广泛关注的例子往往不恰当地将一些值得注意的因素排斥在外，所以，我不得不虚构一些例子。我们将始终假定说者按照第一模式的要求来使用伦理学术语。

首先是**第一组**。这一组的例子说明伦理学方法与事实方法具有某些相似之处。它们向我们显示出上述虽不太准确但实用的受规则制约的**例外情况**。这个规则就是，理由可以论证或反驳伦理判断。但这些理由与判断的关系是心理的而不是逻辑的。

(1)A：为失业者发放救济是一件好事。

B：但你刚刚还说过，救济会削弱人的独立意识，并且你还承认**任何**造成这种结果的事情都是不好的。

这里，B通过指出A在逻辑上前后不贯通来驳斥A的观点。一般说来，像一切至少有**某些**描述意义的陈述一样，伦理陈述也能经受常用的形式逻辑的检验。当然必须注意，特别模棱两可的伦理学术语的意思变化，常常会使表面上的语词矛盾不那么明显，进而还必须注意一定要避免其他纯粹同义反复词语的情感影响。除此之外，伦理学方法论的这一方面不会引起任何特殊的问题。

(2)A：毁约总是错误的。

B：你不考虑考虑就说话，在很多这样的情况下，你是赞成毁约的。

B的回答是一个经验论断，但注意到了它与A的判断相矛盾(当然只是在第一模式看来是这样)，所以两者也就发生了逻辑联系。根据前后一致的规则，A 必须或者驳斥 B 的论断，或者放弃自己的道德判断。(他非常可能对自己的判断加以限定，说**大多数**的毁约事件是错误的。)

然而，即使在这个简单的例子中，我们也必须承认，有时 B 的判断含有比表面上看来更多的意思。他可以用不信任的口吻说，如像他“就是不相信”有人会**毫不保留**地反对毁约，即使他认为 A 实际上就这样看。通过这种做法，他会使 A 忧虑，生怕自己的态度在社会上是“古怪的”，并因此产生了一种使 B 较易改变 A 的态度的心理状态。

(3)A：还 C 的钱绝不是我的义务。
B：你很清楚，如果不这样做，你的道德感会使你痛苦不堪。你这是在说，你没有义务做轻微的努力使自己良心安定，完全放任自己去做赤裸裸的自私自利的事情。

这个例子与前一个相比具有相似之处。如果 A 的陈述在描述意义上指他对自己不还 C 的钱在道德上是赞成的，而 B 则指出 A 对此确实是不赞成的，那么显然，与上面例(2)的情况一样，B 的陈述是一个与 A 的陈述发生逻辑矛盾的经验陈述。

但是显而易见，例(3)中出现的逻辑矛盾是属于另一种类型的。B 假设 A 具有相互冲突的态度，即他的道德态度与他所谓的赤裸裸的利己主义趋向相冲突。A 不是在描述自己当时真实的道德态度，而是在**误述**这种态度(也许他并没有意识到这一点)，以便通过自我暗示的方法来削弱这些态度的力量。如果我们假定 B 是典型的普通人，那么他就会反对这样的做法。因此，当他提到 A 要受其道德感情的“折磨”时，他绝不仅仅是希望带动 A 反省。他极力唤醒 A 的这些感情，以阻止 A 去削弱它们。在这个例子里，如果我们看到的不过是 A 与 B 正在做出不相容的陈述，“其中之一不可能是真的”，我们就会忽视主要的争执点。双方态度的**真实性**，是从属于他们对决定 A **以后将抱**什么态度的关心的。这里主要的分歧是态度分歧，因为 A 想削弱自己的道德感情，而 B 不愿意他这样做。

正像这个例子表明的那样，常常有这样的情况，人们在谈论态度时(即便不是使用情感强烈的语言)，更关心的不是描述现有态度的状况，而是通过建议来改变这种态度。人们认为语言的功能总是认识性的，这是一个天真的难以置信的错误，传统伦理学理论的不切实际的弊病大多正是由这一错误造成的。

(4)A：他们的朋友都厚颜无耻地不讲道德。

B：你并不完全了解他们，不该做这种包容一切的概括。

A：我认识他们之中的许多人，例如，C、B、E 等。他们的厚颜无耻可以证实我的判断。

这个例子有趣地显示出伦理争论与一般的归纳推理是何等的相似。A 从具体的判断，如“C 是不道德的”，“D 是不道德的”等出发，得出结论说，C 和 D 所属的那一类人的全部成员都是不道德的。但是要注意，这些具体判断与科学中的观察句不同，它们包含着态度上的分歧。如果它们依次受到相关理由的质疑或得到其支持，那么支持最终必然要涉及与例(4)不同的论据，事实上还可能会涉及这里正在考察的任何一个或者所有的其他方法。以达到信念一致的同样**直接**的方式达到态度一致，这种归纳方法在伦理学中是没有用的。

人们也可以选择这样的分析方式，即把例(4)看成是关于 A 所说之人的某些不稳定的**实际**品质的归纳，并坚持认为，只有当 A 对**任何**具有这些品质的人做出内心相反的判断时，该归纳才具有伦理的意义。但从逻辑的角度来说，“心理的”判断是不会受到承认的。

其次是**第二组**。在第二组以及下面几组里，伦理判断受到与之有心理联系的理由的支持或反对。与第一组的例(1)和例(2)不同，在第二组中，只要被做出的判断仅仅根据第一模式描述说者本人的态度，这些例子就不会对初始判断中描述的真实性提出疑问。它们包含着通过改变信念来修正或加强态度的努力。因此，虽然理由本身是经验的，可以被科学方法认为是可能的或不可能的，但我们绝不能在同样的含义上说科学方法可以认定伦理判断是可能的或不可能的。它们只是引导这个人或者那个人由于信念改变而导致的态度改变，并因此做出不同的伦理判断。

(5)A：已提出的纳税议案整个说来是相当糟糕的。

B：我对这个议案所知甚少，但倾向于赞成它，因为高税率有利于促进借贷。

A：它提出对一些生活必需品要征收销售税，并把所得税的减免率降低到难以置信的程度。

B：我过去没有意识到这一点。我必须研究一下。也许我会和你一样反对这个议案。

A向B指出他判断对象的**性质**，以此支持自己的伦理判断。由于B倾向于反对任何具有这类性质的事情，所以他表示除非进一步的研究揭示出与此相反的东西，否则他愿意改变自己的态度。但是，如果B倾向于并不赞同上述条件，他就会发现A的理由是不能令人信服的，讨论就将变成一场关于这些条件究竟好不好的争论，而这个问题是可以使用任何实证方法加以解决的。

从这里所说的态度来看，对象的"性质"是由关于对象自身事实的偶然陈述提供的。但在另一种定义上，它则是由另一些陈述提供的，这些陈述尽管看起来好像是关于对象的，其实是用来**定义**某个**术语**的；如果没有这个(定义)，该术语就不能清楚明白地指称任何对象。也就是说，"性质"这个词常常会引出卡尔纳普所谓的"准句法的习惯用语"①。存在这种习惯用语中的伦理理由，例如，那些说明某个用伦理形容词修饰的名词含义的理由，并不属于第二组。当判断使用了诸如"自由主义""社会平等"之类含义极不确定的语词时，这些理由就具有了特别重要的意义。但既然关于定义及其准句法相应物的一般理论常常为其他人所讨论，既然这些伦理学家特别感兴趣的定义将在后面讨论，这里就不必展开讨论这个问题了。

(6)A：已提出的纳税议案整个说来是不好的。
B：我几乎对它一无所知，……
A：它给穷人增加了很大的负担，对富人却没多大影响。
B：我没有认识到这一点，……

这个例子与例(5)相似，只是A是通过指出判断对象的后果而不是其性质来论证他的判断的。其理由的影响力，将取决于B对这些后果的态度。

由于任何事情都有性质与后果之别，所以，我们应该用不同的例子来对它们加以分别说明。但必须记住，在许多介乎两者之间的情形中，这种区别常常是含混不清的。即使在已经做出了这种区别的情形中，某事的性质也常常只是由于其所预示的后果才引起人们的兴趣。如例(5)中A的理由如果不使B认识到该议案会产生例(6)中明确提到的后果，就不可能被B接受。

从理论上说，在伦理争论中，可以考虑的后果的数量是无限的，但在实践上，遥远的后果很少为人所知，这些后果因为是那样的遥

① [美]卡尔纳普：《语言的逻辑句法》，第223—240页和284—292页，纽约，1937。

远和不确定，所以对现在的态度影响甚微。因此，在很多伦理学争论中，注意的焦点是那些不远的将来所出现的后果。有人也许会义愤填膺地谴责这些讨论“目光短浅”，有人则会推崇备至地称赞这些讨论是“现实主义”的。在这里，我们要做的不是谴责或赞扬争论，也不是判断别人的谴责或赞扬，而只是必须说明，既然所说的这类争论在许多方面彼此截然不同，那么任何一般的谴责或赞扬都可能会太抽象笼统而不具实际意义。

(7)A：政府应更严厉地限制专卖药品的销售。
B：这会干涉企业自由。
A：是的，但它肯定会增进最大多数人的最大幸福。

这里，后果又一次成了争论的中心，不过它们属于更广泛的一种后果。

在伦理学理论中，为了决定某事应不应该做，人们常常提出某种非常广泛的后果作为根据。后面我们有理由对这种做法提出疑问。但无论如何，人们所熟悉的所有“目的”(ends)——无论是功利主义者的目的，进化论者的目的，还是态度理论倡导者的目的，等等——在伦理学方法论中都具有自己的地位；即使认为它们仅具有**部分地位**，它们也不会被混淆。只要他赞成这些广泛后果之一并相信既定的X有助于引起这种后果，最终所有人都会赞成X——除非某种其他后果比这种广泛后果更重要。

再次是**第三组**。像前一组一样，这一组讨论与伦理判断发生心理关联的经验理由。但也有区别，这里的理由不限于判断内容的性质和直接后果。其中有些例子与后果关系不大或完全无关。

(8)A：C对于他的年长朋友彬彬有礼的风度真让人倾慕。
B：如果你知道他是多么急于进入他这个朋友的公司，那么你说这句话也许就不那么令人信服了。
A：是的，如果是这样，问题就不同了。

在这个例子里，B提到的不是C彬彬有礼的性质或实际后果，而是他这样做的**动机**。A对这种动机的态度改变了他对C礼貌行为和C本人的态度，因此结果他收回了他的初始判断。

道德家们总是特别注意动机。这样做的一个理由——虽然无疑只是众多理由之一——是非常简单的。一个人的动机是很多其他事情的线索，是预见其后来行为和这些行为结果的根据[①]，对于它所预示的后果常常是很有意味的。不管道德家们受这种见识的影响有多大，他们关于伴随动机的信念肯定要影响他们关于具体行动的判断。约翰·杜威对此做了很好的说明[②]，因此这里无须再给予进一步的注意。

(9)A：参加选举是你的义务。

B：不，我参加选举对于最终结果毫无意义。

A：你总不希望所有人都采取你这种做法吧！

A的回答，使人联想到了康德的绝对命令，并且在常识性辩论中无疑具有自己的地位。怎么解释其关联性呢？虽然它没有提到A主张的任何直接后果，但却能使人联想到间接的后果。B或者为其他人开创一个他本人不愿接受的先例，或者根本不会影响到其他人参加选举，因为人们在性情上总是怀疑那些“不实行自己主张”的人，或者扩展其不合作的做法，这种做法就像例(8)中讨论的动机一样，其效果远远超出了本例的范围。这些显然可以部分地解释A的理由所具有的力量。如果要继续以这样的方式而不是以康德的方式进行解释，那么似乎我们就必须遵循最节省原则(the principle of parsimony)。

附带说明一下，康德的绝对命令[③]对此已经做出了解释和论证。当一个人断定X必须被履行时，他的情感影响也就会超出X，达到X所属的那一类行为。换句话说，他的判断本身使他正在形成某种可被广泛接受的“准则”或者潜在原则。因此如果他不能“意愿”他的准则被普遍接受，他就是在发挥一种他不希望发挥的影响。因此用易懂的话来说(虽然不是形式逻辑的语言)，这是一种“不一致”；但它不要求我们认可关于理性特殊功能的先验综合命题，也没有产生一个足以成为规范伦理学基础的原则。显然，一个准则既然是潜在的，就绝不会非常精确，同一个行为可以受一个以上的准则支配，并且一个既定的准则，有的人愿意它普遍化，有的人则不愿。这些问题是康德伦理学的困难之处，它们招致了人们熟悉的批评：绝对

---

① 注意：动机作为态度和意向，只是按照“原因”(cause)的习惯用法，才能被叫作行动的“原因”。

② 杜威的《人性与行为》(纽约，1922)，特别是第1部分第3章。

③ 在“第一形式”中，康德说：“除非我愿意自己的准则也变成普遍规律，否则我不应行动。”

命令“不能提供任何内容”。按照现在的观点，它只是证明了这样一个事实：特殊判断之中潜藏的一般原理，在其得以精确化之前，必须得到清楚明白的表述；人们对行为类型上的态度分歧并不少于对特殊行为的分歧，只不过这两种分歧发挥着不同的影响罢了。如果目前的研究只提及论证理由而不涉及最终证明，它就不能许诺说伦理学中存在着先天的确定性。我们必须记住，形而上学的著作家们虽然许下了许多激动人心的诺言，却从来没有实现过。

(10)A：婚外性关系是罪恶的。

B：想想你这样说的原因吧。你受其他人的影响，这些人又服从于另一些人的权衡。在这个权衡链条的后面，无疑有许多人需要给孩子们一个可靠的社会地位，并由于这种需要的驱使而赞成这一观点。但是，这些人所生活的时代，缺乏控制生育的手段。只要能够控制生育，婚外性关系就不会再引起非婚生儿童的问题，因此，人们对它必须给予新的道德评价。

B的观点部分地涉及了被判断对象的变化了的结果，在一定程度上这个例子相似于例(6)。但由于它涉及了A的伦理判断所要证明的**态度的起源**，所以这个更加有趣。关于态度起源的信念，绝不是对僵死了的过去照镜子式的反映，它对于一个人决定是否允许自己的态度继续保持常常是重要的，所以有助于改变伦理判断。对之所以如此的解释像要解释伦理学方法论的全部心理内容一样，是极为复杂的，但部分解释大概可以是这样的：

有些人由于从未认真地研究过自己态度的起源，因而常常杜撰出某种虚构的解释。有些态度或者是由上帝的声音(通过良心说出来)产生的，或者是由某种同样超经验的东西引起的。它们表面上有一种超自然的约束力，使人们不敢改变这些态度。自然主义的解释克服了这种恐惧，使态度更加从属于普通的变化之原因。特别是，对于起源的探究，常常揭示出我们与原始人之间有惊人的相似之处。如果这种探究证明，我们的某些态度与原始人的禁忌有同一起源，那么我们就会对自己不得不与他们为伍感到困窘。当然，认真地思考之后，我们可以断定我们的态度不管是如何起源的，毕竟与很多原始人的禁忌不同，

> 这些禁忌还保留着先前的功能，而我们的态度却已获得了一定的新功能，因此我们可以继续保留这些态度的本来面目，因而更乐于随着环境的变化来改变它们。因此，一个试图改变他人态度的人，能够通过发生学的研究找到合适的方式。

上面的例子，显然存在着争论问题的另一面，对此B不曾提及。人们很容易设想争论可以这样继续下来：

> A：你对于我的感情起源的说法可能是相当正确的。但同时你过高地估计了目前生育控制方法的有效性，以及人们明智地使用这些方法的能力。还有，你忽视了所有更微妙的后果。你没有考虑到妒忌，也没有考虑到婚外性关系形成的情感纽带，而这种纽带是很难打破的。正是这些问题使我保持着我的不赞成态度，而这与这种态度开始是如何形成的无关。

注意，尽管A接受了B关于态度起源的解释，但并没有放弃他的初始判断，并且像在例(5)中一样，继续以后果来支持自己的判断。如上所述，人们在知道自己的态度起源之后，只要有不改变态度的其他理由，他就可以不改变这些态度。于是，争论又可继续下去，B要指出更进一步的后果，或其他考虑的所有方面，力图用这些方法来影响A的态度。特别是——必须强调这一点，因为在其他地方没有提到——B可以指出**代替**婚外性关系的行为的后果，因为伦理情景常常要求比较和选择，它包含两种必然选择方式中的抉择(或者在两个邪恶中选择，或者在两个良善中选择)，在这种场合，对于一个选择方式的评判，将影响对另一个选择方式的判断。A可以用同样的或其他的方式回答B，但他们的努力相反。仅用一种方式就可以结束的争论，是比较罕见的。

随着讨论的继续，特别是许多方法反复地出现在同一场争论中，这使我们越来越清楚地认识到伦理学问题可能会变得多么复杂。无疑，这部分地由于这样的理由，即很多人认为有些问题太“神圣”了，以致不能进行自由的对话和讨论。决定我们的态度应该怎样的原因多如牛毛、眼花缭乱，使大多数人都不能也不敢正视它们。其中那些有助于坚定我们态度的因素，也令人厌倦地引起了一些相反联想。习惯态度的改变，包括它引起的所有思考和调整，都不是无代价获得的，但承认自己缺乏随时代变化而变化的活力也不容易。所以“超越一切讨论的规则”，由于简化了复杂的生活，可以形成不必有任何变化的幻想。这样说并不是出于无所事事的玩世不恭，而是出于对问题的全面认识。评价问题总是过于复杂，很多人都没有能力处理它们。对于一个注重实际的道德家来说，他的工作所面临的一个最大的障碍就是如何找到取代所有辩论的方法——这些方法既不做重大歪曲又能使问题简单明了。即使这种简化的愿望造成了虚构，我们也必须记住，无论我们是否接受它，在整个社会历史发展的漫长进程中，虚构的东西所起的重要作用并不亚于真理。

(11)A：我们的学派不应该不强调人性。

B：为什么？

A：正像亚里士多德早已明智地说过的那样：“事事必求实用是不合于豁达的胸襟和自由的精神的。”①

这是求助于权威的常见方式。在这种方式中，理由的效果依赖于听者对所说的权威的尊敬程度。如果B原来就有按亚里士多德指导的方式形成自己态度的倾向，他会发现A的理由是令人信服的。否则的话，他就会提出疑问：在这种情况下亚里士多德的权威是不是**好的**，随后的争论就会涉及我们在研究过程中所提到的任何权威或者方法。

再有，我们想一想权威在道德史上曾经起过多么重要的作用，就一定不会再那样起劲地嘲笑这种诉诸权威的方法了。“群众以及他们实际生活中的准则，从事情的必然性上看，都必须从一些权威人士那里获得他们关于政治与社会的意见，正像他们关于物理学的知识必须从物理学家那里获得一样。比起那些在力所能及的范围内关心政治与社会问题的一般人来说，权威对这些主题有更深入的研究。”②

(12)A：教育是一件好事。

B：只是对某些人是好事。

A：公众的意见与你完全不同。

这是变相地求助于权威的做法。在这里，权威不是某个人或某本教科书，而是一大群人。这是一个“时髦”的争论，特别要求助于那些属于现存习俗的东西。

① ［古希腊］亚里士多德：《政治学》，吴寿彭译，412页，北京，商务印书馆，1965。

② ［英］约翰·密尔：《自传》，179页，牛津，1873。

(13)A：你答应过要发言，就应该发言。

B：很不幸我实在无能为力，我的健康不允许我这样做。

这个例子涉及一个判断所产生的**影响**。A尽力向B施加影响，让他发言。如果B的回答是真实的，那么不管A的判断对态度有什么影响，也达不到使B发言的结果。A认识到这一点后，就可能收回他的判断，因为他明白这个判断不可能产生它的预期效果。下面我们会发现"自由意志"这个古老问题，就其与伦理学相关而言，将引起相同的考虑。

在这个例子里，A之所以收回自己的判断，不仅因为它无法达到自己的本来目的，而且因为它会产生A出于好意而不愿引起的结果。它可能使B因为自己没有能力发言而感到不安。

(14)A：他那样的行为真无耻，不能给予宽容。

B：但处在他的环境下，有谁能够更坚强而不这样做呢？人性就是如此。你的标准太严厉了，不切实际。

和前一个例子一样，这个例子与A发生影响的后果有关。A正在形成一种反对态度，希望能够制止某种行为。而B说，这种态度实际上不可能制止那种行为，因为人性倾向于这样做。明白了这一点之后，A可能不再坚持那个不怎么适用的判断了。

如果把B的话放到具体的语境中，我们就可以对它做出不同的解释。例如，他可能准备承认A的影响会有一些作用，但认定以禁令等方式发生的这种影响会带来很多相应的恶果，以致停止这些行动所产生的善会被由此而付出的代价所抵消。于是争论就可能围绕下面这些问题继续下去，如所说的恶究竟是不是恶，或后果的善能否超过这种恶，等等。关于后一问题的决断，将取决于所思考的信念集合起来以后，是否足以使A和B的态度达到一致。

最后是**第四组**。在这一组中，B最为关心的不是解决态度分歧，而是暂时避开使人困窘的影响，或者改变影响赖以发挥的手段。

(15)A：你对你的雇员太①严厉了。

① 注意："太"通常是一个伦理学术语。这里"太严厉"有"比你应该严厉的程度"更严厉的意思。

B：但你肯定没有这样说的权利。如果调查一下，你在自己的工厂比我还厉害。

B在这里进行反击。他发现A的判断是羞辱性的，希望以此来使他沉默，并在回答中暗示了一个令人更加难以接受的判断。他假定，A将宁可收回自己的影响也不愿成为这种判断的对象。很多通常的说法，如"住在玻璃房子里的人不应该扔石头"①，认可这样的辩论方式。

这个例子还有其他方面的内容。B可以用一种使人想起例(14)的方法来诉诸人性的弱点。他可能提议："你要我超出人类能力之上去实行利他主义，但事实表明你自己也不可能这样做。"他也可能诉诸A的平等观念："我做的，你也做了，你干吗还责难我?"后一说法之所以能打动A，是因为如果他把自己作为例外，就会相当窘迫。这种做法，也是需要说明和解释的，但是根据节省原则，对它最合理的解释不是由康德做出的，而是由纯粹经验的心理学做出的。这里虽然不能指望对它做出完全的解释，但下面的说明还是有意思的：如果一个专制君主既称颂家庭生活的美德，又占有好几个情妇，他绝不会因为别人指责他的这一例外而改变生活方式。他可能坚持这是他那个阶级的特权，并且这种坚持总是成功的。但在我们的例子中，A不可能这样做，因为如果没有其他理由，他肯定会由于自己的放肆而遭到别人的嘲笑，要坚持一种为其他所有人反对的态度是不容易的，这不是因为其他人必将以强硬的措施来阻止它，而是因为它们表达的相反意见在心理上是"难以正视"的。

(16)A：你闲闲荡荡地浪费青春真不知羞耻。
B：你自己年青时还不一样。
A：我过去确实如此，但你应该从我的不幸经历中吸取教训。

这里B也做了一个反击。但注意，现在这种反击不再有效。反击成功与否，取决于对手是否渴望逃避羞辱，而不取决于对手是否渴望保持自己的影响。

(17)A：(对于一个孩子C来说)不进行正常的钢琴练习是

① 此谚语含义与我国的"自己一身白毛还说人家是妖精"相似。主要是说自身有弱点还攻击别人，其结果必然遭到更严厉的攻击。——译者注

淘气的举动。

B：（以C可以听见的声音来说）不，不。C练得很好。（当C听不到的时候）你知道，督促他是没有用的，不如赞扬他，他就会做出很大努力。

这里B对A影响C这一基本立场是没有疑义的，但希望改变影响的方式。这种例子很普通，可以清楚地说明伦理判断所产生的劝告效果，因此很难理解在最早的理论中，伦理学中的情感意义竟会不被承认。B的最后一句话有助于指出影响发挥的不同方式的不同效果，这些方式大多与例(13)和例(14)中使用的方式相同。

(18)A：无论怎么说，你都应该投他的赞成票。

B：你劝我这样做的动机很明显，你认为他会让你负责这个城市。

这里B表示他已"完全看穿"了A的判断的动机所在，希望以此使A不要再说了。A也许会继续向别人兜售他的这个判断，但如果B的责难明显正确的话，他也许就不可能再去劝说B了——这或者是因为A已经明白这样做是不会成功的，或者是因为希望避免因B的指责所带来的羞辱。

如果A的声调表明，所谓"应该"一词是在特定的道德意义上使用的，B也许会指出A错误地描述了他自己的态度，他的态度事实上仅仅是自利的，但他却把它装扮成了其他模样。至此，这个例子就会与例(3)相似。

本节提供的一系列例证，即使想大致说明伦理学方法应该怎样归类，也是不完全的。但更详尽的罗列实际上也没必要。然而必须强调指出，伦理推理并不一定仅限于简单孤立的论证陈述，我们上述的例子可能过于简单，很容易被人们想到。人们要支持某个伦理判断，往往需要对与之相关的所有信念进行系统的表达。在这些信念中，具体的结论从属于较普遍的结论，而对每一个结论的可能性都要进行认真的衡量。比如说，人们只要打开一本维护特殊统治形式的书，就会发现一种由经济和心理学理论巧妙构成的结构。这些理论受到从历史、社会学和许多其他领域抽出来的结论的补充论证和说明，全都用作借助于信念来强化和调整态度的手段。这样的理论结构当然有科学的特征，但它们涉及的都是应用科学而不是纯科学。它们被用来论证道德判断，因此可以**挑出**最能影响态度的信念这种方法，对它们加以组织和分类。同时还必须指出，任何从科学结论中做出这种选择，不管有意识还是无意识，都**不能忽略**那些作者可能具有的与伦理目标相对立的因素。在有些作家那里，这种情况的发生是明显的。但另一种可能性也是存在的，而且许多作家都在真诚地努力实现这种可能：这就要对可以论证“问题另一方面”的论点给予充分的注意，从而使它们与维护所宣扬的论点保持平衡。

知识系统的伦理功能虽然具有巨大的重要性，但是情况的性质太复杂了，这里无法具体地解释。然而有根据指出，对它的全面研究只会揭示各种理由复杂地交织在一起的状态，而这种状态在我们的简单的例子中已经得到了说明。除了像第一组那样的情况外，信念与态度的联系仍然是心理上的，涉及大量信念对态度的**结果**影响。

Ⅲ　个人决定与人际决定的比较

到现在为止，我们仅仅考虑了伦理学方法论中的人际内容。一个人在论证某种他向别人推荐时的观点时，或者批评某种别人向他推荐的观点时，就会使用理由，作为达到自己目的的工具。这些人际关系方面的内容无疑是有意思的，但它不能代表全部伦理推理。有时一个人面临的不是需要说服别人，或者与他们商量，而是如何说服自己的问题。后者也是不容易解决的问题。不同年龄的人在不同的环境下会不断发现自己有难以拿定主意的问题：小学生对“公平游戏”迷惑不解，青少年对性道德感到困惑，成年人在不同的义务要求下无所适从。与别人商量，虽有帮助，但并不能摆脱困境。一旦他们做出了自己的伦理决定，能不能说服别人，对于他来说，似乎就成了相对而言不那么重要的问题，因此，对于直到现在一直被忽视的下述问题，我们应该给予认真的注意：人们是用什么样的推理方法，来做出何者为好，何者为坏，何为正确，何为错误的决定的。

这个问题在细节上是相当复杂的。人们以许多不同的方法做出自己伦理决定。但一般来说，对此可以做出十分简单的回答。这种回答方式是我们从前面的考察中自然推导出来的，完全没有什么新奇之处。为了理解这一点，我们来考察一下个人决定的形成方式。

在什么时候，一个人感到要对正确和错误做出抉择呢？当他的各种态度一致，并推动他沿着确定方向去行动时，他肯定不需要这种抉择。因为这时，他的决定已经做出，剩下的唯一问题是执行。个人做出的伦理决定，只会产生于不同态度的**冲突**之中。这时个人态度**不**尽一致，不同的态度要求他采取不同的行动，结果使他处于无法做出决定的痛苦和呆滞的状态之中。冲突和伦理上的无抉择状态也是如此；只有当冲突被解决时，无抉择的状态才会被抉择替代。约翰·杜威对此极为重视，也许最好还是用他自己的话来说：

> 仔细考虑的原因是**额外的**偏爱，而不是性情冷漠或无所喜好。我们要求的是彼此一致的东西，因此必须对我们**确实**需要什么，对我们的行为步骤做出选择，即哪些才能最大限度地发挥人的能动性。选择并不是从漠不关心中涌现出来的偏好，而是从相互竞争的偏好中形成的统一偏好的产物。①

由此可以看出，伦理学的个人方面与人际关系方面的区别并不很大，前者包含着冲突，后者在有矛盾时也包含着态度分歧。冲突与态度上的分歧完全是一回事，其原因大致说来(虽然这种说法并不恰当)在于，冲突产生于个人与自己存在着态度分歧的时候。因此，伦理学个人方面的内容揭示出，个人内部存在着我们前面在群体中看到的同样的对立。

在个人决定中，我们又一次发现理由与它们最终产生的判断之间的联系是心理上的。要解决冲突，我们就必须对相互冲突的态度中的一个态度做出修正，只有在这种意义上，理由与态度才是相关的。一个人为改变自身态度而寻找的理由和他用来与一个朋友辩论的理由，两者并没有太大的区别。

说得更具体一些。假设战争时期，一个人(出于宗教或道德上的考察)正在决定自己是否服兵役，我们假定，他尊重自己的祖国所为之而战的目标，他强烈地感觉到“一定”要为这个目标而努力；这种态度(在典型的情况下将受到许多其他因素的加强，如努力与社会保持一致，希望获得新的经验等)迫使他去服役。但另一方面，我们也可以假定他在思想情感上强烈地反对夺去任何人的生命，这种态度(也许又与希望和亲人生活在一起，害怕被人杀死等因素混合在一起)则迫使他不去服役。于是，态度冲突就出现了。他的伦理思考将以这种形式进行：促使那些能够使一种态度压倒另一种态度的信念得到发展。这时候，他也许会要求更全面地了解他可能服役的工作，

---

① [美]杜威：《人性与行为》，193页，纽约，1922。

或他服役的后果，包括他为别人创立的先例，他的服役给家庭带来的牺牲，等等。这些态度与上节第二组或另一个方面的考虑相似，它们可以增强其内部冲突中一个方面或另一个方面的力量，从而获得新的态度。再者，也许他将详细地考虑具体是哪一种态度在推动着他。他也许会发现，他反对战争的态度在很大程度上是因为他害怕被杀死，但他的自尊心却把这种情况歪曲了，描绘成一种较人道较利他的态度。清楚地弄明了自己态度的性质之后，他就会因羞愧而改变这种态度。这一程序可以使人联想到第二组中例(7)的情况，以及第一组中例(3)结束时所说的话。换句话说：这个人可能考虑到了他的某种态度的**起源**。开始时，他相信或半相信自己对杀人的恐惧，是在上帝的声音推动下形成的；但经过思考之后，他认识到这种恐惧其实是自然原因的结果。这就有助于使这种态度从属于其他的态度，正像我们在例(10)的讨论中曾经注意到的那样。人们可以用这样的方式，继续说明个人决定与人际决定相似的所有方面。

个人决定是一件极其复杂的事，常常需要许多学科知识的帮助。个人决定“只不过”是宣布一个人的偏好，这种说法，完全是庸人之见。个人决定不是个人对自身态度的内省意识问题，因为人们需要做出决定时，这些态度还不具备确定的指向。倒不如说它是通过**赋予**这些态度以确定指向的方式而将人们实际或潜在的态度系统化的过程。这一过程需要自然科学与社会科学的知识(以及那些不那么严密的常识)。这些知识指出了人们不同的态度所涉及的不同对象之间的关系，要求人们彻底地认识自己，即认识自己态度的持久性，可能升华到的水准，严厉禁止它们的后果，等等。当问题涉及重大冲突时，我们做出伦理决定是极其困难的。正因为如此，传记作家认为它们是人生的关节点；正因为如此，许多人有意无意地企图避免决定**混乱**，逃避新的经历，闭眼不看妨碍表达态度的常规方式这样一些事实，而这些态度是他们从社会生活中承袭下来的。

伴随伦理思考的整个理智过程都与事实问题相关。它们没有显示出“实践理性”正在行使其某种**特殊**功能(sui generis)，而且这一功能与其他推理功能是截然不同的。理性和推理过程能否成为“实践的”或“伦理的”，这取决于其心理背景。当它们指导态度时，它们就是“实践的”。这种关系的特征并不改变它们的性质，也不使**它们**不受归纳逻辑普遍性的制约。当然，做出伦理决定的过程不仅仅是把实际信念形式化的过程，这只是因为理性除了认知性质之外，还有认知情感的**效果**。一个伦理决定，要求完全地或部分地解决冲突，而任何信念都与此**不同**，不论这些信念对此可以给予多大的帮助，这里又一次明显地与前面的思考相似：正像态度一致即使是有理由达到的，也不能等同于信念一致一样，内在冲突的解决，即使是由改变或拓宽自己的信念达到的，也不等同于此信念。但还有这样的情况，即适用于做出伦理决定的理性方法，完全是一些得到信念和整理信念的方法，而这些信念并不一定涉及任何深奥的题材。

一个人可以借助信念解决某些冲突，但他并不一定要从事**心理学**研究，在**思想**上，他**经历了**心理学家所**研究**的全部过程；他正在**使用**信念(可以是关于许多主题的)来解决自己的冲突，而不是发展那些**关于**这一解决过程是如何发生的信念。规范伦理学是心理学一个分支的看法，常常是那些急于与超验伦理学划清界限但又找不到第三条道路的人提出来的。这些看法无形中助长了混乱。首先，它的意思是说，伦理学结构可以建立在某**一门**科学基础之上，所以可留给专家来处理；但是，我们已经看到，并且后面将清楚地看到，道德问题实际上涉及所有学科的知识。其次，它使规范伦理学过分地理智化了，使一个事实上包括全部人格内容的学科具有了纯认知的外观。一个心理学家必须懂得，他只是**认识**冲突。而一个面临道德抉择的人要做的绝不仅仅是认识，他还必须使自己的信念发挥作用从而调整他的情感生活。

劝导[1]

Ⅰ 非理性的方法

我们已经清楚，用于规范伦理学的理性方法即使在理论上也不是决定性的。在使用这些方法的复杂情况中，不管从哪个方面看，它们在实践中没有决定性的这一点也是十分明显的。那么，对于那些因理性方法不能解决问题而感到绝望的人们来说还有什么其他方法吗？是只能对接连不断的分歧袖手旁观、听之任之，还是可以通过某种其他方式来支持自己的伦理观点？也就是说，是否存在足以解决伦理分歧的“非理性方法”？

这样的方法显然是存在的。它们的性质及其用法可以用这样的方式加以解释：

> 伦理争执的解决要求态度分歧的解决，因此要求一方或者另一方（或双方）改变或调整自己的态度。改变态度的一个途径是从改变信念**入手**。正像前一章所说明的那样，这

① 选自《伦理学与语言》（中国社会科学出版社，1991），第6章，姚新中译。——编者注

种做法具有理性方法的典型特征。但还有改变人们态度的其他方法，这些方法不以改变信念的理由为中介。像所有心理学现象一样，态度是许多决定性因素的结果，而信念则仅仅是其他因素中的一组因素。如果**其他**因素在争论过程中是可以控制的，并因此有助于改变人们的态度，那么就这个范围来说，两者都是并都可以被用作达到伦理一致的方法。这样的做法构成了伦理学中的“非理性方法”，现在我们必须对此加以认真的研究。

最重要的非理性方法可以称作“劝导”法，这个词是在多少扩展了的意义上使用的。劝导法依赖于词语纯粹的、直接的情感效果，即依赖于情感的意义、修辞的语调、恰当的隐喻、洪亮的声音、刺激的作用，或者恳求的声调、戏剧性的姿势、小心谨慎地与听众或观众建立和谐关系等。当然，任何伦理判断本身就是一种劝导手段，但在使用劝导“方法”时，初始判断的效果总是由**进一步**的劝导所加强。听者态度的调整或改变，不是通过改变其信念的间接手段实现的，而是通过种种或明或暗或粗或精的**规劝**方式实现的。对于有些人来说，如果不用理性的方法加以认真补充，情况或许就不同了。我们也许可以有根据地说，任何人，不论他多么热爱理由，在受到劝导的理由**共同**影响时，都比他仅仅受理由的影响的效果更大、更持久。在很大程度上，这就是规范伦理学著作的风格与科学论文明显不同，诸如“道德的规劝”，“道德的热情辩护”之类的短语能成为通俗用语的原因。

劝导是非理性的(nonrational)。在这里，非理性一词的意思与反理性的(irrational)和理性的(rational)是对立的。反理性的方法在其使用理由的意义上，也可以说是理性的。它的典型特征在于理由自身，而不在于它们所支持的判断是由无效的方法论证的。但非理性的方法完全超出了运用理由的范围。(当然，这样说总是以下述假定为前提的，即“理由”这个术语是表达信念的陈述。)

人们可以把使用物质奖励和惩罚以及各种形式的公开抗议和展示，看作非理性的方法(这是在广义上使用的“方法”)。但是，就目前的目的来说，仅仅考察劝导方法就足够了。由于它们和理性方法一样，都要利用已有的语言源泉，并因此成为日常争论的组成部分，所以是特别重要的。在很多情况下，劝导方法与理性方法紧密相连，只有仔细考察才能把它们区分开来。在实践中我们也必须进行这种区分，因为一个人无论是希望运用还是希望避免劝导方法，无论是接受它还是排斥它，都必须承认它是现实存在的。

Ⅱ 实例；通常与劝导相伴随的理性成分

研究劝导方法主要是研究语词的情感作用。这部著作从始至终都包含这一研究，因此无须在这里展开其细节。但为了有机会观察这种研究的基本特点，我们可以很方便地提出下述几个例子。其排列数字将按前一章的例子延续下来。

这里是**第五组**。这一组例子的主要特征在于不仅初始判断，而且论证的陈述都具有以情感为主导(不是全部)的效果。

(19)①A：你不服从他，这犯了一个道德错误。
B：我完全否认这一点。
A：但服从就是你的义务。为了履行道德责任，你应该服从他。

伦理学术语在这里出现了多次。在第一模式看来，“义务”“应该”“道德责任”，这些词并没有提供比初始判断中的“错误”这个词更多的信息，但是通过适当的强调，它们可以产生一种强烈的累积效果以改变 B 的态度。

(20)A：不与我们协商，他就无权行动。
B：然而，他毕竟是主席啊！
A：他是主席，但不是独裁者。他违反了民主程序。

在一些重要的方面，这个例子与第二组例子中的例(5)相似。提到“独裁者”和“违反民主程序”，有助于对被判断的内容加以**分类**，从而指出其性质。在这个范围内，A 的方法是理性的，并且，在 B 不赞成任何该类事物的范围内，他的方法是有说服力的。但很明显，“独裁者”和“民主”不仅仅具有描述的功能，还具有情感意义。这种情感意义虽然主要依赖于其描述意义，但又不完全如此。情感意义是不会不对 B 的态度产生某种影响的。由于谈话的具体环境强化了这一情感影响，并且这一情感影响加强了它所伴随的理性方法改变态度的效果，所以，我们说，A 的方法是劝导的。

既使用劝导方法又使用理性方法的争论俯拾皆是。相反，那种仅仅使用纯劝导方法的论辩却少而又少。我们的语言本身很少有且

① 此章序号接排上一章。——编者注

仅有情感意义的词汇，这就使得这种论辩几乎是不可能的。虽然情感术语在描述意义上通常是既含糊又模棱两可的，但我们如果不歪曲语言的含义，就很难把它们变成感叹词。即使我们这样做了，它们仍然会使人们想起某种信息，这种信息是我们多少有点武断地宣称它们所不具有的。

正像很少有纯劝导的辩论一样，代理领域也很少有纯理性的讨论。在上面的例子里，A 能够使用什么样的词汇来**代替**“独裁者”或“民主”呢？代替词可能是一种冗长的、卖弄学问的表达方式，这种表达方式既可劝导对方放弃自己的观点，也可劝导对方支持自己的看法。当然，在某些情况下，我们也可以使用那些情感意义可忽略不计的词汇。但在另一些情况下我们却无法使用这样的词汇。人们如果希望仅仅使用理性方法，那么就必须或者通过声调来使情感意义中性化，或者明确地告诫说不要过多地考虑这些词汇的劝导效果，或者通过删除其纯情感影响的方式来反对使用褒贬词汇。显然，作者和说者都很少有机会把伦理争论的认识方面的内容如此分明地提取出来。(因此，在前面所考察的某些争论之中，除了它们所力图说明的理性内容外，一般都具有一些劝导的内容。)

(21)A：言论自由是我们的不可剥夺的权利。
B：但只是在确定的界限内才是如此。
A：不存在这样的界限。难道真理的仆人应该被囚禁在流行观念的灰墙之内吗？

劝导的效果在这里是通过隐喻实现的。B 肯定不会从字面上去理解“仆人”和“囚禁在流行观念的灰墙之内”这些说法，因为这个语境所要表达的并不是其字面意思。但是，这些术语的情感意义，由于其实际影响受到描述意义的强化(即使后者不是从“字面意义”来理解的)，所以能使 B 转而热烈地赞成言论自由。

前面已经看到，我们可以对隐喻做一种或多种解释。在本例中，一个最合理的解释是：“如果我们没有言论自由，流行观念将使发现真理变得更为困难。”我们能说任何隐喻，由于可以对其做多种解释，所以不仅有助于劝导而且有助于为伦理判断提供**理由**吗？虽然这个问题提出的是一个分类的两种情况，但还是可以很方便地予以否定的回答。隐喻仅仅**提示**了对它的解释在描述上**指谓**的东西，而且它们的提示常常过于含糊，因此无法承认其为理由。但无论情况如何，给予多种解释的可能性总是明显存在的，并且在某些事例中，大多数听者都会同意给予同样的解释。这一点必然有助于我们小心谨慎，以避免不恰当地强调隐喻的劝导方面，并避免将规劝和知识看作不能共存的东西。

我们必须指出，当句子仅仅使用一个“蛰伏”的隐喻时，无疑可以将它看作一个理由，尽管它可能也具有情感的效果。因此如果上例的 A 说，压制言论自由就是在发现真理的“道路上设置障碍”，那么这一短语尽管包含着一个占较大篇幅的隐喻，但仍然保留着清楚的、人们习惯于认可的描述意义，仍然能够被当成“妨碍”一词的十分严格的同义语。在这样的情况下，这个隐喻由于经常以一种固定的方式解释，所以与对它的解释之间的关系本身就变成了一个特殊的语法规则。短语变成了“习惯用语”，其中组成词的作用多少像一个长词汇中的组成音节。它们不再完全服从那些在其他语境中规定其用法的语法规则，而有了一个把它们作为一个词组来支配的新规则。值得注意的是，像“整个来说”“大体来说”这一类的短语，其应用方式就像一个长词汇，具有自己的特殊规则，而不受那些显然从其组成词汇中生发出来的规则的支配。但是，这些词汇并非起源于隐喻的习惯用语，在其特殊规则形成之前，这些词汇并不会使人轻易地就联想到它们的合成意义。相反，起源于隐喻的习惯用语却会如此。对于后者来说，特殊规则的作用仅在于使整个语境的描述内容更加精确。当然，我们通过使合成词的规则发挥作用，通过使这些规则暂时取得对特殊规则的优先地位（这种做法可以使解释隐喻的领域更加宽阔），来“唤醒”蛰伏的隐喻，这种可能性总是存在的。（在日常使用的模棱两可的语言中我们可以发现类似的情形。如“我们的领导人是个男人”一语对“男人”这个词的理解。这个词首先可以在“男性”这个意思上理解；然后，还可以在“一个具有强有力个性的人”这个具有更丰富联想内容的意思上理解。）使用那些易于“唤醒”的蛰伏隐喻，常常是把理性方法和劝导方法结合起来的一种微妙途径，因为即使在明显的描述性语境中，这样的表达也可以具有像“准依赖性”情感意义那样的效果。

(22)A：（做了很多先行劝导之后说）欺骗永远是一种坏的策略。

B：但它有时不是也可以成功吗？

A：（用感人的语调说）永远不会。在达到它的邪恶目的之前，它总是会被识破的。

这个例子只是表面上看来属于本组。在这个例子中，A 的结论显然不容易得到证实，它可能只是一种一厢情愿的想法。但在以前所形成的一般语气的帮助下，A 的感人声调可能诱使 B 不加仔细分析就接受了他的结论。也许，人们可以把这叫作确立伦理判断的劝导方法，不过这是在广义上使用劝导方法这个术语的。我们必须把这种方法与前面例证的那些方法区别开来。就我们的严格意思来说，一种方法只有以完全清晰的信念为中介的方式来论证判断时，才是劝导性的。在这里，对判断的论证是以清晰的信念为中介的，所不同的仅仅在于这种信念受到了劝导式的支持或论证。

(23)我们现在必须考察一个不能具体展开的例子。虽然对它进行恰当的分析需要更广泛的研究，但我们就在允许的范围内进行讨论吧。

假设有个作家完全出于利他主义的动机，而同情本国一个他认为其权利被忽视了的少数民族，由于大多数人对这个少数民族的生活方式根本不了解，他也就不可能轻易地使大家了解他们的需要。对这种需要的直接的外在描述也不会得到很好的理解。于是他就以说教小说的方式提出他的观点。他成功地再现了他们的典型生活方式，引导读者去想象与他们在一起的生活，遇到他们的困难。这时读者就能够比较容易地理解他所说的这个少数民族，从某种通过设身处地(移情)地想象而扩展了的内省中得到一些启示；并且以这种方式，他们可以比在以往形式化的社会学研究中学到更多东西。

作家用于论证其说教目的的方法应该归于哪一类呢？在某些重要方面，它们似乎显然是理性的。无论作家在向读者**转达**信念时使用了什么样的方法，无论这些信念是如何通过移情形成的，它们仍然具有经验上的真假性质，可以通过普遍的方法来检查。我们只要回忆一下常常用科学方法做出的区分就可以说明这一点。在心理上设想某个前提的方式与证实或否证这个前提的步骤常常是很不一样的；起源上的任何特殊性只要是可证实的，就不会丧失其科学地位。本例子也是如此。作家转达给读者的信念，不论起初是不是依赖于移情，都能以理性的方式支持他的说教目的。

同时，这个方法又与理性方法不同。例如，使用的语言可以使人(尽管是很不清楚的)联想起上面提到的某些信念，而不是直接用文字把它们明确地展现在读者面前。正像我们在隐喻的例子中所见到的那样，说作者正在提供“理由”，是会使人误解的。有些信念可以用赞扬或谴责的方式展现出来，移情是与这些信念一起出现的，但它又有双重目的：第一个目的是使信念能够被转达，第二个目的是**不依赖**信念来改变读者对被讨论的问题的赞成或不赞成的态度。正是在后一意义上，这个方法是劝导性的。

即使作者单独使用移情来促进理性运用时，我们也必须记住，在作者方，移情所要求的远远不止是使用描述意义，还要求注意情感意义和形象意义，注意总是与意义一起对韵律和格调做出贡献的语音要素。

说教小说的例子清楚地说明了语言几个方面的内容是如何联合起来共同论证伦理判断的。它特别说明了语言的非描述方面并不一定总是劝导性的，而是能够实际地促进理性方法的使用。

(24)A：我们的种族应该具有特殊权利。

B：为什么？

A：因为宇宙中存在着不可把握的力量，它们彼此争斗，使我们得以统治所有其他种族。

这一论证的陈述显然提供了关于所说种族的某些**信息**，并因此可能导致B同意A的态度。由此看来，这一方法**似乎**是最理性的。这确实是无疑的，因为无论理由是否真实，无论它对B的态度是否具有**实际**效果，它都是一种理性方法(是“使用理由”的，而不是“必然有效”的)。但这样说必须有一个前提，即上述的那种力量的“不可把握”性，其意思仅仅是指在我们现有的理解能力之内是不可把握的，或者是指，我们即使没有这种力量的直接观念，至少也有一些可检验其存在与否的间接的观察手段。但假如这种力量的本性就是不可把握的，即它是那种不可能与我们的经验有任何关联的东西，那么，在许多现代经验主义者和一些历史上的经验主义者看来，对于这一论证的陈述就可能根本不具有描述意义。这些经验主义者会坚持认为，这一陈述表面上看起来具有某种描述意义，这只是与它可证实的命题具有某种相似之处，但实际上它只具有混合意义和依赖于混合意义或形象意义的情感意义，因此它并不能作为一个理由的范例。眼下流行的观点实际上就是如此，把它应用于目前的讨论中也不会遇到多少反对。然而有一些形而上学的陈述，虽然与A的陈述一样，都是超验的，但它们的混乱性并不明显。它们的意义究竟属于哪一种仍然是一个有争议的问题。

有一种解决这种争论的办法与现在的工作有关。“X所说的话具有描述意义还是混合意义呢?”这个问题之所以令人困惑，是因为“描述的”与“混合的”这两个术语没有足够明白的确定含义。尽管如此，我们在这里仍不能过多地注意这一问题。我们要想给“描述意义”下一个精确的定义，就必须先对“认识的”下一个精确的定义，因此这是一个极为困难的问题。这个术语像所有其他术语一样，除非用它来达到的目的十分清楚，否则就不可能得到完全精确的定义。要弄清楚其目的，我们就必须详细调查许多具体而麻烦的情境，而这些情境又正是我们希望该术语加以论述的。本作者既然没有能力承担这一复杂的任务，就只能满足于对这些有争议的问题保持沉默。只要关于这个或那个理由的地位还有争议，这一问题对于伦理学就没有多大的重要性。但当伦理学某些其他方面的内容是有争议的时候，例如，当**伦理学术语**被说成指涉某个超感觉的王国时，这个事情就是至关重要的和不容忽视的。这里，我们将不断地指责混乱，同时又如同人们所希望的那样，为它提供适当的保护。在这种不可证实的特殊类型之内，问题往往对我们更有帮助，而且也不需要对所有超现世理论进行令人厌倦的反驳。这种研究的建设性目标——即确立一种既不脱离经验世界又切实可行的伦理学分析——对于那些宣称另一种做法是不可缺少的人来说，本身就提供了部分答案。

正像例(24)所假设的那样，对于那些因其意义混为一体，以至于无法给予任何合理怀疑的句子来说，它们常常存在着许多依赖于混合意义的情感意义。因此，承认这样的句子是劝导性句子，这是方便的；同样，我们也必须承认那些表达介于信念和白日梦之间的准神话的句子并不像人们通常所说的那样高贵。但我们必须谨防滥用“劝导”这一术语，因为过多地使用“劝导”会使人联想到(就像“情感”的相应用法一样)所有的劝导都是混合性的；而随便使用“劝导”则会使人们在未能确证任何混合意义存在之前，就谴责说某个陈述是混合性的。

Ⅲ 自我劝导

前面已经看到，方法论研究不仅必须考察人们是如何说服别人的，而且必须考察人们是如何形成自己对伦理争论的看法的。虽然我们常常通过暗示的方法来讨论后一个问题，但在论述劝导方法时，这样做是不切实际的。首先我们如果把劝导方法看作似乎与个人的决定无关，而仅仅是解决人与人之间争议的手段，那么，就会发现它在人们的个人思考中并没有什么地位。情况果真如此吗，还是我们必须承认存在着一种“自我劝导”呢？

我们不可能长期地怀疑而拿不出答案。当劝导成为引人注意的社会现象时，当政治演说家、宗教复兴主义者、报刊社论撰稿人、宣传家以及诸如此类的人们运用劝导方法时，它可能会越来越引起我们的注意。但这些情况并没有完全表现出劝导所采取的诸多形式，甚至没有列出其典型形式。如果观察一下那些不太惹人注意的例子，我们就会发现，劝导像自我暗示一样，在我们个人思考中几乎无处不在。

我们首先看一看自我劝导的动机。由伦理反思而起的态度冲突，是一种焦虑的、半麻痹的精神状态。不论我们的不同要求之间的冲突有多厉害，我们都肯定会希望解决它们的对立。这就迫使我们必须迅速地做出决定。使用纯理性方法煞费苦心地进行决定的过程太慢了，常常不能使人满意。或许，我们必须做出一个“被迫的决定”，即一个如果要有实践意义就必须立即做出的决定。同时，过长的思考过程并不能解决冲突，双方都有许多理由可说，而证据的积累只会在更复杂的水平上保持一个原有的僵局。也许深思熟虑只能解决问题的一半，使我们态度中占优势的冲动朝某个确定的方向发展。这是事实，但由于受到彼此冲突的冲动的制约，我们以后的行动将缺乏活力和深度。在所有这些例子中，即使是为了结束冲突，我们也显然会产生以这种或那种方式做出决定的动机。所以我们大多数人都认为，持续困惑的精神状态不会带来任何我们所欲望的东西，而一个具体的决定却可以为我们开辟出更有吸引力的前景。即使我们以后对这一决定感到后悔，它至少在我们据之行动时可以使我们取得一些有益的经验。因此我们常常急急忙忙地做出决定，用活跃的自我规劝来补充或代替理性方法。自我规劝是一种可以使某些冲动由于羞愧而沉默，使另一些冲动由于获得支持而更加活跃的自言自语的劝导方式。无论在思虑过程的任何阶段，相应的文字表达都会给占优势地位的态度增加更大的力量。

词和其他符号无疑在人们的个人思考中发挥着某种作用，而不管我们是以什么样的方式不大声说出而仅仅“以词思考”。因此，演说家所使用的短语和口号常常会以更微妙的面目再现于我们的个人沉思中。我们的某些态度促使我们采取“勇敢的”“独立的”“自由的”行动，这些行为是我们的“真实自我”的表现，但这些冲动受到另一些不是我们真实自我的东西的限制，后者把我们推向“无自信心的驯从”方向。或者，在同样的普遍环境的影响下，如果决定沿着相反的方向发展，我们将发现某些属于“审慎”“尊重的体谅”“稳健的保守主义”之类的态度，正在受到那些属于“鲁莽假设”之类的态度的限制。这些词汇并不完全是情感性的，也不完全缺乏描述内容，但当它们以自己的方式在个人思虑中发挥作用时，人们很少想到在以科学的超然态度描述那些摆在我们面前的选择时，它们的功能已经发挥得淋漓尽致了。

在某些人把自己的思虑变成某种假定的社会环境的方式中，我们可以很清楚地证明自我劝导的作用。人们设想自己正在与上级、老朋友或者受尊敬的教师进行辩论。在这种想象的戏剧化的过程中，他们发现自己妙语横生，口若悬河，直到其对手热情地赞同他们的决定性解决方案为止。显然，这种想象的辩论并不总是他们在预期以后将发生的辩论的预演，因为即使其受尊敬的对手早就忘记他们是谁，甚至已经去世时，他们仍然可以做出这样的想象。它也不完全是努力用自己的方式改变他们，或者努力重组他从其丰富的知识库里抽取出来的理由以支持或反对他们的决定。倒不如说，他们把自己的对手变成了一幕剧中的虚构人物，这个人物主要是借用对手受尊敬的名字，有效地影响了他的那些警句和雄辩，事实上是为说服他们服务的，因此，这个辩论作为一场即席演讲，情深意切，感人肺腑。

转而注意那些人们虚构的辩论是不必要的，因为实际辩论常常同样清楚地说明了自我劝导的性质和作用。人们在规劝其他人时，并不总是在期望说服另一个人，他急不可待地要说服别人，恰好表明他自己内心正在发生着冲突，听者的作用也许仅仅是提醒他注意自己所具有的那些他正在努力加强或抑制的倾向。他是一个正在努力说服自己的演说家。

在这一方面，我们可以把自我劝导与“合理化”相比较。众所周知，当一个人的决定没有彻底解决自身的冲突，仍保留着一些相互矛盾的冲动使他犹豫不决或为之羞愧时，他常常会歪曲那些指导着自己行为的考虑。他会把自私的考虑伪装成利他的，或者把他的选择所造成的**不容置疑**的可厌后果说成仅仅可能有这样的后果；他还将歪曲他拒绝的那种选择等。他将这种所谓合理化的某些做法向他人宣讲，以逃避他们的指责。但这个过程的明显的社会方面并不是它的唯一功能，甚至也不是占主导地位的功能。在很大程度上这个人不过是在竭力做出自己认为值得赞叹的决定。他必须减轻那些虽然属于个人理想但却受到压抑的态度的促动作用，否则这将会严重地损害他的自尊。有些彼此斗争着的态度可能是社会压力的产物，但既然它们在其产生因素已被遗忘很久之后，在社会上形成新风俗很久之后还存在着，我们就不能把它们与惧怕公众的谴责混淆起来。因此，大多数合理化的过程并不以观众为前提。它不过是自我欺骗，目的在于满足那些无社会对象的态度。这些态度虽然在一定程度上没有受到禁止，也没有得到升华，但依然会以不同的声音使人烦躁不安。

显然，作为自我欺骗的合理化并不是自我劝导。因为欺骗包含着虚假的信念，而劝导并没有。有些人为自我欺骗感到羞愧，他们一旦明白了这一点，就会不再感到羞愧，甚至还会对某种自我劝导感到骄傲。但两者具有相似的功能。在两种情况下，人们都要努力地平息某些态度，因为这些态度妨碍了其他态度的表达。要解决态度之间的冲突，人们就必须调动人格中的一切因素，虽然人们常常使用这些因素，但也同样经常使用欺骗与错误以及各种类型、各种层次利益的劝导性谈话。即使没有大量的直接证据证明自我劝导，人们也完全可以从它与合理化文饰的相似功能中推测出它的存在。

像所有劝导一样，人们很少仅仅使用自我劝导，而习惯于把它与很多其他劝导结合在一起使用。也许最好引证一个例子来说明它与其他因素是多么紧密地结合在一起。

一个人在匆忙做出决定的过程中，可能仅仅挑出了某种能带来令人愉快后果的选择方案，以丰富的想象力生动地展现这一选择及其后果。然后又立即挑出另一种具有令人厌恶后果的选择方案，并做出同样生动的想象。这时，如果他相信自己已经考虑了能强烈影响自己决定的**一切**后果，那么他很可能是在进行合理化的文饰，尽管他的许多信念就其本身性质来说是真的。在这个范围内，他正在使用各种真的或假的理由，虽然他的某些理由可能被夸张到了神奇的程度，包含着如果问题清楚地向他提出时，他会明确加以拒绝的内容，我们仍然不得不说他正在使用理由。另外，这个例子使用了自我劝导也是显而易见的，这样说的根据不一定是他使用了情感术语，而在于他提出理由的方式。他使两种后果尖锐地对立起来，这种对立使一种选择更富有吸引力而使另一种选择显得一无是处。这是一种劝导因素，我们必须把它与思虑过程中引进的题材区分开来，虽然劝导的实施必须以使用这一题材为前提。正如托尔斯泰交替描写安娜和渥伦斯基的爱情与吉提和列文的爱情并进行对比一样，任何人在进行个人决定时虽然不像他那样富有艺术韵味，但也可以同样使用戏剧性对比的方法。正如我们必须把托尔斯泰对这种方法的使用与他对人物描写的逼真性区分开来一样，也必须把对这种方法的不太高明的运用与它所伴随的信念的真实性或虚假性区分开来。我们必须十分注意区分伦理学方法不同方面的内容，但其目的主要是弄清楚它们事实上所具有的复杂的相互关系。

因此，劝导在个人决定中发挥着作用。正像所有其他方面一样，在这些方面，伦理学中的个人内容与人际关系内容是非常相似的。

分析的第二模式；劝导性定义[①]

I 第二模式的显著特征，即承认伦理学术语中除情感意义外还有丰富多样的描述意义

除了一些可以留待以后解决的细节问题之外，关于分析的第一模式，我们已经讨论过了。现在转而讨论第二模式。

在第四章第三节的开头部分，我们已经解释了两种模式之间的差别，因此，这里我们只需对此做一个简短的重述。因为日常生活中人们使用的伦理术语是模糊的，所以我们必须用两种分析模式来解释。当一个术语含义模糊的时候，它严格的描述意义和所暗示的东西之间就不可能有明显的区别。如果一个分析者为了使日常的讨论清晰明白而进行这样的区分，他最好不要坚持认为进行这种区分的方式只有一种，从而将所有其他方式排除在外。重要的是理解日常生活用语的灵

① 选自《伦理学与语言》(中国社会科学出版社，1991)，第 9 章第 1—3 节，徐华译。——编者注

活性，可以“自然”地指出它们的意义种类，而不能坚持说某种意义**应该**为它们所具有。第一模式仅仅论述了许多可能的几种分析，在这些分析中，描述的对象被限定于说话者的态度，至于其他内容，都只是“使人联想到的而不是句子本身所意谓的”。但由于人们很容易给伦理术语指定更复杂的意义——他们常常坚持认为存在着这些意义，从而引起需要加以着重阐明的问题——所以我们必须设计出第二模式来研究这些意义。两种模式都认为伦理学术语在情感上是能动的，因为在其他情况下，不存在特殊的语言学或方法论问题。同时两种模式都强调态度上的分歧。因此，第二模式的显著特征仅仅在于它提供了一种附加的描述意义，结果使得方法论更为复杂。

下面的话代表了一种一般的形式，而对道德判断的任何第二模式分析都是这种形式的具体例证。

> “这是善的”这个判断，除了“善”这个术语有一种赞扬的情感意义，使之可以表达说话者的赞成并倾向于引起听众的赞成外，它就只还有这样的意义，即指出“这具有X、Y、Z……性质或关系”。

下面几点应该加以注意：(1)像通常一样，对情感意义必须分别确定其典型特征，而不是用定义术语来加以保存。(2)在第一模式中非常重要的对说话者态度的指称，现在没有给予任何明显的注意而被置于一边了，尽管情感意义的出现还可以使人联想到它。人们当然可以用适当的内容来代替一个变项(如“X”)，从而使其得到保留，但由于这会引入某个指称术语(如“我赞成”中的“我”)的复杂问题——其性质在第七章中已经给予了充分的注意——所以，我们不搞这种代替，这样问题反而会简单些。(3)上面的说明与其说是“善”的定义，倒不如说它是一个完整的定义组的形式图式，因为除非变项被普通词汇所取代，否则就不存在定义①。第二模式要解释很多定义，在这些彼此不同的定义中变项被不同的常项组取代，因此，我们所要求的东西也正是一个图式。除“善”之外的其他术语图式，可以用同样的方式给出，不需要再做单独论述。

哪一类定义可以作为第二模式的例子呢？也就是说，可以用什么样的常用术语来取代这个图式中的变项呢？并不是任何代替都是允许的，否则，“善”就可能与语言中任何一个既有赞扬又有描述意

① 我们规定，不管代替变项的句子是否出现在引号之中，都可以进行这种代替。

义的术语成为同义语。虽然“善”的意义是模糊的，但还不至于模糊到这个地步。我们的语言习惯相当稳定，能够将某些“不自然的”描述意义排除在句子之外，在一些极端的情况下尤其如此。因此，适用于第二模式的图式是不完全的，还必须有一个限制性从句，确保用常项来代替“X”“Y”“Z”等，在一定界限范围内进行。“善”的不同描述意义之间的界限是可以变动的，但它们根本不可能超出这个界限。然而，对于目前的任务，我们只要提到有界限就行了，并不用努力具体说明它们是什么。随着工作的进行，忽略它们的理由就会越来越清楚。同时可以看到，指定“善”(也同样适用于任何模糊术语)的“自然”意义，它们之间的界限是相当朦胧不清和容易变化的，即使它们以一种粗略的方式也很难加以具体说明。而且，即使这样做了收获也不会很大，因为混乱的产生并不是因为人们不注意这些界限，而是因为人们没有注意到，界限之间还存在着许多可能的意思。

日常用法之间的不确定界限无疑是非常宽泛的，足以容纳大量的第二模式定义。例如，假若一个人说：“我说一个大学校长‘善’的时候，意思是说他是一个勤奋的善于管理学校的人，他诚实而恰当地施展了自己的才能，并且因为自己所具的知识和远见足以赢得广泛的尊敬。”这样就用“善”这个简单的字眼说出了大量的内容。但是否能把这些话当成“善”的严格定义呢？对此我们是迟疑不决的。虽然对于一个既定语境和既定的相互交谈目标而言，我们可以很乐意地说它是一个定义。也就是说，我们既承认这个术语具有某种狭隘的、暂时的含义，又承认它对于其他目标来说具有完全不同的其他意思。模糊术语的一个主要功能，正是在必要时能够适用于这个或那个不同的特殊目标。必须承认，“善”的某种特殊含义，一旦被从其他词语中单独挑选出来，一旦脱离了它们赖以存在的活生生的语境，就会显得多少有些古怪；正像如果“中年男子”一词被定义为“44岁到58岁之间的男子”，我们会感到古怪一样。模糊术语的定义，几乎总是在努力使其意义暂时**减少**一些模糊性。只要思想中没有确定的意图，模糊术语似乎就是变幻莫测的。但是对于必须在这里进行研究的“标本式”定义来说，如果我们允许在分析中加上一些人为条件，在想象中再现词汇在其中发挥作用的实际情境，那么这种古怪性就会消失。

存在着很多可能的定义，它们比上述定义更为抽象。在这些定义中，有些指称着规范理论家常常加以推荐的广泛目标。例如，如果我们记得情感意义的特征就可以定义说，“善”具有“有助于促进最大多数人的最大幸福”的意思。这个定义将使如下原则变成一个分析原则，即：“任何东西只要能够导致最大多数人的最大幸福，这是善的。”如果它是产生某种对立意见的根源，那么，这种对立意见绝不可能立足于纯粹的语言学基础之上。以同样的方式，“善”可以用“综合利益”“广泛的爱”“生存”等术语来定义。或许，“善”具有这么多含义，似乎是太轻率了，它事实上已经引起了许多争执。但是如果我们仅仅注意语言学的规则，想到语言具有极大的灵活性，那么，上述定义显然可以被认可，并且至少对于复杂范围的语言来说，上述任何含义都没有使该术语超出其模糊界限之外。当一个规范性原则变成一个大家所接受的学说时，“善”这个术语就可以由于习惯而最终**暗示**着它，而以明确地参照这一原则来定义“善”，也绝不是不自然的。术语的模糊性总是使这种做法成为可能。诚然，我们很快就会看到，拒绝一个即使已经得到语言认可的定义，有时也是很有理由的。一个语言学承认的定义，对于某些目的是无效的。伦理学必须对这种目的给予仔细的研究。但只要我们注意日常用法的指令，“善”的许多意思在有些情况下还是同样可能的。

在下面几页，我们必须始终强调这个一般的论点：第二模式承认存在着大量的各类意义(其数量之大可与第一模式相媲美)，它似乎也提供了较多的“内容”。但这一切最终并没有从根本上改变规范伦理学的性质。第二模式既没有使伦理学的内容更丰富，也没有使之更贫乏，更没有因此而增加或者减少其“客观性”。第一模式所引起的全部思考，在这里又重新出现了，而分析的任务仅仅在于透过新的语言外衣去辨别它们。也许这在开始时并不明显，但随着描述意义的不断增加，对于道德判断就可以更直接地使用经验和逻辑方法，道德判断也就似乎更加服从于关于证明和有效性的通常思考。然而，我们将看到，没有对达到道德一致性的可能性或不可能性产生什么影响，它就是一个无足轻重的问题。

第二模式的重要性不在于它揭示了伦理学新的“内容”，而在于它揭示了语言新的复杂性。而它的主要兴趣，恐怕在于使人们注意到这样一种定义，这种定义虽然被人们普遍运用，但很少为人们所研究。人们通常把定义作为科学、逻辑学和数学的入门来加以研究，并着重注意这些学科怎样阐明普遍概念或创造方便的公式。因而，人们可能会认为，定义对于伦理学也有相似的功能，从第二模式所承认的许多定义中选出一个确定的意思，纯粹是出于描述上的考虑。

实际上，这种情况非常少见。描述常常是第二位考虑的问题。伦理学定义包含着相互结合着的描述意义和情感意义，因此，它常常用来调整或者强化态度。选择一个定义也就是要求一个原因，只要被定义的词具有强烈的情感色彩。对于第一模式来说，态度是由道德判断改变的；对于第二模式来说，态度不仅被判断所改变，而且被定义所改变。因此，分歧的态度既可以由道德术语的矛盾**断言**所表明，也可以由关于其**意义**的矛盾观点来表明。态度分歧引起的争论可以充满整部辞典。正是第二模式定义的这种特性，使人们重新进行第一模式已经提出的全部思考。

分析的下一步工作，将从研究所谓的“劝导性定义”开始，这种定义常常按习惯包含在第二模式之中。既然这种定义在道德上不是中性的，既然分析必须努力保持这种中性态度，那么现在的工作既不会为任何一个定义辩护，也不会排斥其他定义。但以指出它们性质和功能的方式来研究它们的典型例子，还是可能的。

Ⅱ　以原因为理由的定义

在任何“劝导性定义”中，被定义的术语都是人们所熟悉的，它的意义既是描述的又具有强烈的情感色彩，定义的目的是改变术语的描述意义，其方法通常是在习惯的模糊性范围内尽量给予其较精确的含义。但在术语的情感意义方面，定义**不会带来**任何实质性的变化。并且，通过情感意义和描述意义的相互影响，定义可能有意无意地被用于调整人们的态度。对于指出这里所说的“劝导性定义”究竟是在什么样的技术性含义上使用的，上述这些话已经足够了。

进一步的解释最好通过例子来进行。首先，这些例子可以从所谓的准道德术语中取得，这种术语通常不能无条件地具有像“善”“正当”“义务”和“应该”这样的术语的伦理地位，但却能引起许多同样的思考。现在我们假定 A 和 B 正在讨论他们的一个共同朋友，而讨论的方式是这样的：

A：他没有受过多少正规教育，这从他的谈话中可以得到证明。他的句子常常很粗率，他的历史和文学知识相当肤浅；他的思想缺乏那种标志理智、教养的灵活和技巧。他肯定缺少教养。

B：你说的大部分都是真的，但尽管如此，我还要称他为有教养的人。

A：可是我说的那些特征，不正是与教养这个术语的意义相矛盾吗？

B：不是的。你强调的是外表形式，仅仅是教养的空洞外壳。其实，“教养”这个术语的真实而完整的意思，所指的是**想象力的灵敏性和创造性**。这些品质他都有。因此，我毫不难为情地说，他远比我们许多人有更深的教养，虽然，也许我们这些人所受过的教育比他要多。①

在给“教养”下定义时，B显然不是简单地引入一个方便的略语，也不是在寻求阐明这个术语的普通意义，而是由于感到A没有充分认识到他们的朋友的长处，而力图改变A的态度。对于他们那种类型的人来说，“教养”这个术语具有并且继续具有赞扬的情感意义。B给出的定义，要求A不要再用这个赞扬性术语去指那些诸如精确的语法和行文中引经据典之类的东西，相反，要用它来指称那些诸如想象力的灵敏性和创造性之类的内容。通过这种方式，B力求把前者置于相对浅薄的地位，把后者置于相对优越的地位，从而改变A的欣赏目标。当人们学会用某种富有情感意义的词语来称呼某些事物时，他们就会比较容易欣赏它。而当人们学会不再用这种词语称呼它们的时候，他们就会不再那么容易欣赏它。上述定义正是利用了这个事实，力求用改变名称的方式来改变态度。

“教养”这个字眼很容易达到这样的目的。事实上，它的情感意义已经部分地**依赖**于它的描述意义，并在一定程度上随着描述意义的变化而变化。但它又是部分地独立的。因为当该术语的描述意义不再存在时，它的情感意义仍会存留。这种定义可以在保持情感意义基本不变的条件下，引起描述意义的变化。由于术语的模糊性，变化显得相当“自然”，不会使听者清楚地意识到自己正在受影响，也不会使听者因自我意识而在情感上感到困窘。上述定义的实际作用部分地表现于这一点，部分地表现于这样的事实上：把定义嵌入听众的语言习惯之中，从而使它的效果得到稳定保存。

从一个并非罕见的意思上说，上述定义是“劝导的”。像大多数劝导性定义一样，事实上它具有双重劝导性，即它在某一个地方取消情感意义，又在别的地方加上情感意义。它既劝阻听者不要专一地赞美一组品质（所谓“外在形式”，这个字眼本身不可能具有太多的

① 这部著作从这里开始运用了作者的论文《劝导性定义》中的许多材料，虽然同时也对它们做了许多的改动和增删（该文载《心灵》，第47卷，1938年7月）。

赞扬意义)，又引导听者去赞美其他品质(想象力的灵敏性和创造性)。说者希望达到这两个目的，并依靠他的定义同时进行这两方面的工作。

当然，一定不能认为情感术语的**所有**定义都是劝导性的，也不能认为这些定义总是必须有一种无意的劝导效果。一个主要具有描述意图的说话者，能够通过语调或明确的劝说来使情感意义的效果中性化。在有的时候劝导性定义甚至是不必要的，因为如果总的环境不利于劝导，或者说者与听者一致赞成有关的评价内容，那么，情感影响就可能是没有实践意义的。于是这个定义可以继续以该术语在情感上似乎已经中性化了的形式出现，也可以主要起描述的作用。尽管如此，但事实上依然是，大量情感术语的定义不管就其意图来说还是就其效果来说，都是劝导性的。我们的语言具有最像"教养"这样的词汇，它们既有模糊的描述意义，又有丰富的情感意义。它们所有的描述意义都可以不断地再定义，这些词汇是一些奖品，每个人都力求把它们赋予自己选出来的品质。

例如，许多文学评论家争论亚历山大·波普(Alexander Pope)是不是个"诗人"[①]？如果有谁对此提出说，"这仅仅是一个定义问题"，那么，这是一种愚蠢的辩驳方式。这的确是一个定义问题，但又不"仅仅"是一个定义问题。如果"诗人"这个字眼具有一种特别狭隘的含义，那么，就**这个含义**而言，波普无疑不是一个诗人。这的确不是一个无聊的问题，它具有重要意义。它使批评界否认波普享有这个赞扬性的名称，使人们不再去注意他。这里虽然是以隐含的方式使用劝导性定义的，但它对调整态度已经发生了作用。那些希望判定波普是或不是一个诗人的人，必须决定他们是否对那些不受欢迎的批评者的影响做出反应，即必须决定他们是否对波普的著作厌恶到这样的程度，以致可以允许批评家们剥夺波普的某个荣誉称号。这种决定有对文学和他们自身思想状况的透彻认识。这是一些很重要的问题，它们隐藏在这样一个表面问题之后，即对于以委婉的方式为"诗人"这个术语提出来的狭隘定义，究竟是接受还是拒绝？如果下述短语("纯主观任意的")的意思是指"用抛硬币的办法来做出适当的决定"，那么，这就不仅仅是一个"纯主观任意的"定义问题，劝导性定义也不是"纯主观任意的"。

从"真正的""确实的"这样一些语词的隐喻性用法中，我们可以

① 删去了此处的注释。——编者注

辨别出哪些是劝导性定义。例如，在我们的第一个例子中，说者就告诉我们，“真正的”教养与教养的“外壳”不是一回事。同样，“博爱”这个字眼，在其真实的含义上，意味着不仅给予金钱，而且给予理解。真正的爱仅仅是心与心的交流。真正的勇敢是反对相反舆论的力量，等等。每一个这样的陈述(如果我们把后面两种说法看作准句法成语的话)都是一种调整态度的方法，它使一个语词的情感意义具有赞扬的特征，并使之与所赞成的描述意义相结合。以同样的方式，我们可以谈论“运动员风格”“天才”“美”等术语的所谓真实的或真正的含义。或者，我们也可以谈论“自私”“虚伪”等术语的真实意义，用这些贬斥性术语的劝导定义来斥责而不是赞扬某些东西。在这样的语境中，“真实”显然不是按其字面意思来使用的。既然人们常常接受他们认为真实的东西，“真实”这个术语也就逐渐具有了“被接受”的劝导力量。这种力量在“真实意义”这种隐喻的表达式中得到了发挥。听者被引导着去接受说话者所提出的新意义。

劝导定义的频繁出现足以要求我们给予相应的关注。它虽然在传统伦理学中经常受到忽视，但在其他领域中有时还是能够得到重视的。或者不如说，如果关于劝导的**定义**研究得不多，那么，关于这个广泛主题(包含这方面的内容)所进行的研究却为数不少。这种研究的目的在于探讨情感意义与描述意义在决定语言变化时的相互作用，以及情感意义与态度的相互关联。

……①

后面这几段引文说明了一个运用劝导最成功的例子，它可能促使人们普遍对劝导性定义嗤之以鼻。但我们必须记住在第七章中所说的话。实际问题不是**是否**要反对劝导，而是要反对**哪一种**劝导。并非所有的劝导都是那些混蛋演说家所给予的。像对所有其他东西的评价一样，对于劝导的评价也不是能够草率加以概括的东西。

在情感术语有时引起的科学困惑中，我们可以发现一个与劝导性定义相似的有趣情况。一个科学家如果为了某种技术目的而要定义一个情感术语，那么，他**似乎**就会进行劝导并激起态度上的分歧，尽管他根本没有想过会是这样。因此，陶西格(F. W. Taussig)评论说：

> 许多早期经济学家，特别是从亚当·斯密到约翰·斯图尔特·密尔等的英国经济学家，他们的意见是：只有制造物质产品的劳动者才是生产者，而其他人都在进行非生产性劳动……

① 删去了此处的例子。——编者注

生产性劳动者与非生产性劳动者的这一区别，是早有非难和长期争论的问题。有人指出，它似乎已经给某些阶级的所有人加上了一种耻辱，即责备他们是无用的和需从别人那里获得生活用品的人，而这些阶级的人们所从事的工作本来公认是高尚的，并且常常是必不可少的。①

无疑，表面上的"耻辱"部分地来源于意义的模棱两可性，因为它使某些读者发生这样的联想，即认为上述专有含义上的"非生产性"劳动在某种较熟悉也较广泛的含义上必然是"非生产性"的。减少"非生产性"这一术语的情感意义，使其发挥自身应该发挥的作用，是不容易由技术性定义来办到的。一个就其意图来说被假定为不具劝导性的定义，在实际解释时却可能体现出劝导性的作用来。

这样的混淆在经济学中经常出现，因此，这个领域很难保持科学的中立性。例如，季德(C. Gide)写道：

在重农主义的用语中，"不生产的阶级"这个术语被用来指称那些间接获得收益的人。重农主义者很有见识，尽力解释这个不合时宜的术语，这不仅因为该术语将使他们的整个理论体系威信扫地，而且因为把它应用于指称这样一整个阶级是不公平的，这个阶级为了使民族富裕起来，做了比任何其他阶级更多的工作。②

另外，许多经济学家——也许可以有限制地将亚当·斯密和大卫·李嘉图(D. Ricardo)包括在其中——都信奉"劳动价值论"③。人们可能假设，这些早期作家主要不是以此为手段在为工人进行辩护，却为后来的作家开创了这样做的可能性。因此，哈尼(L. H. Haney)对社会主义经济学家普鲁东的学说做了如下的概括：

在声称没有任何绝对价值尺度的同时，他嘲笑了经济学家的科学化意图。对他来说，这个问题是简单的。"一个东西的绝对价值，是它耗费的时间与精力。"一堆未经加工的钻石原料是没有价值的，它的价值是对它进行雕刻和镶嵌所花费的时间和

---

① [英]马歇尔：《经济学原理》，第 3 次修订本，第 1 章，16 页，麦克米伦出版社，1925。

② C. 季德、利斯特(C. Rist)的《经济学说史》。

③ 哈尼的《经济思想史》(1936)涉及的佩蒂(Petty)和洛克与此相关的思想。

> 精力。但它之所以具有比这高得多的价格，是因为劳动力不是免费的。因此，“社会必须控制稀有物的交换与分配，像控制那些最普通的东西一样；通过这样的方式，每一个人都可以同样地享有它们”。在意见(或者效用)基础上形成的价值，只能是欺骗和抢劫。①

这就像马克思的观点：“只有劳动才创造价值，因此利润和利息构成了偷盗”②；它从一个实际的以准句法形式表达出来的“价值”定义中引出了如此巨大的伦理含义，因此，我们可以很容易看到该定义中包含有劝导的成分。笔者在这方面只有非常有限的知识，如果以此极力缩小社会主义或共产主义经济学家所做出的科学贡献，那是相当冒昧的。但是，既然劝导并不仅仅是他们的专利，每一个人从中性的科学研究过渡到情感辩护时都可以使用劝导③；既然劝导并没有被指定为独一无二的因素，而只是许多因素中的一个成分，那么，指出“价值”这个术语很容易具有的情感影响的作用，就不会是太冒昧的事情。我们很难把这个语词划归于**中性的**理论。当帕累托(V. Pareto)把它与情感上更中性化的术语进行比较时，他似乎看到了该词是多么容易受劝导性定义的影响和左右。他写道：

> 杰文斯(Jevons)在他的时代很聪明地删掉了“价值”这个语词，因为这个词可以从任何一个角度加以曲解，可以有无数的含义，结果会以毫无意义告终。他提出一个叫作“交换率”的新术语，并给它下了一个准确的定义。但经济学家在写作时没有追随他走这条路，他们至今仍然深深地陷入“价值是什么”这样的思辨之中……他们严格地依赖于一些能够引起情感活动的语词，这些情感变化对于说服和劝导人们常常是有用的。正是由于这个原因，经济学家们相应地也就非常关心语词而很少关心事实。④

---

① 哈尼的《经济思想史》(1936)。

② 季德与利斯特的《经济学说史》。

③ 这里引证的例子都出自历史上的作家，因为对他们的工作比较容易正确观察。但在当代的言论和文章中要找到这样的例子也不难。例如，“通货膨胀”这个词就是从广义上来定义的。因此，在把它应用于某个具体方面时，它显然是正确的。需要坚持的是，这个术语的瑕疵在于它总是被人们用作谴责具体问题的手段。

④ [意大利]帕累托：《心灵与社会》，邦吉奥诺和利文斯顿(Bongiorno and Livigston)翻译，第1卷第117、118段，伦敦，1935。

如果帕累托或者其他人真能使经济学家不去影响人们的态度，那是值得遗憾的，因为这些经济学家具有给自己的影响做出说明性支持的知识，而这是许多其他人无法做到的。但是，如果经济学家弄不清楚他们作为科学家的工作和作为改革家的工作具有什么区别，那就同样值得遗憾。有些人可能乐意接受科学而反对改革，另一些人则可能根据自己的理由乐意当一个改革者，而拒斥科学。然而在那些由于科学的原因接受改革的人们之中，很多人只要认识到了改革不仅仅要依靠科学，而且也要依靠调整人们的态度来进行，并且这种调整不一定非由科学指导才能进行，那么，他们就可能会重新思考。

Ⅲ　这些定义在伦理学中的作用

我们现在可以回到第二模式，着重考察伦理学家习惯于强调的术语。对“善”进行劝导性定义的可能性是明显的，这个语词既有强烈的情感意义又有很大的模糊性。我们特别习惯于在各种各样具体的意思上使用这个词，《新英语辞典》曾花了 15 栏以上的篇幅来解释“善”的意思，就充分证明了这一点。因此，只要具有合适的语境，我们随时都有机会利用“善”这个词的情感力量去为一个原因辩护；我们的语言使我们能够以定义的形式做到这一点，而不受日常语言规则的妨碍。辞典的所有条目，仅仅给出了较常见意思的实例。简言之，关于“善”的任何第二模式的定义都不可能代表超然的中性分析。**阐述**规范伦理学比**参与**到这种伦理学中去要更为困难。对“善”进行定义的效力，是对定义项所指称的东西给予情感上的赞扬。假如一个定义像在第一模式中那样使用这个术语，综合地**指谓**这些东西的“善”，那么由此得到的结果仍然基本相同。如果情况并非总是如此，即劝导对生动语境的依赖并不总是与对所用语词的依赖相同，那么，情况就值得我们给予认真的注意了。

如果“善”被**定义**为，对于社会整体来说，所产生的幸福超过所产生的不幸，那么，这个定义的效果之一就是支持民主的理想。它要求我们平等地、无例外地考虑**每一个**人的幸福。在这里，“善”这个伦理学术语除了褒扬的力量外不具有其他任何力量。我们很多人都特别愿意响应这种劝导并应用它，这个事实不应该使我们看不清它确实是一个劝导。有些人具有不同的理想，他们坚持参照某些具有特权的种族或社会团体的幸福来给“善”下定义。如果我们是功利主义者，那么，他们的理想就会与我们发生冲突；但除非用许多足以决定态度变化的思考来支持我们的观点，否则我们是无法使他们放弃他们的劝导定义的。

正像上面的论述所提示的那样，利用理由去支持劝导**定义**是非常可能的，这与利用理由去支持第一模式的**判断**情况相同。初始劝导不一定仅仅由进一步的劝导来支持，这一点与所使用的模式无关。以后，这一点应该展开来论述。

对“善”所做的上述分析，对于其他伦理术语也适用。在这些术语中，有的把描述意义的“自然”变化局限在相当狭窄的界限内，有些(例如“应该”)则对所有的劝导性定义都有一些抵抗力。因此，如果用第一模式去分析它们，它们就会显得更“自然”些。但在不同程度上，它们仍然全都属于劝导性定义。

边沁(Jeremy Bentham)修正了一些术语的含义，使其适合于达到自己的目标。他在根据功利原则进行解释时写道：“**应该**，**正当**，错误以及其他同类语词，都有一种在其他时候并不具有的意义。”①“‘**公正**’意谓着的唯一意义，只是一种想象中的角色，它是为了论述的方便而虚构出来的，它的指令只不过是功利指令在某些特殊情况下的应用。”②这些定义无疑试图清除实质性混乱。但正像我们上面看到的那样，这只是他们目标的一部分。

“公正”这个术语，长期以来一直是混乱的根源，因此它可以方便地成为目前讨论的下半部分所强调的对象。

西季威克(Henry Sidgwick)用下面的论述开始了耐心但无结论的一章：

> 直觉的方法假定，“公正”这个术语表示了一种品质；在人们的行为和社会关系中实现这种品质，最终是值得欲求的。直觉的方法还假定，人们可以使某个定义包含着这种品质，而且只要该定义能够以清楚明白的形式表现出他们用“公正”术语所意谓的东西(尽管也许是既隐晦又模糊的)，就能被所有有判断能力的人所接受。③

这不是一个很合适的开场白。在这个假设的前半部分，他承认

---

① [英]边沁：《道德与立法原理导论》，第1章第10段，伦敦，1789。

② 同上书，第10章第40段注2。

③ [英]西季威克：《伦理学方法》，第7版，264页，麦克米伦出版社，1874。

"公正"必须表明某种"值得欲求"的东西，这实际上也就承认了这个术语的褒扬性情感意义，因而提供了做出劝导定义的可能性。与此相对立的东西，对于"被所有有判断能力的人所接受"的任何意义来说，都是一种障碍，至于这种意义是什么，根据上述假设的后半部分，正是理论家必须发现的。或许只要人们具有相反的态度，只要人们不会仅仅因为不同意这个定义就被叫作"不具有判断能力的人"，上述的情况至少还是可能的。因此，毫不奇怪，西季威克认真分析的习惯不会使其总是忽视语言的混乱，因此随着分析的深入，他悄悄地放弃了上述假设。其原因在于，他发现："如果要划定公正的范围，他们只能看到一个边际模糊的区域，在这个区域中，实际上充满了这样一些期望，这些期望根本不是我们的要求，也与我们不能肯定'公正'是否要求我们予以实现无关。"①揭示"公正的真实定义"②，这种希望让位于一些尝试性的建议了。对于使用该词的几种典型语境来说，这些建议有所不同。对于由此被承认的几种"类型"的公正——例如，"矫正的公正""刑罚的公正""报应的公正""保守的公正"以及"理想的公正"——来说，人们也不可能提供一种共同的类定义。

西季威克的讨论对于检查许多给定的定义具有特殊的意义；但这些定义并不都是在模糊地探索**同一种**意思，也不可能在**选择**一种意思时保持情感上的中立性，而这种中立是西季威克本人力求达到的。尽管如此，他仍然含蓄地承认这种定义的性质是评价的而不是阐述的，会随着理想的变化而变化。他写道："我们的公正观念提供了一个可用来与实际法律相比较的**标准**"，并且"关于公正，似乎存在着两种相当不同的概念，它们分别体现在政治共同体的所谓个人主义**理想**和社会主义**理想**之中"③。

我们可以提出什么样的做法来取代西季威克的这一做法呢？

基本的步骤在于搞清楚这个问题的**纯**语言学方面的内容与道德方面的内容的区别。关于语言学方面，人们必须从注意亚里士多德的哲学观点开始——"公正"和"不公正"，都有好几种意思；被共同名称所掩盖的不同内容是紧密相关的，但这种内容的区别没有引起我们的注意，也不像出现巨大差异时那样使我们感到震惊。④ 也就

① ［英］西季威克：《伦理学方法》，270页，麦克米伦出版社，1874。

② 同上书，265页。

③ 同上书，265、293页。着重号是引者所加。

④ ［古希腊］亚里士多德：《尼各马可伦理学》，第5章第1节第1129行，F. H. 彼得斯(F. H. Peters)翻译，基根·保罗出版公司，1893。

是说，在定义“公正”术语时，我们不应该认为发现了“这样”一种品质，即“人们总是用这个术语所指谓的品质，虽然这种指谓也许是含蓄的和模糊的”。这也不是任何一种语言都具有的特殊问题。至于与此相关的日常用法，分析者所能做的事只不过是指出这个术语能容纳的意义**范围**。在这种程度上，西季威克含蓄地做到了这一点，虽然他公开承认的做法总是妨碍着他的实际做法。

即使在指明意义的**范围**时，他也没有做出确定的陈述。只要我们给予正确的把握，这个问题本身就是有趣的和合法的，这对于“公正”这个术语来说尤其如此。我们并不用“公正”来指称**任何**美德，而总是在稍稍狭窄一点的意义上使用这个术语①，人们正是希望了解其含义究竟能够狭窄到**什么程度**。但既然模糊术语的边界本身是模糊的(当它从属于劝导性定义的时候尤其如此)，那么答案也不可能是精确的。答案常常必须采取词典学的形式，即列举大量的定义和典型语境来加以说明，这种做法即使在最好的情况下，也只是迈出很小的一步来发展或者重建极其复杂的习惯网络，这种习惯网络被称为“语感”。或者，人们也可以用较一般的方式进行这一工作，即告诉人们“公正”的意思与商品或者机遇的**分配**“有某种关系”，或与平等、法律等有关。但是，这些考虑对于公正这个术语所发挥的影响，并不总是存在着统一的方向。人们最终必须承认，这些意思只具有(用维特根斯坦的话来说)一种“家族相似性”。

多少有些遗憾的是，目前的说明在很大程度上必须忽视“公正”意义的界限，就像前面研究“善”时忽视其界限一样。这个问题属于语文学的细节问题之一，可以从其他方面进行更恰如其分的探讨。对于这个问题的研究固然迷人，但它大概只能给我们在这里一直关心和努力解决的问题以微小的帮助。我们的问题是，如何使伦理学摆脱那些最普遍最根本的混乱。因此，我们还是满足于一般地强调**存在**着一个意义范围吧，并希望对此给予一般敏感性的注意就能有助于达到最有实践价值的目标。

当我们考虑到这种术语的意义范围，并研究该术语的情感意义以补充这一思考时，这个问题的阐述实际上也就结束了。虽然人们可能对理解某个特殊的历史作家如何使用这个术语尤其感兴趣，但这个作家本人的使用方式通常也是在该术语的可能意义范围内不断变化的。范围虽然狭窄，但毕竟存在着。至于其他情况，即当一个

---

① 边沁提到“公正”“被用于某些特殊情况”的方式，这是关于古希腊语中相应术语的不同意义范围的论述。

特殊的既定意思为了独特的用法而被挑选出来并加以推荐时，问题就变成**评价性的**了。这种定义是劝导性定义。那些选出一种意思作为“真”意思的人，可以像道德家一样发挥深刻而且重要的影响，但这时他们进行的已经不再是分析工作了。

诚然，往往具有这样的情况，一个作家希望把分析家与道德家的功能**结合**起来。西季威克无疑就是这样的，他在这方面的努力已经引发了讨论。就可能性来说，这些功能显然可以十分恰当地结合起来，既然笔者并没有致力于这种功能的结合，那么，我们就不应该把这种结合看作一切人进行分析的不可缺少的前提。但是，我们在进行这种功能的结合时必须小心从事，因为分析是一种狭窄的专门化工作，需要的只是严密的区分、对逻辑的仔细注意和对语言方式的敏感性。与此相反，评价绝不是专门化的工作，正如我们在前几章已经看到并在后面的章节还会看到的那样。因此，一个试图把分析功能和道德功能结合起来的人，如果假设凡是有益于清晰分析的思想习惯，必定适合于完成捍卫道德标准的任务，那么，他的工作就会导致严重的混乱。这种混乱在西季威克及其英国追随者的著作中表现得尤其明显。但这样造成的混乱，并不比那些道德热情远远超过其思想分析习惯的人所带来的混乱更严重，或许还要更轻些。从整体上看，它们具有一种绝非偶然的影响。

最后，分析和评价必然是一起产生的，因为前者的作用仅仅是为后者提供方法。但不应该过早地强迫它们结合在一起。在它们能够有益地结合起来之前，我们必须把它们仔细区分开来。

在离开西季威克以及他引导我们发现的东西之前，我们必须注意他著作中的另一段话，这将解释一种例外的情况：**即使被定义项具有相当强烈的情感意义**，这个定义也**不能**影响态度。西季威克写道：我们似乎是用“公正”的人这个名称去指谓那些“无偏袒的人……那些不受其个人偏爱过度影响的人”。这样的定义几乎不具有规范含义。但是其理由却很容易看到：一个“无偏袒”的人，也就是一个对不**应该**赞成的事物就不赞成的人，这样的人不会受到自身偏爱的“过度”影响，即偏爱对他的影响不会超出**应该**的范围（假定这些偏爱是关于他自己的而不是关于社会的）。**定义项**中的“应该”所内含的力量，可以使态度的分歧集中到定义自身而不是定义的对象之上。因此，分歧不是处于被解决的过程之中，而只是从一组术语转换成了另一组术语。确实，从表面上看定义起着图式的作用，通过把“公正”的意义与“无偏袒”“过度”等术语的意义联系起来，从而有助于缩小公正意义的**界限**。而且，关于这些界限所划出的意义范围，不大可能出现什么争议，因为人们的态度非常相似，足以使他们在该界限之内找到一种他们乐意把它与这个褒义词联系起来的意义。因此，评价性争议的出现因为这种类型的定义而推迟了。但是，当这些定义项被应用于具体场合时，争议将会重新出现(西季威克具有丰富但又混乱的常识，因此对此是不甚敏感的)。

如果不做严格的限制就随意扩展我们的理论，那么就会出现上述的例外。但是，与这些例外截然不同，人们可以设想，所有寻求公正"特定"意义的作家，在从第二模式认可的广阔可能性范围内挑选出这种特定意义时，在某种程度上都是要求一个道德理由。我们在口语中常常说，一个作家对公正的认识"浅薄"(Low conception)或者认识"深刻"(High conception)。通过这种说法，我们就指明了一个人对"公正"这个术语的看法，并通过情感意义和描述意义的结合，维护了某些与我们自己的理想(这些理想正是我们此时此刻尽力捍卫的)相一致或相冲突的理想。

第二模式：方法[①]

I 两个模式的实际对等之处

第二模式与第一模式的差异只是表面上的，这一点已经论述过了。我们必须在旧因素的新形式中认识它们。这一章将详细证实这一论点，并特别注意方法论方面的内容。我们将表明，前面的结论作为第一模式的展开，能够扩展到第二模式中去而不发生本质的变化。

我们从强调一个观点开始，这个观点虽然在前面都是很明显的，但至今还没有做过明确的论述：

> 任何劝导陈述的效力，都存在于情感意义和描述意义两者的**结合**使用之中。这种说法之所以是真实的，不仅仅因为劝导在习惯上常常有理由相伴随，也不仅仅因为情感意义常常依赖描述意义，这种说法的真实性是完全独立于上述原因的。当情感意义呈赞赏或贬斥倾向

① 选自《伦理学与语言》(中国社会科学出版社，1991)，第10章，秦志华译。——编者注

时，描述意义必须指明赞赏或贬斥**被赋予**的对象。没有这两种意义上的共同作用，劝导就或者缺乏力量或者缺少方向。虽然一个劝导陈述并不一定给出关于对象的新信息，但它至少要把情感影响集中到一个被描述所指称的对象上。① 把两种意义结合起来陈述的语词形式并不是很重要的，劝导所要求的全部东西只是这两种意义必须以某种手段结合起来。

首先，这种观察有助于我们理解为什么第二模式中的定义是劝导性的，而第一模式的定义不是。在第二模式中，描述意义与情感意义的结合是由一个定义造成的。模糊情感意义的被定义项从定义项那里获得了较精确的描述意义。这直接就是劝导，因为它把定义项的情感力量引导到提供给它的定义性质上去。然而，在第一模式中，**定义本身**没有造成任何重要的情感意义和描述意义的结合。虽然可以肯定，情感性的被定义项与“我赞成”或“我不赞成”这种短语的描述意义也有某种结合，但要注意，在这些短语中，“我”所指谓的是**任何**一个说话者，而且，这些短语也没有指称**所**赞成或**所**不赞成的具体对象。因此，定义并没有产生情感意义和描述意义的任何结合，也没有通过这种结合使描述意义为情感意义规定某种方向。这就是为什么第一模式的定义与第二模式不同，呈现为中性状态。

这些话应该受到通常应有的限定。人们如果仅仅看到所用的语词，不考虑这些语词在其中发挥作用的生动语境，就不可能说一个定义是劝导的还是中性的。我们已经注意到，在前一章的某些情况下，第二模式的定义可能不具有实际的劝导意义。在这里还可以补充说，某些确实具有劝导意义的第二模式的定义，与第一模式的定义并没有太大的区别。因此，如下这样的定义具有明显的第一模式的特征：

> “X是善的”，其意义是：“我仔细地考虑过这个问题后，决定赞成它”，除非“善”这个术语具有更强的褒扬性情感的意义。

然而，它可能是劝导的，因为“善”的情感意义，对于由反思而产生

---

① 当然有一些例外，人们可以不使用任何情感术语来进行劝导，只要以姿势或口吻来达到某种情感**效果**就行了。而且，人们的劝导也不必严格指出赞扬或斥责的对象，只要这种对象从一般情况来看，或从对隐喻的解释来看是明显的就行了。但这些例外是十分明显的，为了简明起见，我们在这里可以适当地忽视它们。

的态度来说，具有先在性，而且它还阻止任何人使用“善”这个词去助长其一时的胡思乱想。(它实际上是否能做到这一点，像通常一样取决于环境，取决于是否将其作为一个“样品”定义或“特有”定义。) 在这种情况下，指称词“我”和“赞成”这个词的明确使用，就会产生在与第一模式的联系中已经讨论过的问题。但是，这个定义的潜在劝导性质使它更适合归为第二模式的定义。只要理解了这种定义的本性，对它给予精确分类的问题就无关紧要了。① 还应该提一提其他一些例外和表面上的例外。但它们并不太多，不会使我们的结论发生严重的偏差。因此我们只要在心里记住它们有可能出现，就不必对此进行更多的关注。

现在我们要继续强调这个既简单又极为重要的问题：两种模式的不同定义之间的区别尽管十分明显，但对于伦理争论的性质或结果却毫无影响。在这种争论中，存在的并不仅仅是对伦理术语的不偏不倚的**研究**，还包含着对这些术语的**使用**，即尽力使它们发挥影响，尽管这种努力是初步的、尝试性的。即使第二模式允许用定义来促成这种劝导性的努力(而第一模式不允许)，情况依然是，每一个第二模式的**定义**都存在着一个相应的第一模式的**判断**，后者是前者的劝导性对应物。也就是说，不像在第二模式中那样用 X、Y 和 Z 来**定义**“善”，而是在第一模式的意思上使用“善”，并仅仅**论断**善是 X、Y 和 Z 的属性。无论哪一种做法都是劝导性的，并且无论哪一种做法都同样地提供反劝导的可能性。我们已经看到，劝导是由情感意义和描述意义的结合产生的，后者为前者提供方向。语言技巧可以做到这一点，但它只是偶然的东西，因此，或者定义，或者论断将发挥作用。如果两种意义的结合**不是**由定义来确立的，初始的劝导就会转向后继的语境，即转向这样的判断，在这种判断中某种东西(通过日常论断)被宣称**为**善的。如果这种结合**是**由定义确立的，后继语境的劝导任务就会相应减少。因此，从第一模式到第二模式的变化，仅仅在于把伦理态度的塑造任务按比例重新分配到不同的语境中去，其内容却没有做任何扩大或

① 在这种联系中可以提一提：对第一模式定义的劝导性解释——虽然它产生于混乱——已经隐含在前文的讨论中了。在那里，反对观点认为，第一模式助长了“不负责任的利己主义”。这种观点表面上的合理性在于，人们怀疑劝导性因素是定义的基础——似乎说话者要用这种定义使所有人接受他的态度。我们已经看到，不能这样理解这种定义，它不同于关于指称术语的混乱。但这个有趣的例子说明，当为逻辑错误提供某种情感语言的背景时，这种错误在表面上可以显得多么合理。

缩小。①

这个结论具有直接的方法论含义，下面的例子清楚地说明了这一点。这些例子多少具有一点人为的色彩，因为它提示了这样一种现象，即人们在日常讨论中，对于自己所遵循的模式是有自我意识的。但实际上，人们谈话的方式总是含混的，难以辨别出他们到底使用的是什么模式；而他们自己对于所谈内容应该看作定义还是判断，是不会费心去做出决定的。但是一个人为的相反假设不会带来什么危害，它可以使论述得到简化。

我们假定有人做出这样的断言："一个行为，只有当它有益于人类生存时才是善的。"根据第二模式，这可以因为定义的作用而成为真的，但根据第一模式则不行。那么第二模式能够使这个断言不容置疑并避免受到批判吗？显然不能。一个批评家根据第二模式可以承认，在**说话者所使用的"善"的意思上**，这个陈述是真的；但尽管如此，这个批评家还是可以因为其情感影响而反对这个陈述。他可以指责说话者曲解了这个术语的"真实而深刻的"意思，并断言在更深刻的含义上，一个对人类生存**无**益的行为也可以是善的。于是以一个相反的劝导定义作为中介，他就否定了说者的断言。如果批评家按第一模式的方式，仅仅做出了一个相反判断而没有提及劝导定义，他也可以得到同样的效果。（正如前方所默认的那样，人们通常并不关心自己的陈述是应该看作分析的还是看作综合的，这对于发挥影响的目的来说，不是什么太大的疏忽，因为不管在哪种情况下，这种陈述都是用来结合描述意义与情感意义的。）与科学不同，在伦理学中一个判断的分析性质还不足以证实它，还要依赖于形成术语效力的态度，分析陈述正是通过这些术语表达出来的。即使在第一模式那里，我们也已经看到了这一点。而对于第二模式，它就更明显了。

当说明第二模式虽然具有较复杂的描述意义，但并没有为伦理学提供更丰富的"内容"时，完全同样的思考又重新出现了。一个人可以用仁慈、诚实、利他主义等**定义**"善"，他与那些以第一模式的较冷淡的方式给它下定义的人相比，看起来似乎可以表述为拥有更加丰富的思想。但实际上，只要这些特性是人们意向和规劝的对象，

---

① "劝导方法"这个术语，当时不是用来指出一个初始判断的效力，而仅仅是指出一个支持判断的效力。但现在"劝导的"这个术语自身已经被应用于**任何**能够感人的陈述了。为了避免可能的混淆，完全可以重述一下："当然，任何道德判断本身就是一个劝导手段，但是，在使用劝导的'方法'时，一个初始判断的效力受到了**进一步**劝导的加强。"

那么不管人们是以定义方式还是以其他方式来指称它，情况都没什么区别。如果一个人按照第一模式宣称这些性质**是**善的，那么他的分析判断所表达的思想，与第二模式所提供的相应的分析判断所表达的思想，其丰富性是完全一样的。第一模式似乎忽略的任何“内容”，总是能够重新出现，而要做到这一点，或者可以如上所述，明确地提出它是一个道德判断的主语，或者可以在一个支持道德判断的理由中提到它。

Ⅱ　对方法的具体例证

我们在第二模式中遇到的理由与在第一模式中遇到的理由相似，这种理由对于情感陈述来说所给予的是心理上的支持，而不是逻辑上的支持。对于第二模式来说，这些理由支持的是劝导性定义；对于第一模式来说，它们支持的则是道德判断。既然我们已经看到，第二模式的定义与第一模式的判断在效果上非常相似，它们都有助于把描述所指和情感意义结合起来，那么这种方法上的相似性就不足为奇了。

唯一需要强调的是：**两种**类型的理由都可能在第二模式中出现，其中一种类型引入了与结果 C 的相关性，正像刚才提到的那样，这种理由可以支持或者抨击一个劝导性定义。另一种类型只论述了 X、Y 和 Z，这种理由可以支持或者抨击一个初始判断，但与劝导性定义无关。后一种理由在**逻辑上**与判断相关，这与那些有时甚至出现在第一模式中的理由是属于同一类型的。在第二模式中，这样的理由要多得多；而且实际上，上面所说的例(1)(2)(3)①的情况，也无一例外地证明了它们。② 然而，它们并没有使第二模式的方法论具有任何优越的终极性质。逻辑上相关的理由如果本身能得到较好的证明，也可以有助于证实或否证第二模式的判断的**描述真实性**；但

① 史蒂文森这里所说的情况(1)：假定 A 说 O 是善的，B 说 O 不是善的，但两人都是在同样的描述意义上，即在**O 有助于取得 X、Y、Z 这些结果**的意义上使用“善”这个术语的；并且假定，X、Y、Z 可以受到实证的验证。情况(2)：假定 A 说 O 是善的时候，是用“善”指称 X 和 Y 的，B 说 O 不是善的时候，是用“善”指称 Y 和 **Z** 的；那么双方可能在没有意识到术语差异的情况下继续或停止这种争论。情况(3)做出像(2)同样的假设，再假定 B 虽然承认 O 确实导致 Y，但仍然主张 O 不是善的。他现在给出的理由是“O 不导致 **Z**”。情况(4)：假设 A 用“善”指称 X 和 Y，而 B(他否认 O 是善的)用“善”指称 Y 和 Z。并且假定 A、B 双方都完全确信 O 导致 X 和 Y，但不导致 Z。——编者注

② 但是，关于 C 的非逻辑性理由，也可能引入这样的情况，并常常造成某种差异。只是为了简便起见，才将它们省略了。

一个持相反态度的人，可以认为该判断在描述上是真实的，却不一定因此就接受这种判断。这一点在例(4)中已经得到说明，在上一节关于分析判断的评论中也非常明显。这种对立者可能因为判断的情感语言以及由此产生的它与态度的联系而反对这种判断。信念与态度之间的关系是心理上的，模式的变化不能改变这种情况。可以补充说，两个表达信念的陈述之间存在着**逻辑**关系，两个模式之间也存在着类似的关系。两者的差异仅仅在于，信念是在道德判断的自身中加以表达的，还是后来表达的。例如，一个与对立者的第二模式的判断相矛盾的理由，也会与一个相反的理由相矛盾，当这个对立者试图支持一个相应的第一模式的判断时，人们必然会考虑这个相反的理由。

我们已经看到，像(4)那样的情况与(1)(2)(3)的情况一样，可以依靠理性方法来解决问题。但是，我们的讨论是根据这样的假设来进行的，即关于X、Y、Z与C之间的关系信念一致，将会导致态度上的一致。没有这样的假定，道德争论就是无法解决的。于是我们想到了我们的老结论：当且仅当道德分歧根植于信念分歧时，理性方法才能够解决它。这个结论完全是一般性的结论。我们关于第二模式方法论的概括，只是当涉及回答**哪一种**信念是态度分歧的根源的问题时，才会变得复杂起来。是否所有的信念都是这样的根源呢？如果情况是这样的话，那么又是在什么程度上，可以用初始判断或与之有逻辑蕴含关系的理由来表达它们呢？这样的考虑对语言的方式应给予必要的说明，但在揭示我们已经熟悉的核心问题之后就应宣告结束。

我们关于"善"所探讨的问题、所得出的结果，同样适用于任何其他伦理学术语，并确实也适用于任何可以进行劝导性定义的术语。同时，我们对后果的研究(为了简单起见，X、Y、Z和C仅限于指O的后果)也可以用于对O的**性质**，或者某种行为的**动机**等的研究。显然，可以把"C"扩展到包括第五章(见《伦理学与语言》)中所提及的任何考虑，并且，即使Y、Y、Z不容易扩展到传统用法的界限之外，它们仍然具有相当宽广的范围。在可以被使用的理由问题上——这些理由的题材是无限的——两种模式没有丝毫差异。

Ⅲ　其他的相似性

现在很清楚了，第二模式和第一模式需要劝导的程度是完全一样的。我们已经表明，这些模式在所有其他基本方面也都是相似的。因此我们可以做出这样的结论：选择一种模式而不选择另一种模式，这不过是在不同的语言形式之间所做的选择；而且无论采用哪一种语言形式，就它们传递的信息和发挥影响的可能性而言，其程度都是同等的。

但是，这个结论必须以一种并非不重要的方式来加以限定。虽然两种模式揭示了相同的中心议题，但**只有**当我们假定伦理学语言的灵活性和它的情感影响已经被清楚地理解了的时候，我们才可以随心所欲地对它们进行选择。这个假定根本不能有把握地应用于日常生活的讨论之中。当我们超出简化的例子看问题时，考虑到伦理学术语和方法在其中发挥作用的规范情境的复杂性，我们将发现，常常会有一种模式由于相对来说比较容易避免混乱和误解，因此比另一种模式更为适用一些。

然而，要根据上述理由**概括地**说明哪一种模式更为可取，这是不容易的。即使我们宽容地假定，人们渴望避免混乱甚于渴望利用混乱，也依然不可轻易地做出这一决定。两种模式都可带来混乱。而且，由于所使用的特殊伦理术语，由于使用这些术语的人们所具有的心理习惯，由于被讨论的问题的自身性质等，混乱的相对程度也在不断变化。例如，有些人容易受定义的影响，因为在他们看来，这些定义具有很强的“逻辑性”和“科学性”。对于这些人来说，第二模式的定义很容易产生严重的误解，使得他们在事实上还存在很大分歧的情况下以为问题已经得到了明确的解决。同时，第一模式的做法同样可能是混乱的。当劝导性定义被第一模式的判断所取代时，它很少显示严密性，从而使那些重视严密性的人们为难。作为对其的反应，人们可能会渴求某些超出可能性范围的“最终证明”。

因此，在避免混乱的情况下，对于模式的选择就变得十分困难，人们常常以一种妥协的精神来进行这种选择。只要**市场假象**①“奇妙地妨碍着理解”，人们就没有也永远不可能有排除混乱的现成方法。

① “Idols of the Market-place”，17世纪英国哲学家弗朗西斯·培根的用语，指由于语言的滥用而引起的谬误。——译者注

劝导性定义[1]

I

劝导性定义是这样一种定义：它将一种新的概念意义(conceptual meaning)赋予一个熟悉的词语，而并不实质地改变这个词语实质的情感意义；这种定义通过此种方式有意无意地改变人们兴趣的方向。[2]

本文的目的是要表明：尽管在哲学中常用劝导性定义，但却普遍不能正确认识它们究竟是什么，并且易将它们仅仅看作简写的定义，或者看作对普通概念的分析，正是这些导致了重大的哲学混乱。

然而，在考虑哲学例子之前，我们先考虑一些更简单的例子会有所帮助，这有助于我们弄清楚劝导性定义到底是什么。

---

① 选自《事实与价值》(*Facts and Values* ：*Studies in Ethical Analysis*，New Haven and London：Yale University Press 1964)，此书是史蒂文森自选的一个论文集。此文为该论文集第 3 篇(Persuasive Definitions)，冯平、刘冰译。该文发表于《心灵》，1938 年第 47 卷。——译者注

② 这篇论文中“兴趣”的含义和培里的相同，而其他论文中是用“态度”来表达的。

我们先以“教养”(culture)的定义为例。在此虚构是非常有益的。我们虚构出一些纯粹的用“教养”这个定义来称谓人的语言习惯，用它来代表实际的情形，从而避免节外生枝。让我们设想一下，假设有这样一个社会，在这个社会中，“教养”以一种几乎是纯粹概念的意义的方式开始。让我们简要描述一下它的情感意义的发展，说明为什么情感意义会使某些人重新定义词语，同时我们也考察一下这种重新定义是以何种方式达到目的的。

假设有这样一个社会，在这个社会中“教养”意味着**广泛阅读及通晓艺术**。

随着历史的推移，这些品质得到高度的赞同。如果一个人想恭维某人，那么最后他会落脚在那人的教养上。除了以赞美的语调使用“教养”，其他语调都开始变得不自然。那些欠缺教养的人在使用“教养”一词时怀着敬畏，而具有教养的人在使用它时则带着自鸣得意，或者也许还带有谨慎的谦虚。这样一来，这个词就获得了强烈的情感意义。它能唤起情感不仅是因为它的概念含义，而且更直接的是它自身的缘故；因为它能使人想起通常与之伴随的手势、笑容以及语调。例如，一个公共演说家从来不会被介绍为“一个广泛阅读及通晓艺术的人”。人们更愿意将他描述成一个“有教养的人”。这个短语和前一个短语并没有概念意义上的区别，但是这个短语更适用于唤起听众赞许的态度。

词语的情感意义越显著，它的概念意义就越含糊，这是必然的。因为情感意义使词语更适合用于隐喻。毫不夸张地说，人们通常这样称呼那些几乎没受过培养(culture)的人，尤其当他们被恭维说具有**某种**“教养”所定义的品质时。起初，人们乐意区分这些隐喻性的恭维和确切的陈述；但是随着隐喻越来越频繁，区分也就越来越不明显。要成为严格意义上有教养的人，一个人是否**必须**懂得艺术？或许其他某种知识是否可以作为艺术的替代品？人们对此全然无把握。

现在我们假设，在这个社会中有一个成员，他并不是无条件地看重纯粹阅读，或纯粹了解艺术，他只是在阅读和了解艺术有助于培养想象力的灵敏性这一意义上，认为阅读和了解艺术是有价值的。他觉得，通常阅读和了解艺术并不总是达到想象力的灵敏性这个目的的可靠手段，而且也绝非达到这一目的的唯一手段。于是，他总是感到遗憾：像阅读、参观博物馆这种机械的做法竟然可以顷刻赢得称赞，而想象力的灵敏性却几乎毫不为人重视。因此，他开始赋予“教养”以一种新的意义。他强调说，“我知道某某阅读广泛并且通晓艺术；但是那和教养又有何干？‘教养’的真正意义，真实含义是**想象力的灵敏性**”。尽管事实上“教养”确实不曾在这种意义上使用，但他仍坚持己见。

显而易见，给“教养”所下的这个定义既不是纯粹的缩写，也不是打算作为普通概念而进行的分析。它的目的是要引导人们的兴趣。“教养”曾具有并且继续具有一种赞扬的情感意义。这一定义鼓励人们停止用这个赞美性术语来指称阅读和了解艺术，而用以指称想象力的灵敏性。如此一来，它就隐匿了前一种性质而彰显了后者，由此改变人们赞美的对象。当学会用充满愉快联想的名称来称谓某物时，人们更乐意去赞美；而当学会不用这样的名称称谓此物时，人们则不怎么乐意赞美。定义就利用了这一事实。它通过改变名称来改变兴趣。

“教养”过去的历史推动着这个变化。这个词语的情感意义确实从旧的概念意义发展而来；但是现在人们如此牢固地接受了它，以至于即使它的概念意义有某种程度的改变，这个词语的情感意义还是固定不变的。旧的概念意义容易被改变，因为隐喻用法使它变得含糊不清。因此，定义只会影响概念意义的改变，而不会影响其情感意义。还是因为模糊性，概念意义的改变似乎是“很自然的”，它通过避开听众的注意，不让他们感到已经受到影响，于是也就不会使他们因意识到这一点而觉得自己很愚蠢。定义的有效性一部分在于此，一部分在于下面这个事实，即通过把定义嵌入人们的语言习惯，而保证定义固定不变。

于是，我们可以在约定俗成的意义上，将这一定义称为“劝导性的”。事实上，它像大多数劝导性定义一样，也具有双重劝导性。它既劝阻人们不要不分青红皂白地赞美一组品质（像“广泛阅读和通晓艺术”），又引导他们赞美其他品质（如“想象力的灵敏性”）。或者希望通过它的定义能一箭双雕，同时进行这两方面的工作。

像“教养”之类的词数以万计，它们既有模糊的概念意义，又有丰富的情感意义。它们的概念意义易于不断地被重新界定。这些词语是奖品，每个人都试图把它们赠予自己所选的性质。

例如，在19世纪，文学评论家有时评论道：亚历山大·蒲柏①“不是一个诗人”。愚蠢的回答是，“这仅仅是一个定义的问题”。这

① 亚历山大·蒲柏（Alexander Pope）是英国启蒙运动时期古典主义诗人。——译者注

的确是一个定义问题，但又不“纯粹”是一个定义问题。他们在极端狭义的意思上使用“诗人”这个词。这的确不是一个无关紧要的问题，它具有重要的意义；它能使批评界拒绝给予蒲柏这个美名，从而劝诱人们漠视蒲柏。在这里，虽然劝导性定义是以未明言的方式使用的，但它对改变态度发生了作用。因此，希望决定蒲柏是不是一个诗人的那些人，必须确定他们是否屈服于那些批评者的影响，即他们是否要对蒲柏厌恶到这样的程度，以至于他们可以允许批评家剥夺他的这一荣誉称号。这种决定要求对蒲柏的作品和他们自己的想法有所了解。这是一些很重要的问题，它们隐藏在认同这个未明言的提议背后，即认同这个狭义的“诗人”定义。如果“纯粹主观任意”这个短语的意思，不是被当作意味着“抛硬币来决定”，那么这就不是一个“纯粹主观任意的”定义问题，因此，劝导性定义也不是“纯粹主观任意”的。

从“真正的”“真的”“真实的”这样一些用作隐喻的词语中，我们经常可以辨别出哪些定义是劝导性定义。例如，在第一个例子中，说者告诉我们，“真正的”教养和教养的“外壳”不是一回事。再看其他一些例子，如“慈善”这个字眼，在其真正含义上，意味着不仅给予金钱，而且给予理解。真爱是心与心的交流。真正的勇敢是反对不利舆论的力量，等等。每一个这样的陈述都是通过保留词语的情感意义，并使之与新的概念意义相结合的一种改变态度的方法。同样，我们可以谈论“奥林匹克精神”“天才”“美”等术语的真正含义。或者，我们也可以谈论“自私”“虚伪”等术语的真正含义，用这些贬低性术语的劝导性定义来谴责而不是赞赏某些东西。在这样的语境中，“真”“真正的”“真实的”这些字眼显然不是按其字面意思来使用的。既然人们常常接受他们认为真的东西，那么“真”这个术语就逐渐具有了“被接受”的劝导性力量。这种力量被用于“真意义”这种隐喻式的表达中。听者被诱导去接受说者所提出的新的意义。

在哲学理论的界限之外，人们经常会意识到劝导性定义的重要性。在语言学中，偶尔也会强调劝导性定义。更确切地说，尽管对劝导性定义几乎未加关注，但是在一个宽泛的标题下，人们还是说了很多应该研究它们的话：在决定语言的变化中，情感意义和概念意义相互作用，以及它与兴趣有关系。

布龙菲尔德①给我们举了一个非常清楚的例子：“精明的建筑商

① 莱昂纳德·布龙菲尔德(Leonard Bloomfield)是用行为主义心理学研究语言的机构主义语言学的创立者。——译者注

已经学会迎合每一个可能买主的每一个弱点，包括可能买主们的多愁善感。他用令买主满意的方式说话，以使听者转到对他有利的方向。许多措辞，例如'房子'这个词，是没有感情色彩的，而'家'这个词却是富有感情色彩。于是，推销员会用'家'这个词去称呼那些还未被人住过的空房子；而我们这些人也会跟着他这样说。"①

主张"情感因素在很大程度上左右着某些词的命运"的厄特尔(Hanns Oertel)指出，"情侣"(amica)具有了和"姘妇"(concubina)同义的含义，② 其中肯定有若干原因。"姘妇"对于那些敏感的人来说有点儿亵渎，过于刺耳。而情侣则提供了一种便利的模糊性。任何骇人听闻的想法，通常总是可以归功于那些选择在一个词不那么清白无辜的意义上使用它的人。但其中肯定已经包含了劝导性因素。"得体"要求人们在涉及"姘妇"时不含任何轻蔑之语。"情侣"这个词不管它新的含义如何，它都保留了自身原有的赞美性情感意义，于是使得"姘妇"看起来不那么可鄙了。

劝导性定义如此司空见惯，所以不只语言学家注意到了这个问题。对此，赫胥黎③在他的《盲目的加沙人》中，做出了尽管愤世嫉俗却清晰透彻的说明：

> "如果你要自由，你就得是一个囚犯。这是自由的条件——真正的自由所要求的条件。"
>
> "真正的自由!"安东尼拙劣地模仿着牧师的口吻重复道："我总是喜爱这样的争论。一个事物的对立面并不是对立面。天呀！不，它就是这个事物自身，它**真的**就是这样。问一个死脑筋的人保守主义是什么，他会告诉你这是**真正的**社会主义。而酿酒商的专业性报纸上，铺天盖地是赞美真正戒酒的美文。普通的戒酒只是粗俗不堪地拒绝喝酒，而真正的戒酒呢？**真正的**戒酒是一种文雅高尚得多的事情，真正的戒酒是每餐一瓶红葡萄酒，并且晚饭后再喝上三倍的威士忌……"
>
> "名称是什么？"安东尼继续说，"回答就是：它实际上可以是任何东西，只要这个名称是个好名称。自由是一个不可思议

---

① [美]布龙菲尔德：《语言》，442页，纽约，1933。

② [美]厄特尔：《关于语言研究的演讲》，304、305页，纽约，1902。

③ 阿道司·赫胥黎(Aldous Huxley)是一位多产的英国作家，写作了多部小说、诗歌、哲学著作和游记，其中最著名的作品是长篇小说《美丽新世界》。《美丽新世界》是20世纪经典的反乌托邦文学之一，与乔治·奥威尔的《1984》、扎米亚京的《我们》并称为"反乌托邦"三书。——译者注

的好名称。所以你们如此渴望使用它。如果你把坐牢叫作真正的自由，人们就会对监狱趋之若鹜。而最糟糕的就是，你完全正确。”①

Ⅱ

先前已经说过，关于劝导性定义的研究是在一个宽泛的标题“术语和兴趣之间的相互关系”下进行的。术语和兴趣的相互关系被高度复杂化了。对此进行一些评论有助于表明：我们关于劝导性定义的说明，涉及的只是其中一个被严格限定的方面。

意义的变化既可能是兴趣变化的原因，也可能是兴趣变化的结果；而劝导性定义考虑的只是作为原因的意义变化。下面是一个作为兴趣变化结果的例子：我们对20世纪30年代的德国状况的谴责日益增长，它使我们采用了“法西斯”这个称号。而这一情形本身并不包含劝导性因素；尽管“法西斯”这个词使人具有贬抑性联想，并可能会在此之后被用作劝导。

不过我们的研究范围比这要小。我们关注的是那些改变兴趣的**定义**。而且关注的只是这些定义中的**一些**，注意到这一点也很重要。很多改变兴趣的定义并不是劝导性的。**任何一种**定义，只要从根本上改变了术语的意义，或者选用某种意义而将其他意义排除在外，那么它就有可能改变兴趣。当一个科学家不管以多么不偏不倚的方式引入一个技术术语时，他的命名都会显示他自己的兴趣——他对谈论这个术语重要性的评估，或者对预言它出现的重要性的评估——而且他通常会引导他的读者产生与他相似的兴趣。如果将这种定义称为“劝导性”的，实在会让人误入歧途。那么，如何将它们与劝导性定义区分开呢？

差别取决于被定义的术语是否具有强烈的情感意义，说者在使用这个富含感情色彩的词时，是否具有能动性的目的，即使用的主要**目的**不是改变人们的兴趣。人们有时会说：“只要你明确我的区分，我不在意你用什么词。”还有，“如果你对我的区分不感兴趣，那么好吧，我会将我说的限制在人们已确立的限度内”。以这种态度给出的定义不是劝导性的；尽管它们表明了说者的兴趣，也有可能影响听者的兴趣，但它们没有刻意努力利用情感意义来改变他人的

① ［英］赫胥黎：《盲目的加沙人》，90页，伦敦，1936。

兴趣。

无论怎样，这种区分都是事关紧要的，而且必须要进行一定的限制。当定义的目的主要为了进行区分或者分类时，当它仅仅用于引导那些使分类可以理解的兴趣(像**好奇心**)时，当它绝不暗示它是**唯一**合理的分类时，它就不能被称作是劝导性定义。(这并不意味着，劝导性定义绝不会用于科学著作，也不意味着非劝导性定义是建立在某种坚实的基础上的，同时也不意味着劝导性定义就没有其他定义好。)

我们现在必须更进一步探究。劝导性定义改变兴趣的方式，仅仅是改变一个饱含情感的术语的概念意义，而大体保留这一术语的情感意义。显然，相反的改变同样重要而且普遍存在，即情感意义可能被改变，而概念意义则保持不变。后一个诡计同样是劝导性的。事实上，相同的劝导力通常既能通过语言的改变而获得，也能通过另一种方式而获得。例如，在我们关于“教养”的第一个例子里，说者就使用了一种劝导性定义。他不断重复像“教养仅是傻瓜的黄金，真正的金子是想象力的灵敏性”这样的话，同样可以取得很好的效果。这种方式使“教养”一词保留了原有的概念意义，但会贬低对原来对象的情感意义，而且给“想象力的灵敏性”增添了赞美的情感意义。这种方式和劝导性定义的方式所要达到的目的是一样的。通常用“教养”称谓的那些性质被贬得一无是处，而想象力的灵敏性则被说得天花乱坠，但这是因情感意义的改变而产生的效果，而不是因为概念意义的变化所引起的。

我们在关于劝导性定义的考虑中，必须排除后一类情况。它们尽管具有劝导性，但这种劝导性并不是通过定义获得的，而是通过一个人的手势、语调或者诸如微笑和隐喻之类的具有说服力的方式实现的。不过，把“定义”这个词限定在只有概念意义被确定，或者至少这一方面占主导地位的范围内，只是权宜之计。无论如何，我们一定不能忘记，许多主要改变词语情感意义的陈述，在更宽泛的意义上都可以称为“定义”；正如我们严格意义上所说的劝导性定义，这类陈述很容易与非劝导性陈述相混淆。例如，“所谓‘良心’意味着命运的召唤”。

最后的论述可以概括如下：劝导性定义，没有解释术语和兴趣之间的相互关系，它仅仅涉及以下情形，即术语的改变会**引起**兴趣的改变，情感意义和能动性用法密切相关，术语的改变只是其概念意义的改变。

值得一提的还有进一步澄清的论述。显而易见，人们兴趣的改变不仅仅取决于情感意义，也取决于能动性用法，诸如说者的气势、表情、声音的色调语气，句子的抑扬顿挫，语词的修辞，等等。同时也受到以下条件的影响，如听者的性格、对说者的敬重、对建议的感受性、潜在的偏见和观念，当然还有他们对事实的信念，因为人们信念的突然改变会为兴趣的改变做好准备(尽管通常有些"滞后")。除非听者正想改变他们的兴趣，否则劝导通常不会有效。于是，劝导性定义的重要性在于，它是推动改变的最后动力，就像帮助记忆的装置，嵌在语言中以保持改变的持久性。因此，在仔细研究定义以及情感意义的功用时，我们所强调的只是劝导性情形的一个方面。不过，这样强调有极好的理由。有效的劝导依赖一系列广泛变动的因素，其中的情感意义是非常稳定的一员，尽管它只是诸因素中的一部分，但通常是必不可少的一部分。此外，当一个人重新定义一个饱含情感的术语时，他会**非常**频繁地竭力劝导，并且抓住其他必要因素，以成功地实现劝导。情感意义是劝导的可靠**标志**，为人们注意劝导提供了机会或可能。这在定义的情形中很重要，在定义中，不管它自身是否合理，是否极为重要，劝导都会因为披着逻辑分析的伪装，而能轻而易举地具有欺骗性的感染力。

Ⅲ

我们已经解释过劝导性定义是什么了，现在让我们看看它们在哲学上的重要性。

我们很乐意从考虑"哲学"这个词的定义开始。拉姆齐(Ramsey)把哲学界定为定义体系。莱乌①把它界定为洞察现象的尝试。他们的分歧并非术语上的偶然。"哲学"是个神圣的术语，每个人都想使他自己所希望的最尊贵的探究拥有这个名称。

再让我们看看"实在"(reality)这个词。哲学家们通常寻求的不是小写的实在，而是大写的实在，更确切地说是真正的实在。但就像"真正的教养"一样，"真正的实在"，可以用许多不同的方式来定义，于是也就有了许多不同的劝导效果。柏拉图"洞穴之喻"中的影子是"实在的"吗？"实在的"人和马的影子与想象中的人身马首的怪物的影子确有区别吗？这样表达"实在"肯定不行。"实在的"这个术语给

① 范·德·莱乌(Van der Leeuw)在1933年出版的《宗教现象学》(*Phaenomenologie der Religion*)，被看作宗教现象学领域最古典的作品。——译者注

人的印象太深刻，以至于不能用来描述影子和不断变化；所以必须赋予它一个被限定的含义，“实在的”只是永恒原型的属性。（当神秘家们用大写的“实在”时，他们默示的劝导性定义的效果会更加明显。）

为什么斯宾诺莎如此迫切地想把思想从神人同性论中解放出来，却仍然要用“上帝”这个词来吸引读者呢？为什么他在任何时候都使用“唯一的实体”呢？当然，理由之一是当时的政治压力和社会压力，“上帝”这个词造成了一种正统命令的外表。但可以肯定，这肯定不是全部原因。“上帝”这个词就像具有了魔力一样，能唤醒人们内心最深处的情感。通过赋予这个词以一种新的概念意义，斯宾诺莎把它的这种情感力量，从古老的神人同性的幻想中解脱出来，并使之集中在实体上，而他坚定不移地认为实体更能引起我们的敬畏和谦卑。如果人们只是在一般意义上使用“上帝”这个词，那么斯宾诺莎更愿说出他真实的信念，他会说：“根本没有上帝；有的只是实体和实体的样式。”如若这样，情感就荡然无存了。倘若没有替代物，那么人们敬畏和谦卑的对象就被剥夺了；而相应的那些情感就会泯灭，而这会导致情感生活的极度贫乏。可是一个词的劝导性定义需要保持情感生命力。然而“上帝”这个词的意义的改变太突然了，不可能逃过人们的耳目。一个“无神论者”的斯宾诺莎，很长时间要让位于一个“上帝使人陶醉”的斯宾诺莎，因为那些正教的支持者会很快发现，他的上帝仅是情感意义上的上帝。

不要认为这些话是玩世不恭的。指出其中的劝导意味绝不是为了谴责它，也不是要将所有劝导与聚众演说者的鼓噪等量齐观。而是说，**正是**祈使语气使劝导和理性的证明区分开来。

现在让我们来看一个新近争论的问题。实证主义在卡尔纳普的“宽容性原则”之前，就已经赢得了广泛的支持，而且这一支持是通过“形而上学毫无意义”这句陈述赢得的。但你不觉得“形而上学毫无意义”这句话和19世纪批评家说蒲柏“不是诗人”有惊人的相似之处吗？实证主义者是在他们关于“意义”的含义上规定不容置疑的真理，就像19世纪的批评家在他们的含义上使用“诗人”一样。不过，谈论这些陈述的真实性就离题万里了。论战的焦点在于它所使用的情感词语。我们应该在如此狭义上界定“意义”吗，以至于只有科学才能获得这个赞誉性头衔，而形而上学只能落得“毫无道理”的贬称？我们的术语应该表明科学是清晰明确的，而形而上学是晦暗不明的吗？简言之，我们应该接受实证主义关于意义的这种“**劝导性**”定义吗？

这才是问题的关键，而在此之前它被定义为“主观任意的”这一权威断言完全被掩盖了。

但是这个结论应该受到严格的限制。我们回到那个类比，一定还记得，19 世纪的批评家并不只是夸大其词地谴责蒲柏。他们也做出了一定的区分，他们关于“诗人”的狭义界定，在引起读者的关注方面具有强调的功能，某些特征通常是绝大多数诗歌都具有的，而蒲柏的诗就缺乏这些特征。也许他们想说：“长期以来我们对蒲柏的作品与莎士比亚或弥尔顿的作品之间的根本差别视而不见。正是这种愚昧，才使我们愿意给蒲柏戴上‘诗人’这一桂冠。那么，现在让我们注意这些差别，而剥夺他的这一美名吧。”实证主义的论点同样可以采用这样的演绎。也许他们想说：“长期以来我们对‘科学’一词在科学中的用法和它在形而上学中的用法之间的差别视而不见。正是这种愚昧，才使我们愿意赋予形而上学以‘有意义’这个尊贵的头衔。那么，现在让我们来界定‘意义’吧，这个定义会立刻强调这种根本差别，并剥夺形而上学头上的这个尊贵的头衔。”当这样陈述时，实证主义的论点不仅有激情而且有启发性，也不会受到鄙视。可是，它也许激情过多而启发性不足。强调形而上学与科学相混淆的方法毫无助益，如果实证主义就是这样做的，那么他们的“克服形而上学”就不取决于劝导了。但是他们的这种区分不就是要让我们完全拒斥形而上学，而不**半途而废**吗？他们不就是要用“无意义”这个词而引导我们走完全拒斥形而上学的另一半路吗？虽然实证主义并没有对形而上学做出虚假的断定，但他们对“无意义”的这种界定将令人讨厌的情感意义加于形而上学，难道我们就被这种界定牵着走另一半路吗？

即使他们只是否定形而上学具有“认知性”的意义，也会产生同样的问题。“认知性”指的是“经验上可证实的，或可分析的”，而这些品质具有独一无二的值得赞美的重要性。所以我们可以将实证主义的观点还原为：“形而上学的陈述既不能被经验地证实，也不能被分析，所以不足为道。”如果形而上学家反驳说：“即使我们的陈述不能被经验地证实，或者不能被分析，它们也是值得尊重的。”仅仅通过劝导，我们并不能使他们改变自己的立场。

形而上学的本能太强了，劝导根本无法撼动它，可以抑制这种本能，但绝不能消除它。即使形而上学完全让位于我们尊重的科学，那也只有通过进一步仔细地研究形而上学和科学两者才能实现。研究证实和句法是一个很好的开端，但它们并非唯一的研究要点。考虑那些被认为具有栩栩如生映像的词语和隐喻在科学中是怎样使用的，并且比较它们在科学中的功能和在形而上学中的功能到底有何不同，或者考察人们之所以认为形而上学是有必要的心理需求和特殊的困惑，也许是非常有益的。这样的探究会以更持久和更有启发性的方式引导我们对形而上学的兴趣；它们可以通过澄清、论证我们的信念而塑造我们的态度。如果以这样的方式来对付反对形而上学的态度，那么劝导式地定义"无意义"一词，就将有助于态度的确定。这个计划好像比形而上学家们的计划更有前途。因此，仓促地使用劝导性定义掩盖问题实际的复杂性，实在令人遗憾。

Ⅳ

现在让我们来看看伦理学，并特别注意"正义"这个词在柏拉图《理想国》中的定义。

我们一定记得，《理想国》的第一卷主要讲的是苏格拉底和色拉叙马霍斯之间的争论。苏格拉底是胜利者，但他并不满意。他说："我离开了我原先讨论的目标而开始讨论另一个问题，对起初考虑的什么是正义的问题还没有得出结论，就开始考虑正义的性质了，开始考虑正义是不是美德与智慧，或正义是不是邪恶和愚蠢的。"

关于正义"善恶"性质的争论，难道真是无理由的小题大做吗？根据前面的讨论，我们不能同意这一点。这个争论有一个重要的作用，即确定"正义"是否应该保留它的赞美性情感意义，而这一点对于之后的讨论具有至关重要的意义。当一个人准备给出一个劝导性定义时(我们马上会看到苏格拉底正是如此)，他必须确定他已经很好地确立了他所定义的术语的情感意义。否则，一个本打算在赞美的名义下解释其概念意义的定义，可能因贬损性头衔而变得模糊不清。"正义"这个词，有点过于严肃了，不可能始终令人愉快，因此它有变为贬义词的危险，当像色拉叙马霍斯那样的人利用他们的演讲才能**使**这个词变成贬义词的时候(像上面[1]提到过的劝导性技巧)，情况尤其如此。因此，苏格拉底在定义"正义"之前，必须首先赞美正义。

关于"正义"意义的问题，再次出现在《理想国》第四卷中。在第一卷和第四卷中间插入的那两卷，通过对理想国的动人描述而改变

① 8.2的后面几段。——译者注

了我们的兴趣。我们必须使这些新的兴趣更持久些。而这可以通过在赞美的名义下夸大理想国中更辉煌的方面而达到。苏格拉底提出的四个赞美性词语是："智慧""勇敢""节制""正义"。前面三个词语很容易达到这个目的，它们的概念意义不需有任何大的改变。剩下的这个词必须适合于描述所有其他值得尊重的事情。于是"正义"的定义就被发现了。"国家的正义在于三种人在国家里各做各的事。"

很难否认这个定义具有劝导特征，事实上它构成了为新的等级制度热情辩护的一部分，构成了对特定贵族政体的一种美丽而鼓舞人心的宣传。"正义"的通常意义必须让位于它的"真正"意义，这种意义需要一个高贵的赞美性头衔。

这种说法会让柏拉图感到非常陌生。但他不同意这一点的程度要比乍一看见它时弱很多。让我们采用柏拉图自己的理论说明，他强调的那些观点，可以视为与现在观点的类比。

柏拉图同意"正义"的通常意义只是研究的一个出发点。我们必须依照正义本身，即依照正义的永恒理念，而不是依照通常的正义概念来塑造我们的定义。我们在前世的生活中已经见过这种理念，而现在只能通过小心的**回忆**来认识它。以日常用法为基础的定义，显露出的仅仅是对这种理念的不完美的回忆，因为它是为局限于意见世界的人所把握的。

这种一致说①似乎无足轻重，它没有回忆说重要。但是让我们更仔细地看看吧。柏拉图是如何判断他的回忆是否正确的呢？当他得到一个能够满足他最深的隐藏于内心深处的热望的概念时，他认为它正确吗？难道辩证方法仅是帮助他澄清思想，以使他的那些热望能够被表达为某种清晰的东西吗？很难想象还有其他答案。柏拉图强烈地渴望理念；但这并不是理念具有奇迹般吸引力的结果。它恰是分析的需要。任何不是他热望对象的东西，他都不称其为理念。如果真是这样，那么我们的解释与他的解释就又靠近了一步。如果他有意给出一个劝导性定义，那么，他将会选择那些同样热望的对象，就像"正义"这样的概念意义。险此之外，没有任何其他东西能得"正义"这一美名。我们保留了使柏拉图做出其定义的那些因素，但没有保留他诗意的理念世界，实际上，这个理念世界的功能只是装饰他的研究程序，而不是改变他的研究成果。

如果柏拉图的著作中少一些乌托邦而多一些讽刺，他有的就不

① 即定义与定义的原型——理念的一致。——译者注

是对一个理念世界的回忆而是对两个理念世界的回忆了。第一个世界是众神的住所，就像在《斐德罗篇》中所描绘的那样；第二个世界则是"恶的创造者"的住所，这个创造者在柏拉图的《法律》第十卷中出人意料地出现了。正像热望是正确回忆第一个世界的标准一样，厌恶就是正确回忆第二个世界的标准。倘若这样，他的定义理论就不会再那么局限于赞美性术语了。回忆对于贬损性术语照样起作用。在定义贬损性术语时，把回忆仅限于是对第二个世界的回忆，是极为重要的。最严重的哲学错误，正是来自未能忆起"正确世界"，在那个世界的正确与否依赖于被定义术语的情感意义。

不过，我们必须回到关于"正义"的定义。柏拉图的定义是劝导性的；但这绝非例外。稍后说到的"正义"定义，少有例外，它们同样都是劝导性的。当然，它们有不同的影响。并非所有的哲学家都主张贵族统治，但是他们的确都在施加影响。

让我们来看边沁的定义。"'正义'，在唯一有意义的含义上(!)，是个虚构的角色，是为了交谈方便而杜撰出来的，'正义'的命令就是效用的命令。"①摩尔直截了当地说："这是正义法则"是警句的本质方式，"这个法则就是为了最大多数人的最大幸福"。因为我们当中绝大多数人都乐意追随它所引导的方向，所以这样的定义就不会因为劝导性而立刻打动我们。不过，对数目的强调，对要同等计算穷人和富人幸福的强调，清晰地表明了它对更大民主的呼吁。这一定义所传播的是一种崇高的自由理想。

据说，对劳动者而言"正义的"工资，意味着这样的工资：如果存在经济学意义上的完美的市场，那么通过供求规律的作用，人们能预期劳动者最后会得到什么。这种定义很好地隐瞒了其劝导，使其看起来具有纯科学经济学的客观公正性。但它仍是一种呼吁，尽管有些折中，它不是对经济规律运作的呼吁，而是对"自然的"经济规律运作的呼吁，也就是说，是对这样一种经济规律的呼吁，好像**只要**能保证行业的纯粹竞争("落后者天诛地灭")，就**能够**确定这种经济规律。因此你会发现，那些在当前行业环境中发迹的人，比那些没有发迹的人更喜欢这个定义。

"正义"可以有很多定义方式，而这绝不会让词典编纂者震惊。以眼还眼，以牙还牙？遵守契约？国王的意志？按每个人的**劳动**来分配社会财富？关于其意义，我们有广泛的选择和自由，或者在传

① [英]边沁：《道德与立法原理导论》，第10章，第40节，伦敦，1789。

统定义的范围内，或者创造一种新的定义。不过，我们选择何种意义并非无关紧要的，因为我们将赋予这种意义以赞美性头衔。选择一种意义就意味着在社会斗争中偏袒一方。

注意到这一点非常奇妙，理论家都对伦理学的不确定性感到不安，而且都看到其中纠缠不清的劝导性因素，即使在冷静的哲学时刻也不例外。他们试图通过定义自己的术语来避免这一点，希望赋予他们的探究以更多的精确性与合理性。不过，颇具讽刺意味的是，这些定义的确包含了相同的劝导，而且它采取了一种隐匿和令人迷惑的方式使之看起来好像是理性分析一样。

V

我们已经考虑过的例子，不论是来自形而上学、神学、认识论的，还是来自伦理学的，都表明劝导性定义在哲学中绝非寥若晨星，而且很多混淆都是由不能认识定义的劝导性质造成的。但是，就其本质而言，这种混淆的性质是什么呢？大致说来，是对劝导的视而不见促使对**这种分歧**的误解，而这种分歧又引发了许多争论，其结果是使人们支持自己论证的**方法**，到目前为止，要么过于简单，要么就是寻求一种最终的证明方式，而后者根本不可能。

到目前为止，这些方法论的混淆是通过暗示表现出来的，而现在必须要更明确地对待它们。让我们更进一步指出劝导性定义所引入的方法论的**实际的**复杂性，借此我们就会对这种复杂性被忽略到何种程度一目了然，毋庸赘述。我们将注意力限制在关于"正义"的例子中是合宜的；当然我们必须记得，对于包含属于劝导性定义的术语的任何一种情形，都可以引起同样的思虑。

关于方法论的总结与先前文章中①所述并行不悖。不过，那里的分析模式以"好"为例，这里的模式是以"正义"为例，两者略有不同。相同的方法论考虑的事项再次出现，但我们需要在新的外观下和另外的复杂性中认出它们。

两个人关于某一法律是否正义产生分歧。让我们列举出他们的争论可能采取的形式。

(1)假设两个人在相同的概念意义上使用"正义"一词，即**导致结果 A 和 B**。那么这一争论可以运用经验方法解决。争论者只需注意

---

① 指《伦理术语的情感意义》一文。——译者注

所讨论的法律是否导致这些结果。

不过，我们几乎找不到如此简单的情况。我们已经看到，“正义”常常被劝导性定义所左右，并导致不同的人在不同的意义上使用它。

(2)假设，第一个人用“正义”指称 A 和 B，而第二个人用“正义”指称 B 和 C。再进一步假设 B 是他们唯一的分歧点。在这种情况下，争论者可能会继续争辩而不注意他们所使用的术语的差异，也会再次发现经验方法可以胜任。争论的结果将取决于，我们能否发现这条法律导致 B。

(3)接下来，我们采用和(2)相同的假设，不过把唯一的分歧点由 B 改成 C。那么，人们可能会注意到彼此使用术语的差异。不过，争论也许会继续，在**某些**情况下也可以在经验层面得以解决。如果第二个人用“正义”来指 B 和 C，并否认这条法律是正义的，他的对手可能通过经验表明这条法律确实导致 C 来反驳他。(假设两人关于 B 已达成一致)第一个人会说：“即使按照你自己有缺陷的‘正义’定义，你也被驳倒了。”

这一情况提出了一个需要特别关注的要点。第一个争论者在最初的陈述中并未涉及 C，而第二个人只因 C 而否认了这条法律的正义性。因此，在任何时候对手都不会反对第一个人的第一句话。不过，即使在明确意识到术语的差异之后，第一个人仍会觉得从一开始就遭到了反对。他会认为需要驳斥对手的陈述，好像这对于支持自己的观点是必需的。为什么会出现这种情况？

这个问题之所以看上去令人疑惑，只是因为我们仅仅注意了概念意义。我们不言而喻地设定，争论者是纯粹的科学家，驱动他们的只是不含感情因素的好奇心。如果我们的例子想成为大多数实际情况的典型，这样假设就完全没有根据。“正义”和“不正义”的用法清楚地表明，一个人**支持**这条法律，而另一个人**反对**这条法律。他们为此而争论，绝非为了思想的满足而争论。他们**在兴趣上有分歧**。他们每个人都对这条法律有着特殊的兴趣，谁都不满足于让对方的兴趣保持不变。[①] 这种分歧显然在很大程度上源于情感意义，而非概念意义。于是，第一个人的概念意义没被驳斥这一事实，并未让他感到他的立场未受到威胁。他希望对手不仅要认同这条法律的结果，而且还要赞美这条法律；而他的对手若称这条法律是“不正义”的，那么

---

① 见论文 2(《伦理术语的情感意义》)和论文 1(《伦理分歧的性质》)，括号内为译者注。本书未摘选论文 1。——编者注

他就不会赞美这条法律，不管他赋予“不正义”怎样的概念意义。

兴趣分歧在例(3)中很容易看到，但是一经思考就会发现它在例(1)、例(2)中也有。赞美性术语“正义”在例(1)、例(2)中的使用，表明争论双方同样关注这条法律是否得到支持。当然，只有在第三个例子中，A、B、C都被牵涉进来，而且A、B、C因为同样的理由而相关，即它们因为兴趣的分歧而相关，引起争论的这一兴趣分歧源自信念分歧。换言之，只有争论双方解决了他们关于这条法律结果的信念分歧，他们才会对这条法律产生相同的兴趣。在第一个例子中，这些对立的信念是关于结果的，争论**双方**都用“正义”这个词在概念上指称这一结果。在第三个例子中，信念关乎只有一个人用“正义”这个词指称某种东西。这就是这些例子主要的不同点，而这一点无足轻重。分歧只有一种，只有当争论双方对这条法律具有相同兴趣时，他们的争论才会结束。只有当信念可以改变兴趣时，信念才是相关的。哪种信念能如此，争论双方是否在最初的陈述上表达了这些信念，仅仅决定论证的复杂性，而非争论的根本特征。

这些论述为我们下一步的例子做好了准备：

(4)像先前一样，假设第一个人使用“正义”指称A和B，而第二个人(他否认这条法律是正义的)用“正义”指称B和C。进一步假设，他们两个人都完全确定，这条法律确实导致A和B，而不导致C。当然，从概念上讲，他们还没有分歧，也没有像例(3)中那样的可能性，即一个人反驳另一个人说：“尽管按照你有缺陷的正义概念。”但是，他们仍然会争论这条法律的正义性，“正义”所具有的赞美力和“不正义”所具有的贬损力，仍然表明了他们兴趣上的分歧。

这个例子的方法论尤其重要。它显示了一种分歧，这种分歧也许是**经验方法完全无法解决的**。

如果我们不惜重述一些内容，重新考虑为什么在前三个例子中经验方法**是**决定性的，就清楚这一点了。在先前的每个例子中，争论双方中的每一方的第一个陈述都是假的。要么是矛盾律，要么是明显的假设保证了这种虚假性。此外，争论者只有相信这条法律具有他所谓的“正义”属性时，他才有兴趣支持这条法律；否则，他会将“正义”这一赞美性术语赋予不同的概念含义。出于这些原因，争论者只须注意他们第一个陈述的真实性，而这将导致他们对这条法律产生同类兴趣。简言之，兴趣分歧是争论的主要原因，它根源于信念分歧，至少由于争论双方中的一方在他的第一个陈述中所表达的信念是虚假的。经验方法通过颠覆这一信念，也可以解决兴趣的分歧。

不过，在例(4)中，争论者的第一个陈述都是真的。如上所述，两个人都愿意依照是否“正义”或“不正义”来赞成或反对这条法律。在他们所使用的完全不同的含义上，这条法律确实具有他们所谓的“正义”或“不正义”的属性；经验探究有助于**支持**他们**二人**的陈述。因而，第一人会继续以赞成的态度称法律“正义”，而第二个人会继续以反对的态度称法律“不正义”。这时他们的分歧不是源自每一方所表达的某种信念，也许只是源自他们不同的性格。既然经验方法只能通过改变信念来改变兴趣，那么我们如何用经验方法来解决他们之间的这一分歧呢？

我们很快就会清楚，经验方法在例(4)中不像前几个例子中应用的那样直接。不过，如果我们说经验方法在此处完全无立锥之地，也过于草率。让我们来做进一步的考察。

如果我们继续讨论例(4)，那么到目前为止对“正义”的模糊性负有责任的劝导性定义，将开始扮演一个更加明显更加重要的角色。为了影响他人的兴趣，每个人都会坚持自己的定义。他们将会在“这条法律是否在‘正义’**真正的**含义上是正义的”这一问题上争论不休。只有在正义这个词的含义上达成一致，他们才能在根本问题上达成一致，也就是说，在是否用一个表示赞美性的名称来描述法律这一问题上达成一致。

无论经验方法在改变争论者最初做出的概念判断的真实性方面多么无效，也许它都会作为支持争论者劝导性定义的手段而再次出现。比如，也许第二个争论者发现他用“正义”指称的 C 会进一步推出 F、G、H。而如果他不赞成 F、G、H，那么他就可能不愿再按照“C”来定义“正义”。如果他发现 A 会进一步推出 I、J、K，而他对 I、J、K 持支持性态度，那么也许他会决定用“正义”来指称 A。换言之，他也许会接受他的对手所坚持的定义。因此两个人会以共同接受“正义”含义的方式，同意这条法律是正义的。他们共同接受的这种含义，可能是他们拓展了经验知识的产物，而且这种含义会使他们的争论终止，这不仅仅因为他们都相信这就是这条法律真正的属性，而且因为“他们共同接受了这一含义”，他们在兴趣上不再有分歧，即他们都对这条法律持支持态度。

例(4)中的争论**也许**能通过经验方法解决，但是我们必须知道，也许不能。即使争论者了解那条法律所导致的所有相关后果，其中的一个人也仍会赞美它，而另一个仍会谴责它。他们不会达成关于“正义”的概念意义的共识，尽管两个人所说的关于这条法律的话都没错，但他们关于这条法律正义性的分歧还会继续。分歧将是兴趣的分歧，而非源于任何信念的分歧。我们如果要根本解决这种分歧，就只能通过劝导。

这是一条普遍真理：只有当伦理分歧或其他种类的兴趣分歧源自信念分歧时，经验方法才能解决这些分歧。目前关于源自信念分歧的兴趣分歧的方法论要点已经被复杂化了，是否存在这样的信念，如果存在，在最初判断中它们被表达到什么程度。在澄清争论性质的过程中，这些考虑是必要的，但它们的重要性不过如此。与其说这类争论源自最初判断的概念意义，不如说它源自其情感意义，根据这一事实，这一点显而易见。这一点一经深入考虑会很明显：在现实实践中，“正义”的使用是如此含糊不清，以至于任何争论者都无法肯定“正义”定义到底包含什么结论，支配他做出这种定义的心理原因到底是什么。

目前的分析模式可以很方便地适用于所有更具体的伦理术语，同样也适用于“美”。其他地方以“好”①为例的分析只适用于较普遍的伦理术语（它并没有提供说明**差异**的现成方法）。但是，我们为任何伦理术语所选择的这些分析模式的方法，主要是技术上的便利。人们可能会以对待“好”的方式来处理“正义”，并且通过“正义”中所包含的某种兴趣，将“正义”与“好”相区分，尽管目前的心理学术语并没有提供一种精确区分的手段。毫无疑问，人们会以处理“正义”的模式处理“好”。石里克（Moritz Schlick）在这一点上开了先河②，但他没有强调兴趣的分歧，以及它所蕴含的一切，在很大程度上损害了他自己的论述。尽管对兴趣的分歧还要有一些限定，但对奥格登和理查兹③的论述和布劳德④对奥格登论述的评论⑤，也可以这样说。

伦理术语的使用如此混乱，以至于很多不同的分析模式都与传统用法相关。选择其中之一作为**独一无二的**分析模式，毫无价值。这里所要求的一切，就是分析澄清伦理争论的本质特征，无论以何种方式。伦理争论的本质特征就是：情感意义、能动性用法、兴趣分歧，以及就经验方法而言一个重要却非决定性的角色。

---

① 论文2《伦理术语的情感意义》，在那里讨论了“更具体的伦理术语”。

② ［德］石里克：《伦理学问题》，第1章，维也纳，1930。

③ ［英］奥格登、［英］理查兹：《意义之意义》，149页，伦敦，1923。

④ 布劳德认为伦理学的任务是分析伦理概念。——译者注

⑤ 《“善”是一个简单名称，一种非自然性质吗》（“Is Goodness the Name of a Simple, Non-natural Quality”），载《亚里士多德学会学报》（*Proceedings of the Aristotelian Society*），第34卷，1933—1934。

有效性[①]

Ⅰ　伦理学的有效性与归纳演绎逻辑的有效性之比较

前面论述了日常生活中实际应用的一些方法的性质和效果(effectiveness)。如果我们应用的是与归纳逻辑和演绎逻辑相似的方法，那么这样的研究与对于什么方法**有效**(valid)所进行的研究是不同的，人们常常使用无效的方法，然而这种方法有时也能帮助他们赢得争论。被共同接受并不意味着有效。由此看来，伦理学方法论中似乎还存在着一个更深层次的问题，即关于如何调整常用方法或使之有效的问题。到目前为止，我们还只是涉及了这一层次，并没有进行深入的研究。前面的论述会使人认为，这种与表面现象相反的较深层次的问题，在伦理学方法论中似乎没有什么特殊地位。但现在我们必须给予更仔细的考察。

伦理学争论的某些方面——而且是非常重要

① 选自《伦理学与语言》(中国社会科学出版社，1991)，第7章1—3节，徐华译。——编者注

的方面——与有效性问题是明显相关的。如果一个伦理学的争论运用了形式逻辑，那么，人们就可以在逻辑学的有效无效意义上说它是有效的或是无效的。如果这个争论使用了经验的理由，那么对于这些**论据**的归纳支持（不同于**依靠**这些理由对伦理判断所提供的支持）在其所用的经验方法是否有效的意义上，也可以说成是有效的或者无效的。① 因此，当伦理学**直接**使用逻辑学或者科学方法时，我们完全可以使用日常的有效性准则来判断其是否有效。

同时，有效性与劝导性**无**关。“有效的”或“无效的”劝导的说法，没有任何认识上的意义。如果人们因为受劝导的刺激而犯了逻辑错误，那么，这是逻辑上的无效而不是劝导上的无效。人们当然也可以说某种劝导是“无效的”，但这是在否定它，即指出它是可以反驳的，或不起作用的。在这种意义上，一个军乐队的情感影响有时也可以被说成是“无效的”。显然，这种形象化的说法对我们来说没有任何意义。

至今为止，有效性在伦理学中的地位还没有得到认真的讨论，然而，我们对有些问题的较深层次的内容必须加以较多的注意。伦理讨论的特殊性之一在于，可以从事实理由来推导道德结论。在进行这种推导的过程中，不能例证劝导，因为劝导不能依靠明确的信念来传递；同时只要以第一模式为前提，除了个别例外，它没有例证任何归纳和演绎的程序。那么，在一个有效的伦理争论中，**这一**做法与认定理由的做法一样必然有效吗？或者说，“有效的”这个术语在这里引起的是一种无关的思考吗？如果“R”和“E”分别代表着一组理由和一个伦理结论，它们之间的关系既非演绎的又非归纳的，那么，从 R 到 E 的推论是否有效这样的问题还有意义吗？

根据假设，这种推论显然既没有**论证**的有效性又没有**归纳**的有效性。按照这样的有效性标准，上述推论总是**无效的**。但这一点无关紧要，因为当一个推论声称它不遵守通常规则时，坚持说它没有遵守这些规则就没有任何意义。我们已经说明，从 R 到 E 之间的推论做法，与在逻辑或科学中所发现的任何推论做法都不相同，因此我们不期望它具有与后者同样的有效性。

唯一令人感兴趣的问题属于另一类型的有效性。假定论证和归纳有效性与从 R 到 E 的推论不相干，那么，对于规范问题的争论来说，会不会存在着值得给予同样强调的**其他类型**的有效性？也许，

① 这里假定：人们可能议论“有效的”和“无效的”归纳程序，尽管归纳争论并不是在**论证**意义上有效的。

论证和归纳推理的通常规则需要用从 R 到 E 的特殊推论规则来**补充**，这些规则很像那些标志出有效推论的规则，但不太像那些标志出另一种完全不同的有效性的规则。

“有效性”这个术语同样也是模糊的，如果想使其不受“不自然”的语言歪曲，我们可以在几种不同的含义上为它下定义。因此人们可以为这个术语做出一个广义的定义，使某些从 R 到 E 的推论按照这个定义可以被称为“有效的”。然而，认可这样的意思似乎完全是行不通的和不合适的。这样说的根据，在后文将加以详细说明，但在这里只能简述如下：

> 无论可以用什么别的方式给“有效性”下定义，凡与“真实性”密切相关的意思我们总是最愿意保留下来的。这两个术语相互关联的确切方式，它们两者的确切意义，常常是极为纷繁混乱的，但我们无论如何还是要说：“有效的”方法比任何“无效的”方法都更益于确立真理或可能成为真理的东西。如果有人否认这一点，那么，我们就会坚持说，他一定是在其他意义上使用“有效”和“真实”这两个术语的，而不是在我们所选择的(也许这种定义的内容贫乏但仍然大致上是可以理解的)意义上来使用它们。但如果“有效”这个术语被用于从 R 到 E 的推论步骤中，那么——正如我们马上要看到的——“有效”这个词就不可能与“真实”这个词建立通常所具有的联系。该词除了具有某种或某几种与“真实”相关的含义外，几乎肯定还具有**另一种**意义，这样一种含义可能产生某种使人误解的模棱两可性，使人们不能在伦理学的理由与逻辑或科学的理由之间做出必要的区别。因此，为了明确起见，在任何伦理讨论场合中拒绝使用“真实”这个词是有好处的。

但是，为什么将“有效”运用于从 R 到 E 的推论就会使它丧失与“真实”的联系呢？答案肯定不能出于认为道德判断“不能称为‘真实’或‘虚假’”的这种论点。甚至对于分析的第一模式，情况也不是如此，因为虽然一个道德判断的情感意义与真假没有什么关系，但它的描述意义，即它所指出的说者的态度，在通常情形下是可以有真有假的。对于我们正在考察的争论中的步骤来说，其理由既**不能证实**伦理判断描述意义的真实性，也不能**使人**怀疑这种真实性，这一点是相当正确的。我们可以用例子更清楚地说明这一点：假定 A 宣称 X 是善的，B 宣称它是恶的。再假定 A 通过指出 X 的结果，来证实自己的判断。这时，A 并不对 B 的道德判断的真实性产生怀疑，因为 B 只是说(根据这一模式并不忽略其情感意义)他不赞成 X。假定 A 不是否定而是相信这一点，而且他肯定很容易这样做，因为 A 的判断(该判断的描述意义是 A 赞成 X)和 B 的判断(该判断的描述意义是 B 不赞成 X)之间不存在逻辑矛盾。对立是态度上的，而不是信念上的。A 试图做的事，不是怀疑 B 关于自身态度所说的话是真实的，而是相反(正像我们已经反复看到的那样)，是去**改变** B 的态度。A 承认 B 以其初始判断证实了他开始时所持的态度，但为了使 B 以后对 X 形成不同的态度，A 指出了 X 的后果。这种做法既没有对 B 的初始判断的真实性提出疑问①，也没有对 A 的初始判断的真实性提出证明；后一种初始判断只是描述了 A 的态度。

一般来说，当 E 由 R 支持或反对时，R 既不能证明也不反驳 E 的描述意义的真实性。因此，除非“有效”一词具有使误解扩展的意义，否则，像“R 允许一个对于 E 来说有效的推理存在吗?”这样的问题，就是没有意义的。如果人们愿意的话，可以说是根据形式逻辑或归纳法则来进行的，这样的推论总是“无效的”；但正如我们看到的，这里并没指出某种错误，即违反推理所应该遵循的某些规则的错误。而且如果有人试图使其遵守这些规则，他就使这种推理丧失了自己的特有功能。

对这一说法我们必须给予仔细的限定，但一般来说我们可以把它看作从前面内容自然而然得出的结论。有效性的术语依然可以像它所习惯的那样，用于道德争论的某些确定的方面，即关于如何确立**信念**的争论方面。不合逻辑的没有变成符合逻辑的，谎言也没有变成真理，只是它们现在却出现在一个较宽的伦理语境中。然而无论这些内容在什么地方引起疑问，伦理争论都是事实，它的方法论属于广阔的逻辑方法与科学方法的研究领域。对于那些超出这一范围、用信念反过来改变**态度**的做法，有效性(不论在任何意义上使用这一术语)的问题与之是不相干的。总之，虽然我们必须把伦理学方法与逻辑和科学方法**区分**开来，但有效性根本不会产生任何麻烦。

① 对于这里所说的第一模式的含义来说，B 判断的伦理术语仅仅指他**说话时的**态度。更严格地说，他的初始判断就是他的初始**语言陈述**：“X 是恶的。”即他一开始就要论证的东西，以这样的方式挑出特定语言，显然是很重要的。

Ⅱ 对方法的评价

我们如果不去考虑有效性的问题(即使像上面所说的那样，部分地不考虑)，就会面临着这样的危险，即在预防其他误解的过程中又助长了某些误解。选择某种方法的最突出的理由是它的有效性，因此，如果我们否定某些方法或方法的某些方面与有效性的任何联系，人们就会认为不再有理由选择它们了。如果我们承认这个理由，那就意味着辩论已经获得了初步的成功。性急的批评家会假定说，一种方法只要能使争论对手产生较深的印象，就与别的方法一样好，因为伦理学的全部目的就是影响态度。难道在柏拉图和康德寻找永恒的理性原则时，他们仅仅发现的是空洞的修辞规律吗？如果承认这种看法，人们就只能面对幻灭、混乱和许多其他乱糟糟的“含义”(implications)，而客观的理论家常常习惯于把这些混乱的出现归咎于他们的对手。

如果我们进行认真的观察就能发现，这些明显的含义与我们的观点没有任何关系。在方法之间进行选择的理由很多，并且即使这种选择在某些情况下并不依赖有效性，也不能因此说它依赖于演说者的策略。我们已经看到，每当有效性得到相关应用时，它总是可用于达到道德家的目的。而当它没有被应用时，也存在着其他的考虑，这种考虑能够使道德家对方法的选择摆脱各种麻木不仁或反复无常的困境。

如果一个人的道德判断不能感动他的听众，他就可以用那些主要是劝导的或理性的方法来支持自己的判断吗？前者与有效性完全无关，后者就其包含着从事实陈述到道德判断的步骤而言，也与有效性无关。但是，下述情况可以依据其他理由在它们之间进行选择：某些因素使他倾向于使用劝导的方法。也许他的听者由于某些痴心妄想而对有损自己现在态度的所有理由视而不见，这时劝导对于使他“注意理由”来说就是必要的第一步。也许判断涉及不远的将来，唯有劝导才能对事情尽快做出决定。也许由于不同寻常的思考，听者的反思习惯削弱了其情感习惯，而劝导方法可以在理性方法起阻碍作用时帮助其尽快形成实际的态度。同时，某些因素可以使他倾向于使用理性方法。如果听者的态度指向某些他对其性质和后果仍然一无所知的对象，那么，他就会相信听者的态度将表现为一种错误和混乱的行为。理由能够补救这种无知，而劝导则会掩盖这种无知。或许，如果他寄希望于未来，他就会希望借助于全部的知识在听者心中建立起探索的习惯，这种习惯一旦形成，就会帮助听者做出各种伦理决定，而不仅仅是这一种。说话者自身对理性方法的使用有助于通过例子来推荐这些方法(这常常是教师的明确目标——教师认为，教育不是对学生进行灌输，而是教会学生如何自己进行道德判断)。或许，说者自己的态度使其做出了判断，而且这些态度根本没有冲突和犹豫，因此使用了理性方法。他可能担心关于判断对象的不完善的知识正在指引着自己的态度，使他以某种后来会导致说者和听者都遗憾的方式影响听者的态度。因此他选择理性方法，主要的意义在于开辟了听者以相反的方式使用它们的可能性。他希望听者批评他的理由，或用其他理由补充它们，结果是相互启发。

这只是许多考虑中的一部分内容，它们个别地或者相互结合地指导人们对使用何种方法做出决定。当然，在这里，我们必须给予某种方法所具有的辩论“效果”以合适的地位。但如果说对效果的考虑是起决定作用的因素，那么这就严重地扭曲了人们的动机。例如，在上面提到的情况下，选择理性方法是为了**相互**调整各自的态度，根本不存在任何生硬的强制，这种强制对于某种做法的后果完全不予考虑。努力使态度达到一致，就像努力使科学信念达到一致一样，体现着一种合作的、谦虚的进取精神。如果并非所有的伦理争论都是出自这样的动机，那么，对于某些人来说它却是事实，这些人直率地表明自己的意愿而不要求任何人完全按自己的意愿行事。因此，当有效性不能起作用的时候，对方的选择就不必被关于方法的纯粹印象性所指导。选择是一个复杂的问题，而选择方法的根据与选择任何其他东西的根据一样复杂。

关于方法选择的全部问题现在都已经清楚了。所谓选择“有效根据”并不构成伦理学的独立分支，本书的其余部分也与之毫无关系。相反，任何关于要使用什么方法的决定，如果与有效性无关，那么，它自身就是规范伦理学的问题。在用通常的伦理学术语来表述这个问题时，这一点就非常明显了。问“我将选择什么方法”，实际上是问“我**应该**选择什么方法?”关于这个问题的任何争论都包含了态度上的分歧；人们提出来作为选择某个方法的“根据”的考虑，就是“理由”。道德判断本身正是从这些理由中得到支持的。这里所说的判断是指关于如何**支持另一个判断**的判断。

评价或者推荐一种伦理学方法(当有效性对此不可能有任何影响时①)就是使道德家的方式得以道德化。人们可以对无数行为做出道德判断，而支持一个判断的做法(本身就是一种行为)，也可以反过来受到判断。当某个人做出关于 X 的判断 E^1 时，我们可以做出判断 E^2，E^2 是对这个人支持 E^1 的方式所做的判断。于是，对于我们支持 E^2 的方式，又可以做出判断 E^3，如此等等。

这个判断序列没有什么错误。只有当我们不得不从这个序列的"另一个端点"开始时，它才是错误的。因为按其本性，它是没有"另一个端点"的。实际上，我们通常也很容易正确地从"这一个"端点开始。除非我们一开始就决定了对于这种表述方式的赞成的赞成的赞成……是否赞成，否则我们就不会拒绝使用所有赞成的表达方式。我们只是**发现**自己在赞成，在使用某种方法为我们赞成的东西辩护；只有存在着冲突或分歧的实际可能性时，我们才会对自己的做法提出疑问。

当然，从这些论述中可以得出一个论证：无论一个伦理学方法是从习惯中得来的还是有意识地选择出来的，我们对于使用这种方法总是**可以**给予批评的。某些方法的优点和缺点可以成为许多讨论的议题，除了对于矛盾的启发性假设外，它所涉及的态度分歧有时是不可调和的。关于方法价值的分歧与伦理学的任何其他分歧相同。只有当态度分歧植根于信念分歧，而且当信念分歧本身实际上是可调和的时候，人们才可能通过理性方法来调和态度上的分歧。相应的，人们只有在决定使用的劝导足够动人时，才能依靠劝导方法来解决方法价值上的分歧。这样说只是为了具体说明几种因素，这些因素能够或不能够导致人们在即将使用的伦理学方法上达到一致；这样说也是为了从伦理**中性的**立场来考察关于伦理学方法论的争论，研究(尽管以非常一般的方式)在什么条件(假设的或现实的)下人们会最终赞成同样的方法，但无论如何人们不会采取行动去实现或改变这些条件，因此人们也不会大张旗鼓地去改变人们同意接受的伦理学方法。这是一种超然性。本文花了很大的篇幅希望保持这种超然性，并把它作为对研究题材的工作限定。然而——这里有必要强

---

① 甚至当方法引起了关于有效性的通常思考时，仍然存在关于方法的规范问题。因此可以提出这样的问题：如果一个科学家为了使他的某些做法通俗化，用表面上似乎有理而实际上他知道无效的方法来为自己的结论做辩护，在道德上是否正当呢？显然，这与我们的问题没有太大关系。对于科学家来说，有效性仍然可能是选择的根据；但对于道德家来说，只要超出了纯粹逻辑学和科学的推理范围，它就不再是根据了。

调一下前文得出的一般结论，并将它应用于如何做出关于方法的判断的具体情况——绝不能认为这种说法包含有这样的意思，即提议。既然读者为了分析的目的已经不再参与到任何规范争执之中，那么他们也就必须在今后永远避免这样的参与。关于伦理学方法的判断不是对伦理学方法的描述，它可以具有重大的社会意义，既不会注定是教条主义的，也不会注定是无效果的。

例如，正如大家所感到的，劝导方法被道德家用得太频繁了。在现在的分析中，没有提出任何东西去阻止他做出这种道德判断。他当然有理由主要用理性方法来支持自己的判断——因为像用战争结束战争一样，用劝导结束劝导也使人困惑不安；虽然按严格的逻辑而言，这种做法并不矛盾，但在任何情况下都存在很多可供他使用的方法。如果他感到他的这类道德判断是盲目的，是以自我本位(egotistical)的方式把自己的偏爱强加在别人头上的，是违反了他的理想的，那么答案非常简单。只有在他使自己的努力成为盲目的和自我本位时，他才会这样；但他对于相反理想的抗议本身就证明了他不愿意这样做。人们在不具备有关的实际情况，特别是其较深远的结果的知识时，所进行的努力通常被叫作“盲目”的；而当这种努力不过是虚荣的表现形式时，它通常被叫作“自我本位”。因此，如果一个人在努力使一种方法得到比另一种方法更为广泛的应用时具有丰富知识的指导，如果他宣传自己态度的动机并不具有虚荣的色彩，那么，他的努力在任何通常的意义上都既不是盲目的也不是自我本位的。如果他的努力成功地使人们对其影响表示满意或感谢，那么这些人无论如何都不会说他将自己的偏爱“强加”给了他们，也不会用任何其他难听的话来指责他。

判断伦理学方法的努力无疑是重要的，但目前的工作除了偶尔谈谈外，人们无意承担这项任务。我们对于伦理学的方法的研究必须根据这一原则来进行，而不再对方法给予任何的赞扬或谴责。

Ⅲ　分析本身在多大程度上包含着这样的评价

我们现在必须稍微解释一下，否则这里所宣称的分析不偏不倚似乎是不可能的。虽然分析与判断无关，只是与观察和说明相关，但它也不能自称自己的研究可以与所有的评价内容截然分割开来。这样说的理由是，分析与其他探讨一样，在划分其研究领域的进程中必须引进某些评价(虽然它们不是特殊的“道德”评价)。任何人的研究都是有动机的，这些动机或者来自闲暇的好奇心，或者来自较为实际的冲动。既然每一个研究者都很少对自己的动机进行批评性的检查，那么可以假定他已经认定了自己的探究是**值得**从事的。如果他拒绝透露他所考虑的内容，这些考虑可能使其他人对于他所探究的价值形成了与他一致的态度，那么(除非一开始就有把握地把这种一致作为前提)他就会以完全人为的方式把自己限制起来。对一个人成就的真实性的考虑，是不同于对成就价值的考虑的。如果他忽视了成就的价值，那么，最后这些成就不管对于他本人还是对于别人来说，可能都会成为"真实的但价值不大的"。当一个探究者决定自己的研究中哪些方面**值得**全面发展，哪些方面只**应**顺带提及时，我们就会产生这样的考虑。

这一点(许多作家都强调过它)引出了与我们对方法问题的讨论联系更为紧密的内容。当一个研究者为其工作的重要性做辩护时，他就是要改变某些与他交谈的人的态度。这样做时，他自身不可避免地要**使用**方法——既可以是劝导方法也可以是理性方法；而如果是理性方法，那么不论是什么样的理性方法，它们都要使用理由，这些理由反过来又会得到有效的或无效的支持。只要这些方法在**特殊条件**下被应用于他的**特殊问题**，它们的价值问题就显得不可能是中性的。如果它们不偏不倚含有这样的中性的意思，那么它就是不可能的。

因此，没有任何探究能够把自己从评价思考中分离出来，这种思考直接关系并引导着探究过程。在这个一般原则上，伦理学分析也不能例外。但是，像科学、数学、逻辑学一样，伦理学分析可以仅限于进行这样的评价。这种评价对于描述性和阐述性研究来说是本质的内容。这就是我们目前的工作所要求的不偏不倚的程度，而且更高水平的超然程度也是不可能的。这样说是因为这种努力尽管具有特别的专门意义，但作为规范伦理学的研究的序言仍然是很重要的，它能使自己摆脱常常发生的荒谬的混乱。

为分析而进行的评价，并不是在人们进行许多其他评价时，支持一方或反对一方。这些其他争议——甚至那些涉及方法的重要方面的争议，例如，关于劝导方法的社会价值，或发现实用的、审慎的、过分简单化的理性方法的价值的争议——在这里只能根据主题论述的需要，顺便做简要的研究。

分析很可能对许多更广泛的争议产生**间接**影响。但任何研究无论怎样超然(detached)也都会这样。最客观的历史研究，对我们关于未来的目标也可以产生重大影响；而似乎远无现实性影响的天文学，也会有助于培养谦虚谨慎的精神和减轻由迷信所引起的恐惧。这里只是说，任何描述性的陈述都可能被其他人用作支持**他们**判断的**理由**。同样，分析的结论也可能以同样的方式被人利用。关于方法的描述的研究，情况尤其如此，因为这种分析可以影响人们随后打算采取的行为程序。但是，以暂时的漠视态度看待效果，甚至在看到效果随人的不同变化而变化，并引导某些人使用分析者所反对的方法时，人们仍然保持漠视态度，这是一回事，而努力促使人们对不同方法的价值形成明智的一致意见，则完全是另一回事。后一任务只能依靠许多领域的不同具体知识来完成(这些知识被特别组织起来以便对所争议的问题产生影响)。但这个任务超出了目前工作的目标范围，作者也感到没有充分的能力来论述它。一个制造雕刻家的凿子的人可能在无意之中对制作一个令人赞叹的雕像做出了贡献，但他并非总是因此就信心十足地离开自己的行业去做一个雕塑家。

但是，也有一些学究，常常把某些科研领域限制得过于狭窄。描述方法的性质和**做法**可以使对方法某些方面的评价极其容易。因此在后文，我们将对此给予部分的和简要的讨论。读者如果暂时忘记了分析的目的，就会感到关于目前的工作“要求”，他做出另一种判断，这时他也许应该毫不犹豫地做出一个与之相反的判断。下面我们必须对劝导方法的价值说上几句，虽然这些话必定是非常一般的。

现在有许多人突然对情感语言敏感起来，而且看到了这种语言多么广泛地进入似乎是事实问题的讨论。同样，这些人对“宣传”也变得敏感起来，因为宣传所产生的感情效果常常表明，宣传成功地以这样或那样的方式在引导人民，而且这种引导的方向常常与人民的自身利益相矛盾。由于情感的作用，两两相加却不一定得四，于是，他们中的有些人就嘲讽地得出结论，认为所有情感语言、劝导、规劝、狂热的激情等都是可怀疑的，应该让位于冷静的推崇事实的科学语言。也就是说，由于受一个特殊的词汇“宣传”的影响——“宣传”常常是一个被人们用来**诋毁**这种或那种劝导的词——他们变得对所有的情感词汇都害怕起来。他们认为所有的劝导都是某种宣传，不管它的动机和目的如何，都是极坏极可耻的东西。

这样的论点只能代表着一种疏忽。劝导方法通常被用于完全坏的目的，被用于理性方法完全可以满足其迫切需要的情况中，这是一回事。对于这个判断，作者是完全给予同情的。在那些自称为自己进行思考和为道德奠基的人之中，没有一个人能够容忍将劝导方法与理性方法荒唐地**混淆**起来，这种理性方法常常表现出某种深奥的哲学道理。但是，对劝导进行全面指责就是完全不同的另一回事了。具有反思精神的人是不会这样谴责劝导的。实际上，我们没有可能去决定究竟是完全接受劝导，还是完全反对它。困难总是在于判定**哪一个**劝导应该反对，哪一个劝导应该接受。在判断劝导方法时，人们只是说在许多一般争议上所必须说的话——该判断只是用来纠正一概而论的倾向：劝导有时是好的，有时是坏的，这完全取决于当时的条件。

除了想象一个没有劝导的社会之外，任何对于劝导的完全否认都显然是荒谬的。如果我们禁止任何热情的表达方式，规避所有强烈的情感词汇，用单调的口气去缓和词汇的情感效果，处心积虑地避开任何感人的用词风格，而只是致力于传达那些听者的先验倾向使其感兴趣的真理，如果我们这样做，我们的情感生活就会被剥夺得非常贫乏，以致生活变得难以忍受。当我们的态度不能同其他人的同意或反对的态度一样，在社会生活中清楚明白地尽快地表达出来时，我们就会陷入一种冷漠无情的状态之中。但是，当不偏不倚的推理使我们的态度共同发挥作用时，这一推理就宣告结束，不偏不倚的推理可以对我们的生活发生重大的影响；但这需要推理所允许的感情达到一定的程度。没有完整的生机勃勃的态度，任何事都做不成。这些态度具有一种直接表达热情的感染力。劝导无疑是“宣传家”和街头演说家的工具，但它也是世界知名的利他主义改革家的工具。我们不应该为了使江湖郎中从世界上消失而去消灭所有医生。

某些种类的劝导的价值——及不可避免性——大部分取决于它与权威和领导的密切联系。更多的人对道德决定的复杂性感到困惑不解。为了解决自己的困难，他们常常求助于别人——或者屈从于公共舆论的权威，或者遵从某些教科书或机构的权威，或者听从那些相信自己所获得的超出他们有限理解力的知识的权威；某些时候，这种权威是被人们有意识地挑选出来的；而另一些时候，它似乎为某些人与生俱有。但是，不管人们有时多么盲目地接受他们的权威，或者不管有些人为了自己独立思考的问题而**感到**多么有必要反抗一切权威，任何人都不可能要求人们把蔑视地对待一切道德权威当作普遍的社会政策。那么，一个被视为权威的人，如何支持他为自己的追随者做出的伦理判断呢？显然不能列举他的所有具体理由，因为这些理由通常是十分复杂的，他的追随者不可能理解，这些追随者在一定程度上正是因为这个原因才满足于做一个追随者而不是领导者。在这里劝导方法必须提供其追随者可以考虑的理由，尽管这种理由是相当少的。

谁是**正当的**权威者？谁**应当**通过规劝去引导别人？这些正是业余道德家高谈阔论争论不休的问题，他们的工作常常比职业哲学家更具有实践性。既然这些问题是复杂的规范问题，我们只能用广泛的概括做一些解释；并且，如果将它们与产生它们的具体情境割裂开来，我们就根本无法做出任何解释。除非一个人完全满意于服从既定的权威，并且能够幸运地发现这些权威提出的建议并不相互冲突，否则，他至少必须自己选择应该服从哪一种权威或者和别人平等地讨论这个问题。这个问题产生于具体决定，虽然一般原则有助于它的解决，但确立一个一般原则要比确立一个关于具体情况的判断更为困难。即使我们有机会讨论这样的问题，但在这里争论它们还是离题太远了。

上面关于评价问题的粗浅讨论，已经足以指出一般的判断常常是轻率的，而关于**所有**劝导都是邪恶的判断，比通常的一般判断更为轻率。

分析的实践意义①

Ⅰ　关于如何正确使用科学的建议

更有建设性的意见是什么呢？我们能够为伦理学方法论推荐什么样的程序，以便最大程度地利用科学知识呢？

让我们更具体地将这个问题看作一个规范伦理学的作家所面临的问题——这个作家希望超出伦理学分析和伦理学史的范围，表达他自己的道德观点，他正在决定**运用**什么方法才能得到和支持他的结论。同时我们假定这个作者只是对那些理智的、成年的读者来宣读他的著作，这些读者能够信奉或在细节上批评他的辩论。这个假设相当严格地缩小了问题的范围，因为它免除了回避复杂性任务，免除了既要审慎地使问题简化又要避免因过分粗糙而带来的混乱任务。我们在别处已经了解到，上述任务是一个实践道德家面临的最大困难之一。但是，由于那些具有独立思考能

① 选自《伦理学与语言》(中国社会科学出版社，1991)，第15章第3—5节，秦志华译。——编者注

力的人们会深思熟虑，广泛传播他们的结论，这不是次要的，因此，缩小问题的范围就不会成为不切实际的做法。

这个作家应该使用什么方法呢？我们先来看一个长期流行的理想——即检查规范问题的双方，尽可能多地运用知识来解决问题。当然，任何作者都必须从潜在可能的理由中做出某种**选择**，但他可以以一种小心谨慎的精神做到这一点。也就是说，他必须对今后的实际经验中可能要考虑的事情做出估计，这种考虑与他的态度趋向是密切相关的。他必须小心地权衡各种理由，这些理由将被用来支持他自己的结论，反对那些有可能用来攻击这些结论的全部有代表性的理由体系。

如果我们的作家一开始就否认这个理想，那么，要使他们接受这个理想就有很大困难。然而这个理想实际上已经广泛地为人们接受，因此在这里再为它做出辩护是毫无意义的。背离这一理想的情况尽管也不时地发生，但大多数人是由于疏忽所致。这些背离常常产生于一种无意识的自我欺骗，它使得歪曲的证据显得似乎是得到恰当表现的证据。补救这一点需要耐心的努力，虽然其中许多补救工作可以寄希望于当前心理学的发展。这些背离也同样经常地产生关于知识**多样性**的不完善概念，这些各种各样的知识对于道德问题的解决具有重大影响。必要的支持不知不觉地被散乱的观察或朦胧的抽象所取代了。因此，我们还是简化这些内容(别忘了我们正在这样做)，假定我们所虚拟的作家接受这个理想，并继续考察他怎样才能最好地实现这一理想吧。

至于所提及的第二种疏忽大意，即关于相关知识的广泛变化越来越不敏感，我们只需要以新的强调重点概括一下我们分析研究的几个结果就行了。关于理由如何**才能**被使用的结论，与上面的理想相结合，就成为一种决定**应该**如何使用理由的不可或缺的指南。

前文已经表明，关于事实的任何陈述只要能够指导态度，就可以成为一个伦理判断的理由。因此，对于已经被很好证实了的理由的任何典型选择(我们的作家在追求已经提过的理想时，必须努力做出这样的选择)，他们都需要极其多样化的知识；他不仅必须注意所使用的理由，而且为了确保不造成严重的疏忽，还必须检查许多其他理由。他的任务必然是非常艰难的。

我们也不能赞同这样的意见，即认为我们所说的作家仅仅通过论述最终目的就可以确定其任务的界线。从我们关于内在价值和外在价值的研究来看，这是很明显的。那里的讨论所得出的方法论结论，以及这些结论所依据的心理学观察，表明以“专家”式的精神（这是大多数经院伦理学的典型特征）来寻求这种简明性，这种精神只能提供既没有现实成就又没有未来希望的空头许诺。如果我们的作家对于人们司空见惯的各种目的敏感的话，就绝不会把某一因素拔高作为目的，而将任何别的东西降低到完全是手段的地位。他们可以希望明智地改变目标，但不大可能期望人类本性得以更新。

如果他们期望得到的是一般的、统一的原则，就必定不会仅仅注意某个甚至某些“目的”，而是去注意那些根本目标（focal aim）。正如前面已经解释过的，一个根本目标是某种在一定程度上或许会被评价为目的的东西，但它大都是作为达到其他众多目的的必不可少的手段（才被视为目的）。在规范伦理学中，根本目标可以发挥一种统一的作用，因为许多其他东西的价值是达到**它**的手段，因此它一旦得到确证，其他东西的价值大致就可以依次得到确证。然而很明显，如果不在根本目标的全部因果背景上去认识它，我们就不能恰当地为它辩护，或许甚至不可能清楚地把它阐述出来。

那些强调内在价值和外在价值之区别的人，对于外在价值所依赖的全部结果是很敏感的。但他们将一个给定的对象（X）看作是具有结果的，并认为这些结果只在某个中间阶段才是多种多样的和全方位发散的。随后就其与伦理相关的范围而言，它们被集中在某一个目的上，而它们对这个目的的效力则决定着 X 是不是有价值的。对“这个”目的的本身的合理辩护，将产生许多令人困惑的问题。本书与这个传统的不同之处在于，它表明归于 X 的价值取决于它是否**仍在产生**结果，同时它还表明即使这些结果后来确实能够集中起来，但这个集中点永远不会被看作是唯一的目的，而总是被看作一个根本目标，即主要由于它自己再次产生的结果而受到重视的目标。经验研究必须渗透在明智伦理学的全部内容之中，而不能仅限于某个独特的“世俗”部分。

鉴于此任务的重要性，我们期望我们的作家以较谦虚的方式开始工作。他首先需要讨论的目标并不是一些体现在哲学家的空泛原则中的目标，而是那些与日常生活中的“中间原则”相关的东西。或许他希望最后能够达到某种包括一切的目标，但绝不会希望在达到其他所有目标之前就证实它，或者用一个简单的公式来陈述它。一个包括一切的目标既然是完全可以达到的，那么它也一定是一个根本目标，因此它不能被看作一切进一步探寻的**绝对必要的条件**。在规范伦理学中，就如在许多其他领域中一样，首要原则也就是最后才能获得的原则，因为它们所包含的丰富内容使得对他们的表述和证实最为困难。(这既适用于个人思考，也同样适用于人与人之间的交往。一个人为了使自己满意，常常可以证实这种或那种政策的价值，但此时此地，我们有谁能够找到一个这样的根本目标，这一目标包含的内容非常丰富，以至于足以把他个性中所有不同的因素都统一起来了呢?)因此，我们的作家必须从相对具体的判断开始，对它的支持虽然仍是复杂的，但与较一般的判断相比，复杂性就小得多了。他必须讨论许多较小的根本目标，它们中有些可以证明是起共同作用的，而另一些则是相互抵触的，因此我们需要妥协折中和重新调整。

但是，无论我们的作家考虑的是具体问题还是一般问题，关于他把自己与科学相联系的需要，以及把自己与科学常识内容相联系的需要，并不会产生什么疑虑。他必须把主要注意力放在这些问题之上。当然，他与纯粹的科学家是不同的，因为从知识库中进行选择，把影响某个具体道德问题的知识聚在一起，类似这样的任务是纯粹科学家不会致力去干的事。上述任务包含着如何运用科学的问题。正如我们在其他地方已经看到的那样，**运用**科学造成了它自身对组织化的要求，并且是不利于专门化的。然而，如果我们不想用无知来代替知识，那么，以特殊方式组织起来的各种结论，必须仍然是建立在经验基础之上的结论。

科学中较引人注目的概念的姿态，是不可能达到全面运用科学的。这些姿态只有在指出取得可靠预见的途径时，才能够充分发挥作用；同时，只有以具体的方式应用这些姿态时，它们才能做到这一点。预见在伦理学中的作用是很明显的，因此，我们需要强调的只有这么几点：态度主要是通过强化来得以巩固和受到指导的。当X被阐明是达到也是受赞成的Y的手段时，人们对X的赞成就会得到加强。但是，在这里，引起强化的是X与Y的关系的**信念**，而不是关系本身；而如果这个信念不是一个预先受到证实的预见性信念，那么它就不可能产生实践的效果。再者，态度常常因偶发的冲突而改变。如果X与Y在因果关系上是互不相容的，但它们都受到赞成，那么人们就必须在它们之间做一个何者优先的决定。而如果预先了解到它们之间的不一致和矛盾所在，我们就可以毫不犹豫地做出这一决定；而如果同时还事先了解到更深层的东西(如了解抑制一种或另一种态度的心理效果，了解能否将一种或另一种态度导向一个稍微不同的对象)，我们则可以使这种决定包含最小的妥协。

在所有这样的预见中，许多都要求对人类本性的认识和了解。但我们必须记住，给定的X与给定的Y的关系，并非仅仅心理上的论题。例如，纳税体制与贫民生活状况的关系，在某种程度上是一种经济关系，它甚至还需要对该国气候进行初步的观察，因为这将决定穷人需要什么样的衣服和住所。确实，这里还有什么知识**不会**对评价产生潜在的影响呢？

因此，我们的作家在试图为其规范提供**合理**的支持时会发现，他的任务就是确立关于人性及其相关的环境的事实结论。这是他的唯一任务，但绝不是一个小任务。即使在他完成这个任务时，他也不能保证自己的判断可以为全部读者所接受，因为即使在获得信念上的一致之后，态度上的一致也不一定会因而产生。然而，对于一个可以用经验术语来描述的问题，我们至少可以谨慎地希望在经验中加以解决。这种问题(无论如何困难)就成了一个可理解并可探讨的问题。它没有那种方法论的困惑，也没有使探寻方法的头几个研究步骤混乱不堪。正是这些困惑与混乱，使整个探索与思考软弱无力。因此我们的作家在这一说明中会发现，他没有理由相信明智的规范是人类永远也得不到的东西，但有根据相信他那姗姗来迟的结果会不断积累，从而对那种竭力解决实际生活问题的伦理学发展做出贡献。

Ⅱ　劝导的正当用法

对劝导的方法应该说些什么呢？我们不准备鼓励我们的作家使用这些方法吗？或者相反，可以赋予这种方法一个可接受的和合法的地位，从而以此来补充他的理由？

我们从这样的经验观察开始，虽然信念对态度的影响总是存在的，但这种影响常常是缓慢的。我们的作家可以发现，在他的读者接受他的理由和随之而来的情感调整之间，存在着一个滞后期。要想摆脱旧方法是不容易的，即使人们公认它们已经不再具有自己的功能，它们还会长时间地存在下去。正是在这样的场合，只要人们谨慎地使用劝导方法，那么它就是合法的，并且这种合法性几乎是没有什么疑问的。如果我们的作家所做的劝导并没有取代他的理由，而只不过是加速了这些理由效力的发挥——如果他的劝导能把自己的读者引向某种方向，这个方向是更全面的知识预先推荐给他们的——那么，这种劝导就是受欢迎的，它可以帮助摆脱旧习惯的任务，否则读者就会不得不在没有任何其他帮助的情况下去完成这一任务。

但是，没有必要对劝导加以这么大的限制。我们假定这个作家正在为其他人以前没考虑到的目标进行辩护。我们再假定，他对这个目标的劝导性论证在某种程度上先于适当的理性论证，很难获得充分的证据。当然，这可能使他的读者轻率地接受这个目标。但也可能产生完全不同的效果，即通过引起读者对这个目标的强烈关注——否则他们就会以怀疑之心来看待这个目标，这种怀疑对于不熟悉的东西总是很容易产生的——可以促使人们对它给予适当的考虑。如果他的读者是成熟而理智的(正如我们所假设的那样)，他们就不会不经过深思熟虑而接受他的目标；他的劝导不但不会使他们过早地绕过这个问题，而且还可以作为一种鞭策，促使对他进行更深入的研究。这种劝导还可以刺激他的读者，促进他们讨论这一问题。他们共同考虑所产生的结果，不论是使他们接受还是使他们否定这一目标，都有促使这一目标受到检查的作用。因此，劝导方法不一定与理性方法相对立，甚至也不一定是对理性方法的独立补充，它实际上对于充分运用理性方法做了某种间接的贡献。

更进一步的考虑已经提出过了。我们的作家在展开某些用来支持他的规范的心理学结论时，碰巧也利用移情的作用。通过扩展其读者的反省能力——通过使他们实际地设想自己处在别人的位置，从而帮助自己理解别人是怎样生活的——他可以传递某种舍此方式就会表达不清和一知半解的信息。在这一过程中，人们没有必要使用严格意义的劝导方法，因为移情可以帮助人们获得信念，并且仅仅在这种信念的相应范围内支持某种道德判断。而劝导方法可以发挥较直接的功能——它肯定常常可以补充理性方法，常常可以鼓励人们(像上面所说的那样)随后去检查或重新考虑他们的信念。但是在第一种情况下，它的作用只是通过一种信念无法传达的影响来从情感上支持道德判断。然而，从语言学的观点来看，产生移情作用需要比利用描述意义大得多的才干。形成一种使某些信念得以产生和清晰的心态是一回事，公开而又简洁地提供信息则又是另一回事，前者所承担的任务要比后者大得多；因为当前者使用描述意义时，我们必须认真注意情感和形象化的意义，必须注意该陈述风格和语调的微妙之处，注意它所暗示的东西；正是这些内容，决定着读者的反应。只是由于我们的心理活动过程本身具有紧密的相互关联，所以我们不可能把语言的几种用法截然分割开来。

还存在着其他劝导方式，以及语言更一般的非描述意义表现方式，这些方式也可以在伦理学中得到一个正当的位置。例如，文学语言(或者其他艺术形式)的许多用法，其传递信息的能力就超过了移情，它可以有效地使情感得到健康的练习，并不断补充新的内容。那些抱怨我们注意科学太多的人，却相当糟糕地把科学视为自己的敌人。但他们争辩说，以牺牲人性为代价来单方面地发展科学，表明我们太注意自己天性中的认识方面了；这种做法使我们考虑得过多而感受和行动太少，从而阻碍了伦理学的发展，对于他们的这种反对意见，我们应该严肃对待。但这是一个大课题，这里不可能展开论述，我们只要强调一下上面谈到的几点就足够了——即非描述语言既可以弥补态度改变滞后于信念改变的状况，又可以刺激人们思考新的信念，还可以通过推进移情来促进信念之间的交流。在这些情况中，语言的非描述方面不仅对知识提供了一种补充，而且由于它具有使道德目标更为明智的效力，所以它能够对扩充这种知识提供实际帮助。

当然，这并不是说对语言的非描述性方面可以不加区分地运用。在很多情况下，这个方面不仅不能培养明智的目标，反而会传播无知的东西。语言的非描述性方面有时会取代描述方面，而不是补充描述方面，这种取代会导致不成熟的结论，从而切断与经验的联系。例如，在神话思考中，语言的两种用法就以某种方式融合在一起，从而使描述内容上的贫乏隐而不见。这种做法表征着一种特有的观念(并在很大程度上使之永存下去)，这种观念在人们无法应对环境时提供的是一种安慰，而不是适应现实的情感调整和控制现实的系统手段。规范伦理学总是处于变成半神话的危险之中，因此人们必须采取各种手段，努力地避免语言的非描述性方面使描述性方面丧失效用这种现象出现。在进行了这样的考察之后，人们就不会再争论说，对伦理学的探寻太多，而对情感要求太少了。

因此，我们既不能因为重视描述性语言而抛弃非描述性语言，又不能因为重视非描述性语言而抛弃描述性语言。确切地说，这是一个使语言的两种用法顺利地共同发挥作用的问题，其中每一种做法都不能超越自己的权限范围。当然，如何做到这一点是一个非常困难的问题；但有一点是非常清楚的，即获取经验知识的任务与语言的描述性用法极为密切。这是一个重大的任务，需要坚韧不拔的努力才能完成。虽然有分寸的情感表达方式可以有助于情感表达，却为完成这个任务设置了种种障碍。因此，对于那些讨论规范问题的人来说，在这段时间里长期把自己的情感控制在一定的格式之中，保证相关的事实前提受到很好的检验，这是一种明智而谨慎的做法。换句话说，必定存在着这样的时期，其间语言的情感用法是明显从属于描述用法的。可是正如我们已经看到的那样，在一些时候，有许多机会能够相当自由地使用带有强烈感情色彩的术语，但是在衡量复杂证据的过程中，这些术语往往太模糊了，它们会使问题难以看清。也许这只是暂时的情况。随着思维习惯的改善，我们可以逐渐发展某种能力，使我们总是能够同时利用语言的两个方面，而仍然保持两者之间功能上的区别。在某些场合这是可能的，甚至现在这也是可能的。然而，从整体上看，当一个人**检验**某个规范结论提供的理由的真实性时，他不可能有把握排除在不同术语之间进行选择的预防措施，这些术语与纯粹描述术语是十分相似的。只有这样，人们才可以保证，引进伦理学之中并对伦理学问题发生影响的是完整谨慎的科学，而不是表面上像科学的东西；而那种看来得到了很好支持的目标，也才能真正经受得起认真仔细的检验。

Ⅲ 结论

这些论述虽然极为粗略，但有助于提示人们应该如何进行关于规范问题的写作和讨论。它们必定是从人的**全部**知识中得出来的，本身不怎么适于解决专门的具体问题，它们还要求一种充分的但又受控制的情感活力。

从一定方面说，这些结论只给了我们不多的方法论启示。它们所确立的东西，仅仅是从其语言学背景中抽象出来的方法论轮廓；甚至在这种研究超出了描述性说明的范围，试图指出**恰当**的方法时，它充其量也不过是一个更深入探讨的导论。它不能预先告诉人们应用它所得出的结论，也不能保证在伦理学中应用它会得出能被共同接受的规范。最重要的道德问题在哪里开始，我们的研究必须在哪里结束。

但是，尽管这种研究只是一个开头，它对目前的伦理学来说也不是多余的。因为伦理学比任何其他学科都更需要这样的训练程序，比任何其他学科都更需要这样的精确分析。特别是，从古到今，人们都在向伦理学理论提出终极原则的要求，并力图在伦理学中明确地确立这种原则。这不仅掩盖了道德问题的全部复杂性，而且用僵化的来世原则取代了灵活的现实原则。笔者希望，既注意科学在伦理学中的作用，也注意道德问题不同于科学问题的地方，这样的研究有助于使虚幻的确定性概念让位于同它们试图解决的问题相适合的概念。

对终极证明的需要与其说是从希望中产生的，不如说是从恐惧中产生的。当一个学科的基本性质受到错误的理解时，人们必须用自我安慰和弄虚作假来掩饰自己的不安全感，这对自己和别人都是一样的。只有当该学科发展到研究者有把握地认识它时，它的结论才会碰到理智的反对意见，才能得到较深刻的经验和反思的校正。在这些公开声明的观点中人们并不缺乏自信心，也没有那种以懒散软弱为归宿的普遍怀疑主义。这里唯一需要的东西，是这样一种精神气质，它坚定地遵守当时似乎是最值得信赖的结论，同时，仍然敏感地认识到，现实问题过于复杂，无法用公式来回答。

伦理术语的情感意义[①]

I

伦理问题最初是以这样的形式提出的："这样或那样是好的(good)[②]吗?"或者"这个选择比那个选择更好吗?"这些问题之所以难以回答，部分原因在于我们并不十分清楚自己要找的到底是什么。就像我们连针是什么都不知道，就问"海底有针吗?"因此，首要的任务是对问题本身进行考察。我们必须通过界定用以表述问题的术语，或者通过任何其他可行的办法，而使问题更加清晰。

本文将专门围绕使伦理问题更清晰的第一步[③]而展开。为了有助于回答"X是好的吗?"这个问题，我们必须用一个可以避免模棱两可和混淆不清的问题来**取代**。

① 选自《事实与价值》第2篇(*The Emotive Meaning of Ethical Terms*)，冯平、刘冰译。该文首次发表于《心灵》，1937年第46卷。——译者注

② good，按照常规应该译为"善的"，但这不仅读起来十分别扭，而且就史蒂文森谈论的问题而言，用"善"来翻译也过于狭隘，所以在本文翻译中，除了作者特别点明以"善""恶"替代"好""坏"外，其他则统译为"好的"或"好"；goodness统译为"好"。——译者注

③ 即弄清表述问题所使用的术语。——译者注

很明显，在用更清晰的问题作为替代时，我们绝不能引入某种与原问题截然不同的类别的问题。(举一种通病中的一个极端的例子)如，绝不能用“X是带有黄色点缀的粉红色吗?”来取代“X是好的吗?”，并且指出这个问题是多么简单。这样做是行不通的。这只是窃取论题，而完全于事无补。另外，我们也不能指望作为替代的问题和原问题在严格意义上是“完全相同”的。原问题也许包含实体化、拟人化、含混不清，以及所有其他我们在日常讨论中易于出现的语病。若要使作为替代的问题更清晰，我们就必须祛除这些语病。而如此一来，这两个问题之间的同一性，就只能在一个男孩和他日后成为的男人是同一的这种意义上而言。因此，我们无法强求替代句在直观上原封不动地保持了原句的意义。

于是，问题就在于，作为替代的问题如何能够与原问题相干(relevant)? 让我们(粗略地)假设，作为替代的问题一定是以界定“好”的一系列术语取代了“好”而产生的结果。于是问题就转化为被界定的“好”的意义必须与它原来的意思有多么相干。

我的回答是它必须**相干**。一种被界定的意义在以下情况下会被称为与原意“相干”：那些理解了定义的人一定会说，他们想表达的一切，都能通过以这种方式被定义的术语来表达。他们绝没有在旧有的、不清晰的含义上使用这个术语的必要了。(如果一个人确实不得不继续在原有意义上使用词语，那么在这种情况下他的意思就还没有澄清，而哲学的任务也尚未完成。)一个词语的使用如此含混不清、模棱两可，以至于我们必须要赋予它**若干种**而非一种被界定的意义，这种情况屡见不鲜。在这种情况下，只有一整套被界定的意义才会被称为是“相干的”，而其中任何一种只能被称为“部分相干”。无论如何，这绝非严格意义上的“相干”，但是它适合于我们当前要解决的问题。

现在我们转向特殊任务，即给“好的”下一个与之相干的定义。首先我们考察一下其他人已经尝试过的一些方式。

通常“好的”被定义为“**赞成**”，或者与赞成相类似的心理态度。一个典型的例子就是，“好的”意味着**我所欲求**(霍布斯)，“好的”意味着**大多数人赞成**(休谟，实质上)[①]。像培里那样把这类定义作为“兴趣理论”可谓简单易行，不过，在培里那里，无论是“兴趣”还是

① 把这一定义归为休谟是过于简化的，但我认为，在弱化我稍后要做的评论的意义上并非如此。这种说法同样适用于霍布斯。

“理论”都不是以最常见的方式使用的。[1]

这些定义属于这类相干吗?

否认它们**部分相干**是徒劳无益的。哪怕是最肤浅的探究也会揭示出“好的”的含义极其模糊。假如我们坚持**从不**在霍布斯的含义以及休谟的含义(sense)上使用“好的”一词,只能表明对语言的复杂性感觉迟钝。也许我们必须要认识的还不仅是这些含义,还有其他类似的含义,它们就兴趣的种类,以及据称有这种兴趣的人的不同而不同。

但这一点无关紧要。要紧的问题不是兴趣理论是否**部分**相干,而是它们是否**完全**相干。这才是明智争论的要点。简要地说,假如“好”的某些含义能够恰当地用兴趣来定义,那么是否还有**其他**一些含义**不能**这样定义呢?这个问题我们需谨慎对待。因为很可能,当哲学家(或者其他人)发现“X是好的吗?”这一问题如此困难时,他们是在“好的”的**其他**含义上,而不是在以“兴趣”界定的含义上领会到这一点的。如果我们执意用“兴趣”来定义“好的”,并且以这种解释来回答问题,那么我们就完全是在回避**他们的**问题。当然,也许“好的”的**其他**含义并不存在,或者它完全是一种混淆;但这是我们必须去发现的。

现在,很多人都主张,兴趣理论**完全**是风马牛不相及的。他们指出这类理论所忽视的正是“好的”在伦理学上的最典型的含义。毋庸置疑,他们的观点并非空穴来风。

只不过“好的”的典型含义(typical sense)究竟**是**什么呢?这个问题的答案如此扑朔迷离以至于人们几乎无法确定。

然而,我们认为“好的”的典型含义,要遵从某些要求,这些要求强烈提醒我们注意常识。说明它们是怎样拒斥兴趣理论的,将有助于我们概述这些要求。

首先,我们必须认识到关于某物是不是“好的”的**分歧**(disagree)。这一条件排除了霍布斯的定义。考虑一下这个争论:“这个是好的。”“那个并非如此,那个不好。”经过霍布斯的转换,这就变成了:“我想要这个”,“那个不好,因为**我**不想要那个”。说话者们彼此间不会冲突,而且会认为他们发生冲突,只是由于他们使用代词、名词有混淆。同样,这一条件也排除了“好的”意味着**被我的共同体**

[1] 在《一般价值论》(1926)中,培里用“兴趣”指任何一种赞成或反对,或者任何一种赞成或反对某物的意向(disposition)。并且,他在选择性地使用“假设性定义”或者“常识性意义的假设分析”的地方,使用“理论”。

所欲求这一定义，因为来自不同共同体的人怎么会有分歧呢？[①]

其次，“好的”一定要具备（可以说）吸引力（magnetism）。一个认为X是“好的”的人，一定也因此而获得了一种比原先更强烈的支持X的行动倾向。这一点排除了休谟式的定义。因为按照休谟的看法，认可某物是“好的”不过是认可大多数人赞成某物。毫无疑问，一个人会看到大多数人赞成X，但这并没有让他有赞成X的更强烈的倾向。这一要求排除了任何以**其他**人而非说话者的兴趣来定义“好的”的尝试。[②]

最后，任何东西的“好的”，肯定不会仅仅随着科学方法的应用而发生变动。“伦理学绝不能成为心理学。”这一限制排除了所有传统的兴趣理论，无一例外。这个限制如此广泛，以至于我们不得不对它的貌似有理进行一番考察。在此所排斥的诸种兴趣理论的方法论蕴含是什么呢？

根据霍布斯的定义，一个人可以通过表明关于他的欲望没有犯内省上的错误，而最终证明他的伦理判断。根据休谟的定义，（粗略地说）一个人可以通过投票来证明他的伦理判断。经验方法的**这种**用法，至少似乎和我们通常接受的关于定义完全恰当的证据和反思相去甚远。

但是，难道就不存在免受这种方法论蕴含影响的更复杂的兴趣理论吗？有，因为出现了相同的因素，这些蕴含只是暂时被摆脱了。例如，考虑一下这个定义：“X是好的”，意味着**如果大多数人知道了X的本质和后果，就会赞成**X。按照这个定义，我们怎样才能证明某些X是好的呢？首先，我们必须经验地发现X是什么和它的因果关系如何。在这一范围内，定义所要求的经验方法似乎超出理智的反对范围。那么还留下什么呢？其次，我们不得不去发现，我们所发现的X这类东西，是否能够得到大多数人的赞成。这不能由直接投票决定，因为要预先向投票者解释X的本质和因果关系到底是什么实在困难。要不然，投票倒是个不错的办法。我们再次沦落为将人数作为**完美的最终**要求。

现在，我们不必对投票一概嗤之以鼻。一个以“不相干”为理由拒斥兴趣理论的人，也许很容易得出如下结论：“如果我相信，假如大多数人完全了解了X就会赞成X，那么我就**不得不**说X是好的。”

---

① ［英］摩尔：《哲学研究》（*Philosophical Studies*），332—334页，伦敦，1922。

② ［英］费尔德（G. C. Field）：《道德理论》（*Moral Theory*），52页，56—57页，伦敦，1921。

但他又继续说："难道在那种情况下，我就**必须**说 X 是好的吗？我对所谓的'最终证据'的接受，难道不是仅仅因为我具有民主精神吗？对于那些主张贵族统治的人来说会怎样呢？即使他们完全了解大多数人所赞成的对象，他们也全然会说大多数人的赞成与一个东西的'好'毫不相干，而且他们大概还会加上一些对人们兴趣低俗的评论。"的确，从这些考虑中可以看到，我们一直在说的这种定义从一开始就预设了民主观念；它是披着定义的外衣而粉饰民主的宣传。

也许可以表明，经验方法在兴趣理论及其他方面的应用所具有的无限威力，以稍微不同的方式显现是不受欢迎的。在这一点上，摩尔对于开放性问题的广为人知的反对理由在这一点上就相当中肯。无论一种东西具有多少科学上已知的性质(摩尔实际上这么说)，一经仔细考察，你就会发现关于"具备这些性质的东西是否是好的"问题，仍是一个开放性的问题。很难相信这个循环问题完全是令人困惑的，或者它看似开放仅仅是因为"好的"的模糊性。毋宁说，我们必须使用"好的"的某种不可定义的含义，更确切地说，是不能以任何已知的科学术语定义的含义。也就是说，对于伦理学来说科学方法是不够的。①

因而，期望"好的"的"典型"含义遵从如下要求：(1)"好的"一定是理智分歧(intelligent disagreement)的主题。(2)它必须具有"吸引力"；(3)单凭科学方法无法揭示它。

Ⅱ

现在转向我提出的对伦理判断的分析。首先，让我先武断地阐述我的立场，以说明它在何种程度上与传统观点不同。

我相信，上面列出的三点要求完全合乎情理，确实有某**种**含义的"好的"满足那三点要求，而传统的兴趣理论都不能全部满足这三个要求。但这并不意味着"好的"必须以柏拉图的理念论、绝对命令或者一种独特而不可分析的术语来解释。相反，**一种**兴趣理论可以满足这三个条件。**但是我们必须放弃所有的传统兴趣理论所做的预设**。

传统的兴趣理论认为，伦理陈述是对已有兴趣状况的**描述**，它们仅**提供**关于兴趣的**信息**。(更确切地说，据说伦理判断是对兴趣现

① [英]摩尔：《伦理学原理》，第 1 章，剑桥，1903。我试图仅保留摩尔反对意见的精神，而非对它原样照搬。——译者注

在、过去及将来的状况的描述，或者表明在特定条件下，兴趣状况**将**是怎样的。)正是对描述和信息的强调导致它们不完全相关。毋庸置疑，伦理判断中确实有**某些**描述的成分，但这绝非伦理判断的全部。伦理判断的主要作用不是指出事实而是**造成影响**。伦理判断并不是仅仅描述人们的兴趣，它还要**改变**或者**强化**人们的兴趣。它们**劝告**人们对某物产生兴趣，而非陈述人们已经存在的兴趣。

例如，当你对一个人说他不应该偷盗时，你的目的不仅仅是让他知道人们反对偷盗，还在试图使**他**也反对偷盗。你的伦理判断具有准命令(quasi-imperative)的影响力，这一影响力通过建议起作用，并由你的语调得到强化，由此你有可能已经开始**影响**、**改变**他的兴趣。如果最后你不能让**他**反对偷盗，你会有一种挫败感，因为你没有劝服他也认为偷盗是不正当的。即使他已经完全了解了你和其他所有人都反对偷盗，你仍会有挫败感。当你向他指出他行为的后果时(你猜想他已经反对偷盗)，那些支撑你的伦理判断的**理由**不过是使你的影响力更强的一种手段。如果你认为你能够通过生动地向他描述他如何成了众矢之的来改变他的兴趣，你就会那样做，否则那就是多此一举。因而，对他人兴趣的考虑，不过是你用来打动他的附加手段，而不是伦理判断本身的一个部分。你的伦理判断不仅向他描述兴趣，也引导**他的**兴趣。传统的兴趣理论和我的观点之间的不同，就像描述沙漠和使沙漠变成绿洲一样泾渭分明。

再举一例，一个军火制造商声称战争是件好事。若他纯粹表达对战争的赞同，就既不会如此强烈地坚持己见，也不会在争论时变得那样兴奋不已。人们很容易确信他赞成战争的态度。若大多数人了解战争的后果，就会或者将会赞成战争，如果一旦制造商的观点被证明是错误的，他就不得不放弃自己的观点。但是他既不会这样做，也不会坚持它。制造商不是在**描述**人们的赞同状况；他只是试图通过他的影响来**改变**人们的赞同状况。如果他发现只有极少数人赞成战争，他也许会更加大力强调战争的好处，因为他要实现更大的改变。

这个例子表明，“好的”如何被用才会达到我们大多数人所谓的坏的目的。类似的例子不胜枚举。我不是在陈述使用“好的”的**好方式**，我不是在影响人们，而是在描述这种影响有时会发生的方式。如果读者希望说军火制造商的影响是负面的——也就是说，如果读者希望唤醒人们对制造商的谴责，并且使他也反对自己的所作所为——我很乐意换个时间加入这项任务当中。但这并非当务之急。

现在我不是在运用伦理术语，而是在说明它们是怎样**被**运用的。军火制造商，在他使用“好的”的时候，表明了词语的劝导性(persuasive)特征，就像无私的人，热衷于促使我们每个人生发为了所有人的幸福而奋斗的欲望，并主张最高的善是宁静一样。

因此，伦理术语是在人类兴趣的复杂相互作用和重新调整中使用的工具。在更普遍的观察中，我们会更清楚地看到这一点。为什么来自形形色色共同体的人具有不同的道德态度？这在很大程度上是因为他们受到不同社会力量的影响。现在我们很清楚这种影响并非通过棍棒石头(sticks and stones)起作用；词语起重要的作用。人们相互表扬或者相互谴责以扬善惩恶。那些具有影响力的名人向那些意志薄弱的人发号施令，而意志薄弱的人，出于难以解释的本能而非对后果的恐惧，发现自己很难不服从。作家和演讲家则产生了更深远的影响。所以在极大程度上，社会影响力起作用的方式与物质力量或者物质回报无关。伦理术语促进了这种影响。因为适合在**建议**中使用，伦理术语便成了引导人们态度的工具。之所以同一个共同体的道德态度比不同共同体之间的道德态度更有相似性，主要是因为伦理判断在自我宣传。一个人说“这个是好的”，可能会影响另外一个人的赞成，后者随后做出相同的伦理判断，结果又影响了另外的人，依此类推。最后，通过相互影响的过程，人们或多或少接受了相同的态度。当然，在分散于不同共同体中的人们中，这种影响力不怎么显著，所以不同的共同体有不同的态度。

这些论述有助于呈现我的立场的概貌。而现在我们必须对它进行更详细的了解。有一些问题有待回答：首先，一个伦理陈述是怎样获得它影响人们的权力的——它为什么适合成为建议？其次，这种影响力和伦理术语的**意义**有什么关系？最后，这些考虑真的会使我们得到一种满足先前所提要求的“好的”的含义吗？

让我们先回答关于**意义**的问题。这个问题非常困难，所以我们有必要先研究一般的意义。这似乎偏离了主题，但其实是不可或缺的。

Ⅲ

宽泛地讲，我们使用语言有两种不同的**目的**。一方面，我们使用词语(如在科学中)记录、阐述和传达**信念**。另一方面，我们使用词语宣泄情感(如感叹词)，激发情感(如诗歌)，或者煽动人们去行动或采取某种态度(如演讲)。

第一种用法我称为“描述性”(descriptive),第二种称为“能动性”(dynamic)。请注意,这两种区别只是针对**说话者的目的**而言的。

当一个人说,“氢气是已知的最轻气体”,他的目的**可能**只是使听者相信这一点,或者使听者相信说者是相信这一点的。在这样的话中,词语就是在描述性意义上使用的。当一个人割伤自己时说“该死的”(damn),通常他的目的不是记录、阐述或者传达信念。这时词语是在能动性意义上使用的。然而词语的这两种使用方式绝非互相排斥。我们从目的的复杂性上很容易看到这一点。所以,当一个人说“我想让你去关门”时,他一部分目的是让听者了解他的这一愿望。这时,词语就是在描述性意义上使用的。但是他更主要的目的是想让听者**满足**他的这一愿望。而此时的词语就是在能动性意义上使用的。

同一个句子在一种情况下是能动性用法,而在另一种情况下则不然,这种现象屡见不鲜。例如,一个人对来访的邻居说,“我的工作沉重不堪”,他的目的也许只是想让邻居了解他的生活过得怎样。这就不是词语的能动性用法。然而他也许是为了暗示;这**大概**是能动性用法(同时又是描述性的)。此外,他还有可能是为了唤起邻居的同情;这跟上面暗示的能动性用法又有所**不同**。

再则,当我们对一个人说“你当然不会再重蹈覆辙了”时,我们**也许**只是在做个预测。但是我们更有可能用作“建议”,目的是鼓励他,**使**他再不犯错误。第一种用法是描述性的,第二种用法则主要是能动性的。

从这些例子中我们可以清楚地看到,我们不能仅仅靠查阅词典来确定词语是否在能动性意义上使用,即使假设每个人都对词典意义坚信不疑。的确,要了解一个人是否在能动性意义上使用词语,我们必须注意他的语调、表情动作,以及他讲话时的大体情况,等等。

现在,我们必须继续回答一个重要的问题:词语的能动性用法和它们的**意义**有什么关系呢?有一点很清楚,我们绝不能以意义会随着能动性方法的变化而变化的方式来定义“意义”。若这样做,我们就不需要术语了。关于“意义”,我们可说的只是它非常复杂并且容易不断改变。因而,我们一定要区分词语的能动性用法和它们的意义。

然而,接下来不是说我们必须以某种非心理学的方式来定义“意义”。我们必须严格限制心理学领域。我们不应将意义看成一个词的话语所涉及的**所有**心理因果，而必须将其看成词的**倾向**(因果性、意向性)所联系的东西。此外，这种倾向是独特的。它必须存在于所有说这种语言的人；它必须是持久的，对它的理解必须或多或少独立于使用该词的话语所属的特定环境。在不同语境中关于词语的相互关系会有进一步的限制。此外，在词语趋向产生的心理反应中，我们不仅要注意当下的可内省的经验，还要注意在适当刺激下以既定方式反应的**意向**。我希望在以后的论文①中探讨这些问题。现在只要说明，我认为在定义“意义”时，包含“建议性”(propositional)这种很重要的意义就已足够了。

这一定义为区分意义和能动性用法提供了可能。因为，当能动性目的伴随词语出现时，人们并不能推论出能动性目的**倾向**于以上述方式伴随词语。比如说，不需要或多或少独立于词语所处的特定环境而理解任何趋势。

可是，在上述定义的含义中，有一种意义和能动性用法密切相关。我指称“情感性”(emotive)意义(大体上和奥格登、理查德所用的意思相同)。② 一个词的情感意义就是在使用这个词的历史过程中产生的倾向，它引起人们的**情感**(affective)反应(或者源于人们的情感反应)。那就是萦绕一个词语的当下的情感氛围(the aura of feeling)。③

---

① “以后的论文”成为、改为《伦理学与语言》第3章，在其他论点中为以下方面做出了辩护：

(1)当在一般含义上，即在强调莫里斯称为语言的**实用**(pragmatic)方面的含义上使用时，“意义”这个术语指明了词语表达或者引起那些使用这些词的人的精神状态的倾向。不过，为了详细说明它的性质，需要一种特殊的倾向和多种限定条件，包括那些有关句法的限定条件。

(2)当所讨论的精神状态是认知性的，意义显然可以称为**描述性**的；当它们是感情、情绪或者态度时，意义可称为**情感性**的。

(3)精神状态(在粗略和尝试性的意义上使用这个术语)通常极其复杂。它们不一定是印象(image)或者感情，反而可能是进一步的倾向——这种倾向是对随后产生的各种各样刺激物的回应。相应的，即使对它的印象或情感随着使用时间的不同而变化，一个词语也许具有不变的意义。

(4)有时，情感意义不只是描述性意义的副产品。比如，当一个术语同时具有两种意义时，描述性意义不一定随着情感意义的变化而改变。

(5)当演讲者的使用情感术语唤起听众的态度(有时可能不会，因为它仅具有一种如此这般的倾向)，它决不能被认为只是增加了听者的态度，就像火花可能会给空气增加热量一样。在很多情况下，更恰当的比喻是它像可以燎原的星星之火。

② [英]奥格登、[英]理查德：《意义之意义》，伦敦，1923。

③ 在《伦理学与语言》中，“情感氛围”这个短语是在批判意义上使用的。如果本文在预测后来文章中的分析方面更成功些，就会以这种方式引入情感意义的概念。

这种产生情感反应的倾向非常紧密地附着在词语上。例如，如果要用感叹词“唉”来表达兴高采烈会极其困难。由于这种情感倾向的持续性(还有其他原因)，把情感倾向归为“意义”是切实可行的。

语言的情感意义和它的能动性用法之间究竟有**什么**关系呢？让我们试举一例。假设，一个人在晚会结束的时候对女主人说，他在晚会上过得很愉快，而事实上他觉得很无聊。如果我们认为他说这话并无恶意，稍后我们会提醒他“你对女主人撒谎了”吗？显然不会，即使会，他也会明显带着笑容对她说；因为尽管他跟女主人说了些他认为虚假的话，而且试图让女主人信以为真，但这是司空见惯的善意的谎言。而“你对她撒谎”这一说法，相对于我们的初衷而言，谴责意味就过强了。即使我们不想谴责，这句话也太像谴责了。所以很显然，诸如“撒谎”之类的词语(类似的例子还有很多)，由于它们的情感意义已经和某种能动性用法相称，而且它们之间是如此相称，所以我们在以其他方式使用这些词时，就可能误导听者。词语的情感意义越强，在纯粹描述意义上使用它的可能性就越小。有些词适用于激励，而有些词则适用于劝阻，还有一些词适用于使人平静，等等。

当然，即使在这些例子中，能动性目的也不会等同于其他任何一种意义；因为情感意义伴随一个词的时间要比能动性目的持久得多。但是，在情感意义和能动性目的之间有一种重要的或然关系：前者有助于后者。因此，如果我们在定义饱含情感意味的词语时忽视了它们的情感意义，我们就会陷入严重的混乱之中。**我们将误导人们，使他们看不到所定义的术语实际上在能动性意义上使用要经常得多**。

Ⅳ

现在让我们应用这些定义“好的”说法。“好的”这个词可以在道德意义上使用，也可以在非道德的意义上使用。我要涉及的几乎全都是非道德意义上的使用，这仅仅因为它更简单。而分析的要点同样适用于另一种道德意义上的使用。

寻求初始定义，我们先给出一个不确切的近似定义。它的误导性可能大于有益之处，但一开始还是有用的。粗略地讲，“X 是好的”这个句子意味着**我们喜欢** X。(“我们”包括听者或者听众。)

乍看起来，这种定义很荒谬。若这样使用，我们可以料想会有下列对话：

> A："这是好的。"
>
> B："但我**不**喜欢它。你凭什么认为我喜欢它？"按语言的日常用法来看，B 的回答有些奇怪，而且似乎在质疑我定义"好的"的恰当性。

然而，B 回答的奇怪之处仅仅在于：他假定"我们喜欢它"（在使用"好的"时暗含的）是在描述意义上使用的。这就说不通了。当用"我们喜欢它"取代"这是好的"时，前一个句子绝非在纯粹描述性意义上使用的，它必须是在能动性意义上使用的。更具体地说，使用这个句子一定是为了提出某种含蓄的**建议**（对于所说的非道德意义而言，这种建议很容易受到抵制）。当"我们"指称听者时，这个句子一定是具有能动性的用法，从本质上说它是一种建议，为的是让听者把句子的内容**变成**现实，而不仅仅信以为真。当"我们"指称说者时，句子不仅描述关于说者兴趣的信念，而且具有直接表达兴趣的半感叹性的、能动性的功能。（情感的直接表达有助于提出建议。面对别人的热情，人们很难不赞成。）

例如，"我们喜欢这个"和"这个是好的"都是在能动性意义上使用的，让我们考虑下列情形，一个母亲对她的几个孩子说："可以肯定，**我们都喜欢整洁**。"如果她真的相信这一点，她就不会多此一举说这番话了。但她并非在描述意义上使用这些词语，她是在**鼓励**孩子们爱整洁。母亲告诉他们，他们都喜欢清洁，从而使他们把这个陈述**变成**现实。如果换种方式，以"保持整洁是件好事"来替代"我们都喜欢整洁"，效果会大致相同。

但是，这些说法依然具有误导性。即使将"我们喜欢它"作为建议来使用，它与"这是好的"也不大一样。后者更深奥。例如，像"这是一本好书"这个句子，实际上就不可能取代"我们喜欢这本书"。当使用后者时，它必须伴随着如此夸张的语调，以防止它与描述性的陈述混淆，以至于后者建议的力量比使用"好的"时更强大、更明显。

进一步说，定义被限制在能动性范围内使用时，是不充分的。先前已说过，能动性用法与意义不同，在涉及"好的"**意义**时我就不必再提这一点了。

最后一点，我们要返回与之相联系的情感意义。"好的"具有赞美性的情感意义，适合于建议所赞同的兴趣的能动性用法。但句子"我们喜欢它"却没有这种情感意义。因此，我的定义完全忽略了情感意义。既然像我先前提示过的一样，忽略情感意义会引起严重的混淆；那么我尝试通过限制能动性使用取代情感意义，来弥补定义的不足。当然，我本应做的是找到一种定义，它们的情感意义就像“好的”情感意义一样，完全**通向**能动性用法。

我为什么不这样做呢？回答是，若定义是为了让我们更加清楚，就不可能这样做。首先，没有两个词具有相同的情感意义。我们所能期望的最多也只是粗略的近似。但是假如我们想找“好的”近似词，我们只能找到诸如“可欲求的”（desirable）或者“有价值的”（valuable）之类；而这些词于事无补，因为它们不能澄清“好的”与所赞同的兴趣之间的联系。如果我们为了非伦理术语而拒绝这类同义词，我们就会极度误入歧途。比如，“这是好的”所具有的意义，和“我**确实**喜欢这个，喜欢这个吧”的意义有些类似。但是这当然是不准确的。因为祈使句诉诸听者有意识的努力。当然，他不可能仅通过尝试就喜欢某物。一定要通过建议的引导，他才会喜欢。因此，一个伦理陈述和一个祈使句的不同就在于，前者以更微妙的、更非充分意识到的方式改变一个人。请注意，伦理陈述使听者关注兴趣对象，而不是关注他的兴趣，因此这使建议变得更加容易。此外，由于其微妙之处，一个道德陈述很容易引起相反的建议和交换意见的局面，这也是价值争论的显著特质。

严格地说，用所赞同的兴趣来定义“好的”而情感意义又不受到曲解是不可能的。不过可以说，“这是好的”是**关于**说者及听者或听众所赞同的兴趣的，并且具有赞美性情感意义，这一情感意义适用于用作建议。这是关于意义的一种粗略的描述，而不是关于意义的定义。但它像其他定义通常所做的一样，具备澄清功能，而这就足够了。

一个词必须补充关于“好的”的道德用法。这和上面的不同在于，它是关于另一种兴趣的。它不涉及说者和听者的**喜好**，它指向一种更强的赞同。当一个人**喜欢**某物时，他因其繁盛而喜悦，因其衰败而悲伤。当一个人**在道德上赞成**某事时，他因其胜利而欣慰，反之则感到愤怒或“震惊”。这是一个人在区分这两种不同兴趣时，肯定涉及的许多因素的粗略的不甚精确的例子。无论是在道德意义上的使用还是在非道德意义上的使用，“好的”都具有一种适用于建议的情感意义。

那么这些思考重要吗？为什么我要这样强调情感意义呢？对情感意义的忽略真的会导致错误吗？我认为确实如此，源于这种疏漏的错误非同一般。不过，为了看清楚这一点，我们必须返回我们在

第一部分说到的，关于我们期望得到“好的”的典型含义应遵守的那些限制。

V

回想一下，第一个限制关乎分歧。在人们关于伦理观点的分歧中，明显存在着一些道理(sense)，但我们绝不能轻率地假定所有分歧都和自然科学中产生的分歧是同一类型的。我们必须区分“信念分歧”(在科学中它很典型)和“兴趣分歧”。当A相信p，而B不相信p时，他们所产生的是信念分歧。而当A对X具有赞成的兴趣，而B对X具有不赞成的兴趣时，他们所产生的是兴趣分歧。(对于一种完整形态的分歧，任何一方都不满足。)

举个有关兴趣分歧的例子。A：“我们今晚去看电影吧。”B：“我不想看电影，我们还是去听交响乐吧。”A坚持去看电影，而B则执意去听交响乐。这种分歧完全是通常意义上的分歧。他们不能在去向上达成一致，而每个人都试图改变另一个人的兴趣。(注意例子中使用的是祈使句。)

以下是发生在伦理学中的**兴趣**分歧。当C说“这是善的”，而D说“不，这是恶的”时，我们看到的是建议和反建议(counter-suggestion)的例子。每个人都在试图改变另一个人的兴趣。显然此时不需要飞扬跋扈，因为每个人都愿意倾听另一个人的意见；而每一个人又依然试图鼓动他人。正是在这种意义上他们有分歧。我觉得，那些认为某些兴趣理论没有为分歧留下空间的人之所以被误导，只是因为传统理论未考虑情感意义，它给人以伦理判断只在描述意义上使用的印象；当然，当伦理判断纯粹在描述意义上使用时，所产生的唯一分歧是**信念的**分歧。这种分歧可能仅是**关于**兴趣的信念的分歧，这和兴趣**的**分歧不同。与霍布斯不同，我的定义没有规定关于兴趣的信念分歧；可是没关系，因为至少在常识的基础上我们没理由相信存在这种分歧。存在的只有兴趣**的**分歧。(稍后，我们马上会看到，兴趣的分歧不会把伦理学从冷静的说理中排除出去，兴趣的分歧通常能够通过经验方法得到解决。)

第二个限制关乎“吸引力”，或者关乎“好的”和行动之间的关系，对此只需说明一点。它排除的只是那些在定义“好的”时，**不**包括“说者”的兴趣的理论。我的说明则实实在在地包括说者的兴趣，因此不受其影响。

第三个限制关乎经验方法，上面关于分歧的说明能很自然地以某种方式满足这一限制。让我们这样来表述问题：当两个人在一个伦理事件上产生分歧时，假设每人都能准确无误、始终如一地应用经验方法，他们就能完全通过经验考察而化解分歧吗?

我的回答是：有时能，有时不能，而且无论如何，即使能化解，经验知识和伦理判断的关系也似乎与传统兴趣理论所说的大不相同。

通过类推我们能更好地看到这一点。让我们回到上一个例子，A和B不能在看电影或听交响乐上达成一致。这个例子和伦理争论不同，因为它使用了祈使句而非伦理判断，但是它们又在某种程度上类似，相似之处在于每个人都试图改变另一个人的兴趣。现在假设这些人非常理智，不会大喊大叫，那么他们会怎样辩论呢?

显然，他们会给出支持各自要求的“理由”。A也许说，“但是你知道，嘉宝在碧悠(Bijou)”。他希望崇拜嘉宝的B在知道上映什么电影后，会产生看电影的欲望。而B可能说，“今晚托斯卡尼尼[①]是特邀指挥，演奏的全是贝多芬的作品”，等等。他俩都在用经验上站得住脚的理由支持自己的祈使句。(“**让我们**如此这般吧!”)

由此可以概括为：兴趣分歧也许源于信念分歧。也就是说，具有兴趣分歧的人，假若他们充分了解自己兴趣对象的准确性质和结果，他们就会消除彼此的分歧。在这个意义上说，兴趣分歧可以通过保证信念的一致而得以解决，而保证信念的一致可以借助经验方法。

这一概括对于伦理学也有效。如果A和B不使用祈使句，而分别说“看电影**更好**”，“听交响乐更好，”他们将提出与上述大同小异的理由。他们会更充分地说明他们各自感兴趣的对象，以达到改变对方兴趣的目的，而兴趣是通过伦理陈述的暗示而提起的。总的来说，既然在解决兴趣分歧方面，理由比伦理判断本身在说服力上更为基本，那么伦理陈述的暗示力就仅仅需施加足够的压力以开始陈述一系列理由罢了。

因此，经验方法与伦理学相关仅仅是因为，我们对世界的认识是我们兴趣的决定性因素。但要注意，经验事实不是偶然得出伦理判断的归纳根据(这是传统兴趣理论所暗示的)。如果有人说“关门”，并且加上一个理由“我们会感冒的”，那么后者几乎不可能说是前者的归纳根据。祈使句和支持它们的理由之间的关系，与伦理判断和理由的关系相同。

---

① 阿尔图罗·托斯卡尼尼(Arturo Toscanini)是意大利指挥家。在交响曲方面，他是贝多芬、勃拉姆斯等浪漫主义大师作品的权威诠释者。——译者注

单凭经验方法就**足以**达成伦理一致吗？显然不行，因为经验知识所能解决的仅限于这种根植于信念分歧的分歧。而并非所有的兴趣分歧都是这种分歧。比如说，A 富有同情心，而 B 没有。他们在争论公共救济金是不是好的。假设他们了解救济金的所有结果，即便如此，难道就不会出现 A 认为这是好的，而 B 认为这不好吗？他们的兴趣分歧也许并非产生于有限的事实认识，而是源于 A 的同情心和 B 的冷酷。再假设，在上述争论中，A 贫穷并且失业了，而 B 富有。在这样的情况下，分歧很可能不是源自对事实的不同认识，而归根到底，其根源于他们的社会阶层和支配他们的私利不同。

当伦理分歧并非源于信念分歧时，有解决分歧的**任何**方法吗？如果人们的所谓“方法”(method)指称**理性的**(rational)方法，那就没有什么方法了。但不管怎样，总有一种“方式”(way)能解决问题。让我们再考虑一下上述例子，A 与 B 的分歧源于 A 的同情心和 B 的冷酷。那么，他们能以“好吧，这只是我们性格不同的问题”结束争论吗？不一定。例如，A 也许会试图**改变**对方的性格。他也许会倾注热情，采用感动对方的方式，如讲述穷人的痛苦，让对方从不同的视角认识生活。他也可能会用他的情感感染对方和向对方施加影响，从而改变 B 的性格，让 B 产生先前不曾有的对穷人的同情。如果说有达成伦理一致的方式的话，那么通常这就是唯一的方式。它是劝导性的，而非经验的，也非理性的；但是没理由忽略它。也没理由责备它。因为只有通过这类手段，我们的人格才能在与他人的接触中得到成长。

不过，我还想再强调一点：经验方法能解决的伦理分歧，仅限于源自信念分歧的兴趣分歧。没有理由相信所有分歧都是这一类分歧。所以对于伦理学而言，只有经验方法是不够的。无论如何，伦理学不是心理学，因为心理学不会竭尽全力**引导**我们的兴趣；它发现关于兴趣被引导或可以被引导的方式的事实，但这完全是另一回事。

综上所述：我对伦理判断的分析可以满足第一部分提到的关于“好的”的典型含义所需要的三个条件。传统的兴趣理论之所以不能满足这三个条件，只是因为它们忽略了情感意义。而这种忽略致使它们忽略了词语的能动性使用，忽略了源于这种应用的某种分歧以及解决这种分歧的方法。再补充一点，我的分析回应了摩尔对开放性问题的反对。无论一种东西具备了多么充分的科学上已知的性质，它具有这些(所列举的)性质究竟是不是好的，仍**是**悬而未决的。因为问它是不是好的，是问它的**影响**。而无论我对一个对象多么了解，我都可以切中肯綮地问它对我的兴趣的影响。

Ⅵ

现在，我确实阐明了"好的"的"典型"含义了吗？

我想很多人仍会说"没有"，他们会认为我并没有列出这种含义必须满足的**充分**条件，而且认为我的分析也像其他已有的对"兴趣"术语的分析一样，是一种回避问题的方式。他们会说："当我们问'X是好的吗'时，我们想要的不只是影响，也不只是建议。我们绝不想受劝说的影响，即使这种影响得到了关于X的广泛的科学知识的支持，我们也不会完全满意。当然，对我们问题的回答会改变我们的兴趣。但是，这仅仅是因为这一回答会向我们昭示一种独一无二的真理，这种真理必定是被先验(a priori)地领会的。我们希望是这种真理而不是其他什么东西引导我们的兴趣。用纯粹的情感意义和事实真理取代这种特殊真理，就隐瞒了我们研究的真正目的。"

我只能说，我不懂。这种所谓的真理是**关于**什么的？因为我既回忆不起柏拉图的理念，也不知道**试图**回忆的是什么。我既没有找到任何不可定义的性质，也不知道要找的是什么。而许多哲学家提到过的理性的"自明性"("self-evident")判决，经考察似乎只是他们各自理性的判决(即使是某个人的)，但不是我的。

我确实非常怀疑，"好的"当真具有一种含义，它既可以和其他观念(concept)一样成为先天综合命题，又能影响兴趣，这确实让人迷惑不解。从这种含义中我仅抽出影响力，我认为只有这一部分是可理解的(intelligible)。然而，如果其他部分是混淆的，那么我只能对它表示无奈了。我乐意做的是**说明**这种混淆，考察它之所以产生的心理需求，并且说明如何能以其他方式满足这些需求。是否可以在源头上避免这种混淆，这**才**是问题所在。但是这个问题很大，目前我对它的反思只是粗略成形，问题的解决要留到以后。

我要补充一点，如果"X是好的"具备我归于它的含义，那么它就不是专业哲学家并且未做出只有专业哲学家才有资格做出的判断。这样一来，伦理学把关于任何东西的伦理术语作为命题谓项，就再不是为了解释它们的意义；而伦理学也不再仅是一种纯粹的学术研究。伦理判断是社会工具(social instruments)。它们被用于引导人类兴趣的相互调整的合作事业。在这一事业中哲学家有份；所有人都有份。

伦理学的情感概念和认知蕴含[①]

I

对于讨论情感意义及其在伦理学中的位置，我希望不要一开始就分析伦理学的术语，而是要描述它们被使用的实践情境。我尤其希望处理的是那些包含“个人决定”(personal decision)的情境。

当一个伦理决定是一个人自己私下反思做出的时，我会说这是“个人的”决定，从而区别于“人际的”决定。他在判断事物的好坏对错之时，没有咨询他人，也没有接受他人的劝告，而只是在自己内心解决问题。当然，这个决定不是整个伦理问题的典型。任何人迟早都可能把他的个人问题变成人际问题：他会与其他人讨论，要么希望依据他们的话来修正他自己的判断，要么希望引导他们修正他们本身的判断。但为了简洁起见，我必须忽略该问题的人际方面。我在其他地方，即

① 选自《事实与价值》第4篇(The Emotive Conception of Ethics and its Cognitive Implications)，姚新中、张燕译。该文首次发表于《哲学评论》(*The Philosophical Review*)，1950年第59卷。——译者注

考虑解决态度分歧的有效方法时已经处理过了这些方面，在这篇论文中我感兴趣的是从一个稍微不同的视角来看待伦理学。

我的个人决定的概念不是新的：大部分是我从杜威那里借用的，而其余来自诸如霍布斯、斯宾诺莎、休谟这样的作家。我只是希望可以在一种新的关系中看待这个旧概念。有些人可能会感到，对伦理学的情感分析，也就是我后面将要辩护的那种，太过简单，以至于它肯定不具有敏感性，尤其是对认知(cognition)在伦理学中的作用缺乏敏感性。现在我认为情况远非如此。所以，我将提出一种个人决定的概念，该概念根据一般的共识具有高度复杂的认知成分。然后我将致力于说明一个情感分析，并非忽略认知成分，实际上情感分析有利于使认知成分更加清楚地浮现出来。

Ⅱ

设想一个人正在做一个关于伦理问题的个人决定。仅仅设想：他正试图做什么?

我的部分回答是这样的：他正试图下决心，要么赞成某事，要么不赞成某事。所以，在开始——虽然，如我们将看到的那样，只是在开始——在他的问题中，他的态度要比他的思想或信念起到了更加显著的作用。一旦他无法做出伦理决定，他的态度就处于**冲突**的心理状态之中；一半的他赞成某个对象或行为，而另一半的他则不赞成。而只有当他解决了自己的冲突，至少在更大程度上让他的态度用一种声音说话时，他才会做出决定。就像我们通常所说的，他正在针对“他真正赞成的事物”下决心。①

要了解做出这样一个决定的认知过程，我们只需要看得更深入一些：当一个人抱有冲突的态度时，他实际上是在被迫思考——回想他对面前的选项所了解的一切，并且尽他所能地更多地了解它们。因为他的思想和他的态度紧密关联。他的思想中的一个变化可能**导致**他的态度发生一个变化，并且尤其可能通过加强、弱化或更改包含在其中的一个态度而终结或最小化他的冲突。在把它看作一个清晰的心理学理论的意义上，这个人可能不知道这一点；但他至少在某种程度上会像知道这一点一样去行为。因此，他解决自身冲突的问题，也是一个在认知上确立那些可能**帮助**他解决冲突的、多变

① 他也在决定他是否要让其他人分享他的赞成——出于简洁，这一点我必须在此忽略。当然，一个人的决定和他的共同体的“习俗”(mores)之间也存在相互作用。

的信念问题。

只是，思想对态度的这一影响如何发生？一个全面的解释远远超过了我准备做出的解释；但解释的一小部分来自这个常见的心理学原则：我们对任何事物的赞成，其加强或弱化取决于我们赞成或者不赞成它的后果。设想，比如，一个人对X持有冲突的态度，再设想他后来相信X引起(cause)Y。如果现在他赞成Y(为了简洁，我将只考虑那一可能性)，他将会因此更强烈地赞成X。而且，他对X的赞成加强了，胜过了他同时持有的对X的部分不赞成，这一加强的赞成倾向于让他以赞成X来解决他的冲突。

在这个例子中，思想或认知探索的作用是明显的：它确立了日常的因果命题，X引起Y。但是，我们仍然必须解释：为何该命题的一个信念所做的不仅仅是去满足一颗科学的好奇心，为何它加强了那个人对X的赞成。在我看来，一个人不能轻易地认为信念**自身**有任何力量能做到这一点。信念加强了一个人的赞成只是因为Y也是他赞成的一个对象。如果他对Y不在意，他会感到有关X、Y关系的任何疑问都与他的问题无关。那么，他的推理纯粹是在他的不同态度之间充当一个**媒介**：通过关联他对X的思想和他对Y的思想，推理也关联了他对X的态度和他对Y的态度，让一个被另一个所加强。并且，通过充当媒介——当然不是这一次，而是一次又一次——他的推理实现了一个伦理功能。这是“实践理性”的一个示例，“实践理性”也只有在这个意义上对于我来说才是可理解的：这是一个日常推理，通过它的心理背景而成为实践的。但是，我们需要带着全部的注意力注意到，它的功能依然是本质的、无处不在的。没有这一推理的话，每一个态度都将与其他的态度分离，最终导致的结果甚至不是冲突，而是心理混乱。

当一个人的伦理学上的决定以这种方式被构思时，它的认知要素是多样化的。它们不属于某一门科学，而属于所有科学。

乍一看，它们可能看似完全属于心理学，但事实上它们并没有。诚然，我已经说过它们起源于态度中的冲突，反过来又引入信念来调节这些态度与其他态度；而且这些都可以恰当地被一个心理学家描述和解释。但是心理学家的问题并非伦理问题，虽然伦理问题可以给他提供研究**主题**(subject)。伦理问题在于**解决**冲突，而不是描述或解释它。帮助一个人解决冲突的信念，虽然自身是心理现象，但一定不是关于心理现象的信念，而且因此也不是其真值由心理学家检验的信念。它们可能是关于经济现象、政治现象、社会现象、物理现象等的信念；因为所有这些，都潜在的是个人态度的对象，可能不得不与他正在评价的给定对象相互关联。当然，一些信念可能是关于心理现象的，因此心理学和其他科学一样与伦理问题有关。但它也只是在这众多科学中占据了一席之地。它并没有特殊位置。

Ⅲ

我已经在术语的广泛意义上讨论了"伦理学"。我并没有区分什么是**道德上善的**与什么是**有价值的**决定。现在显然可以做出这样一个区分，而且，虽然我质疑这一区分是否具有很大的重要性，但是我猜测它值得我们暂时关注。存在几种方式能以之做出这一区分，在我看来最重要的方式取决于正在被讨论的态度的类型，取决于正在被解决的冲突的类型。

我们的一些态度是"特别道德的"(peculiarly moral)，不仅与那些"不道德的"态度而且与那些"非道德的"态度形成对比。特别是道德的态度通过内疚、懊悔、愤慨、震惊等感受，或通过其他的(当他们的对象取得成功而非失败时)特别强烈的安全感和内在力量感来向内省显示自身。当然，这些内省的显示是对不同的其他特征的显示，而我将只提及它们中的一个：当我们遵从一个特别道德的赞成去行为时，可以说，我们有第二个赞成使得我们自豪地承认我们最初的那个赞成。而当我们屈从于我们的所谓"试探"——换言之，当这个特别道德的赞成力量被非道德的不赞成所压倒——时，我们就强烈地倾向于对我们的内省隐藏我们的行为。我们无法隐藏，就像经常发生的那样，我们回想起来就意识到我们被自己希望能够控制的力量所伤害。"如果我们有能力让我们的生活重来"，事实上我们对自己说，"我们应该在其他态度渗入我们的人格之前，留心去抑制它们。"

现在，当一个人在一个特别道德的态度和另一个态度之间有冲突，而他又试图使这些态度且单单使这些态度用一个声音说话时，他的个人决定也能被称作"特别道德的"，并且属于术语狭窄意义上的"伦理学"。但是，如果牵涉其中一些或全部态度则不属于这一类，他的决定虽然仍然是评价性的，但不是"特别道德的"，只是属于广义上的"伦理学"。

所以，区别可以很容易做到。但是，如我宣称的那样，我猜测它并不重要。我怀疑我们中是否有人对一个人的特别道德的决定感兴趣，除非他的特别道德的态度在其他日常偏好的态度中占主导地位。因为如果情况相反：假设一个僧侣已经完全下定决心以贞洁为他的责任。他的特别道德的态度不与其他态度冲突；它们用一个声音引导他走一条笔直而狭窄的道路。但是，假设他的日常偏好经常超过他的特别道德的态度，带他走了一条不那么笔直也不那么狭窄的道路，那么，我怀疑我们对他的道德准则的兴趣会少于对他的偏好准则的兴趣。简言之，如果伦理学是“实践”哲学，而不是对实践事务的嘲讽，那么它必须准备考虑特别是道德态度之外的问题，考虑到可能引导一个人行为的所有那些其他态度。

所以，我在接下来将把任何对行为有重大影响的决定都包含进“伦理的”范围，无论涉及的态度是否特别道德。但是，读者可能感到我定义的“伦理的”范围太过宽泛，但也无须拒斥我的观点。因为无论一个决定是特别道德的还仅仅是偏好的，都将包含着对冲突的解决；而且，它也将包含许多我已经提到的认知因素，许多调节态度的信念与冲突相关。所以，如果读者希望把主题限定在道德的决定上，如我所知，他将不会揭示出影响它们结果的新的力量；他将只会在更小的运作领域内审视我已经提到的那些力量。

Ⅳ

我已经谈论了个人决定的本质，现在我可以继续谈伦理语言这个话题。我希望证明的是：

一个把情感意义放在一边而只关注描述意义的伦理分析，很可能低估了伦理学的认知内容。而关注情感意义的一个主要原因在于使一个人免于这种错误，而承认认知内容具有全面的多样性。因此，我希望说明一个伦理学的情感概念，即如此经常地被批评为剥夺了伦理学的思想的、沉思的因素的情感概念，实际上正拥有相反的效果。

让我从对非情感性观点的批评谈起。我不可能面面俱到，因为我的许多反驳会依赖我的人际问题的概念，然而我在此处必须把我的注意力限制在那些个人的问题上。但是，可能一个部分的批评就足够了。

考虑以下陈述，这是典型的进化论流派的分析：**任何事物的好坏程度都取决于它在多大程度上增强或削弱了社会在生存竞争中获胜的能力**。我将假设这一陈述是准语法的习语（quasi-syntactical idiom)，因此这可以被看作一个定义。现在，如果它被引入一个情境中，我们中的任何一个人被关于某个既定对象或行为 X 的冲突态度所困扰，正试图做出一个伦理决定，那么这一定义的效果会是什么？

几乎不用怀疑，它会引入认知上相关的一**部分**事物。它会引导我们探究 X 对社会生存的效果；而且，它可能假定我们强烈地支持后者，如果我们发现 X 导致后者，这会转移到 X 上面，我们的探究将会与我们的冲突相关。但是要注意，定义也会起到其他作用：它会导致我们假定 X 对社会生存的效果是我们需要考虑的**所有**内容。而如果我们的问题在于解决冲突，那么这可能成为错的。正如我之前谈到的，与解决冲突相关的考虑具有最大的多样性。所以，虽然这一定义引入了某些话题，但它也排除了其他话题并且以认知上贫乏的一个伦理学概念结束。

其他的认知话题是相关的，从这样的可能性来看很明显：我们已经发现 X 将使社会生存最大化，假设我们还发现它会产生这样一个社会，如同阿道司·赫胥黎在其著作《美丽新世界》(*Brave New World*)中所描绘的——一个诚然足够安全，但也缺乏诗意的想象，文学退化为简单而平庸的宣传标语的社会。我认为大多数人会担心这个提议，即 X 以过高的价格买到生存：我们应该感到，必须考虑价格。而且，如果有人认为那个价格无关紧要，外在于"好的"的进化论定义，那么我认为我们应该答复说："这对于定义来说，是更糟糕的。"

我的反驳不仅仅是针对这一个定义，还反对任何这一形式的定义："'X 是有价值的'意味着 X 有益于 E，"E 不必是社会生存，可以是社会利益的整合，或者是最大多数人的最大幸福，或者是一个独特的、不可定义的特质的最大存在，或者是任何其他非个人的目标。这样一个定义意味着一个人在做关于 X 的评价性决定时只需要考查它对于 E 的后果。它意味着一个人不需要考查 X 对与 E 无关的事物的后果，而且不需要考查 E 自身的后果。但是，事实上一个人可能**怀疑** E 是否会解决冲突，即是否解决引发了他需要去做出评价性决定的冲突。他可能想知道，他对 E 的赞成是否足以超过他对我提到的其他后果的不赞成。现在这些**怀疑**的可能性说明这一定义对于他的问题的重要性是不敏感的；因为为了解决这些怀疑，他必须去研究这些被该定义宣称为不相关的其他后果。

在我看来，除了极少数之外，非情感的分析都面临一个不等同于这个反驳但与之近乎平行的反驳。而且，我猜测那些免于反驳的分析会立即遭遇其他类型的困难。举个例子。

考虑一下这个定义，“‘X是好的’意味着‘如果我了解X所有的本质和后果，那么我现在可能持有的关于X的冲突会以支持X而得到解决’”。这是一个非情感的定义；而且，它似乎是为了符合我的个人决定的概念而专门设置的，可以免于以上的反驳。但是，它引入了代词“我”，就不能说明两个观察者如何产生分歧：当一个人说“X是好的”而他人说“X不是好的”，每个人都是在谈论自己，每个人都可能在说真话。同时，正如我在其他地方，即在比较关于态度的信念分歧与态度分歧时已经说明的那样，一个情感概念可以轻易地避免这一困难。[①] 然而，这一点会引导我们远离伦理问题的个人方面而走向人际方面，所以我继续留在指定的范围内，不再予以讨论。

约翰·杜威敏感地觉察到了伦理学在认知上的复杂性，他的观点提出了稍微不同的问题。正如这篇文章轻易表明的那样，我在很大程度上继承了杜威。然而，我不认为他在分析道德术语方面取得了成功。他满意地说，它们通过预测来影响行为和满足。但是，所有预测陈述都倾向于影响行为和满足，而且想必不是所有陈述都是伦理的，我们必须问哪种**类型**的预测是相关的。对此，杜威没有给出精确的回答。

我也看不出杜威如何能成功地——除了以我现在将要讨论的方式引入情感意义外——补救他的分析。与冲突相关的认知因素并不比认知因素所调整的态度的变化更少些。另外，我应该假定认知因素对于不同个体而言是不同的；而且，我应该假定，即使对于一个给定的个体而言，它们也随问题的不同而变化。现在，杜威想要把这些因素纳入伦理术语的意义之中，**显然**，他想要它们与伦理学判断相关。但是，它们如此复杂，以至于他无法详细地说明它们是什么。所以，由于没有所需的种差，他只能给出定义的属。

V

现在让我转向这篇文章中更具建设性的部分。我希望能说明，情感意义很可能在认知意义所可能失败的地方获得成功，情感意义将恢复伦理学中思想的、沉思的因素的合法地位。

① 论文1(《事实与价值》中的《伦理分歧的性质》)，论文2(《伦理术语的情感意义》)，以及《伦理学与语言的》的第1章和第8章。括号内为译者注。

"情感意义"的精确定义自身就是一件很复杂的事情；但我认为各种各样的细节不会对我将要提出的简单观点产生很大的影响。所以，我将假定"情感意义"无论如何，指的都是某些词语具有表达或唤起态度的倾向；我也会认为表达或唤起态度是一回事，而指示(designate)态度又是另一回事。这就是说，表达或唤起悲伤的感叹词"唉"(alas)，与指示悲伤的名词"悲伤"截然不同。

我相信，我没有必要说明伦理术语具有情感意义，也就是说，只要我不坚持认为这是它们唯一的意义，就没有必要说明。争论的焦点并不在于这一点，而在于其情感意义的**重要性**。提到这一点只是为了将其放在一边，让我们不偏离真正本质的事物；还是说，它自身就是一个必不可少的因素？

当我们将注意力限制在我一直强调的那种术语上——一个人私下里而非在与他人的讨论中做出的评价性决定——伦理术语的情感意义一开始可能看似微不足道，它可能只是提醒我们伦理决定有时候有自我劝诫参与其中。虽然自我劝诫足够有趣，但它几乎不是一件值得探讨的事情。

然而在另一方面对情感意义的关注更有意义。它帮助我们在一个人正在做出决定的情境中看看他的语言如何反映他的问题——他的语言如何反映了他努力使自己的态度用一个声音说话。它这样做的方式很简单：

> 假设这个人先保留诸如"好的""坏的"这些术语；然后他稍微尝试使用它们，或者在那一个术语和另一个术语之间交替使用；最后他确信，只使用它们中的一个。如果我们把他的伦理术语看作情感的，因此看作对态度的表达，那么我们可以轻易地解释它们是他的问题实质的言语线索；因为一开始他没有表达畅通无阻的态度，而处于一种冲突状态之中；随着他的态度越来越用一个声音说话，他也越来越自由地表达态度了。

允许我在此强调一下我认为至关重要的一点。如果我们把那个人的伦理术语看作对他的态度的表达，那么我们可以毫不费力地对他的问题的实质敏感起来。但是，如果我们把它们只看作对他的态度的指示，我们就可能忽略在他的问题中使得其成为评价性问题的那个方面。因为假设我们坚持认为他的伦理判断只是一个态度-指示(attitude-designating)，像陈述"仔细的内省让我确定我对此表示赞同"一样，这会立即向我们暗示，这个人的问题是描述他自己的心理状态，因此这也是心理学中的一个问题。然而，我们已经看到这是另一回事。这个人正试图**解决**一个冲突，解决冲突的过程远比描述它的内省过程要复杂。换言之，态度-指示术语将从他的问题中被移除两次；这些术语将表达**关于**他的问题的信念。而且，态度指示术语表明，通过强调**这些**信念而不是他真正关注的许多其他信念，它们会暗示他只是在**观察**他的冲突。但是，事实上他正在**经历**冲突和所有参与解决它的活动，观察它只是相对来说不那么本质的任务。

那么，为了恢复正确的重点，我们必须不再把伦理术语看作态度指示的，而是看作态度-表达(attitude-expressing)的，因此也是情感的。因为术语在后一种能力中只被从那个人的态度中移除一次；它们与他的态度直接相关，而不是间接地表达关于态度的信念。情感意义通过引导我们留意态度自身，而不是留意只描述态度的信念，使我们摆脱了这样一种倾向，即认为一个评价性决定是某种程度上内省心理学的练习。它提醒我们，那个人贯穿他的决定的努力是去改变他的态度。他必须事实上做出改变，而不仅仅作为自我意识的观察者去描述它，仿佛所有的工作都是别人为他做的。

因此，一旦考虑情感意义，我们就会对问题的本质更加敏感。可是，我们只看到了它的消极重要性：我们只看到它如何阻止我们过多地关注相对来说无关紧要的信念，即个体**关于**他的态度的内省信念。我们还必须看到情感意义如何积极地影响认知，如何引入真正至关重要的信念，那些信念**协调**一个个体的态度并且因此引起他态度上的改变。

通过一个简单的例子，我可以最好地处理后一个话题。假设一个人说X是好的，就其自身而言，这只是一个开端；考虑到他的判断**理由**，他可能继续下去。“它是好的，”他说，“因为它导致Y和Z。”并且，如果我们问他，“那些是你唯一需要考虑的理由吗?”他可能会说，“不，我想不是。”可能他随后会继续考虑X的其他后果，或者Y和Z的后果，等等。

这一例子把一个伦理判断放进了更广泛的背景之下，足以说明伦理问题中的认知因素得到了那些完全不包含伦理术语的陈述的妥善处理。它们被伦理判断的**理由**所关注。虽然在这样的背景下，后面的陈述处理的是协调态度的信念，但它保留了日常的认知陈述，并对所有的演绎或归纳逻辑检验保持开放。所以，这里会出现这样一个问题，即参与伦理判断的理由会引入认知问题，因此伦理判断自身在多大程度上可以预知它们的作用?

我的回答是，就伦理问题的认知丰富性而言，没人会反对所有与理由相关的信念分析允许伦理判断不保留任何一个信念。我不是说从语言学的角度来看这是强制性的，而是说它是可行的。因为毕竟重要的是，我们的语言被认为以某种方式引入伦理问题事实上所带来的各种认知因素中。并且，如果一个分析意识到伦理判断自身之中没有认知因素，而它立刻在支持伦理判断的理由中辨识出了它们，这个分析怎能被看作伦理学的贫乏？

可以肯定的是，这种分析一定不能就此停止。它必须解释为何伦理判断一旦做出就引入一种与理由相关的情形。可以说，它必须解释当没有给出理由时，为何判断会是赤裸的？但是，这很容易解释，该解释只是把我们带回到了情感意义，带回到了应用情感术语的生活情境。

一个人愿意说 X 是好的并因此表达了他的赞成，他的意愿部分取决于他的信念，他的信念如同往常一样服务于协调他对 X 的态度和他对其他事情的态度。除非他不是一个理性动物，否则他不会在不停下来思考的情况下表达他的赞同。而且，他为判断提供的理由使得他可以说清楚他停下来去思考的事情是关于什么的。以那样一种简单的方式，他的判断和他的理由之间的关系可以得到解释。当然，他的理由没有“蕴含”他对赞同的表达，也没有使之成为“可能”。表达态度没有存在于与描述相关的这些逻辑关系之中，而只能存在于因果关系之中。但是，理由的确产生了影响：它们有助于这个人决定是否继续做出他的判断，要么证明该判断的资格，要么用一个相反的判断来取代它。所以，它们可以在那个术语完全熟悉的意义上被称作“理由”。

正是因为伦理术语是情感性的，才把不同的认知因素引入伦理问题。虽然情感意义自身不提供这些因素，但是它引入了一个情境来说明认知因素是相关的。如果我们把伦理术语看作纯粹的情感的话，这是正确的。事实上，这并不是我自己的观点；但是，由于我自己的观点不能简要地概括，所以我将满意于，通过表明即使一个极端的观点也可免遭大家都过于熟悉的反对来辩护我的观点。无论伦理学的情感概念的影响是什么，它并不意味着评价性决定必须缺乏思考。

现在让我论证，一个情感观点不仅对伦理问题的复杂性敏感，而且对它们可能比对任何非情感的观点都更加敏感。

如果回想我已经批评过的非情感观点，容易看到它们也正在努力解释支持伦理判断的理由。但是它们如何**关联**判断和理由？如果它们从一开始就忽略了情感意义，它们当然就不能以我采取的方式来做到这一点。所以，它们做的事情乍看起来似乎合理。它们认为判断在某种程度上在自身意义中包含了理由所涉及的所有认知因素的事物。它们假定理由只是简单明确地重做了一遍判断已经在暗中做过的认知工作。

但是这一程序，正如我们所看到的，是不可能的。那些理由太过复杂了，不可能允许它这样做。所以，有几件事可能会发生。在试图弄清楚伦理判断的意义时，一个非情感的分析者必定会遗漏某些东西；他将不得不提到一些过于有限的因素，比如生存，而忽视其他因素，因此导致伦理学的贫乏。或者，他以忽视人际问题为代价来充分考虑个人问题。或者，他像杜威一样无法完成他的分析。在我看来，最后一个替代项并不比其他替代项让人少些痛苦，因为它给人的印象是在伦理术语的所有意义被详细说明之前，伦理术语在某种程度上都不适合使用，也因此在分析实现这一不可能的目标之前，它们都是可疑的。

然而，当理由被认为与**情感**判断有因果联系时，这些困难就消失了。整套理由不需要在“那里”，不需要在伦理判断自身之中。我们可以逐渐添加它们。而且，它们也是我们事实上添加的。因为我们预先不知道与我们的问题相关的所有的理由，就如同我们预先并不知道我们被理由所协调的、不同的态度的本质。随着我们的评价性决定的进行，我们才逐渐意识到这一点。

Ⅵ

我一直将关注点限制在个人决定上，尽管伦理学的人际方面是平等的或更重要的。并且，正如我已经说过的，我在这里不能展开后一个话题。但是，我认为应该对它做一个评论，以避免用夸张的形式阐明情感伦理学的认知主张。

在做个人决定时，一个人很可能发现，如果他的理由经过仔细的发展，将会在很大程度上解决他的冲突，从而引导他做出一个明确的判断。因为当他所有的态度都开始发挥作用时，他平均分配自身的可能性几乎不值得考虑。然而，在人际问题中，情况不一样。当这样一个问题有争议时，它包含态度上的分歧，这大致上是一个“显而易见的”冲突。两个人是在他们的态度不能同时被满足的意义上存在着分歧。现在，推理可以通过对他们态度的影响而解决这样一个分歧，并引导两个人珍视同样的事物吗？

我猜测它通常是可能的，但我不确定它总会如此。因为这个问题是一个很复杂的心理问题：如果人们共享许多关于X的信念，那么他们会拥有对X的相同态度吗？在这样一个数量级的问题上甚至很难去衡量这种情况的概率。

所以，尽管伦理学的情感概念具有认知的丰富性，我也不能确定它会让所有规范伦理学问题在理论上拥有一个独特的、合理的答案。而且，可能读者会认为这是一个寻求其他伦理学概念的理由。他可能说，似乎只在与个人决定的关系中被审视时，伦理学的情感概念才能得到辩护。但对于人际问题而言，情感概念在认知上薄弱无力，必须拒绝。

如果这是他的反对意见，那么我只会好奇他还能找到什么更能接受的分析。因为无论他如何注意对伦理术语的定义，他都不可能提到任何一个我在支持情感判断的**理由**中无法识别的事物。而且，他的主题可能是也可能不是人们所赞成的对象。为了查明这一点，他必须处理我刚刚提到的复杂的心理学问题；而且，他也不知道答案。

但也许读者并不在意他的伦理主题是不是成为被赞成的对象。在那种情况下，他需要考虑的是：在他的观念中，他通过推理已经使某些人信服X是好的，但他可能发现结果是，他们有更大的欲望去摧毁X。他的伦理学可能如边沁和密尔所说的那样，完全是“未经批准的”(unsanctioned)。但是，这样一种伦理学如何能引起人们的兴趣？事实上，为什么一个人会研究伦理学，而不是偏好像安道尔的邮票发行那样一些无伤大雅的话题？即使确信所有人在他的未经批准的意义上都**应该**支持他认为是好的事物，也无助于他获得满足。他们还可能承认，对于自己做了认为不应该做的事而感到特别自豪。

那么，对于**任何**真正有效的伦理学，人们都将产生一种合理的、可接受的态度一致性上的不确定性。因此，对情感概念的表面上的异议不如说是对社会生活复杂性的异议。所以，我坚持我的核心论点：伦理学的情感概念远非剥夺了伦理学的思想的、沉思的元素，事实上，它在所有的多样性中都保留了这些元素。

意义：描述的与情感的[①]

I

首先，我将讨论指号[②]情境(sign situation)，或者说那些通常包括我称为“描述性”“意义”的情形。语言的情感方面，以及关于它们在多大程度上和描述性方面相似或不相似的讨论，稍后再谈。

在指号情境中，一种东西(词、句子、对话、图表、信号等)代表着另一个东西(物体、性质、事件等)。分析性问题是一个界定关系性术语“代表”(stand for)的问题。我们都大致知道它的意义是什么，但都想了解得更准确些。

很多作者把这种关系看作将两个对立面包括在内的联合。概略地说，当S代表X时，存在着如下关系：(a)S和某个人的**思想**(thought)之间的关系。(b)这些思想和X之间的关系，X是这些思

---

① 选自《事实与价值》第9篇(Meaning: Descriptive and Emotive)，冯平、刘冰译。该文首次发表于《哲学评论》(*The Philosophical Review*)，1948年第57卷。——译者注

② “sign”也可译为“记号”。C. S. 皮尔士：“指号是对于某人来说，在某一方面或以某种能力代表另外一个事物的东西。”——译者注

想的对象，换言之，这种关系就是在“他的思想是关于X的”这样的语境中，以“关于”而命名的关系。我必须承认(在哲学中，一个人可能通常会“承认”一种强烈的信念)，我认为除了这样一种观点之外别无选择。我在此将不加辩护地接受它，并希望读者，即使那些对此有怀疑的读者，也将它假定为讨论的基础。

不过，我们必须意识到，以这种方式分解“**代表**”，只是我们分析的第一步；因为(a)和(b)都包含了仅为一时之用的不确定的含糊其词的表达；它们划分出需要进一步明确的范围，它们所做的也仅仅如此。我们仍然要问指号和人们的思想之间究竟有**什么**关系。我们仍然要问“思想”绝对标明的是什么，以便从“思想”这个**杂凑**的术语中(顺便提一下，“认知”这个术语也好不到哪里)，打捞出一些立刻就相对准确并且适合我们目的的东西。而且我们仍然要寻找关于思想及其对象之间关系的可理解的说明。

Ⅱ

最后这两个问题，即关于“思想”以及一种思想与它的对象之间的关系，像哲学一样古老；不过，我知道关于这些问题我还没有发现令人满意的答案。不可否认，在《伦理学与语言》中，我对它们的讨论是断断续续的。我坚持(仍希望坚持)，当我们说“A先生在时间t思考X”时，我们并不是在**专门**讨论A**在**时间t的经验，也不是在专门讨论A的某种想象，或者讨论他的类似于X或者通过独特的自我超越而指向X的独特的情感。我们所讨论的，一部分是如果有合适的机会[①]，A先生**将会**做什么，或**将会**经历什么；或者更明确地说，我们在讨论的是某种“潜在的”或者“具有倾向性的”[②]东西。但是这仅仅确立了“思想”定义的种，并没有处理更困难的问题，即确立属差。

不过，这些问题很大，恐怕在现在这篇论文中无法讨论清楚。所以，我将毫不羞赧地自由谈论“关于”它们的“对象”“认知”“信念”等的“思想”。这里所认可的模糊性，当公认时，也许并不会和它的

---

① 关于“如果(if)”的含义的讨论，参见齐硕姆(R. M. Chisholm)：《与事实相反的条件从句》，《心灵》，1946年第10卷；纳尔逊·古德曼(Nelson Goodman)：《反事实条件从句的问题》，《哲学杂志》，1947年2月。这些论文能极大地促进分析，尽管在某些方面，它们被公认为没有结论；这些论文有助于表明“would-if”陈述如何更一般的是与倾向性及因果解释相关联的。

② 《伦理学与语言》(中国社会科学出版社，1991)第3章，尤其是第7节《描述意义；语言规则》。

其他试图将模糊性最小化的努力相矛盾。

我关于指号情境的讨论，相应地被限制在上述第一个问题上，即限制在指号和思想的关系问题上。它只是一个问题家族中的一个问题。就像在“闪电是个代表打雷的指号”这个语境中，我们如果要非常广泛地理解“指号”和“代表”，就要找到这个问题家族的祖先。于是这个问题可以表述为：

> 将“A 先生把 S 理解为代表 X 的指号”分析为“S 具有与 A 先生关于 X 的思想的 R”时，“R”有什么价值？

在这种一般形式中，这个问题也许对分析的细微之处有帮助，但是我倾向于质疑这些细微之处到底是否有那么重要。在休谟“原因”的含义上，R 非常明显是一种因果联系。当然，人们不得不继续详细说明如何将一个指号与 A 先生的思想的其他部分原因区别开来。但我们很少因这种区分而不知所措；它技术上详尽的细节在防止混乱方面几乎毫无作用。①

当我们不是注意指号的一般情形而是注意它的特殊情形时，我们会得到一个更有趣的问题。如果闪电代表着打雷，那么闪电同样代表“将会打雷”这个句子；但是当我们不说闪电这个受制于“语言规则”的“约定俗成的”指号时，我们通常会说那个句子。在我看来，详细描述后一个术语所引起的这种区分，**具有**实践意义。所以让我们更严谨地将我们的问题表述为：

> 将“A 先生把 S 理解为按照惯例代表 X 的指号，符合语言学规则吗？”分析为“S 具有与 A 先生关于 X 的思想的 R_1”时，“R_1”有什么价值？

Ⅲ

我将预先把所需要的 R_1 命名为“绝对引发”(strictly evoke)，以让这个名称具备我指定的任何含义(尽管一个不熟悉的、技术性术语可能更不太会引起误解，但就当前而言这个熟悉的术语足矣)。我会指定，当且仅当以下三个条件都被满足时，S“绝对引发”A 先生关于

① 这种区分**大体上**由下一节的条件(1)中开头两个句子所提供。(第三个句子不会排除闪电和雷声的例子。)

X 的思想：

(1)S 正在引起 A 先生思考 X，它是引起 A 先生思考 X 的部分充分和直接的原因。与其他原因相比，S 是显著的原因。它是那种可以任意被使用(使之存在)或者不使用，可以被 A 先生使用也可以被其他人使用的东西。

(2)如果 A 先生对 X 的思考，经验了 S，并以他过去对 S 和 X 之间关系的观察为“条件”，或者，如果这一思考产生于他对 S 和 X 之间关系的信念，那么 S 和 X 之间的关系不是必然关系。换言之，如果其他人选择改变它们，那么它们就不再存在。此外，事实上，人们选择保留它们，并仅做了很小的改变，因为他们发现它们对于交流是有用的。

让我先停下来解释这一点。如果一个人看到烟雾，并由此引发他对造成烟雾的火的思考，那么根据条件(2)，他的思想不是被烟雾“绝对引发”的。他思考火，是因为他具有关于烟雾和火之间关系的信念。并且，如果这些关系碰巧不是必然的，那么人们就不会“因为他们发现它们对于交流是有用的”，而选择保留它们中的一个，或者至少保留它们这一类。

一般而言，“绝对引发”不适用于那些不合惯例(正如所要求的那样)的指号情境。不过，条件(2)并未排除下列情形，如在印第安人的习惯中，烟雾被作为一种惯用的指号。于是，若烟雾“绝对引发”了思想，那么这一思想不是关于引发烟雾的火的，而是关于其他某种东西的；任何包含在指号解释中的信念，都是关于(2)所允许的那类关系的。但是，烟雾当然不会“绝对引发”任何思想，除非条件也满足了条件(3)；现在就来说条件(3)。

(3)依照句法规则，S 和其他指号有关系；如果 A 经验了这些指号，那么这些指号会以上述(1)和(2)规定的方式依次与他的其他思想相联系。至少对于其他指号中的某些指号而言，形成条件(2)的“如果(if)”，绝不能与事实相反。并且，A 关于 X 的思想和他可能拥有的其他思想不同，在经验 S 时，A 的思想非常强地依赖于他对这些句法规则的熟悉程度。

以后我再详细说明条件(3)，因为在其他联系中，我必须返回到它这里。目前，只要提一下这一点就足够了：现在我脑子里有的不仅仅是日常语法规则，而且还有通过使用分析性句子和分析性定义而建立起来的所有规则；并且指号而非词语将受制于具有类似功能的规则，因此我希望将它们也包括在内。

Ⅳ

现在，可以用“绝对引发”这个术语来定义“描述意义”。我特别希望在狭义上使用“描述意义”这一术语。

> “S具有一种描述意义，对于A而言，这种意义是关于X的。”

这个陈述分析地蕴含着下一个陈述：

> “S**倾向于**绝对引发A关于X的思想”。

对于一个完整的定义而言这还不充分，因为它是从个人解释的立场来看这种情形的，而不是从个人使用的立场，即不是从指号来看这种情形的。但在这篇论文中，我通篇都愿意接受这种有限的观点，因为它无损于我的评论，并且会极大地简化说明。理解了这一点，我就能继续下去，好像上述两个陈述是同义反复似的。

在一段时间内，一个指号会持续具有同样的描述意义，即使它在那一期间内不会绝对引发任何人的思想，因为它也许**倾向于**去做它事实上不再做的事。了解了这类倾向性，我们就了解了交流中某种重要的东西，因为这种了解不仅适用于某一指号情境，而且也适用于很多指号情境。部分因为这个原因，“描述意义”是一个有用的术语。

尽管我已经以不同于我在《伦理学与语言》中所用的方式定义过“描述意义”，但我对它的含义的改动并不大。比如，我现在使用的“倾向性”(tendency)，就是以一种非正式的方式指称我先前所称的“意向特性”(dispositional property)的(顺便说一下，请注意与指号对思想的关系相关时提到倾向性或意向特性，与稍后在定义“思想”时提到它们，是完全不同的)。值得一提的只有一种改变：我以一种对我而言更明确的方式用“绝对引发”修改了条件(2)。

为了简化说明，让我引入其他两个术语。

请注意，一个指号的描述意义(我所使用的“描述意义”)，**并非**指号所代表的东西。从“指号—被指号表示的”这一整个关系中，描述意义提炼出“实用”的要素，而且是仅在某些情形下，以一种特别的方式提炼的。但是，描述意义中包含的思想通常是**关于**某物的；而且在“关于”的帮助下，“指号—被指号表示的”余下部分(尽管还是只有在特殊的情形下)才能够被重新建立起来。为了强调后一点，我会使用“绝对标明”(strictly designates)这样的方式定义它：当且仅当X具有一种关于X的描述意义时，一个指号“绝对标明”X。因此，对于A先生来说，当且仅当S倾向于绝对引发A先生关于X的思想时，S绝对标明X。(我在《伦理学与语言》中没有使用“绝对标明”，但我的说明有助于我已说过的内容。)

当一个指号**没有**绝对标明X，而确实倾向于**引发**关于X的思想时，我会说它“暗示了关于”X“的思想”。有时我会简短地说，只有当语境足以避免误解时，这个指号才“暗示”了X。(在《伦理学和语言中》中，我在相同意义上使用过“暗示”。)

V

我现在必须考虑，我关于描述意义(以及上述提到的相关话题)的观点是否能够经受批评的考验；我也必须考虑，它们是否有助于揭示一种含义，在这种含义中意义不必总是描述性的，它也可以是**情感性**的。马克斯·布莱克①教授在这种背景中做了很多有趣的论述，与他辩论可以使我很好地展开我的观点的细节和重述我的立场。在此之前，我会概述布莱克的话，但首先要确定我没有歪曲他的意思，在本文最后一个注释中，我引述了他一部分与此相关的文章。

让我从布莱克对我关于描述意义观点的反对意见开始。他说，就语言学规则而论，定义“描述意义”是错误的；他这个说法的第一个理由(我不久就会提到他的第二个理由)是“某些描述性指号(如交通信号)与其他指号之间，只具有极为纤细的句法联系”。

他所设想的是在相当宽泛的意义上用“描述意义”这个术语，以使它能适用于常规指号易于影响认知的任何一种情形。当然我们**可以**在更宽泛的意义上使用“描述意义”，但我希望取其狭义，而将交通信号之类的情形**排除在外**。

如果换种方式讲这个问题：我会说，绿灯**暗示了一种关于**行进安全性的**思想**；但是我不想说它**绝对标明**了行进的安全性。

“描述意义”(和“绝对标明”)的狭义具有实践意义，因为它选出交流的那些相对精确，不需要注意使用指号的语境的元素。如果我

① 马克斯·布莱克(Max Black)，英裔美国语言哲学家和科学哲学家，代表作有《数学的性质》《语言与哲学》《语言的迷宫》。——译者注

们尝试将不具有描述意义的绿色信号，“翻译”为具有描述意义的日常陈述，我们就会明白这一点。“你可以安全地前行”，或“前面的路是畅通的”，或“任何人前行都可以，根据法律所有人都是平等的”，或“如果你不前行或不站在斑马线最前面，你后面的开车者就很可能鸣笛”，绿色信号是表达这些陈述的方式吗？（我没有把祈使句包括在内，因为那和布莱克先生的那些观点无关。）对此我们只能回答说，绿色信号的认知功能要比那些陈述中的**任何一个**都更模糊，尽管它会使我们迅速地踩离合器。当然，规定绿色信号**是**可以被翻译为“前行是安全的”，并且通过习惯于这种翻译，人们可以**使**绿色信号具有一种精确的认知功能。但是这一规定将自身引入一种句法规则，通过一种特殊方式把绿色信号和一部分语言联系起来；因此这使得绿色信号**将有**一种描述意义。

如果我对“描述意义”的界定和我的意图一致，如果这个界定具有实践意义，那么剩下的唯一问题就是我对这个术语的选择与其他以同样方式界定的术语相比，是否易于令人误解。我将在其他联系中毫无保留地讨论这一点。

布莱克就我参照的语言学规则所提出的第二个反对理由是：语言学规则不仅支配着我们对某些认知指号的使用，而且还支配着我们对绰号、感叹词等的使用。

不过，我对语言学规则的参照，并不是区分描述意义和情感意义的方式。（这种区分取决于我把情感意义定义为表达或引发态度的某种倾向，而非思想。）它只是区分一个指号的描述意义和一个指号所**暗示**的思想的一种方式。① 所以，即使布莱克的评论是正确的，也不是对我的“描述意义”定义的批评，而只是一种提示，即我本应该在定义“情感意义”时也参照语言学规则。

布莱克给出的例子（即将侮辱性绰号排列在一个程度渐增的标尺上），是我已经认识到并且命名过的那一类。以这种方式排列绰号就是以一种系统方法“刻画”②它们的情感意义。

不过，我们能说感叹词、绰号等也受语言学规则的支配吗？这完全取决于如何理解“语言学规则”。请考虑下述说法：(a)大多数人自由地将“2×50”与“100”交替使用，(b)大多数人自由地将“令人惊奇！”和“天哪！”交替使用。第二句话是不正确的，但让我们忽略不

① [美]查尔斯·L.斯蒂文森：《伦理学与语言》，第3章第6节，北京，中国社会科学出版社，1991。又译为史蒂文森。

② 同上书，第3章第8节。

计。大致地说，这两句话都真实地描述了人们的语言习惯，以及那些他们有意识或无意识希望保留的习惯。因此，**在广义上**，我们可以说，这两句话都描述了人们遵循“语言学规则”的方式。在这一意义上，布莱克的评论是正确的。

但在《伦理学与语言》中，我是在狭义上，即在这些规则必须具备我在那里所描述的功能的意义上，使用“语言学规则”的。重复一下我举的一个例子①：当有人告诉我们从一个地方到另一个地方有100英里远时，我们可能会参考其他符号以使我们的反应(不是一种想象，而是一种意向性)更准确。当我们说“100＝2×50”或者“如果有100英里，那么我以每小时50英里的速度行驶就需要两小时”时，我们就是在通过参考其他符号而使我们的反应更准确。根据我的观点，这些陈述不是在描述世界，甚至不是在描述数字世界，它们也没有绝对标明(尽管它们易于暗示)人们使用语言的习惯方式。不如说，它们是一种建立或者保持语言习惯的对符号的练习。当我们随后在其他综合语境中使用符号时，符号的功能是帮助我们思考得更明确，使我们的某些心理反应与某些特定的指号(而不是其他指号)联系得更为紧密。

在很多非数学例子中，我们可能以这种方式使用指号来“计算”。当有人问一个学生桑塔亚那是不是一个附随现象论者②时，他可能会对自己说：“附随现象论者，即一个相信身体活动引起精神活动的人，反之则不然。”通过整理对这一问题的反应，他处于更有利于回答的位置。

在绰号③、感叹词等的例子中，这些“符号练习”和它们的澄清功能也许只有微不足道的一点相似，它们几乎不值得一提。也许我们能发明一种语言，在这种语言中，绰号、感叹词等占据重要位置。我们也许会让人们习惯于说：“**令人惊奇**等于**天哪**!”并让他们像背诵乘法口诀表那样背诵这样的说话方式。每当他们怀疑自己是否偏离了对“天哪”的标准反应时，他们都会去参考“令人惊奇”。然而，在现实情形中，这只和我们做出的转瞬即逝的口头联系相类似，比如，就像我们通过把德语的感叹词与英语的感叹词相等同的方式来学德

---

① [美]查尔斯·L. 斯蒂文森：《伦理学与语言》，第3章第5节，北京，中国社会科学出版社，1991。

② “附随现象论”(epiphenomenalism)是关于心身关系的一种理论。这种理论认为，有意识的精神状态或事件是中枢神经系统运作过程的副产品。——译者注

③ 我谈到的分歧的那一部分不是“依赖于”描述意义的。一个绰号**也**可以绝对标明，因此具有所要求的那种句法(syntax)。

语感叹词那样。但这对我们帮助不大。要了解一个情感术语(或者布莱克希望我说的，一个往往具有情感影响力的术语)的丰富意味，我们就必须在听到它被使用的活生生的语境中学会如何对它做出反应；而且任何一种相对标准的回应的暂时变化，都的确应该加以纠正，也必须以同样的方式加以纠正。(顺便提一下，“刻画”情感意义绝不是要去保存、重建或挽救它；更准确地说，“刻画”情感意义是把情感意义当作认知研究的对象，在这一研究中，**所用的**术语表明是情感的，但是它们并不必然是情感的。)

Ⅵ

已经讨论过布莱克标号为(3)的评论，我将转向他的标号为(1)(2)(4)的评论。[①] 在这些评论中他特别关注的不是“描述意义”，而是我关于“意义”的一般含义。而且他把对这些一般含义的评论主要应用于我称为“情感的”“意义”上。他反对使意义适用于除了指号情境之外其他情境中。

我必须承认，我关于“意义”的用法确实令人误解，顺便说一句，人们已经被它误导了，但是我并没有像讨论布莱克的评论那样讨论其他人对我的观点的批评。我一直在努力克服语言的灵活性，尤其是在哲学语言的灵活性的迟钝；在保护我对“意义”的用法免遭这种迟钝损害方面，我本该做得更好。但是，我曾以为，一个如此明显灵活多变的术语(这种术语的灵活多变性是如此明显，以至于必须加以避免或进行清晰的界定)，可以通过我以某种方式对我所赋予它的意义进行专业讨论而得到理解。“安妮女王”[②]的**意义**死了？在某种含义上，是的；但在很多其他的含义上，也包括在我的含义上，这个问题是荒谬的。难道“意义”的“这种”(the)意义，或“这种”(the)是自然意义吗？

我挑选术语的原则是“矬子里拔大个”。没有现成方便、简明扼要的术语可供我用以我想讨论的问题——使指号与解释或与使用它的人的心理反应联系起来的那种意向特性。我也许该选一个人们完全不熟悉的术语；但是那样的话，这会晦涩难懂，并且会使一个相对简单的区分变得矫揉造作和徒具其表。所以我使“意义”这个词转

① 见本部分最后一个脚注。

② 安妮女王，大不列颠和爱尔兰的女王。斯图亚特王朝的最后一代君主，她也是最后一位行使否决议会决议权的英国统治者(1707)。——译者注

向我的目的，只是希望我选择的这个是一个“矬子里的大个”。

使用“情感意义”这个特殊的术语的恰当性，也许更值得质疑。正如布莱克所指出的那样[1]，在其流行含义上，这个术语已经成为一个称号。更重要的是，它已经成为人们用于谴责我们交谈中未经好好反省的那个方面的一个称号，成为事实上我们任何人都愿意这样不分青红皂白地进行谴责的一个称号。此外，它通常还是划分信念和态度的分界点。但是，即使避免用这个术语，我们也不可能改善这种情形。如果我们引入另一个术语，也只不过是有了两个术语。

并不是通过和“情感意义”相联系，伦理学就变得不重要了；而是通过与伦理学相联系，“情感意义”变得更重要了。

我发现布莱克的评论中还有一点特别有趣。他注意到，我所用的“意义”和“情感意义”两个词的含义都非常宽泛，我甚至将它们更多地用于那些本该排除在外的情形中。也许是这样，要恰当地限制它们，就需要对使用它们的目的进行仔细的考察；所以我会更多地说明一些似乎包含在内的考虑，而不是去修改我的术语。尽管我愿意为“意义”的一般含义而做这一点，但也许仅仅关注“情感意义”就够了。

我认为，把“情感意义”的使用限制在**词语**上并不方便。比如，我也许想说，一面旗帜可能具有情感意义。但要谈论一首交响乐的“情感意义”，尤其当它不是标题音乐时，意义一词的这种宽泛性似乎就不适合了。旗帜和交响乐这两个例子有什么不同呢?

我们也许首先注意到，尽管旗帜和交响乐都易于和我们的情绪相联系，但是前者包含了一种约定俗成的因素，在后者中约定俗成的因素要少得多。在这种语境下定义“约定俗成”，并指出它与“绝对引发”的第二个条件的家族相似性——我认为**只有**这样——将是有意义的。但那是一个相当复杂的话题，我不会停下来去展开它。我想强调的东西要更简单些：

> 在旗帜的例子中，情感被导向其他东西，比如说国家，这是旗帜象征或“代表”的东西。在交响乐的例子中，情感不是被导向其他东西，而是情感就包含了一种对表达情感的声音的凝思。

① [美]马克斯·布莱克：《对情感意义的某些质疑》，载《哲学评论》，1948年第57期。

在所有的但是更复杂的情形中，我们的**词语**更像旗帜而非交响乐。词语立刻代表了某种东西，并且立刻将我们的情感引向这种东西。当然，短语中的某个词表达了(express)情感，而**其他词**引导(direct)情感的情形也时有发生，但是至少，完整的语境既具有指号功能，也具备情感功能。

就我对伦理学的说明而言，引发态度和引导态度之间的联系非常必要，因为伦理判断不会仅引发我们的态度而不引导①我们的态度。所以，如果我想要一种最适合我特殊目的的“情感意义”的含义，那么我可以通过以下限定条件来限制它的定义：除非一个东西**同时**是其他某个东西的指号，或者除非通常人们将它和这种指号一起使用，除非它倾向于表达和引发的态度被导向任何被如此表示的东西，否则绝不能说一种东西具有“情感意义”。

不过，如果“情感意义”在文学批评中成为一个有用的术语的话，那么我怀疑这个限制条件中的最后一个条款过于苛刻了，至少它的强调不够慎重。尤其在诗歌中，语言的情感、认知、音乐的方面如此微妙，对于它们，我愿意保持沉默。我怀疑，在文学评论中，无论是在一般意义上还是在特殊意义上所使用的“情感意义”，都会被许多其他术语所替代，否则我们关于语言的贫乏，就会使我们忽略重要的区分；而且我怀疑我自己对“独立的”“依赖的”“半依赖的”情感意义的区分，是不是唯一的、最容易理解的区分。② 但无论如何，我认为在文学评论中或者其他地方都不可能有非常有趣的“情感意义”的含义，这使情感意义适用于那些**完全**缺乏指号功能的情形。

我现在表明这些论述如何针对布莱克的批评。我一直认为，谈论事物的“情感意义”不如谈论**指号**更为方便。我也一直在说，不必像布莱克所提议的那样彻底修订术语。显然他的术语(我将在下一部分讨论)是一种可能的术语；它对于某些目的而言也许是重要的，但是与我的目的完全不相干。人们可以在没有让术语**命名**一个指号情境的情况下，像他希望的那样强调“情感意义”与指号情境的关系。在指称态度的时候，术语还有**陪衬**指号情境的效用。

这并不是说，情感意义总是依赖性的或者半依赖性的，即它总是认知意义的副产品。可以说，这并不是说，它**只是**指号功能的结

---

① [美]查尔斯·L. 斯蒂文森：《伦理学与语言》，姚新中等译，227 页，北京，中国社会科学出版社，1991。

② 同上书，72—85 页。

果。这种观点会使我们的态度成为一种心理反常。大致地说，每件事都有**很多**原因。因此，像我们对指号的情感反应这么复杂的东西，如果**仅仅**随着我们对指号的认知反应而变化，那就太奇怪了。

关于“情感意义”的定义，我只想再补充一点，而且我确信布莱克会同意我的看法：我和他都认为，与培养一种语言的宽容来说，将一个术语固定在他的含义上还是我的含义上并不重要。语言的宽容是一种精神习性，它阻止语言的分歧(哲学中经常会有)成为误解的来源。

Ⅶ

在编号为(5)(6)(7)(8)的评论中①，布莱克提出了一种关于“意义”含义的建议，其中“意义”这个术语和“一个指号所代表的东西”的意思大致相同。而情感**意义**完全变成了指号所**意谓**的一种情感。在那种意义上，“好哇”仅仅具有“我充满热情”所具有的那种意义。当然，布莱克补充说，“好哇”在发挥“情感影响力”方面具有更强的倾向性；但是他认为它与**意义**的相关性，仅在于它能通过引起听者相似的态度，而使之更确定地归因于(可以说，指出)说者的态度。

布莱克之所以提出这个术语，在很大程度上是因为他认为这个术语能强调我所忽略的某种类似，并且通过强调这一点而为伦理学提供“**理性**一致(rational agreement)的基础”。我想在这个方面他错了。我在分析中并没有忽略他希望伦理学具有的认知因素。而且它们也不需要进一步强调；因为，只要理性一致是可能的(我从未否认过这种可能性，而只是说它以一定的条件为转移②)，这种一致不可能是通过**这些**认知因素而获得的，而是通过一种完全不同的认知因素而获得的。

当一个术语被用于使一种情感影响产生时，它也可能给我们信息吗？我认为，任何人都从来没有否认过这一点。来看我们这个简单的例子：当一个人说“好哇”，并且令人信服地说的时候，我们不仅有理由相信，而且比他用更多的词语说“我充满热情”，且有更好的理由相信他充满热情。

---

① 见本部分最后一个脚注。

② [美]查尔斯·L.斯蒂文森：《伦理学与语言》，姚新中等译，136—150页，北京，中国社会科学出版社，1991。

到目前为止，我们已经考虑了这种术语的“自传”(autobiographical)方面，只须做出这种区分，而且我之所以做出这种区分纯粹是为了表明：**在这种情形下**，它无足轻重；“好哇”**暗示了**说者充满热情，并且是强烈地暗示了这一点。然而，它并没有绝对标明说者充满热情。[①] 换言之，它易于**引起**关于说者充满热情的思想，但不易于**绝对引发**这种思想。因为句法感叹词不是以被要求的方式与其他术语相联系。假如它被用于电报代码，按照电报代码簿，它与“我充满热情”明确相等，那么它就具备了被要求的关系。于是它也就不再是我们正常的英语感叹词了。像“如果好哇，那么我不无动于衷”，或者“如果好哇，逻辑上**他**有可能不无动于衷”这种话，与我们的语言习惯格格不入。

我已说过这种区别是微不足道的。但是在**其他**情形下这种区别就绝不是微不足道的。当一个情感术语暗示了一些**不是**关于说者的态度的思想时，人们一定会非常小心地将它们与易于被绝对引发的思想区分开。因为，当思想仅仅是被暗示时，它们很可能伴随着一种未经细察和检验的信念，或者伴随着缺乏精确性的信念，反之，当思想被绝对引发时，它们很可能会被仔细地考察，并且至少具有更高[②]的精确性。但是在当下情形中，这样的区分没有必要。因为我们所说的这种思想(关于说者的态度)几乎不需要检验，而且精确性是通过其他方法获得的，正像布莱克所说的，精确性是通过引起听者相似的态度而获得的。

正是在**这种情形下**，这种区分才微不足道，所以我才以我希望能防止关于它的不必要的问题发生的方式，形成了我分析伦理学的“第一模式”。比如说，我指出“好的”具有一种关于说者的赞成的描述意义，同时也具有一种赞美性情感意义。既然情感意义本身已足以**暗示**说者的赞成，并且非常精确地暗示了这一点，我关于他的赞成的描述意义的指称，就是一种更断然的方式——尽管没有什么不恰当，因为与那些纯粹的感叹词相比，“好”在语句构成上与绝对标明情感的和无动机的术语的关系更近。所以，毫无疑问，“好的”**意味着**(在布莱克的含义上)说者的赞成。即使我的论证过程有点冗长，它也是合宜的，因为它能使我免于不断重复暗示和绝对标

① [美]查尔斯·L. 斯蒂文森：《伦理学与语言》，姚新中等译，95页，北京，中国社会科学出版社，1991。

② 同上书，87—99页。

明的区别。

同样，术语“好的”**暗示**了说者希望其他人分享其赞成的倾向。我不将它视为绝对标明这种倾向，但是我本该这样做(因为“好的”的含义非常模糊，它“自然而然地”呈现人们给它指定的任何一种变化多端的描述意义)，而且我那样做了，也不会使我对第一模式方法论的说明与之前的有重大的区别。

在我看来，布莱克在对他第五点评论的注脚中的论点是缺乏说服力的。对于第一分析模式而言，“好的”仅仅**意味**着说者的赞成及其想要人们分享这种赞成的倾向，在以这种方式界定“意义”后，他立刻假定这种**意义**必定是伦理判断的唯一基础；然后他指出，它是一种不适当的基础。毫无疑问，它的确不适当。但是，我已经在其他地方找到了伦理判断的基础——支持判断施加(像他希望赋予它的那样)“情感影响”的倾向性的那些理由。布莱克的说明并未消除这些“影响”。这些影响也许是自我劝导的，也许是劝导听者的。支持它们的理由通过改变信念而改变态度(我们的态度和信念在心理学上是相互作用的)，并且可以通过绝对标明那些伦理判断自身并未绝对标明的东西，来解决态度冲突或态度分歧。当然，我的分析可能不正确，但是布莱克并未通过使用一个新术语而说明这一点；也不能使我看到他的术语引起人们去注意伦理学中任何一个我没有强调过的认知因素。

让我就一个有些不同的要点说得更明确些：伦理术语暗示的**不只是**说者的态度和倾向。说一个人“好”，可能是为了暗示他具有正直、谦虚、仁慈等这些显著的特点。[①] 这些不仅引入了一种认知因素，而且(用我的术语来说)产生了某些“半依赖性”[②]的情感意义。在共同体中，得到了很好发展的这些各种各样的暗示被固定下来，于是人们易于以让这个词**绝对标明**它先前**所暗示**的东西的方式**定义**“好的”。这完全是自然而然的事情，而我引入了我的分析的“第二模式”和对劝导性定义的强调去说明它。

但是，无论这些不同的认知元素是被暗示的，还是从支持的理由中变得明显，或者从第二模式的定义中变得明显，它们都是肯定存在的。是**它们**，而不是布莱克注意到的自传因素，代表了伦理学

① [美]查尔斯·L. 斯蒂文森：《伦理学与语言》，姚新中等译，85页，北京，中国社会科学出版社，1991。

② 同上书，78—99页、257。

中重要的认知因素。从一种方法论的立场来看，无论它们如何进入一种伦理学讨论，最后的结果都是相同的：人们可以始终期望理性一致是可能的，并可以始终按照这个探索性的假设而行动，但不能确信这一点。因为这取决于态度分歧是不是由信念[①]分歧引起的。

Ⅷ

我对伦理学的分析是否成立，这个问题太大，在这篇论文中无法解决。不过我愿意以如下简短的评论作为结语。

我的方法论结论的核心是我关于一致和分歧的观点，而非我关于意义的观点。如果规范问题的解决要求态度一致，如果态度和信念之间的关系是因果的并可能因人而异，如果理性方法只能以改变信念的间接方法而促成态度一致，那么我的分析的本质特征就未受影响。当然，**事实上**在多大程度上能够通过非理性的方法而取得态度一致，是否**应该**以这样的方式取得态度一致，仍是重要的问题；但是这些问题不会影响我对取得伦理一致的各种**可能性**的讨论，我的分析的方法论部分主要涉及的就是取得伦理一致的各种**可能性**。

因此，任何希望在规范伦理学中发现比我的分析所揭示的更多的确定性的人，都可能做如下两件事中的一件：

第一，他也许会努力说明，我认为仅仅作为探索性假设(即所有态度分歧都是由信念分歧引起的)的原则，不是一种假设，而是一个基本事实。它对于许多情形都成立，也许对于最严峻的情形也成立，很幸运这种看法是一种站得住脚的看法；但是它对于所有情形都成立吗？我没有理由这么认为，但我会很高兴接受别人可能试图提供的证据。

把一个独特的主题引入伦理学(只要它是我们信念的对象)并不足以改变这种情况。我们必须有理由假设，关于这个独特的主题，态度一致将是信念一致的结果。

这一点还有待于考察。在态度分歧**不是**源于信念分歧的那些情况中(如果这种情形存在的话)，我们也许能在更大的问题上达成态度一致：我们会一致同意，这些情况最好悬而未决，或者通过折中

① [美]查尔斯·L. 斯蒂文森：《伦理学与语言》，姚新中等译，136页，北京，中国社会科学出版社，1991。

而解决，而不要通过带来越来越多破坏性结果的战争而解决。然而，尽管人们可以希望那是真的，并且也可以不遗余力地使它在不久的将来成为真的，但人们无理由平静地相信它的真实性是由仁慈的上帝预定的。

第二，寻求规范伦理学更多确定性的第二种方法，是探究信念和态度的区分。例如，一个人也许希望表明“实践理性”能立刻服从理性证明，并给予行动以始终如一的指导。据我所知，没有一种“实践理性”的含义是可理解的，“实践理性”的含义一半是态度，一半是信念。不过，既然我仅通过一些例子和“没有具体化和过于简单化的劝谏”就区分了态度和信念，那么我敢肯定，对这种区分更细致的考察一定会带来有趣的结论。

同时，我觉得(也许我已无权再这么做)伦理学中的关键术语并不是含糊不清的。我更多的是通过详细阐述而间接地澄清这些术语的混乱，而不是通过尝试直接定义这些术语而澄清它们的混乱。我的理由是：

在整个日常生活中，在很多情形下，当我们使用“思想”“信念”“怀疑”等术语时，我们并没有进行严格的澄清。我们很容易了解它们在重要的意义上与“态度”“赞成”“相冲突的欲望”等有何不同。然而，在伦理学中，这种区分**似乎**是危险的——在那里哲学分析**似乎**遇到的正是那些确立边界的情况，在那里必须有更高的精确性。现在我认为其实并非如此。它之所以看似如此，纯粹是因为我们是带着偏见走进伦理学的，即我们假设道德问题要么完全是认知的，要么就什么都不是。我们既不愿意也不能理智地接受后一种选择。所以，只要我们遭遇伦理学那个在任何其他语境中我们会毫不犹豫地称为“非认知的”方面时，我们就强行把它当作确立边界的事例。并且我们进一步折磨它，把它塑造为“认知的”。

也许我对伦理学的看法已经有助于证明作为伦理学基础的那种区分是有效的——这种帮助不是通过精确定义，也不是通过辩证论证，而是通过考虑祛除**明显**含糊不清的心理学根源实现的。因为我一直认为，目前的偏见，即认知主义伦理学和非认知主义伦理学的貌似真实的二分法，是错误的，规范伦理学部分是非认知的，不过正因如此，规范伦理学的问题才具有深远而根本的意义。而且即使不能始终确定理性解决这些问题的可能，这些问题也绝没有切断与推理方法的联系；因为，在讨论这些问题的过程中，我们可以**运用**

知识；而且我们能从科学中获得的力量，远比道德哲学家习惯假设的要大。①

---

① 我在本文中所讨论的布莱克的评论，发表在他的《对情感意义的一些质疑》(Some Questions about Emotive Meaning)一文中(《哲学评论》，1948 年第 57 卷)。以下摘自这篇文章的第 8 节，不过删掉了大多数注释。

史蒂文森的观点(高度浓缩)概括如下。

当一个指号具有一种引起听者反应的倾向，而这种反应采用了他对其他刺激物的常规反应方式时，也就是说，当对这种指号的接收有规律地修正了他对**其他**刺激物的反应时，可以说一个指号**对于一个听者**而言是有意义的。根据这种观点，一个指号的“实用意义”未必等同于听者的任何一个单一的反应。只要对指号的接收引发的是一种稳定的反应模式(随着补充条件的不同而改变)，那么指号就会具有一种意义；说指号引起一种“反应的倾向”，只不过是修正的行为路线(公开的或隐蔽的)的一种简略表达，对于这一行为而言，它是一种突如其来的原因。当相关的反应在本质上是认知的时候，指号具有“描述意义”；当由指号引起的反应是“一系列情感”时，我们有了“情感意义”。在任何一种情况下，指号的功能只是“一个错综复杂的条件作用过程”的结果，它被看作意义的一般定义特征……

能对这种观点的正确性提出一系列质疑，我就心满意足了。

(1)是否能将一般性术语“意义”应用于相互联系的反应系列？对此我有点犹豫不决。当然，史蒂文森以强调他所谈论的是“实用意义”，而为自己的退却辩护。但是，他提出(就像他为了限定语言，对语言的选择一定要做的那样)，说者的反应(或支配这种反应的因果律)和符号的指示或意义是同样重要的，这在我看来是极易令人误解的。如果我们以这种方式讨论，既然落日或者交响乐能导致对其他刺激物反应的改变，那么我们是否也该承认它们“具有意义”呢？普通人确实以这种方式交谈，但是我想，史蒂文森想要的是一个不那么混乱不那么令人困惑的术语，而不是这种场合所能提供的日常用法。

(2)回答说：对一种风景、一段音乐(或，就此而言，对一件家具或者任何自然对象)的反应是不“受制约的”，因此它不在“意义”研究的范围之内，这种说法几乎没有意义。因为如果“受制约的”意味着社会或者群体对内在反应的修正，那么我们需要包括比适合史蒂文森定义中对“词语”的解释要多得多的内容。史蒂文森似乎应该给出更多的理由，说明他把分析限制在**语词**(verbal)意义上的正当性；毫无疑问，很多不用词语(words)的行为包含指号的使用，而且一种一般的语言学理论应该能够将所有指号包含在它的范围内。

(3)需要更多地阐述**描述**意义所暗示的特征。因缺乏更富有韧性的心理学术语，对“认知”这样的术语的指称，其模糊性也许是不可避免的。不过，强调语言学**规则**是描述性指号的一个有区别的特征，在我看来绝对是误解。某些描述性指号(如交通信号)与其他指号之间只具有极为纤细的句法联系，从可以在程度渐增的标尺上排列侮辱性绰号这个例子中，我们就可以毫不费力地看到这一点。

(4)在史蒂文森的分析中，我最不能理解的就是，他关于指号作为它们所“意味”的东西的代表或替代品的观点(其中“意味”指的是作标志、指示或表示)。不管要给根据“代表”(界定“代表”这个词无疑就像界定“认知”一样困难)而理解的东西一个令人满

（接上页）

意的理论说明有多么困难，它的用法，或者某个近似的同义词的用法，对于任何关于符号论的令人满意的分析来说，似乎都是绝对必要的。如果我们完全不愿意说落日“意味着任何东西”，那一定是因为我们不相信它能表示除它自身之外的某种东西。不管我们**惯常的**甚至老一套的情感反应是否作为先前各种条件的结果（诸如，热爱自然的父母的激励，读雪莱的作品，或者你期望的什么），似乎都跑题了。好像只有通过一个牵强附会的隐喻，**在任何东西都不被意味的意义上**，我们才能认为落日意味着什么东西。（一旦我们发现暖和的天气跟着红日，或者一旦我们相信上帝在彩虹上讲话，那么情形就改变了。现象立刻变得，或者被推想要变得有代表性了，而我们完全可以指称它是一种“指号”。）

（5）如果最后一点是合理的，我们就会倾向于否认仅仅产生史蒂文森含义上的“情感意义”的那些东西的指号身份。在言说的范围内，或在言说**直接**作用于我们情感的某个方面（如相互作用、音调、节奏或者其他悦耳的方面），我们也许最好是说**情感影响力**。应该将这些情形与另一种情形严格地区分开来。所谓另一种情形就是，“情感性”说话方式被解释为一种情感和态度的**指号**，这种情感和态度是说者所表达的，或者是说者想引起听者产生的。对于我而言，第二类情况至少像第一类情况一样重要，并且它能更直接地和史蒂文森的伦理学说相关。

【在此添加脚注：“因此在史蒂文森的‘第一模式’中，‘这是好的’”被分析成“我赞成这个”（说话时带着热切的赞成，就等于说“最好这么做”）。所有那些看似与伦理问题相关的（说者在说“这是好的”时是正确的吗），似乎就是**我们通过他的言说而理解的东西**。在提供的分析中，伦理判断的基础好像是（a）说者赞成这个对象，（b）他希望我们也赞成。不管他表达的判断多么“有感染力”，这些基础看上去都非常不充分。通常只要我极力主张屈服于情感影响，那肯定是不道德的！】

（6）根据这种观点，只有一种**单一的**意义，而“描述意义”和“情感意义”的区分，只不过像美国历史和英国历史的区分一样，即它们各自**所指**不同的术语。

（7）关于“好哇！”比“我热烈赞成！”更有“活力”和更有“感染力”的说明也存在问题。这也许可以通过下列方式完成：对所声称的情感的“中立描述”在**描述上**更不充分，就传递情感的性质而言，**深思熟虑地**发泄情感比“谈论情感”来得更容易；使用冷漠的语言（有益地！）暗示了所声称的情感中缺乏真诚；相反，既然情感好像和它的表达密不可分，那么使用情感症状作为那种情感的**指号**，就增强了对这种情感现实性的推测；最后，我们必须赋予那些更“诗化的”指号（和它更高的审美诉求）的直接影响力以某些重要性，尽管不如史蒂文森赋予它们的那么多。由于以上种种，我们不需承认一种特殊的“情感意义”，或者忽视那些由最“简单的”喊叫所传达的种类繁多而被压缩了的信息。

（8）我和史蒂文森的分歧，可能在很大程度上是语词上的分歧。我非常赞同他所强调的符号不明显的劝导性使用的重要性。但是，我也记得，他关于防止“一种不方便的说话方式”的明智的评论。关注伦理交流中的非理性方面，和通过所形成的情感影响的交互作用来解决伦理问题的这种谈论“情感意义”的方式，似乎不仅是不方便的，而且几乎是有害的。不管用何种方法指责情感，强调的颠倒都通过充分地认识言说提供信息的方面，而使得鼓励一些人进一步探究在伦理问题上达成**理性**一致的基础成为可能。

相关理论

某些相关理论[①]

Ⅰ　约翰·杜威分析的中心内容

第二分析模式常常被用作工具来澄清和批评伦理学理论的几种倾向。在论及柏拉图、边沁和西季威克时，我们已经看到了这一点。现在我们探讨一下某些其他作家，尤其注意使这项工作受惠的那些人。因为好几位作家的观点与我们的看法非常相似，因此澄清相似之中的一些不同之处，这是令人感兴趣的。

我们必须给予约翰·杜威较大的注意，因为像他的一切著作一样，他的伦理学著作也是值得仔细研究的。

杜威如何区分评价术语和描述术语呢？在《确定性的寻求》一书中[②]，他相当谨慎地回答了这个问题。在该书中他对比了"被欲的"与"可欲的"，"被羡慕的"与"可羡慕的"，"被尊敬的"与"可尊敬的"，等等。在这种对比中，前一个术语有助于

① 选自《伦理学与语言》(中国社会科学出版社，1991)，第12章，姚新中译。——编者注

② [美]杜威：《确定性的寻求》，第9章，纽约，1929。

"进行一个事实陈述"，或者仅仅给予一个"报告"，而后一个术语的作用，则是对"使某种事实得以产生的重要性和必要性进行判断，或者，如果该事物已经存在，则是对维持它继续存在的重要性和必要性进行判断"。只有后者，由于指明了某种应该"被赞赏和珍惜、或被欣赏"的事物，才标志着一个"真正的实践判断"。

他重申了同样的区别：

> 关于什么东西被喜爱或已经被喜爱的命题，就该事物被考虑到的条件和后果而言，只具有达到一个价值判断的工具价值。它们本身并不提出要求；也不要求随之而来的态度和行动，更没有表现出指导的权威……另一方面，关于什么东西应该被欲望和被喜爱的判断，则是一个对进一步行动的要求，它不仅具有事实上(de facto)的性质，而且具有法理上(de jure)的性质……在效果上，它是一个关于"事情将发生"的判断。它包含着一种预期，期待着某种事物继续发挥作用的前景：它**将**这样做。它断言了该事物将积极建构的一种结果：它要实现这种结果。

我们来看看这种议论与我们目前的观点是否相像。说明价值判断法理性质的一个因素，是预期性。它们"期望着"未来。这与第二模式是一致的：因为在该模式的图式中，变项很容易被标识为该判断对象后果的术语所代替。并且显然，**将**常常出现这种与后果的联系。到此为止，杜威的观点与第二模式无异，虽然他明确**要求**的内容只是第二模式所**承认**的许多语言的可能性之一。

但是，价值判断的预见方面**足以**标明它的"法理性质"吗？似乎并非如此。因为即使一切价值判断都是预见性的，也很少能坚持说所有预见性陈述都是价值陈述。预见到要下雨，这就不是评价。如果有人坚持说，因为这个预见对选择和行为有潜在影响，所以在某种意义上，它也是评价，那么我们就必须说，一切判断都是法理判断，从而没有给事实判断留下丝毫余地。因为正如我们前面所看到的，也如杜威最不愿否认的那样，对行为不具有潜在影响的判断，是根本不存在的。

因此，在任何特殊含义上，预见性都不**足以**刻画法理功能的特征。杜威无疑认识到了这一点，并力图指出一种特殊**类型**的预见。他的观点也许可以概括如下：价值判断是一种做出题材相当不同的预见的判断，但它对人们关于被评价对象的态度又总是具有非常特别的影响。换言之，价值判断之所以与科学判断不同，其原因仅仅在于对被预见后果的选择与分类不同。一个科学术语是为了进行系统的认识而对后果进行分类，这时人们对被研究对象的赞成与否的态度被暂时搁置在一边，使之从属于尽可能做出更多预见的目标。以这种方式，科学知识可以用来促进许多不同的和背道而驰的目标。① 评价术语打破了这种科学分类方式，它挑选出的后果除了对调整或强化赞成态度具有影响力外，很少有共同之处。评价(或像杜威所说的“估价”)不是纯科学，而是为了改变态度这一特殊目的加以**应用**和组织起来的科学。

杜威的著作中有很多证实这种解释方式的材料。他常常把规范伦理学与工程学、医学这样的应用科学进行比较。② 当然，后面这些科学必然存在着有组织的预见，这些预见穿越了纯物理学、纯化学，或者纯生物学的预见范围，正如道德家的预言系统必然会穿越很多纯科学的领域一样。在这种选择性的科学应用中，他指派给态度的地位，常常清楚地陈述如下：

> 人们**喜欢**某些结果而**不喜欢**另一些结果。此后(或直到吸引和排斥的倾向发生改变为止)，获得或者防止相似的结果就成了目标或目的。当一种活动经过深思熟虑而进行时，它们就构成了该活动的意义和价值。
>
> 道德科学并非某种具有独立范围的东西，它是置于人类情境中的物理学、生物学和历史学知识；在这种情境中，它将教导和引导人们的行为活动。
>
> 像别的地方一样，这里所要求的并不是在为了某种被称为道德理想的东西而否定事实和把事实接受为最终目的之间进行二者择一的选择。依然存在着这种可能性，即承认事实并用它们作为对理智的挑战，从而修正环境和改变习惯。
>
> 在流行的经验主义价值理论中，被反对的东西不是它们与愿望和享乐之间的联系，而是它们不能区别种类根本不同的享乐……。价值……可能与喜爱具有内在的联系，但它不是与每一种喜爱都发生这种联系，而仅仅是与那些在检查了喜爱对象所依赖的关系及其相互联系和相互作用之后判断所赞成的喜爱发生这样的联系。

① 从来不存在与**一切目标**无关的科学。这肯定是杜威的观点。

② 例如，杜威的《评价理论》(见《国际统一科学百科全书》，芝加哥，1939)。在那里，评价陈述被当成“在人们的活动中并通过人们的活动所形成的科学一般原理的规则”，并特别将它与工程学相比较。

> 上面的讨论丝毫没有要用理智取代情感的意思。它唯一的和全部的含义在于揭示两者在行为中相结合的必要性。按照通常的说法，在行为中思想和感情要共同发挥作用。①

杜威的著作，并不总是适用于且仅仅适用于一种解释。但我们有把握得出结论说，他对预见的强调——这种强调反复地表现了他对价值判断看法的特征——具有一种重要的限定：人们在努力指导态度的过程中选择和使用预见。

如果这是杜威的意见，那么他的观点仍然是与我们一致的。我们已经看到，第二模式允许道德判断是预见性的；如果道德家们在解决态度分歧的过程中使用判断，那么我们可以预料他们将选出与自己态度关系最密切的预见。不同预见之间是不相当的。我们坚持这一点的程度丝毫不亚于杜威。至于**描述**意义，杜威提供了第二模式所认可的几种不同分析的特殊例子。（这是因为“描述性”并不与“预见性”相对立，而是把它包括在自身之中。）

但是，在目前的分析中，对于通过情感意义保存下来的伦理学术语的准祈使内容，我们能说些什么呢？杜威是否完全忽视了这一点？有时候他似乎承认这方面的内容；或者不如说，非常接近于承认这方面的内容，但他又退回去。这是一个我们必须详细考察的问题。

杜威常说，像“X是善的（好的）”和“X是可欲的”这一类判断，其意思是指，X**将受到**赞赏和**将被**欲求。“将要……”的意思是什么呢？当然它具有人们所熟悉的预见性含义。“明天将要发生日蚀”，其意思是明天将有日蚀。“将要……”还有另外一种意思，其作用就像一个拉丁动形词（Latin gerundive），主要是劝告性的，而不是预见性的。一个人对其助手说：“这个工作要在5点完成并送到我这里来。”这句话从效果上看是一个祈使句。当杜威用“将要……”来表示道德判断的“情感”功能时，这种表达方式似乎总是使它具有一种准祈使的力量。也许正是在这里，他把“可欲的”与“将要被欲求的”等同起来，这听起来似乎是有些道理的。但这种准祈使的力量看起来是被暗暗地利用了，而没有得到明确的提及。尽管杜威说：“道德主

---

① 前面三段引文，出自［美］杜威：《人性与行为》，225、296、301页，纽约，1922；第四段引文出自［美］杜威：《确定性的寻求》，260页、264页，纽约，1929；第五段引文出自［美］杜威：《评价理论》，见《国际统一百科全书》，65页，芝加哥，1939。

要与控制人性有关"①，但他没有公开强调祈使或准祈使陈述在发挥这种控制作用时所具有的效力。"将要……"的劝告性含义消融在不同预见性含义的精致结合之中了。

正是在这里，我们的解释与杜威的观点发生了明显的分歧。他暗中把道德判断的准祈使功能等同于其预见性功能；而在现在的解释中，我们虽然承认两者常常一起出现，但还是坚持两者之间具有区别。如果情感的准祈使的功能**能够**消融于预见性的功能中，那么杜威的这种做法就不会像其他伦理学理论家那样使人发生误解，因为他所挑选的那种预见，其实践的效果大致相似于情感意义。如果我们仅仅使用前文提出的描述意义，那么可以说，杜威并未把情感意义与描述意义完全等同起来。描述意义必须是服从语言规则以保持相对精确的东西，而被杜威承认为道德判断的大部分预见太模糊了，无法进行这样的归类。倒不如说，他把一个词的情感意义等同于该词预先使人**联想**到的东西。换言之，他心照不宣地把一切情感意义都看作半依赖情感意义，而没有把后者从其所依赖的认识性暗示中区分出来。如果一切都可能的话，这种等同似乎是最有道理的。但是，在强调前面的论述的同时，我们简短地检查一下就能表明，对这种等同必须给予批评的理由是存在的。

为了进行类比，我们假定，我们被要求对一个例如"请关门"这样的明显的祈使句进行分析。我们回答说，它与下面这些预见性陈述的巧妙结合是同义的，例如："有穿堂风，关门可以防风"；"如果不关门，我们都会感冒"；"你关门比我容易，因为你就在门边"；如此等等。显然，如果我们看到的仅仅是这种特殊的情境——意识到对不同的情境必须进行完全不同的分析——那么，后面几个陈述指导听者行为的效果，并不亚于公开的祈使句；并且对于许多目的而言，它们可以与这个祈使句在功能上互换。同样明显的是，只有在扩展的复杂含义上，我们才可能把预见性陈述称为对祈使句的"分析"。用我们的术语来说，这种所谓"分析"不如说是可以用来支持祈使句的**理由**表。正是这些理由，通过**其他手段**强化了祈使句的指导效果，而且只有在自身已经足以引导听众，而更直接的劝导要求可能变成令人讨厌的多余时，才可以代替祈使句。杜威的伦理学研究秩序与此大致相似。他保留了很容易被承认为道德判断**理由**的东西，并坚持认为这些理由穷尽了判断的**全部**意义。可以肯定，在一些确

① ［美］杜威：《人性与行为》，1页，纽约，1922。

定的方面，这种类比不够确切。人们常常强烈地反对以一种包含着支持其理由的意义的方式来分析祈使句，但并不总是反对(像关于第二模式的论述所表明的那样)使一个道德判断进行这项工作。我们可以假定，杜威只是在十分含混的意义上才认为，道德判断“包含”着支持理由的“意义”，但由于这种看法过于含糊，所以我们不能将其看作一个定义。但是，它们仍然具有重要的相似之处。杜威在把判断的**全部**意义等同于其支持理由时，是在为典型的劝导和准祈使的意义进行**辩解**，而不仅仅是对它们进行解释。他把伦理术语的情感迫切性过分理智化了，正像目前所考察的这个相似之处，把祈使句的直接心理冲击过分理智化了一样。

前面我们已经发现，有必要对引导态度的两种方式进行简单的区分：一种方式是依靠改变信念来改变态度，另一种不是。两种方式常常一起被使用。但这个事实并未使上述区分失去其重要性，因为即使一种方式凌驾于另一种方式之上，在不同的情况下，其程度也必然会各不相同。杜威对于这种区分注意得太少了。

但是，杜威似乎还有一个可以替代情感意义的东西。因此，看起来他的分析对于一切实际目的还是足够精确的。既然我们**能够**在预见性和准祈使力量之间做出区分，为什么要强调这种区分呢？进行这种微妙的区分难道不是毫无意义的吗？也就是说，为什么伦理学要特别注意情感意义？虽然对此的回答在别的地方已经被提出来了，但为了回答这一特殊问题，我们还是要重述一下。杜威之所以受到批评，只是因为他忽视了对于语言研究来说非常重要的一种区分。在有些领域，例如，文学批评领域，这里所承认的三重区分——即术语的情感意义、描述意义和它所提示的内容(尽管相当模糊)之间的区分——可能是有用的。使一种区分消融于另一种区分之中的任何努力都是不必要的和愚蠢的。只要为了其他目的，我们还必须展开这种区分，那么在伦理学中，避免这种区分的努力并不能使问题变得更为简单。但这并不是什么至关重要的考虑，它属于杜威工作程序所带来的一个更远的间接后果，即对态度分歧强调不足，他**似乎**把所有的态度分歧都消融在信念分歧之中(无论他是否真的打算这样做)。这种情况总是过分强调语言的描述方面的结果，它导致了方法论上的严重混乱。

首先，它没有解释伴随道德争论而出现的情感感染力，即劝导方法所产生的直接的、毫无疑问的热情的作用，和以比理性方法更有力或更巧妙的方法打破冷漠无情状态的能力。即使劝导方法被完全否定(这是一个根本不切实际的观点)，分析者也必须如实地理解它们，而不能把它们与最近类似于它们的理智的东西相混淆。其次，这种做法促使人们把过于伟大的终极意义归于理性方法。杜威明确地说过："评价行为过程是好是坏……就像不受个人情感影响的非价值命题一样，可以在经验上得到证明。"①这是他对预见的强调所导致的当然结论。诚然，它还有一个谨慎的限定："以人性实在为基础建立起来的道德理论，以及对于这种实在与生理状态之间特殊关系的研究……不会使人们的道德生活变成像沿着灯火辉煌的大街漫步一样简单的事情。所有的行动都是对未来和未知领域的探险。"②但是，这种限定仅仅表明，所有的预见都是不确定的。他**似乎**坚持(虽然杜威再一次不愿意对它加以这样的解释)认为，规范伦理学之所以不确定，没有别的原因，唯一的原因就是所有关于未来的**信念**都不是确定的。假若经验证实总是部分和困难的，那么，道德判断接受这种证实的**直接性**并不亚于科学判断。本书的理论不能接受这个结论，我们如果简单地回顾一下前文的分析，就可以清楚地看到这一点。

接受一个关于道德判断的**直接**经验证实，首要困难在于，如果我们把它们的预见方面当成日常生活中"固有"的内容，那么这些预见的内容就显得太模糊了，以致说话者本人也难以断定什么样的观察才能证实它们。用第二模式的形式来**定义**伦理学术语，可以对此加以弥补。但任何把预见内容引入确定的、可检验的描述意义之中的定义，对于普遍存在着态度分歧的重要问题来说，都有可能成为劝导性定义。不同的说者可以坚持不同的定义，并因此可以用他们**情感上**的对立的判断来做出一组似乎**不矛盾**的预见。更具体地讲，A说"X是善的"，这个判断同样可以在经验上得到完全证实；但B说"X是不善的"这个判断同样也可以得到经验证实，正如我们前面所看到的那样。如果我们把伦理学方法论归结为科学方法论，那么，我们能说的只不过是双方都可能是正确的。杜威没有讨论这一问题，而只是暗中假定，背道而驰的预见是不会发生的(如果杜威在强调伦理预见与态度方向相关时，注意到说明**谁的**态度与问题有关，注意举出关于他所想的是何种预见的更清楚的**例子**，那么，这样的假设就很难使他感到满意了)。在我们看来，相反的预见并不相互排斥，

① [美]杜威：《评价理论》，见《国际统一百科全书》，22页，芝加哥，1939。

② [美]杜威：《人性与行为》，11页，纽约，1922。虽然这部著作写在《评价理论》之前17年，但没有理由认为，杜威的观点在这段时期内发生了本质的变化。

这就间接地表明了科学一致（或者任何信念一致）不足以结束道德争论。即使A和B在所有的预见上都一致，并知道这一点，他们在态度上也可能发生分歧；并且，只要A把某些预见与某个具有情感赞赏意义的术语结合起来，而B拒绝这样做，我们就可以用术语来指出两者之间所具有的分歧。这揭示出，**除了**杜威所承认的一般的预见不确定性外，还存在着道德争论的不确定性。一个人只要不能断言一切态度分歧都来自信念分歧，就必须考虑这种新的不确定性。

到此为止，我们已经明白关于情感意义和经验方法确切作用的解释与杜威是不同的。还有另一个已经被顺便提到的区别，这里也必须加以强调，杜威坚持认为，道德判断总是预见性的，而我们的分析只承认这种预见性是各种语言可能性中的一种。对于第一模式来说，道德判断自己并没有预见性，因为任何预见都必须有支持理由。对于第二模式来说，预见也不是受到强调的唯一东西，它无论如何都不会像杜威所要求的那样深奥复杂。本书的分析更愿意根据语言学来进行，它向人们提出一个更有意思的方面供人们思考。

与笔者（指史蒂文森）不同，杜威不愿意把特殊的分析任务孤立起来，而希望通过发挥自己的影响来补充这一分析。他以很好的方式教化道德家们。他哀叹许多道德家的短见、多疑、教条主义和巧言令色，从而实际上宣布这些道德家的方法应该加以改变。这种影响是以他对预见的强调这一中介间接发挥的，因为他不仅坚持认为伦理术语是预见性的，而且还以建议的方式帮助它们做到这一点，从而防止了任何其他用法。杜威没有承认但依然存在的情感意义，其位置却被预见性术语抢占了，于是，一个事物除非其结果受到检验，否则就不能称为“善的”。这样，他的分析在效果上包含了生动的、得到良好辩护的劝导性定义：恳求道德家们更多地使用理性方法。由于他除了划出一个预见性意义的**范围**外，根本没有具体说明任何确切的定义，因此杜威实际上并没有为伦理术语下劝导性定义。但是，正是通过坚持**这样**一个意义范围，他具体说明了一种描述意义，并把伦理术语所具有的情感尊严赋予了这种意义。那些希望不依赖任何预见性而发挥影响的人，必须把自己限制在只应用那些情感上较冷漠的术语上。而我们**应该**使“思想和情感共同发挥作用”。

我们应该记得，祈求全面地使用知识，这对于哲学家来说并非不得体的事情；杜威的祈求不是一种狂想，它得到了作为祈求对象的那种知识的支持。如果说，杜威由于急于赞扬伦理学的科学方面而过分强调了它，那么同样真实的是，传统道德家太容易忽视这一方面了，并因此使他们的伦理学蒙上了内容贫乏的恶名。但是，假如杜威的辩解不是以劝导性定义而是以其他方式为中介，那么，他的伦理学观点就会变得更加清楚一些。让我们来研究一下为什么会如此。

显然存在着很多这样的人，他们的道德判断与预见的关系不大，大都反映着他们原有的态度和从社会承袭而来的态度。杜威希望(这是可以理解的)把这种判断仅仅作为形成最终产品的原材料。他致力于这样的双重任务：既澄清判断又引诱人们用更丰富的知识来支持这些判断。但是，我们必须对这个双重任务的不同组成方面加以区别。恳求使用全部知识并不能包括所有澄清伦理术语的方式，它的要求仅仅与那些极其简单的定义相一致。但杜威不愿让其研究的任何部分脱离(即使是暂时的)这样的要求，因此，结果是他极力主张伦理术语的唯一"真正"意义就是预见性意义。这导致了一个明显的两难境地。如果他承认伦理术语**能够**具有全部意义之中的任何一种(包括最简单的意义)，那么，他就会使科学的重要性黯然无光；如果他拒绝承认这一点，那么，他就会使语言的性质模糊不清。当然，这种两难困境完全是人为的。在分析中我们可以强调意义的全部，随后也可以强调对更广泛的知识的要求。当分析只是为了澄清意义而使用劝导性定义时，这种可能性是不明显的。因为即使在鼓励人们更有理性的时候，劝导性定义也很容易与分析本身所要求的定义相混淆。

谈论劝导性定义不同于使用这种定义，因此，目前的说明能够承认语言的灵活性。虽然这样做对于改造道德家不会有直接结果，但是，这可以使他们感受到更严肃地对待科学的责任，而这肯定不会与上述结果相矛盾，它承担了一个杜威自己经常宣称其重要性的首要任务，即观察和阐明了任何改良都必须产生于其中的境遇。

虽然对杜威的这些批评是不容忽视的，但它们并没有贬损他著作中的中心内容。他强调了道德判断**调整**态度的功能，并因此使伦理学与实际生活建立起了较密切的联系。对此史蒂文森本人是赞同的，并应该表示出深深的感谢。① 这里主要的差别大都是程度上的，即在多大程度上承认伦理学语言的模糊性和情感性，以及在多大程度上承认经验方法在伦理学中具有终极意义。甚至在这些问题上，我们的解释所能做的仍然不是驳斥杜威的广博识见，而是完善和限制它们。

看到这种广泛的相似性后，人们也许奇怪，既然杜威的观点如

① 前文中已经表达了史蒂文森的另一方面的谢意。虽然对于目的和手段问题，史蒂文森的观点与杜威的观点在阐述方式上有区别，但一般的相似性还是很明显的。

此易于让人们联想到伦理学中的准祈使成分，既然他在预见和知识基础上建构态度的努力不能从任何对必然性的人为探求中产生，那么，为什么他会一直忽视情感意义呢？在《评价理论》一书中，有论“作为喊叫的价值表达”①一节，这一节的内容也没有导致他对其早期概念做任何明确的限定。有人说，杜威在他实际忽视了的情感意义中没有发现任何内容，希望以此来解释这种情况。他是一个不容易解释的作家。也许，他对情感意义的表面忽略只是因为他未能把它抽象出来并加以强调。但我们的看法是，杜威把情感意义消融在预见性的建议之中了。或者可以不太矛盾地说：杜威也许同时保留着预见力量和情感力量两者的观念，正像那些术语在这里被理解的一样，但两者总是作为他在更广意义（工具性的）上所说的“预见”的两个方面存在的。史蒂文森倾向于认为后一种解释是可能的。但即使如此，杜威仍然是应该受到批评的。按照他的意思，仍然存在着不同“种类”的预见，因而，我们必须对它们给予比已经给予的研究更为特殊的研究。同样的反对意见将以另一种说法重新出现。

对于杜威观点的一种最有趣的解释方式，是由他最强调的那种规范问题提示出来的。他之所以谈到态度主要是出于研究**冲突**的需要，但他强调的是那些在这里被称为个人决定的东西，而不是人们之间的争论。（本书颠倒了这种强调的次序，但不愿意忽视任何一方面的内容；在一定的意义上可以说，我们的目的只是要弄清对杜威工作应该如何加以纠正和补充。）正如我们已经看到的那样，在个人决定中，情感意义并不明显，而个人的自我劝导肯定存在。但是，它与社会交往中明显的相互劝导不同，不会像后者那样容易引起人们的注意。在个人决定中，什么内容最能引人注意，这是全面说明一个行为后果的重大困难。这对于那些公认的理性主义理论家来说尤其如此，因为这些理论家可能认为，其他人也具有与他们自己进行内省时所发现的同样的精神状态。不仅如此，一个人对于这种后果的预见，对于他来说似乎与他的冲突具有**直接的**关系，因为他的信念对态度的心理效果常常未经意识的详细研究就发生了。这种心理效果使信念与态度的关系变成了一种间接的关系。也许杜威没能完全区分伦理学的劝导方面和预见方面，是因为存在着这些诱人的内省错误根源（虽然很肯定这只是部分原因）。即使在个人决定方面，这种解释也无法缓和我们对他的分析的批评。因为我们已经看到，

① 原译“突然出现的价值表述”。——编者注

与其他情况一样，在个人决定的情况下，情感意义依然重要，理性方法依然是间接的。倒不如说，这种解释表明，如果杜威参照人们之间的相互决定来观察个人决定，那么，他可能早已改变了自己的结论。也许只是由于某种疏忽，杜威偏离了他自己以可敬的方式加以维护的准则：不管在个人场合还是在社会场合，道德术语都必须在其活动中加以研究，必须在它们所具有的全部丰富性和复杂性的活生生的语境中加以研究。

Ⅱ 艾耶尔、罗素、卡尔纳普和其他一些作家

现在我们从杜威转向其他一些当代作家。在过去的一二十年里，分析哲学家逐渐增长了对情感意义的注意。其中几个人还特别强调了它在伦理学中的作用。他们的观点得到了一些人的继承，但受到了更多人的反对。艾耶尔（A. J. Ayer）的分析激起了热烈的讨论。[①]罗素关于伦理分析的最新观点[②]，虽然几乎与艾耶尔相同，但在这些相关方面，却没有引起如此广泛的讨论，这也许是因为旧式道德家们在以前对他进行了攻击之后，已经厌倦了，不愿意再重复原来的话了。卡尔纳普对伦理陈述的祈使功能和表述功能也有几页简短的论述。[③] 布劳德从邓肯-琼斯（A. E. Duncan-Jones）未发表的文稿中

---

① ［英］艾耶尔：《语言、真理与逻辑》，第 6 章，伦敦，1948。在本书作者看来，艾耶尔在他所做的简要说明中尽力进行了既清晰又明确的论述，但都已经受到某些抱有近似于戏剧性热情的人们的指责。马丁·德·阿西（Martin D'Arcy）1936 年在《标准》上发表了《当代哲学》一文，结尾写道："它（艾耶尔的著作）以终极智慧为理由，断送了宗教、伦理学、美学，断送了自我、个人、自由意志、责任和一切有价值的东西。我感谢艾耶尔先生，因为他向我们表明了，在整个世界大难临头的时候，现代哲学仍然能够谈笑风生，卖弄聪明。"

② 参见罗素的《宗教与科学》（第 9 章，1935）。例如，罗素写道："宗教的捍卫者们断言，关于'价值'的问题，也就是说关于善或恶本身，不论其效果怎样，是什么问题，都是在科学的范围之外的问题。我认为，在这一点上他们说的是对的。但我还进一步得出了他们没有得出的结论，即关于'价值'的问题是完全处于知识范围之外的问题。""［伦理学］是使一个集团的集体欲望对个人产生影响的尝试；或者反过来，它是一个人使自己的欲望成为他的集团集体的欲望的一个尝试。……当一个人说'这本身是善的'时……他的意思是说……'要是大家都想要它，那该多好啊！'……［这样一个陈述］未做任何断言，而只是表达了一种愿望。既然它什么也没有断定，因此从逻辑上来说，就不可能有任何支持或者反对它的证据；或者说，它既不会是真理，也不会是谬误。"这一观点在罗素的早期著作《我相信什么》一书中已经被表述过，但不像这么清楚。

③ 参见卡尔纳普的《哲学和逻辑句法》（1935）。在给莱普利（R. Lepley）的信中，卡尔纳普做出了更新的评述。这些论述见莱普利的《价值的可证实性》一文中的引语和讨论。

概括出了一种情感观点。① 更早的解释是由奥格登和理查兹在《意义的意义》一书中做出的；其他一些人在这个或那个具体问题上也对此做出了一些贡献。②

对这些观点所做的批评与其说是理解的不如说是不耐烦的。人们通常假定情感分析代表着一种使“伦理学不可信”的努力，而这种过分的说法甚至被像罗斯(W. D. Ross)这样一些敏锐的批评家所使用。③ 但上面提到的作家肯定没有这种险恶的用心，他们显然已经使所有的超科学的伦理学**题材**威信扫地，并提示说那些维护这一观点的哲学家没有讲出任何可利用的有价值的东西。但是，攻击某些伦理学家是一回事，不信任伦理学是另一回事。把道德判断比为祈使句并不意味着否认祈使句具有重要的作用；说道德判断表达感情并不是说所有的感情都应该被禁止。同样，说道德判断“既不真又不假”，也并不是坚持说(这是很清楚的，正像前文关于“有效性”的相似论述一样)它们是反复无常的，可以无视人们的自我和判断对象的性质和后果。

但是不能不承认，前面提到的某些作家自己把自己摆到了易于受到这种误解的地位。他们急于表明规范问题与科学问题是截然不同的，有时给人们带来这样的印象——也许是因为他们的论述过于简短——即觉得伦理学因此正被踢到一边。在这方面，卡尔纳普特别容易受到指责。他确实说过这样的话：

> 形而上学的非理论特征本身并不是缺陷。一切艺术都具有非理论的特征，然而并没有失去他们对个人和社会生活的极高价值。危险在于形而上学的**欺骗**性，它给人们一种知识的假象，但实际上却没有提供任何知识。这也是我们排斥它的理由。④

---

① “‘善’是一个简单的、非自然的性质的名称吗?”见《亚里士多德学会学报》，1933—1934。

② 特别参见卡尔·布里顿(Karl Britton)的《交流》第9章，还有巴恩斯(W. H. F. Barnes)的《关于价值的建议》(载《分析》，1934年第1期)、海伦·沃德豪斯(Helen Wodehouse)的《语言和道德哲学》(载《心灵》，1938年4月号)、亚伯拉罕·凯普兰(Abrahan Kaplan)的《道德判断是一种断定吗?》(载《哲学评论》，1942年5月号)。如果要研究接近于情感意义所提示的方法论观念(尽管这种研究并没有提及情感意义)，可以参见C. M. 培里(C. M. Perry)的《作为理性道德基础的任意性》(载《国际伦理学杂志》，1933年1月号)。

③ [英]罗斯：《伦理学基础》，38页，牛津，1939。

④ 同上书，31页。

前面，他已经使形而上学包括了一切价值陈述。① 因此，人们很难避免做出这样的推论：与艺术表达形式不同的伦理陈述应该被排斥。然而没有说清楚的是，它们究竟是要仅仅被从纯科学中排斥出去，还是要被从一切领域中排斥出去。如果道德判断仅仅因为它们使某些哲学家失望，就必须使它从所有人类活动中消失，这将是不可思议的。日常生活中出现了成千上万的伦理问题，它们虽然可以与这种或者那种特殊问题混淆在一起，但还不至于混淆到连把它们分类出来的希望都没有的程度。它们可以引起态度分歧；但如果说这与纯科学的分歧不同的话，那么，这个不同只是在于它们没有在任何可能使理性忘乎所以的意义上提出一些“虚假问题”。显然，如果我们实事求是地看待态度分歧，那么，在日常生活过程中，我们每一个人都必须以全神贯注的认真态度参与到这些分歧中去。卡尔纳普并不愿否认这一点；但是，如果他能够清楚地、明确地表达这一点，那么，他就可以避免很多敌意的批评。

然而我们正做的工作从卡尔纳普、艾耶尔和其他人的分析中再现了很多值得辩护的内容，这种内容远远多于应受到批评的内容。我们所要做的只是限制我们的观点——部分是借助于杜威进行的限制——和使他们摆脱表面上的犬儒主义。它希望能够说明，“情感”这个术语本身并不一定具有贬义的情感色彩。它特别强调指出，道德判断除了其情感意义之外，还具有复杂的描述意义。即使在第一模式中，描述意义也没有被排除(尽管本来可以把它排除)出去；而第二种模式则承认描述意义具有相当独立自主的地位。这样一种做法避免了任何关于道德判断意义的教条主义，缓和了道德判断“既不真又不假”这种自相矛盾的争论。后一种说法没有任何意义，只能引起人们的误解。如果指出道德判断**能够**具有真假性，只是它的描述真实性还不足以支持它的情感影响，那么，这种说法就更正确，也更逼真。而且我们可以回忆一下，前文已经指出了“真实”一词的特别广泛的意义，以致我们可以把对它的使用扩展到本质上是**纯粹**情感性的道德判断之上。除了关于这些意义的考虑之外，本书还力求全面地注意伦理学方法，强调情感意义和描述意义两者之间的**相互作用**，改变人们关于道德家必须是非理性的和独断论的这种印象，指出伦理争论能够被科学手段解决及所依赖的一般条件。上述某些

① 转引自[英]罗斯：《伦理学基础》，26页，牛津，1939：“价值论述……在这里和其他地方一样，不具有理论意义。因此，我们认为它们属于形而上学的领域。”

观点已经被前面提到的一些作家提出过，但在伦理学中，由于中性的分析如此之少，而错误的解释却如此流行，因此，用明确的陈述来代替种种建议就显得格外重要。我们还可以补充一点：本书的分析与其他情感理论大为不同的地方在于，它缩小了“作为手段的善”与“作为目的的善”之间区别的重要性(这种做法虽然与杜威做法的方向相同，但却比他走得更远)。

这就是本书作者的观点与目前流行的其他“情感”观点的主要不同点，但是这些区别不应该使我们忽视与它们相似的地方。

Ⅲ 培里论兴趣的包容性

培里认真注意了“兴趣”(态度)问题，他的著作[①]对流行理论发挥了很大影响。我们把他的分析与现在的分析简要地比较一下。基本的区别前面已经说过了[②]，但还有几点要加以强调。

这里不能否认而只能感激地承认培里对兴趣所做的心理研究。但这里必须常常反对那种把道德判断与**关于**兴趣的心理陈述不加限制地予以等同的做法。当语境变得使情感意义不活跃时，这样做是可以的，但它忽视了理论家们已经发现的最令人头痛的伦理意义。培里忽略了态度的一致和分歧，仅仅强调了关于态度的信念的一致和分歧，从而使得规范伦理学变成了自然科学的直接分支，并因此使得伦理学方法论具有一种虚假的必然性。尽管培里对兴趣的“变换”或者变化很敏感，甚至对人们兴趣的活跃表达方式在改变他人兴趣时所具有的效力也十分敏感[③]，但他没有适当地强调在引起这些变化时情感的伦理术语所具有的中心作用。

当培里讨论“比较价值的尺度”[④]时，他的做法中这种使人误解的含义最为明显。他认为，在判断一个对象比另一个对象“更好些”还是“更坏些”时，有**好几种**因素在起作用。但为了简化讨论，我们仅仅考虑他关于“包容性”(inclusiveness)[⑤]的标准，他认为这一因素是“先于其他因素”的[⑥]。“包容性”这一术语的意思，是指对某对象

---

① [美]培里：《一般价值论》，特别是第5章，第18—20章，纽约，1926。

② 特别是在对理查兹的评论中。理查兹的分析在很多方面都与培里相似，但这些评论都是临时性的。这里对培根所做的评论应该理解为对它们所做的含蓄的限制。

③ [美]培里：《一般价值论》，第18、第19章，特别是524页，纽约，1926。

④ 同上书，615—625页和第21章。

⑤ 同上书，617页。

⑥ 同上书，656页。

能够满足的兴趣的**数目**。同样，在一定意义上它又与该对象感兴趣的人数相关。例如，培里做出了下述评论："在其他方面相同的情况下，L 和 M 都厌恶的对象比只有 L 或者 M 单独厌恶的对象要更坏些。"①就其认识方面来说，这个陈述无可指责，因为既然伦理术语具有灵活的多种意义，"较坏的"这一术语就能以一种定义使其为真的方式来加以理解。但显然，这个陈述具有一种规范力量的和支持民主理想的倾向，而这是任何**情感不活跃**的分析陈述都无法具有的。的确，与我们已经研究过的其他办法相比，培里的方法直接发挥出了自己的作用。在含蓄地定义"更坏些"一词时，他并没有把该词的情感意义中立化，而是把它(当然还要有一个"其他方面都相同"的从句)与**大多数**人都厌恶的东西联系起来。因此，如果有人喜爱大多数人所厌恶的东西，他就会受到情感上的阻止。人们会告诉他，他所喜爱的是"较坏的"而不是"较好的"东西。结果，"较坏的"一词就被以支持多数人的方式加上了劝导性定义，它的贬斥意思由于"广泛的"厌恶，而不是由于持不同看法的少数人的厌恶而保存了下来。

与这里所做的概括一样，培里对他的观点做了许多重要扩展和限制，但这些扩展和限制只是使我们的批评复杂化，却不能削弱其基本含义。他提到了一些对价值进行比较的**其他**标准(这些标准不仅包括"强度"，"偏爱"②，而且包括同一个人所具有的各种兴趣的"包容性"方面)③，这些标准使他的民主目标采取了一种扩展的新颖形式。然而情况依然照旧，这些其他标准也被结合到了伦理术语中，具有上面的评论已经说明的地位。"较好的""更有价值的"这样一些肯定性的术语，显然会引起与"较坏的"这一术语性质上同样的考虑，只不过具有相反的情感意义方向罢了。因此，培里在他这一部分著作中所做的全部规范性结论——他的价值比较**标准**——是人们接受其劝导性定义的条件。

读者绝不要误解这些话。我们承认，**如果**培里关于"较好"和"较坏"所做的劝导性定义被接受，他就提供了一个比较价值的标准，这个标准比其他标准更加具有理解上的便利性，而且可应用于具体场合，虽然不是以任何简单或非常严格的方式都能应用这

---

① [英]培里：《一般价值论》，621 页，纽约，1926。

② 同上书，616 页。

③ 同上书，617 页。

一标准。① 但至少用一种大体上可行的方式是可以的。还必须看到，他的定义不是任意的，由于进行了对伴随它们的兴趣的研究，这种定义得到了理性的诸多支持。可能出现这种情况，即许多人既由于他的说明，也由于那些能够补充这些说明的其他理由，而欣然接受他的定义。因此，他的著作有益于把重要的道德规范类型表述得清楚有力。然而问题在于，这样说也就等于承认培里是一个**道德家**，而这与上面对他作为一个**分析家**所进行的批评是无法吻合的。

本文得道于培里的著作。例如，强化的概念相似于(尽管只是从个人而不是从人际关系的观点来看)培里的包容性概念。但是请注意，本文只是把它当成一个心理学事实，用它来解释人们如何被引导着决定他们把什么内容称为“善”的。描述人们如何做出道德决定，这种描述本身并不是在做道德决定。但是，当培里说在其他条件相同的情况下，一个人对某物的态度得到进一步的加强，某物就变得更善时，他是在做出自己的道德判断。他当然完全有权这样做，但是他在这样做时已经不再是进行分析而是成了一个道德家。正如这里所看到的那样，道德一致(在人际关系里)的增加会导致兴趣包容性的增加。但是说出这一点仅仅是为了澄清道德一致的性质，它并不评价任何东西，也不强迫那些与多数人意见不一的人们不这样做。培里认为，只有当包容性兴趣的对象被判断为(在其他条件相同的情况下)比其他对象更善时，才做出了一个评价。

在培里的整部著作中，伦理学的心理方面及其分析方面与规范内容混淆在一起，这种混淆既曲解了分析，又妨碍了它较好地维护评价。但是，把混淆在一起的成分区分开来并且重新组合起来，常常是可能的。这样做之后，培里的著作就能够提供许多建议，这些建议不管对于分析家来说还是对于实践道德学家来说，都是饶有兴趣的。

Ⅳ 摩尔和不可定义性

现在我们来简要地考察一下摩尔的著作。虽然我们前面已经提到过他的理论，但这些理论如果从第二模式的观点来看就会具有新

① 对于培里三个标准的可通约性，培里自己已经注意到了一些严重的困难。很清楚，任何测量强度和相关性的努力都会引起常见的关于度量的困难。特别在“包容性”问题上，还存在着确定什么样的内容才能称为“一个”兴趣的进一步的困难。

的意义。

摩尔伦理学的中心论点可以用一句话来表述："关于善的所有命题都是综合的。"①换言之，在"N"代表一个自然术语，而"善"以一种典型的伦理含义被使用的时候，以"N"是"善"的这一形式出现的**任何**伦理判断都绝不会是分析性的。由此可以得出一个直接结论：在任何典型的伦理含义上，"善"这个词都不能用自然主义术语来**定义**。相反，人们只要把"N"换成一个定义，同时使"善"保持上面所说的典型意义，那么，一个分析判断就能产生。（为了眼下的目的，可以把"自然主义的"看成"科学的"同义词。无疑，在摩尔看来这个词具有更广泛的意义，但这一点对于当前的批评来说并不重要。）

显然，本书并**不**认为"N 是善的"这一命题必然是综合命题。前面提到过的各种含义都有一种**描述**意义，这种意义是完全可以用自然主义术语来定义的。如果一个陈述命题是分析的还是综合的完全依赖于其描述意义，那么，它们的每一种含义都可以是相应的分析判断。在这一点上，本书与摩尔的观点完全对立。但同时，对立却没有那么严重。尽管目前的说明允许"N 是善的"是一个分析判断，但并没有因此宣布它是无关紧要的，也没有坚持说它不会激起对立。一个伦理谓语（正如我们不断看到的那样）不仅仅是在重复主语，而且，还要给主语加上一种情感意义。摩尔把这种情感意义理智化为某种不可定义的**性质**，但他至少承认了一种附加的因素，而这种因素是伦理学的纯科学分析通常习惯于忽视的。当他蔑视分析的伦理判断，谴责那些把所谓"来自善的自身意义"的准则强加给人的时候，他是完全正确的。以"N 是善的"这种形式出现的任何伦理判断都不能被推崇为不可辩驳的准则，因为人们总是可以用某种能够**使其**具有分析性质的劝导性定义来从态度上反对它。摩尔肯定对这样的情况非常敏感，虽然其方式可能是间接的、不完备的。如果他对语言的认识方面所抱有的成见歪曲了他的概念，并使他不懂得意义和方法的关键所在，那么，他的错误也不会比那些坚持认为规范伦理学是心理学或者生理学分支的人更严重，而且这种错误也许还会更有启发性。

现在那些强调伦理学情感意义的人（包括本书作者），几乎都曾

① ［英］摩尔：《伦理学原理》，7 页，剑桥，1903。

受过摩尔的极大影响。很难使人相信这是一件偶然的事。[1] 摩尔与我们在观点上的相似性，虽然具有许多区别，但其近似程度之大依然令人吃惊，这种近似可以从下面的观察看得很清楚：凡是摩尔指责为“自然主义谬论”的地方，本书作者都可以指出那是一个劝导性定义，这个定义具有很多第二分析模式所承认的可能意思。

V 休谟

在结束本文的时候，从当代作家转到以前，考察一下大卫·休谟(David Hume)的伦理学理论是令人感兴趣的。休谟非常清楚地提出过我们这里所关心的问题，并最接近于得出本书作者能够接受的结论。

休谟这样概括他对伦理学的意义和方法的观点：

> 我们所接受的假设是明白的。它坚持情感决定道德，并把德行定义为：**所有能够使旁观者产生令人愉快的赞许感觉的精神行为或品质**。而恶则相反，我们继而来检查一个明白的事实问题：什么样的行为具有这种影响呢？我们考虑一下与此相反的所有环境，努力抽象出关于这些情感的一般观察。如果你把这叫形而上学，发现这里的一切东西都是深奥难解的，那么，你只能做出一个结论，即人的心性并不适宜于道德科学。[2]

这些简短的议论只借助休谟著作中的部分内容才能加以限定和解释。“赞许”这个术语不是指**所有**可赞赏的态度，而仅仅指“仁慈”的态度。这是因为：“所有包含在**自爱**这一名称中的粗俗激情，在这里都要被排除在我们的理论之外……这不是因为它们太软弱，而是

① 在摩尔最近出版的大多数伦理学著述中，他本人已经半倾向于接受情感观点。注意到这一点是饶有兴味的。他写道，当人们在伦理学问题上发生分歧时，“我有时会倾向于认为……(他们)并不是在做出互不相容的判断，而仅仅存在着某种态度上的分歧……但我不知道我是更倾向于这样认为呢，还是更倾向于认为它们**正在做出**一些互不相容的判断？”见 P. A. 施里普编的《G. E. 摩尔的哲学》(1942)。本文作者希望自己的说明——特别是关于第二分析模式的说明——将有助于驱散摩尔仍然残存的怀疑。我们已经看到，对于一个对立的伦理判断来说，做出不相容的断言和表达态度的分歧都是可能采用的方式。为了解释如何会出现这种情况，并不一定非要一种不可定义的性质不可。

② [英]休谟：《道德原则研究》，289 页，伦敦，1751。

因为它们没有达到特定目标的合适方向。”①“旁观者”这一术语并不总是休谟所强调的，在这里它大概代替了更一般的术语“人”(虽然这只是一种推测)，其目的是促使人们注意，一个旁观者要比某个较直接地涉及某种道德争论的人能更好地区分自己的“赞许”和“自爱”情感。休谟在谈到一个旁观者时似乎意思是指一切旁观者。如果不同的旁观者以相反的方式获得同样的“赞许”经验，那么，这当然是自相矛盾的；但这样的可能性由于休谟后面所做的清楚假设而被排除了：“道德一词所指的是某种全人类共有的情感，这种情感能够使同一对象获得普遍的满意感觉，并使每一个人或大多数人对它形成一致的意见或决定。”②但是，休谟的意思不可能是只要有些人不了解“事实真相”，那么，所有人或“大多数人”就会具有一种同样的赞许，因为“为了给这种情感的产生铺平道路，并准确地识别出它的对象，我们发现下面这些内容是常常需要的：进行许多推理，做出妥善的区分，得出公正的结论，形成长远的比较，检查复杂的关系，确定并发现普遍的事实”③。因此，我们必须假设，只有实际得到的“赞许”才与问题有关。按照这样的议论，我们可以用下面的方式重新表达休谟的定义：

> “X”是一种德行，其意思是说，X是一种只要有了关于它的全面清楚的真实知识，任何人都会赞许的对象。

只要保证上述判断具有这样的意义，休谟关于伦理学方法论的未加限制的经验主义观念就会因此而出现。④

我们可以看出，休谟的根本假设(见多识广的人对同一对象会有赞许的感觉)与我们在这里所提到的假设相似，一切态度分歧的根源

---

① [英]休谟：《道德原则研究》，271页，伦敦，1751。

② 同上书，272页。

③ 同上书，173页。

④ 在这种高度凝缩的概括中，当然几乎不可能尽力考察其他可能的解释。休谟在《人性论》中写道：“当你说一种行为或品格为恶的时候，你的意思不是别的，而是说，当你考虑它时，在你的人性素质之中，有一种责备的感情或情绪。”这个定义读起来比我们后来从《道德原则研究》中抽引出来的定义更为“主观”。在《人性论》的其他地方，休谟似乎非常接近于承认道德判断的准祈使效果，尽管他由于感到自己所批评的人仅仅是先验的道德家而转变了看法：“道德引发激情，产生或阻止行动”；“如果道德对于人类激情和行为没有那种自然影响，那么，花费如此大的工夫来用道德谆谆教诲人们就是劳而无功的。那么，各种道德家所提出的众多规则和戒律就比任何其他东西都更加无用”。文中所做的解释与休谟著作的整体思想大都是和谐一致的。关于休谟的功利主义，这里不加评论，因为它属于规范性内容，而不是分析性内容。

在于信念分歧。但我们的解释以一种不同的方式来讨论这一假设。休谟完全可以接受它，而我们已经看到它是可疑的。休谟含蓄地使它包含在道德判断的意义之中，而我们已经看到在与方法论的联系中提到它会更合适。休谟的假设一旦失效，他的伦理学会变成怎样呢？如果这里使用他定义道德术语的方法，那么，很大一部分道德判断就会被当成虚假的。的确，一旦上述假设遭到严重失败，如果不存在每一个或者大多数见多识广的人都感到同样赞许的东西，如果人们在这方面的气质不同，那么，就不再会有什么道德的东西和邪恶的东西了。仅仅依靠一个被证实的很不充分的假设，我们肯定难以避免这样的结果。人们即使认识到特定的假设不怎么可靠，仍会做出道德判断。与其强迫人们说一些荒诞无稽的谎言，不如承认（而休谟不承认）存在着一些使他们做出的判断不那么愚蠢的意义。在我们现在的说明中，两个分析模式都能提供这样的意义。休谟的假设仍然应该受到认真的考虑，因为凡是失败的地方，伦理争执都无法获得**科学的**解决。但是，不能仅仅因为问题是科学无法解决的就取消伦理争执。应该承认它们是令人苦恼的，但又是真实可能的。

显然，与其他许多人一样，休谟强调的不是态度分歧而是信念分歧。规范伦理学要处理“平凡”的事实问题，讨论什么东西才是使见多识广的人赞许的对象。只要承认休谟的假设，就会带来十分荒诞的结果，因为这个假设担保态度分歧（不如说是“赞许”上的分歧①）在人们具有真实信念的情况下会消失。然而如果我们对这一假设做一些修正，那么，我们就必须对态度分歧给予特别的注意。即使上述假设得到承认，休谟仍然不能完全免受批评。由于忽视态度分歧，他把出现在尚未得到真实信息的人们之间的争论过分简单化和理性化了，而没有为劝导方法留下位置。

正如我们在本文中反复看到的那样，那些把规范伦理学当作自然科学的人之所以似乎取得了成功，是因为他们一开始就提出了一个劝导性定义。这个一般性的规则对于休谟就像对于其他作者一样适用，尽管这个规则在休谟这里由于上面讨论的假设而变得更为复杂了。休谟为道德术语下定义的方法使这样一个陈述成了分析命题，即“当且仅当绝大多数人对某物具有全面而又清楚的知识且仍然感觉赞

① 休谟没有假设全面的知识可以消除一切态度上的分歧，而只是认为它可以消除赞许上的对立。自爱可能取得压倒赞许的地位，并引导人们深思熟虑之后仍然选择那种并非赞许的对象。当问到能否阻止一个人这样做时，休谟评论说：“我必须承认……发现一种能够使他满意和信服的推理是有些困难的。”但休谟认为这样的情况极为少见。

许时，此物是善的”。正如伦理学中许多其他分析陈述一样，这个陈述具有一种情感力量。它从“善”（同样也可以说是“德行”等）中排除人们可能用来反对大多数了解真情的人的态度的含义，因而是劝导性的。除非休谟只是简单地指出一种语言的可能性，而不是对与问题相关的意思进行说明，否则，他的定义在更深的意义上就是劝导性的，因为他不是为自私而是为“赞许”这么一种**同情**的态度保留了伦理术语上的情感意义。像通常一样，在这里我们一定不能因为同情他的劝导而不去承认它是一种劝导。

然而，大体上说，休谟很少为了规劝而歪曲分析，他的劝导似乎不是故意的，不是产生于寻找原因而做的错误尝试，而产生于打破伦理蒙昧主义的急切心情，是想“把推理的经验方法引入道德主题中去”。就此而言，我们无论对其著作中的细节问题如何不赞同，仍然应该尊敬其著作中体现出来的这种精神。

内在价值与外在价值[①]

Ⅰ 问题：目的确实能够独立于手段之外吗

在前文里，我们是通过分析常识的例子展开论述的，有些人也许认为这种例子是纯粹诡辩的，不能说明任何问题，我们没有做出努力以挑选出关于**内在**价值的判断，甚至在很大程度上忽视了内在价值与外在价值的区别。现在我们必须研究这个问题，并特别注意它对方法论的影响。

就与此相关的意思来说，"内在善"的意义大致是说："善因自身而善，是目的善而不是作为达到其他东西的手段的善。"既然一个对象显然可以因为自身，而不是因为作为达到其他东西的手段而**被赞成**，那么"内在善"的这种意思就不会要求我们偏离分析的第一模式或以任何方式忽视态度。正如我们逐渐看到的那样，这种意思也不会使我们产生这样的想法，即信念在伦理学中是可有可

① 选自《伦理学与语言》(中国社会科学出版社，1991)，第8章第1、2、5、6、7、8节，徐华译。——编者注

无的。这里和其他地方一样，信念与态度的**关系**是最重要的中心问题。

有些哲学家把关于内在价值的判断看得具有无可比拟的重要性(他们所说的“内在”即使不总是像这里的用法那样精确，至少也与之大致相同)。他们在自己著作的开头，就对内在价值和外在价值(“终极目的”和“手段”)做出了区分，并从那里开始，一直强调前者。他们为什么自认为有根据进行这种强调呢？答案大概主要是这样的：

实际上，他们认为规范伦理学可以有一种分工。哲学的道德家可以仅仅注意内在价值，因为哲学的“思辨”方法适合于解决这些问题。关于外在价值的问题，由于是那些间接获得善性的事情的问题，可以放心地留给其他人来处理。如政治家、社会学家、心理学家等，这些人从哲学家那里接受了什么东西具有内在价值的观点之后，就可以设计出因果关系的复杂模式，关于外在价值的所有决定都是根据这种关系做出的。

然而，这种分工并不是所有人都认可的，也不具有统一的形式。杜威郑重宣称这是不可能的。① 柯恩(Morris Cohen)则坚持认为，伦理学之所以能“阐明关于目的的选择”，只是因为它“给我们指出了必要的手段”②。的确，还有其他许多可以引证的例外。然而，应该承认，关于内在价值或者“终极目的”的偏见——这种偏见假定不考虑手段就可发现内在价值或终极目的——在流行的伦理学学术著作中也是常见的。这种情况在整个伦理学史中没有很大改变。即使那些早期的作家，由于挚爱普通的智慧，即便不承认被人们视为互不相关的道德家与科学家之间的这种分工，通常也承认要将道德与事实问题分离开来，从而对内在价值问题进行独立研究是可能的。在找到达到终极目的的手段之前，人们可以假设性地对它们做出决定。哲学家对**至善**(summum bonum)的强调可以证实这一点。无论这个术语的意义是什么(像其他伦理学术语一样，“至善”是很难下定义的)，它几乎总是被用来指谓内在价值。它的价值就在其“自身”而不在它是达到其他东西的手段。

如果这样一个伦理学概念是可行的——为了方便起见，下面可以把它称为“专家的”概念——那么，使伦理学方法论系统化的任务将会大大简化，而我们所进行的许多观察就是多余的，它们即使对

---

① 例如，杜威的《人性与行为》(纽约，1922)，特别是引言和第1部分第2节。本文的内容受到杜威的很大影响，这一点自始至终都是明显的。

② 参见柯恩的《理性和自然》(1939)。

于我们在日常生活中碰到的道德争论来说也是不必要的冗赘，因为这种争论明显超出了内在价值的考察，进入了对手段考虑的范围。既然这一点对于理解这一章的重要性和相关性具有根本的意义，我们必须对它做更细致的考察。

在下述论证中：

> M 类的对象具有内在的善，N 类的对象具有内在的恶，X 导致了 M 类对于 N 类的优越性。
>
> 因此，X 总的看起来是善的。

假定这里所用的定义都是合适的，那么，我们就可以说，这里是根据形式逻辑从前提推出了结论，而且对结论的进一步支持仅仅要求对前提加以支持。可以假设，对小前提的支持依赖于众所周知的科学方法。那么，只有对第一个前提的支持才需要伦理学的特有方法。

根据专家的伦理学概念，对于**任何**道德结论的支持，只要结论本身不是关于内在价值的，都可以被归结为与上述论证相似的形式。人们总是把纯粹的科学前提分离出来，使某个给定的 X 与 M 或 N 相联系，又总是把关于 M 或 N 的**内在**价值的纯粹伦理学前提分离出来。一个哲学的道德家，如果把自己的任务限定在为后一种广泛的基本前提进行辩护，那么他就完全可以不去考虑 M 和 N 的原因。因为根据专家的概念，这些原因与内在价值无关，只与小前提有关，因此可以与关于既定的 X 的价值的日常判断的论证推理一起，留给其他人去探讨。

这个观点对于前面我们提到的方法论问题具有重要的内涵关系：关于伦理学争论的所有**特殊性**，都可以只联系**内在**价值判断来加以研究，其他东西则属于逻辑学和科学方法研究的范畴。特别是，根据前文的分析，其理由与道德判断在**心理上**相关的推理，可以被看作论证性推理，在这个推理中，关于内在价值的大前提是心照不宣的。因此，内在价值的判断如果没有暗中预设某种关于 Y（或某种 Y 导致的东西）的推理，即像“X 导致 Y；所以 X 是善的”这样的推理，那么它就是不完整的。而且，方法论如果不能使暗含的预设明显化，就与这种推理没有任何关系。人们最终都会面对关于内在价值的判断，即使这些判断会提出特殊的问题，这个问题也与围绕着它的那些逻辑学和科学问题全然不同。

但是，我们不能允许专家的这一观点，以及为了方便而简化的方法概念就这样不受诘问地通过。尽管开始时它的错误似乎是轻微的，但当哲学道德家利用这些错误来为自己在科学上的无知辩解时，它们就特别容易造成误解。直接的考察肯定很容易让人们联想到科学上的无知必会受到惩罚。一个对手段一无所知就去推荐具有内在价值目的的人，也许正在推荐一个无法达到的因而不切实际的目的。然而，对此人们常常很容易这样回答：一个即使无法达到的目的，也可以作为一个可以**接近的**目标，并在这个范围内是可行的。如果我们要批评专家的概念，我们就必须根据其他理由对此进行争辩，而事实上分析的第一模式本身就提供了这样的理由。因此我们必须以某种可以使其内涵更加明显的方式展开它的中心概念，包括重新强调态度上的一致和分歧。在这样做时，我们可能会偶尔离开主题，顺便谈谈如何使道德家的方式道德化的问题。但从整体上看，现在这里将继续研究伦理学方法赖以发挥作用的“机制”(mechanics)。

简言之，我们现在的问题是判定第一模式是否能够认可对内在价值的强调，是否能够承认在推荐目的的人们和研究手段的人们之间存在着一种可行的分工。

Ⅱ 基本概念；流行的假定

让我们首先为“内在的”和“外在的”提出清楚可行的定义。既然这些术语只有与态度相关才有意义，那么我们可以在下面的语境中说明它们：

> “我们内在地赞成 X”，其意义是：“当我们赞成 X 的时候，我并不考虑它的所有后果(这些后果将对我的态度的其他对象产生影响)。”
>
> “我外在地赞成 X”，其意义是：“X 的结果大部分受到我的赞成；当我赞成 X 的时候，我仅仅考虑其后果。”

我们完全可以用“不赞成”这个术语，或任何其他标志态度的术语来代替“赞成”。因此上述定义在这个意义上是普遍的。

按照分析的第一模式，我们现在可以说：“X 是内在善的”，这个短语断言说话者内在地赞成 X，并且采用具有情感意义的行动来促使听者或听众也能像他一样。对于“外在善”“内在善”“外在恶”等，也可以这样来分析，只不过需要在细节上做出相应的必要修正。有两点值得注意：(1)这个宣布 X 是外在善或外在恶的判断，在感情上仍然是积极主动的，它参照全部后果来评价 X，而不仅仅指出它导致了某种可以说明但不加评价的 Y①；(2)内在善这个术语被假定用于影响后者，但其具有内在的赞成态度(像说者一样)，而不具有其他任何一种赞成态度。与日常生活中判断所具有的粗泛影响相比，这个假定显然是十分精确的。但即使如此，它仍然很容易让人联想到，如果双方不是都内在地赞成某事，就不能在关于它内在价值的问题上形成一致态度。这个道理对于那些包含着“内在”或“外在”说法的道德判断，也同样适用。

这些定义并不排斥这样的可能性，即某些东西的善既可以是内在的又可以是外在的。如果一个说话者在没有注意到 X 的后果时赞成 X，那么，当注意到 X 的全部后果时他也可以赞成 X，而且，他对 X 的一般性赞成还会因此显得更加强烈。说 X 既是内在的善又是外在的善(按照第一模式)，只不过是证实了这种双重的赞成，并把 X 推荐给听者。同时，一个说话者也可以坚持宣传 X 具有内在的善和外在的恶，或者相反。而且一个承认具有内在的善的人，也可能坚持说 X 在整体上是恶的。这是因为，他在对 X 采取赞许态度时没有考虑到 X 的后果，而当他考虑到其后果时，对 X 的不赞成倾向就可能压倒对 X 的赞成倾向。也就是说，他可能发现 X 排斥了太多的他内在地赞成的东西，或者 X 维护了太多的他内在反对的东西。这些术语间的逻辑关系随着我们的论述将越来越清楚。

把“内在”和“外在”两个术语，与“作为目的”和“作为手段”两个术语加以交换，这是方便的。只要谈论到善，后者就可以成为习惯用语。但是，在包含着“恶”的语境中，情况并非如此。因为“作为手段的恶”这种说法，只能让人想到“无效的手段”，后者与“外在的恶”绝不是同义语，而且，“作为目的的恶”意味着“将其看作目的对其他人来说是恶的”，这与“内在的恶”也不是同义语。尤其重要的是，“目的”在作为“内在赞成的对象”的缩略语时，应该与另一种这里没有使用的用法区别开来，在这种用法中，“目的”指称一个广泛的最根本的目标，是人们自觉注意的主要对象。这样一个根本的目标可以是一个目前所说意义上的目的，但它不一定是目的，它也可能被评价为一个为达到许多其他目的的手段。例如，一个立法者的最根本目标是加强政府的民主体制，但他对此的赞成态度却可以是外在的，是由该体制加于它所服务的人民的效果所引起的。

① 指把“内在善”与“手段善”的纯粹描述用法区分开来，后者与“有效手段”是同义的。

现在我们回到前面所陈述的问题上，并把它分成几个便于处理的部分。

专家关于伦理学方法的概念，其合理性(plausibility)主要取决于某些假设，这些假设如果不加以认真的研究，看起来似乎是完全正确的。这些假设可以用下面的方式加以陈述，即对内在价值的一致赞同，

(1)是任何其他类型道德一致的前提，而且

(2)它自身不以任何其他类型的道德一致为前提。

“以……为前提”这个术语在这里具有特定的含义，一种赞同T，当且仅当另一种赞同U是达到T的一个必要**步骤**时，我们才说T是以U为前提的。而“为……的前提”则标示着相反的关系。

我们可以很容易地看到这些假设对专家的伦理学概念会产生什么样的影响。如果根据假设(1)，内在价值问题上的一致是每个其他类型的道德一致的前提，即如果对X价值的一致看法总是包含着对X本身或某种公认为X后果的Y是目的善的一致看法，那么，关于目的的一致对于**任何**双方都接受的判断来说就是必不可少的，并且可以使道德家仅仅面对他们自己的特殊问题。同时，如果根据假设(2)，内在价值上的一致不以任何其他类型的道德一致为前提，即如果在Y是目的善问题上的一致既不包含对保证其实现的手段的评价，又不包含对Y本身可能具有的后果的评价，那么它就是可行的，并的确是极其方便的，因为哲学的道德家仅仅关注目的，而把其他的伦理学问题留给致力于研究目的来源的科学家们去处理。同时，假如(1)和(2)不能包含上述意思，那么，对目的加以特别注意就不会引起人们的多大兴趣，或者说其本身就是不可能的。

我们可以大致地但有意义地假定(这种假定虽然粗略但却能说明问题)：对于专家概念的批评所需要的，就是对上述假设的批评。

Ⅲ　手段在方法论中的必要性

现在我们继续讨论中心问题：哲学道德家能否把手段问题留给别人研究，而自己仅限于对目的的判断？我们已经看到，这种说法主要依赖于两个假设能否成立，即关于内在价值的一致——

(1)是任何其他道德一致的前提，而且

(2)它本身不以任何其他道德一致为前提

在第三节讨论了第一个假设，发现它是假的。但那里我们结论的展开仅仅是为了说明四种基本的类型①，对于它们与任何结合类型的联系显然没有给予深入的讨论，不管这种结合类型是混合的还是复合的。我们现在转而研究第二个假设。

乍看起来，假设(2)似乎是无可争辩的。无论在任何时候，只要双方在内在价值问题上达成一致(第一种类型)，关于手段的问题就似乎与争议的问题完全无关。人们可以用关于手段的判断去**强化**内在的态度。但是，除复合的一致外，强化就不能形成其他一致吗？换句话说，除第一类型外还会不会出现**其他**类型呢？如果是这样，那么只能表明人们能够超出第一类型，而不能表明第一种类型一致的获得是其他类型一致获得的前提。假设(2)是怎样对付这一批评的呢？

仅就假设(2)指出了一种逻辑可能性而言，它的确是无可辩驳的。人们可以**想象**这样一个世界，在这个世界中，根本不用考虑手段就可以达到目的的一致。但是，并非所有可想象的情况都是现实的。如果假设(2)是有益的，它就必须不仅指出一种逻辑可能性，而且必须指出一种现实可能性，否则，它就与我们所关心的问题毫无关系。因为它不能表明伦理学的专家概念是**可行的**。为了避免这种情况，我们必须把它解释为这样一种主张，即一个致力于促成在目的问题上一致的人，事实上并不一定要涉及手段问题。如果这样理解，假设(2)就是站不住脚的。不管我们对他的最初印象如何，最终都将得出与此完全无关的结论。

为了理解这一点，让我们一开始就注意：内在态度不是每一个人的本性中不可改变的内容，不是由人们的遗传因子所预定的(附带说一下，如果它们是这样的，那么，道德家的任何改变它们的努力都是要落空的，他那仅限于判断内在价值的使命立即就会受到怀疑)。我们不否认人们可以因其遗传而形成某种态度，但必须承认它们的实际发展依赖于许多环境因素，如社会的、地理的因素等。②

---

① 关于赞成态度一致的四种基本类型：(1)A和B一致赞成X的内在价值，可形成对X的一致赞成；(2)A和B一致赞同Y的内在价值，而且相信X导致Y，则一致赞成X对于Y的外在价值，可形成对X的一致赞成；(3)A赞成X的内在价值，B赞成X的外在价值，可形成对X的一致赞成；(4)A、B各自赞成X对于不同目的的外在价值，可形成对X的一致赞成。——编者注

② [美]杜威：《人性与行为》，第2部分，纽约，1922。

这个一般的观点很少引起什么疑问，因此，我们可以进而论述现在正在评论的核心论点。

在决定内在态度的各种因素中，我们必须承认习惯的作用，即完全“习惯于”某事。赞成的习惯一旦形成，就会固定下来，而且比造成这种习惯的环境更持久。所以，当人们不论出于什么原因而习惯于追求某种东西时，他就会越来越倾向于把这些东西本身当作目的。外在的赞成逐渐地被内在的赞成所**强化**，并成为人性中普遍适应性的一部分。简言之，最初被作为手段而喜欢的东西，会逐渐成为被作为目的而喜欢的东西。

根据这一点很容易推出，人们开始只是一致同意仅仅作为手段而具有价值的东西，后来会被一致同意具有目的价值。例如，最初只是一种第四类型的一致，可能后来就慢慢成了也包含第二类型的复合一致，即一致双方的外在赞成，由于习惯的作用，受到了内在赞成的强化。在某些情况下，不可能有其他产生第一类型一致的途径。因此，我们可以得出结论说：确立能被共同接受的(甚至是达到不同目的的)手段，在这方面所做的任何努力，都能成为确立被共同接受的目的的一个必要(当然这是实际上而不是逻辑上的)步骤。

这与假设(2)是完全矛盾的，因此必须对这个假定进行批驳。[①]我们的结论表明，内在价值判断有助于实现第一类型的一致，**最初**可以通过达到其他类型的一致来获得。而一个忽视其他类型的道德家，如果由于希望坚持基本原则，以致有意无意地放弃这个重要的做法，那么，他即使在追求自己所选定的任务时，也可能冒劳而无功的危险。

这里只在于假设(2)在有关的范围内对专家概念进行批评。这种简洁的陈述形式是极其简单的。但是，以更具体的辩护方式对其进行评论，并且说明它应用于伦理学所产生的所有影响，则完全是另一回事。我们现在必须转而研究这些问题，在下面两节中按顺序给予分别论述。

Ⅳ 手段发展为目的

我们对假设(2)的否定依赖于一个关键的心理学前提，即开始只是作为手段而被喜爱的东西，由于心理原因后来可以发展成为作为

① 必须记住，“以……为前提”这个术语在用于陈述假设(2)的形式时，其含义是半技术性的。

目的而被喜爱的东西。因此现在的问题就变成了一个怎样为这个前提提供经验证据，根据常识引出有用的观察结论的问题。

这个前提不容易被否定。它是如此符合日常生活，以至于人们即使没有认识到它的全部重要性，也能够承认它是真理。例如，密尔引用一个众所周知的例子为它进行辩护。他极力主张，在很多情况下，欲望的对象——

> 开始时是一个手段；并且……如果它不是达到其他事物的手段，那么它就是并且总是无关紧要的；但是……通过与它作为手段要达到的东西相联系，它就成了因其自身而被欲望的东西，并且，这种欲望常常达到极其强烈的程度。例如，对于热爱金钱我们能够说什么呢？在最初，金钱就像一堆堆发光的小石子一样，并不值得欲望。金钱的价值完全在于它能够购买的东西的价值。这时人们所欲望的是其他东西而不是金钱本身，金钱不过是使人满足的一种手段。但是，对于金钱的热爱现在不仅是人类生活中最强大的动力，而且在许多情况下，人们只是欲望着金钱本身。占有它的欲望常常比使用它的欲望更强烈。而且，当所有指向它之外目的的欲望，可以因其达到了目的而消失时，对金钱的欲望却会不断地增长。①

如果密尔妄想把这一段论述与他的其他观点调和起来，继续进行这种“诡辩”的话，那么他做出的巨大努力就表明，在他看来上述论断是无可置疑的。

很容易举出类似的常识性例子。父母在鼓励他们的孩子要诚实和体谅人时，常常指出这些品质能够导致社会的赞赏和今后生活的成功。开始时，他们把这些品质作为达成利己主义目的的手段来加以推荐，但随着习惯的养成，最终将会使这些品质本身成为有价值的东西，并在人们明明知道连间接报酬也没有的情况下仍然至少在某种程度上受到珍视。多少与此相似的是，一个音乐家开始只是把技艺作为表达艺术内容的手段，但后来却部分地因为它自身而评价这种技巧了；如果不是这样，他就不可能为了达到艺术家的目标而发展起足够的技艺。（因此，像许多其他事物一样，如果技巧作为一种手段得到适当的培养，那么它必然会部分地成为目的。大自然具有仁慈的品性，使这成为可能。它并非在一切情形下，而仅仅在手

① ［英］密尔：《功利主义》，第4章第6段，载《弗雷塞杂志》，1861—1863。

段几乎完全成了目的并使人们忽视了其他目的时，才会变得苛刻、严厉起来。）同样，一个开始仅把教学当作研究工作附属品的教授，可能逐渐因为教学本身的原因而喜爱它。一个开始时仅因为职业的要求而为其委托人辩护的律师，后来可能发现追求辩护的技巧自身成了目的，如此等等。

诚然，这些例子不能获得与得到很好控制的实验技术相媲美的概率，它们牵连着很多不能保持恒常性的无关因素。但它们始终一贯地揭示出了对于我们来说关键的心理学前提。用乔治·桑塔亚那(G. Santayana)的话来说："表现原理具有这样一种倾向，即成为独立的量并获得内在价值的倾向。"如果说这种倾向有时是"有害的"，这导致了"对于偶像的盲目崇拜"，那么它也可以创造出"人类天性中最美好的花朵"。

在现代心理学家中，奥尔波特(G. W. Allport)在其"动机的功能自律"理论中，对上述观点进行了有力的支持。[①] 他举出了许多类似的例子，引证了许多动物试验，从而得出这样一个结论："曾经作为工具性技艺存在的东西，后来成了主导的动机(master-motive)。"当然奥尔波特很清楚这是一个陈旧的理论，他只是为这个理论加上了新的名字和进行了新的辩护而已。

毫无疑问，我们在检验这个理论时存在一些实际困难，但这些困难不是不可克服的。我们先停下来考虑一下它们中最重要的问题。相关的原理是这样的：

> 开始作为达到 Y 的手段而被追求的 X，后来可能成为目的。

这个原理通常与另一个不同原理有着密切的联系，即：

> 开始作为达到 Y 的手段而被追求的 X，常常出乎意料地促进了某个更高目的 Z；后来 X 就既可以作为达到 Z 的手段，也可以作为达到 Y 的手段而被追求。

下面我们把前一个原理称为"奥尔波特原理"，把后一个原理称为"冯特原理"，因为最大限度地强调后一个原理重要性的是威廉·冯特(Wilhelm Wundt)。后面我们将看到，他的原理还常常可以做出更

① 麦克利兰(David C. McClelland)对奥尔波特的观点做了这样的概括和批评："动机的功能自律是一种衰减现象。"《心理学评论》，第 49 卷第 3 部分，1942 年 5 月。

有意思的解释，但上面的解释对于解决我们的目的问题是有帮助的。① 按照这种理解，冯特的原理主要指出了目的多元性和强化程度随着知识的增长而增长的可能性。但对于眼下的目的来说，它的重要性在于提示人们，在使用那些支持奥尔波特原理的例子时必须谨慎小心，不论这些例子是奥尔波特自己提出的，还是我们在这里提出的。开始时作为达到 Y 的手段而被欲求的 X，当它独立于 Y 而被继续欲求时，人们不应该推论说，X 是完完全全被内在地欲求的，因为这时候 X 可能是部分地作为达到原来未预见到的目的 Z 的手段而被欲求的。冯特的原理要求对此给予注意。因此，开始时把技巧作为表达音乐内容的手段来发展的艺术大师，后来会超出艺术表达所要求的范围来继续发展它，甚至不惜为此牺牲音乐本身的某些价值。然而，即使在这种程度上，我们也不能说艺术大师认为技艺的价值完全在于自身，因为他也许把它作为一种使别人对他的技巧留下深刻印象的手段，虽然这一考虑对于他的本来动机来说可能只是一种偶然的东西。② 在许多这样的例子中，内在态度与外在态度紧密地联系在一起，因此要想为分离它们设计出某种完全受控的操作技术实际上是不可能的(虽然在逻辑上存在这种可能性)。但是，如果我们假设冯特的原理要求我们无视奥尔波特的原理，或者假设根本不能证明手段发展为目的可能性，那么，我们的推论就过于轻率了。如果认识到上述例子可以使人们想起许多其他例子，那么很难相信，虽然冯特的原理是操作性的，并且使对奥尔波特原理的检验更加复杂，但仅仅这个原理就足以说明这样一种特殊的现象，即公认的过时手段继续成为人们尊崇的对象(像在“文化遗产”中那样)；或者足以说明另一种现象，即新的手段即使已经被证明为达到公认目的的手段，仍然必须经过一段习惯的过程才能得到认可。这些情况与内省证据一起，已经有力地指出冯特的原理不能取代奥尔波特

① 冯特把它叫作“目的生长交替法则”。从下面的引文可以清楚地看到这个法则的论述。引文出自他的《伦理学》(1886)一书，由铁钦纳(Titchener)、格列夫(Gulliver)和沃什博恩(Washburn)译为英文(麦克米兰出版社，1897)。“行为的结果……多少超出了意志最初动机的范围，于是指向进一步行为的新动机就产生出来了，从而又产生了新的结果。”“政府官员开始时之所以能够忠于自己的职守，或许只是因为他知道它会给自己带来好处。有工业技术的工人之所以能够运用技术做出对社会有益的贡献，这首先是因为他自身的可见利益。但是，他们谁也不能忽视自己活动的广泛后果。于是(偶然地)达到这种广泛目的就会成为一种新的行为动机。在实践影响下，后来它甚至可能成为主导动机。”“为了达到更高的效果，它将许多具有较低价值的条件结合起来，因此成了对道德发展最好的事物之一。”

② 麦克利兰在批评奥尔波特时运用了类似的例子。

的原理，而只能补充它。至于内省的证据，不论它对实验心理学家来说多么令人厌恶，但在考察人类行为的广阔领域时，它仍然是我们的唯一向导，因为这种行为过于复杂，实验技术对它无能为力。也就是说，X 开始时是作为达到 Y 的手段而被欲求的，但后来它之所以被欲求，在一定意义上则是因为它不仅成了目的，**而且**成了达到原来未预见的目的 Z 的新手段。

如果允许将两个原理结合起来应用，我们就可以像前面说明的那样继续扩展冯特的原理，这种扩展使它在某种方面更接近奥尔波特的原理，并且使它的伦理学含义更加令人感兴趣。假设 X 作为达到 Y 的手段不断被追求，而它又被发现总是产生某种附带的后果 Z；假若 Z 开始时被认为是不相干的，那么可能发生这样的情况：Z 逐渐失去其不相干性，成为一个附加的目的。由某种原因引起的习惯可以激发潜在的内在欲望；如果没有习惯，这种欲望永远也不会得到发展。而且，如果 Z 又具有附带的后果，那么这个过程将再次重复，如此等等。

不必坚持说，冯特的原理只能以这种广泛的方式发挥作用。冯特自己有时考虑的似乎也是这个原理较狭义的作用方式。前一段已经强调了这一点。在那里，Z 一开始就不是不相干的；对 X 的初始追求之所以忽略了 Z，仅仅是因为 X 与 Z 之间的因果关系当时尚未被了解。但是，对这个原理的扩展的解释，似乎保存了冯特原理的本质意义，使其能够说明**新的**内在欲望是怎样发展起来的。这个观点确实具有不少的合理部分。它仍然与奥尔波特的原理有区别，因为奥尔波特认为，手段自身可以变为目的，而像现在这样解释的冯特原理则坚持说，某一既定手段偶然的、最初漠不相关的后果可以成为目的。① 但这些原理一致承认，目的的产生和变化是在发现和发展手段的过程中实现的。现在的讨论试图确立的正是这一点。

一定不能认为这些原理必然有效。习惯不是修正内在态度的**唯一**因素，有些其他因素常常使习惯的作用归于无效。但这些原理以足够的稳定性和力量发挥着作用，因此值得我们对它们给予特别的关注。

① 补充说明一下，一个既定目的的偶然后果可能成为新的目的。

V 适用于规范伦理学的结论；目的与最根本目标

我们已经为确立手段可以转化为目的这一观点进行了一番论证，这种论证反过来证明对于假设(2)所提出的反对意见是正确合理的。让我们来看看伦理学对此的反应。虽然我们在上一节已经简单地做了这项工作，但它们应该得到更大的重视。

为了方便，我们还是从例子开始。一个道德家主张X是内在的善，因此他的判断是一个寻求建立第一类型一致的判断。既然并非他的所有听众都同意他的看法，那么他感到必须为他的判断进行论证。他如何进行这种论证呢？

一种方法是指出X所产生的后果Y，而Y是已经被听众作为目的接受了的。即使论证充分，这个程序也不能立即建立起第一种类型的一致，因为这个论证只是把X作为手段推荐给听众。道德家和他的听众之间的一致属于第三种类型。① 而他的听众中任何两人之间的一致则属于第二种类型。但通过使自己暂时满足后两种类型的一致，道德家之后就可以获得第一种类型的一致。根据奥尔波特原理的作用，他的听众可能在把X当成手段的过程中，逐渐达到把X当成目的的后果。如果以这样的方式继续工作，这个道德家就有希望向自己的目标推进，虽然他的成功总是要以环境和他对之演讲的人们的情况为条件的。

另一种方法是，道德家可以找到某种作为X偶然后果的W，并使用前文所提示的方式来为W的价值辩护。于是，这种做法从直接的效果看，不可能导致对X价值的一致看法，但从间接效果来看，通过被加以扩展解释冯特原理的作用，它可以使X成为被广泛接受的目的。这个道德家还可以使用更有效的方法，但也要受到如上所述的限制。

即使道德家希望使用这两种方法，那么显然他必须驳斥伦理学的专家概念。如果他不想捏造谎言和利用听众的无知，他就必须对自己所要影响的因果背景具有充分的知识，因为即使他正在支持关

---

① 当然，如果这个道德家不仅把X作为一个目的，而且也作为达到Y的手段的话，那么，这就是包含着第三和第二种类型的复合型性一致。但是这个例子在总体上假定对X(和对Y)的**初始**态度没有被强化。这种假设的人为性，前面已经指出过，这里对于简化说明是有帮助的。

于内在价值的判断，正在促进共同的目的，他在这样做的过程中也必须插入一些相关步骤，来使听众认识到被推荐的目的其实就是一些原因或结果。由此看来，他的确必须反对专家概念。当然，我们必须使上面的例子复杂化，必须意识到实际存在的东西不是单独的一个 Y 或者 W，而是它们相互结合而形成的整个群体，认识到所涉及的原因和结果具有各个领域的千姿百态的形式。对于道德家来说，心理学、社会学、历史学、经济学，诸如此类的研究可能具有特殊的重要性，没有任何一个研究领域的结论不潜在地具有影响伦理决定的倾向，他也不能轻易地忽视任何一个研究领域。不仅如此，道德家还必须充分地练习自己的想象和情感习惯，或者在艺术能力的培养中，或者在多变的生活中，在进行实际决定时，都必须如此。这将使其能够保持精神健康，这种健康对于获得知识和整理知识都是基本的要求。同时，这还可以使他在把自己的观点传达给别人时，在使自己的意见为实现自己的目标服务时，充满活力。

但是，一个希望严格按照专家概念解释问题的道德家，要是拒绝使用这些方法，怎么办呢？他要是轻蔑地看待实践的要求而一心希望用抹杀问题的办法来建立共同目的又怎么办呢？要想看清他如何能够利用理性方法是非常困难的。如果内在态度不能用关于它们面临的实际情况的知识来调整，那么也就根本不可能用知识指导这些态度。一个理由只有通过把被推荐的对象与既有态度的对象联系起来，才可能具有力量，这种理由通过奥尔波特原理或冯特原理的作用，有助于间接地改变内在态度。

为了**直接**地改变内在态度，只有一种做法可以使用，这就是劝导的方法，其中既包括公开的劝导也包括隐蔽的劝导，既有清楚的劝导也有含混的劝导。一个只关注“目的的专家”，必须用他生动的见解来弥补自己对手段的无知。我们已经看到，劝导在伦理学中具有自己的地位，绝不能对之加以轻率的嘲笑。但也不能假设，一个专家如果意识到自己正在做什么，还会仅仅依赖这种方法来开展工作。一种劝导如果完全不使用理由，就不可能有效地产生稳定的结果。一种态度，即使是内在态度，如果没有受到其他态度的强化，没有在许多目标的体系占有一定地位，就不可能根深蒂固地存在于人性之中。

在柏拉图的《理想国》中有一段有趣的叙述。阿德曼托斯(Adeimantus)斥责一些道德家把传统道德作为手段来辩护的做法，并坚持认为这种做法只能造成虚假的德行。

苏格拉底承认，“正义是至善之一，是世上最好的东西之一。而所谓最好的东西，就是指不仅他们的结果好，尤其指它们本身好”。而阿德曼托斯则要求苏格拉底仅仅“赞扬”后一意义上的“正义”①。阿德曼托斯忽视了手段通过习惯转化为目的的情况，也就忽视了“美德可教”这一最重要的方面。苏格拉底如果遵从这种建议，他对争议的“赞扬”就只能是这样。诚然，阿德曼托斯自己也很快改变了他的要求，转而力图了解正义和不正义“可以为拥有它们的人带来什么”。在这个范围内，他所要求的已经不再是内在价值，而是正义的实践对于某个既定个人的“**效果**”了。甚至在论证过程中，他也证实了注意既定目的所具有的后果是不可避免的。

认为理性方法的作用不能被关于目的与手段关系的论述所穷尽，或者认为人们可以毫不涉及与 X 有因果关系的 Y 或 W 就可以为 X 的价值辩护，这种观点可能遭到反对。但实际上这种意见在一定限度内是对的。前文例子所解释的方法，指出的不是以 X 为手段的目的，而是对 X 的态度的起源。然而，我们很容易看到，虽然这可以使人们不去涉及 X 的后果，却不能使人们完全不考虑因果关系。人们必须考虑伦理矛盾赖以产生的原因背景，道德家进行这种考虑就必须放弃专家概念。也许一个道德家虽然对事实问题所知甚少，也并非不可能通过概念澄清自己关于某一既定目的的陈述来给予部分支持。但这是不大可能的事。正如杜威所说的，“只有当目的转化为手段时，我们才可以肯定地想象或理智地断定：我们没有说任何不切实际的话。仅仅作为一个目的时，它(道德判断)是模糊的、阴暗的、印象性的东西。在我们的行动过程还没有被理智地拟定出来之前，我们根本不知道我们事实上会追求什么”②。

我们可以得出这样的结论，即如果道德判断需要加以有效的支持，那么，手段的研究对于伦理学是必不可少的。这个结论是必然的，因此我们很难想象哲学道德家为什么会一直否定它。但也许言论上的否定比实践中的否定要多一些。一些伦理学家，例如，康德曾经说过，经验中的任何成分不仅不能对道德原则有所帮助，反而在很大程度上损害了道德的纯洁性。但是，常识性的朴素要求使人们常常打破这种人为的理论约束，使理论家比他们单纯依

① “公正”是这样一个词，它会引出自身的问题。但对于目前的语境我们可以假定，它主要是一个描述性术语，指称苏格拉底和阿德曼托斯都有所论断的那些情况。

② [美]杜威：《人性与行为》，36 页，纽约，1922。理解这段引文时必须谨慎，因为杜威似乎没有在“目的”(像这里所定义的)与“最根本目标”之间做出足够清楚的区分。

赖知识时更聪明一些。原理的每一次试验性应用都变成了产生其形式的具体试验。如果情况不是如此，那么，这样一个先验道德家的研究就会成为一种“精神考古学”，虽然这在实际中并非总是如此。

尽管存在着相反的理论，但我们可以发现，几乎所有的伦理学传统都隐含着关注手段的倾向。这也许应该给予更详细的解释。

功利主义的辩护者们虽然敏感地注意到结果所具有的重要性，但却常常只在与该原则的实际应用相关时才谈到结果，而在与确立该原则本身相关时往往闭口不谈结果的意义。边沁和密尔确实承认，他们的核心原则(在伦理学中)是“可以用来证明每一件事物的东西，但它本身不能被证明”。① “最终目的问题是不能直接证明的问题；无论要证明什么东西是善的，其证明方式都只能是这样，即把它说成是达到某种无须证明即善的东西的手段。”②这里似乎很清楚(对于密尔来说就更清楚了)，作家们感到必须把社会幸福作为唯一**目的**来加以推荐，因此必须放弃任何企图证明社会幸福是达到其他目的的手段的做法。仅就其基本原则的论证而言，任何诉诸结果的方法都被认为是不相干的。

但是，对于如此重要的原理不加任何方式的支持是不行的。也许正因为这个理由，边沁和密尔都注意到“制裁”问题，因为正是这个因素引导人们依据某个原则来行动，或者阻止人们违反原则。功利主义的制裁没有“证明”这一原则，但如果他们并不满足于“夸夸其谈”，那么，它对于使该原则为人们所接受就具有至关重要的意义。实际上，制裁就是为支持原则而提出的某些理由所指出的后果(就像本书使用“理由”这个术语来说明问题一样)。显然，如果每个人只是由于该原理的制裁力而信从这个原理，那么，不管是内在的还是外在的，他都会把实现普遍幸福当成获得报酬的**手段**，或者当成逃避这种制裁可能带来的惩罚的手段。诉诸结果的这种做法，虽然表面上被取消了，但却以另一种形式重新出现了。

在这方面，功利主义者是一个集混乱和清晰于一身的例子，这种情况在伦理学中极其普遍，他们假定自己正把普遍幸福作为**唯一**

---

① ［英］边沁：《道德与立法原理导论》，第 1 章第 11 段，伦敦，1789。

② ［英］密尔：《功利主义》，第 1 章的倒数第 2 段，载《弗雷塞杂志》，1861—1863。下面密尔认可了一种他认为有效的“较广泛意义的证明”。陈述这一原则并保证其不受任何曲解，这也许是十分重要的。或许可以说，密尔正在预示他将在后面提供形式证明。但这种形式证明显然是混乱的，即使可以接受，也不是一个“较广泛意义上的证明”，而只是一个直接的逻辑和经验证明。

目的而进行推荐，他们所理解的目的也与这里说的目的含义大致相同。但如果他们真的在这样做，那么从一开始他们就陷入了不能产生任何实际影响的境地。我们已经看到，每一个人都有很多目的，有数不清的目的，虽然功利主义者的利他主义目的也包括在这些目的之中，但不能由此就将其他目的完全排除出去。所以功利主义者的常识习惯打破了他们人为的方法概念，以至于他们在实际中势必会尽力支持一个更为实际的判断。正如我们关于制裁的论述所指出的那样，就其效果来看，功利主义者并不是把普遍幸福推荐为**唯一**的目的，而只是推荐为许多目的中的**一个**目的，这个目的也是达到很多其他目的的一个手段。他们实际上是把它推荐为一种前面称为"根本目标"的东西，这种东西作为一个目的是达到其他许多不同目的的手段，因此任何东西不反过来作为达到这一目的的重要手段，它就不具有占主导地位的价值。① 如果采取这样的方式(在明智的情况下必然会采取这种方式)，功利主义的论点至少有希望变得实际一些。这种理解能否在全部知识的帮助下为人们所接受，还是另一回事。但**如果**它被接受了，那么，它就会提供一个集中的概括，使日常生活中许多具体判断更有组织性和一致性。它只能是一个粗略的原则，仅仅具有不确定的适用性，并可能有许多例外。但是，在规范伦理学复杂多变的问题中，难道人们还期望更多的东西吗？同时，除了那些非常复杂的情况外，除了那些伴随着由支持一般的伦理判断所产生的不确定性之外，它不会引起方法论上的困难。上述的一般判断很容易通过全面诉诸结果而得到支持。不幸，那些被语言学和方法论困难引入歧途的功利主义者，只是在暗暗地诉诸结果，从而使其原则没能得到较充分的支持，而这种支持，无论人们是否接受，肯定会引出富有启发性的讨论。

目的与根本目标的区别虽然是简单的，但是在道德哲学中，也许比我们的研究所引入的任何其他问题都有更重要的含义。这里不可能展开这个题目，但当从另一种角度对方法论加以评论时，我们将对它给予适当的注意。

关于一般的专家概念问题，我们有必要稍微再多说几句。它没有多少值得赞许的内容，并且与常识相矛盾，以致在口头上坚持它

---

① 注意把功利主义者的理想当作根本目标(aim)而不是目的(end)，这样做的重要意义不能被抵消，相反，事实上是在增长。这是奥尔波特原理的作用，但这个原理作用将使最大多数人的最大幸福越来越成为目的，虽然永远不是**唯一**的目的。它趋向于增加目的数量，而不是减少它们。

的人在实践中必然会反对它。有时人们也会反驳它；但仅仅因为错误理论的效果仍然能妨碍它和阻止它的全面展开，即使它并不能完全堵塞我们天然的智慧。

毫无疑问，人们可以在一定程度上进行专门化的研究，以求推进某个特殊的科学分支的知识的发展。同样，人们可以在某个科学(包括伦理学)的语言学和方法论方面进行专门的研究——正像本书所做的那样，我们希望这个工作不至于完全没有指出这一点。即使在这样的领域中，专门化的研究如果不付出代价也不可能实现，但这种代价通常总是小于收获的。然而在规范伦理学中，由于它的实践任务是建立和维护道德行为的标准，所以就不可能出现这样的专门化研究。在那里所有问题都是相关的。强调目的而忽视手段，也就是强调结论而忽视理由，其结果必然是，或者助长无知，或者默认劳而无功。

Ⅵ　小结

现在我们简要概括一下本部分的内容，但强调的重点多少有点不同，并把它与前面已讨论的关于方法问题的部分相联系。

根据专家的方法概念，任何道德争论总是具有一个关于内在价值的独立大前提，这个前提也许是显而易见的，也许是隐含的。由于其他一切都是逻辑的或科学的问题，所以我们如果仅仅考虑关于内在价值的判断，就可使伦理学的方法得到简化，这样做大概并不困难。我们的问题在于如何使上述观点受到仔细的检验，并注意考察那些作为基础的假设。

我们对假设(1)所做的批评表明，这样的大前提并不总是独立的。对于所说的第三种和第四种一致的类型(或者单独出现，或者作为复合一致的重要方面出现)来说，无论在什么范围内，都不存在寻求目的问题上一致的努力，也**根本**不必支持或者赞成某个关于内在价值的判断。在这种情况下，争论的每一方都有自己的目的，但这些目的的差别并不会产生什么问题。

我们对假设(2)的批评促成了一个更有力的结论，即使一个关于内在价值的判断很容易独立出来，即使它能有效地产生第一种类型的一致的基础，但集中讨论它的伦理学方法问题仍然不会有什么结果。对"X是内在的善"这个判断的支持，绝不比对任何其他道德判断的支持更简单，因为它也同样导致了对手段问题的考虑。实际上，它由于与奥尔波特原理和冯特原理相关，因而还要更为复杂一些。

对内在价值的强调，绝不允许人们忽视使用与事实相关的理由。这种理由与道德判断具有**心理**联系，构成了伦理学方法论的特殊内容。

根据上述说明，本书与那种非常流行的做法不同，认为“善”而不是“内在善”对于分析意义问题和方法问题来说是最根本的。“善”这个一般术语可以导出前面四种类型一致中的任何一种，也可以导出四种类型的结合形态，包括我们在日常生活中发现的复杂的强化现象。它可以最方便地引进我们要研究的中心议题。而本部分对它们所做的认真研究，则构成了伦理学分析中的上层建筑，而不是其基础的最根本内容。

对杜威伦理学的反思①

I

杜威的所有伦理学著作②只有一个核心目的，就是让我们的道德反思感受到“经验方式思考”的力量。因此，杜威的伦理思想属于霍布斯、休谟、边沁和密尔所建立的传统：在这个意义上，他对伦理学的改造是建立在旧的基础上的。但是，杜威伦理学中也有一些新东西。他强调，经验主义必须探索从理论通向实践的所有道路，从而产生一种有点儿实用价值的伦理学。在告诉我们如何实现这一切的过程中，杜威用一句话概括了自己的观点：“将**方法和手段**提高到以往人们仅赋予目的的那个重要位置。”③

就本身而言，这句话的重要性不是非常大，似乎只是劝导我们改变重点。不过，我们如果仔

① 选自《事实与价值》第6篇(Reflections on John Dewey's Ethics)，冯平、刘冰译。该文首次发表于《亚里士多德学会学报》，1961—1962年第62期。——译者注

② 史蒂文森在此列了杜威的四部著作：《确定性的寻求》，纽约，1929；《人性与行为》，纽约，1922；《哲学的改造》，纽约，1950；《伦理学》，纽约，1908。——译者注

③ [美]杜威：《确定性的寻求》，278、279页，纽约，1929。

细想一下，就会看到它所包含的东西远不止如此。通过引导我们对方法和手段的关注，杜威使我们看到方法和手段必须渗透在整个伦理学中，而不能只在前言中论述方法和只在附录中谈论手段。根据杜威的新方法，我们道德理论的所有方面，甚至包括我们关于目的的观念都必须改变。所以，杜威将我们引向了远远超越了以往伦理经验主义的伦理经验主义，这种经验主义在未来的发展中将会充分地证明，它一定不会辜负杜威寄予它的厚望。

因而，我会在本文中专门讨论我引用的这个核心句的含义，以说明给予方法和手段更多的关注将会产生多么重要、多么新颖的结论。

Ⅱ

首先，我们从杜威的方法概念开始。这一论题直接通向杜威的手段概念，但是我们必须首先以它自己的方式展开。在方法和手段的关联中，杜威强调了两点。首先，伦理问题通常产生于解决**态度冲突**(a conflict in attitude)的需要。其次，只要我们的问题可以**诉诸后果**，以理性的方式加以解决，就能满足解决态度冲突的需要。杜威认为，把诉诸后果和理性这两种因素结合起来，就能解释伦理慎思的功能和本质，而且他用一句醒目的短语总结了他的论述，“慎思是各种各样相互竞争的行动路线在想象中的预演(dramatic rehearsal)”。①

主要用杜威自己的话来展开他这一方面的思想将会非常有趣。“慎思的理由是偏好过度……而不是缺少[偏好]……我们想要的东西通常不可兼得；因此我们必须对我们确实想要的做出选择。”当杜威这样写时，他对态度冲突的强调显而易见。杜威补充道，我们对真正想要的东西的选择(杜威认为，这相当于我们得出一个伦理结论)，其实就是“诸多竞争的偏好中出现了一种统一的偏好”②。

当然，如果我们屈从于那些我们最关注的偏好，而忘记了它与其他态度的关系，那么我们就没有解决冲突。正如杜威看到的那样，恰在此处，伦理决定引入我之前提到的第二种因素，即诉诸结果。通过对结果的考虑，我们认识到，这些结果与我们正在判断的行动一样，也是我们态度的对象；因此我们依据其他态度来加强或者改

---

① [美]杜威：《人性与行为》，190页，纽约，1922。

② 同上书，193页。

变原先的态度。我们新出现的、统一的偏好就以这种方式而将我们面临的整个局势纳入考虑之中。这就是慎思在做出一种理性决定时的作用。杜威写道，因为“理性”“与其说是反对冲动和习惯的力量，不如说是获得使各种不同的欲望和谐运作的力量”①。

在讨论他的“预演”时，杜威以一种强调其相互作用的方式，简明扼要地提出了这两个方面：冲突，以及通过诉诸结果来解决冲突。让我们详细地引用他的一段原话：

> 我们通过预测如果实现了现有欲望将会产生的结果，……来评估这些欲望的重要性或者意义……从字面上看，它的一系列结果决定了它的**结果**、它的意义和重要性。但是如果这些结果被认为是遥不可及的……那么对它们的描绘就不会对行动产生影响，就像数学推论不能推出一个无实体的天使一样。[实际上]每个预测的结果都会立刻激发我们当时的情感……激发我们的欲望和厌恶。[因此]展开一个不断标示价值(诸如好和坏)的评论……慎思实际上就是各种行动过程在想象中的预演。在头脑中，我们对某种冲动做出让步，我们在头脑中尝试某个计划。通过若干步骤沿着它的轨道进行，我们看到想象中的我们面临即将产生的各种结果；于是，因为我们喜欢和赞成，或者讨厌和反对这些结果，所以我们就能发现原先的冲动或计划是好还是坏。②

这就是杜威伦理学的方法概念。作为一个心理学家，他部分地描述了我们有时是怎样**做出**伦理决定的。同时，作为一个谈论方法的伦理学家，他建议我们**应该**如何做出伦理决定；他建议我们要比通常我们所做的更频繁、更仔细、更系统地进行预演。

如果我们只看杜威关于这个话题的概要，而不考虑他展开这个话题的特殊方式，我们就会认为这属于杜威经验主义的**陈旧**部分。我们可以在霍布斯或者休谟那里找到这些内容中重点标示的那些观察结论。霍布斯也讨论了伦理问题上的慎思，并且指出：“关于做或不做本来打算做的某件事情的结果不断地涌现在我们心中，所以我们有时喜欢它，有时讨厌它”，等等。③ 休谟指出，任何最初的倾向

① [美]杜威：《人性与行为》，196页，纽约，1922。

② 同上书，323页。

③ 霍布斯：《利维坦》，第1部分，第6章，伦敦，1651。

都会使我们“左右权衡”，为的是“把握在因果规律作用下与原初目的有联系的一切对象”。此外，休谟还补充道，在伦理学中，“如果原因和结果都对我们无关紧要”，那么我们“就绝不用”知道这些因果关系。①

可是，如果杜威的“预演”是从霍布斯和休谟那里得来的，那么他就绝不会比他们更强硬地坚持要审视预演所有的复杂性，更强硬地表明考虑预演的各种含义对我们来说是颇为有益的。而且，如果这些含义在伦理学史上并不是常新的，杜威也就不可能赋予它们一种新的生命力和新的趣味。

为了证明这一点，我们转向关于伦理学方法的一个更具体的问题，这也是杜威书中经常讨论的一个问题，它为“预演”提供了一种引申。

Ⅲ

我心中的问题是关于伦理普遍准则(ethical generalizations)的，换言之，是关于那些在日常生活的道德讨论中经常被提到的一般规则、标准和原则的。这些普遍准则有多么重要？伦理学应该在何种意义上关注它们？

在此有三种可能性向我们敞开。第一种可能是试图完全取消伦理学的普遍准则，但是这意味着一种极端的立场。据我所知，没有人曾认真地把它当回事。另外两种可能性弥补了我们常识的缺陷，我们的常识并不总是可靠的。其中之一赞成“按照原则行动”，并且确实全心全意信奉原则而不许折中。另一个忠告建议我们，仅将原则作为试验性指导：它呼吁最大的“例外证明规则”，要记住，在这里，“证明”一词原有的“检验”之义，要大于它新有的“确立”之义。

现在，我们可以大体上把杜威关于普遍准则的观点概括为：保卫常识的后一方面，使它与前者相对立。他希望在形式伦理学理论中给“最大例外证明规则”一个位置。在这一方面，他的著作使我们想起了现在英国流行的一些观点，比如，哈特②的“可废弃”原则，为一系列发展着的限定性条文留下立足之地③；罗斯的初定义务(prima facie duties)，即深入的思考有时可能会证明，我们半途放弃

① [英]休谟：《人性论》，第3卷，第2章，伦敦，1739—1740。

② 哈特(H. L. A. Hart)，英国法学家，现代西方新分析法学的代表。——译者注

③ [英]哈特：《责任和权利的归属》，载《亚里士多德学会学报》，1948—1949。

初定义务是正当的[1]；布劳德的正当**趋向性**(right-tending)特征，这种正当趋向有时会被错误倾向抵消[2]。尽管这些观点在细节上有所不同，但这些作者的基本目的是相同的：他们需要一些观念，这些观念使我们的普遍准则免于僵化，并能使普遍准则避免例外情况的否决。

杜威在阐述这一观点的过程中，采用了将伦理普遍准则和科学假设进行比较的形式，并坚持前者和后者一样，是处于与我们希望应用它们的情形交互作用的关系之中的。当一个关于事物正当性的普遍准则与一种个别情况发生冲突时，当然，我们或许有时希望得出的结论是，个别情况是**不**正当的；但是，我们或许也希望得出的结论是，我们需要修改或者限制这个普遍准则。杜威写道："人类的精力"那么多都消耗在"为普遍准则而努力"上，却如此少地通过"将普遍准则置于按照它们行动所导致的结果的检验中"来修正普遍准则，这真是既令人惊讶又让人沮丧的。在杜威的著作中，这个观点不断出现，还出现了一段极其经典的话："道德法则，就像物理学法则一样，并不是在任何情况下都必须信赖和必须坚持的……它的正确性和恰当性是靠实行它之后的结果加以验证的。它的要求和权威，最后要看我们必须对付的情境是不是极为重要的，……正如人们重视一种工具的程度，是以工具适应需要的程度为转移的。"[3]

杜威有时似乎夸大了这一观点。他提到，"个别情况至高无上"，并期望有这样一种伦理学，在这种伦理学中，"修改原则成为理解方法"。这让人想到他正逼近我先前说过的那种过于极端而无人认真对待的可能性的边缘，即完全放弃普遍准则。但是，在这些话的上下文中，这些话并没有完全放弃普遍准则的含义，而只是重新确认了检验普遍准则的必要。杜威说，在伦理学中，"个别情况至高无上"，就像他会说在科学中"事实至高无上"一样。"事实至高无上"，当然并不意味着我们必须驱逐科学的普遍准则，而只是说我们必须使科学的普遍准则**符合**事实，并且逐渐修正普遍准则以确保它们与事实符合。

我已经说过，杜威伦理学的这个方面和他的预演，尤其是和预

---

① 参见《伦理学读本》(W. Sellers and J. Hospers eds., New York, 1952)中《正当与善》的部分。

② 参见《哲学分析读本》(H. Feigl and W. Sellers eds., New York, 1949)中《伦理学的主要问题》的部分。

③ [美]杜威：《确定性的寻求》，277、278页，纽约，1929。

演的复杂性紧密相连，对这一点他总是很敏感。现在我大致描述一下这种联系。

显然，预演至少是可能的。预演需要诉诸不同类型的结果，这些结果不只存在于**一种**特殊的科学之中。我们关于伦理学问题慎思的内容和处于我们面前的整个行动过程相关，它不是心理学、生物学、物理学的这个或那个方面就能涵盖的，它延伸到整个科学和我们在日常生活中可以检验的与科学相应的常识之中。因此，正像杜威清楚看到的那样，预演通常很复杂，单是一门狭隘的专门化的知识无法满足它的要求，只有一个全面的人才能担此重任。①

并且，问题会因以下诸方面而变得更为复杂：假设经过慎思之后，我们得到的是对某一行动的一种混合态度。我们总体上赞成这种行动，但又不想要它的某些方面，也就是说，这一行动要付出某种代价。于是，我们会适当地考虑能达到我们目的的其他各种行动，希望那些行动能避免或者减少行动的代价。但是，其他行动也都有**它们**的代价，也需要慎思。因此，我们原先的预演就被不断地扩大，于是产生了一个增补家族。②

现在，一方面，预演的复杂性有力地支持了伦理普遍准则的合理性。当在实践中**我们没有时间**按照具体情境对多种多样的情况进行具体分析时，我们该对它们说什么呢？不管普遍准则有多么粗略，把这些情况归在普遍准则的运作系列中，肯定比一个根本无法得出关于它们的结论的永恒不变的策略更可取。

但是，另一方面，同样的复杂性也会使我们对普遍准则有些不以为然。正如杜威所见，普遍准则并非远离预演，而是完全受预演支配。当进行预演时，我们的慎思所通向的普遍准则，与其说是为了某些个别行动，不如说是为了关于整**类**行动的一个很好的统计学样本。当然，这种复杂性会变本加厉。比如，我们很难找出对它的态度相同又易于控制的一类行动。这类行动中的每一个行动的结果都可能跟另一个行动的结果略有不同；有时，这种不同会使我们的态度迥异。因而，我们的普遍准则很有可能**使**某些个别情况**处于不利地位**，因为它们可能与我们不再考虑的情况具有或然的相似性。

---

① ［美］杜威：《确定性的寻求》，273—283页，纽约，1929。

② 当然，杜威认为还存在着其他复杂性。因此，一个人会发现下面这些问题是相关的：不挫败许多其他的欲望就无法直接满足的这种欲望是什么？如果这种欲望被升华了，就能更容易满足它吗？（杜威：《人性与行为》，141、156、194页，纽约，1922。）因此，预演因考察了未来行动的整个过程，因而能引导我们思考升华的原因和结果。它有助于我们决定，按照我们以后想**成为**的那种人，我们（现在）是否“确实想要”这些升华。

此外，在推测我们已经考虑了很久的统计学样本的那类行动时，我们很容易犯错误。而且在我们努力处理很多情况时，我们对其中每一个预演也许有相当多的缺陷。

因此，预演的复杂性立刻显示了普遍准则的利弊。杜威期望以尽量缩小弊端的方式保留其益处，他赞成一种具有可变通性的普遍准则，认为如同科学假设一样，伦理普遍准则不能妄称最后的定论，它们都说明我们应用它们的那些情况，也都是由那些情况来说明的。

在离开这个论题之前，对于杜威，我只想批评一点。尽管他赋予普遍准则以重要性，但是我仍怀疑他是否赋予了普遍准则以充分的重要性。有的时候，我们在判断一种个别情况时，避免**直接**运用普遍准则是切实可行的，但避免**间接地**使用普遍准则就根本行不通。在这个意义上，在伦理学中普遍准则是不可避免的。让我通过预演来解释这一点。

假设我们通过特别关注一种个别情况开始了慎思，并且对好像能直接适用于它的所有普遍准则都不信任，那么这样就排除了我称为“直接”运用普遍准则的情况。但是，我们的预演会使我们去思考那种个别情况的结果；而且既然这些结果延伸到未来，那么除非我们无所不知，否则我们对它们的了解就会越来越抽象。我们所知道的只是某个结果可能在C集合，而另一个在C′集合，等等，而这些集合通常非常广泛。于是这马上导致了如下问题。

我们对这些结果过于一般性的了解怎样才能具有预期的影响力，即矢量力呢？也就是说，它们怎样才能帮助我们决定“我们真正想要的是什么”呢？或者怎样才能使我们“在那些相互对立的偏好中形成统一的偏好标准”呢？我认为，除非我们对C这个整体持赞成态度，否则“就像数学推论不能推出一个无实体的天使一样，毫无结果”；因为它只是关于我们所知道的那些**种类**的。假设我们对这些种类的赞同或不赞同不会受到我们过去形成的伦理普遍准则的支配，这纯粹是武断。在这里，我们“间接地”运用了普遍准则，它并没有使我们省去对个别情况的预演，而恰恰成了预演中的**一部分**。我们自然也会觉得这些普遍准则是可变通的、可修改的，但我们还是暂时地使用和遵守它。我们确实别无选择，除非我们拒绝让当前的慎思受过去的慎思的引导。

因此，就其本性而言，预演让伦理学无法逃避普遍准则，即使不是直接地，也是间接地受普遍准则的影响。杜威从未否认过这一点，也许他在伦理普遍准则和科学假设的比较中就曾部分地暗示过这一点，因为科学假设显然是科学无法避免的。但是，科学和伦理学之间的比较只是非常粗略的一种比较(这是**我的**观点，而**不是**杜威的观点)，因为预演以它的偏好和厌恶“标示价值”，而科学则没有**严格的**对应物。科学在何处会发生**这种**“标示”呢？所以，我真希望杜威更详细地阐述比较的这个特殊部分。

当然，我们仍有可能主张，我们根据对普遍准则的特殊情况的慎思而检验普遍准则，因为我们关于特殊情况的慎思，并不能唯一地使我们得到伦理普遍准则，而且我们得出的那个伦理普遍准则无论如何也不会是我们正在检验的这个。所以，我的批评绝不是质疑杜威的核心论点。杜威的核心观点就是：我们的伦理普遍准则必须在运用的过程中不断得到修正，因而它绝不是不可动摇的。

Ⅳ

我需要提醒读者，这篇论文是对杜威的那一句话的展开，这句话建议我们“将**方法和手段**提高到以往人们仅赋予目的的那个重要位置”，刚才我们已谈过方法了，现在我们转到相关的手段问题，更主要地论述“手段和目的的连续性”。杜威非常强调这一点。

我发现这是杜威伦理学中最具原创性和最重要的一部分，但是我也发现杜威对于这部分也讲得最不清楚。我猜想，这句话不够清楚是因为杜威不能抑制关于这一点的兴奋，禁不住将一个想法堆积到另一个想法上，而没有注意必要的区分。所以，在解释他的观点时，我必须通过我自己的一些观察来铺路。

我们能很容易地看到，人们口语中谈论手段和目的的方式是非常粗糙的。这两个词的意义都染上了它们所处情境的色彩，只有通过坚持不懈的研究，我们才能充分地评判它们极为严重的模糊性，但要注意到“欲望”在杜威预演中的核心位置，以及它们“标示价值”的功能。我们先考察情境中的“手段”和“目的”，“作为手段被欲求的”和“作为目的被欲求的”，就我们的目的而言，我们要探究的就是这些。

现在，在这些词的一种意义上，作为目的而欲求某种东西，就是因其自身而欲求它；作为手段而欲求某种东西，就是因其结果而欲求它。让我用一个非常简单的例子来解释这个观点。假设史密斯先生打算做一个木盒，以用来邮寄一些易碎物品。那么他是因盒子自身而想要盒子呢，还是因盒子的结果而想要盒子呢？或者，让我们把这个问题分成两个问题。问题一，他**完全**因盒子自身而想要盒子吗？问题二，他**部分**因盒子自身而想要盒子吗？之所以如此分成两个问题，是因为"完全"和"部分"这两个词会带来相差悬殊的答案。

如果我们问，史密斯先生想要盒子完全是因盒子自身的缘故吗？当然，我们肯定会说：不是。他想要盒子，至少一部分原因是因为盒子能帮他实现他另外的愿望，即邮寄一件物品。

但是，如果我们问，史密斯先生想要盒子**部分**是因为盒子自身的缘故吗？我们就很有可能(当然，不是必然)说：是。他或许是一个对做盒子有兴趣的业余木匠，而觉得他的手工物品立刻能派上用场。尽管他想要盒子在很大程度上是为了使用，但在某种程度上，他是因盒子自身的缘故而想要它。在这种情况下，史密斯自己也许会说，他很高兴，邮寄东西的需要给了他一个制作盒子的"借口"。因此，他想要这个盒子部分是因盒子自身的缘故，而非因其结果。①

现在我来解释一下，完全或部分地因某物自身的缘故而欲求某物的这一观念是如何与杜威的伦理学相联系的。我们必须立刻澄清的一点是，这个观念并**不是**杜威自己在他的建设性工作部分希望和"目的"这个词联系在一起的。的确，他自己对"目的"的使用，就他的绝大多数的语境而言，只有从完全不同的意义上领会时才能理解。但是我会进一步阐述这一点，特别是阐述杜威当前意义上的"目的"，同时也会讨论我已经说明的那种含义。我这么做的原因是，杜威的上下文**有时**暗含了我们现在说的这种含义。在他的建设性工作部分尤其如此。在那些部分，他为目的被赋予了过分的重要性而感到悲哀。他强调道，伦理学家们通过目的得出了"古怪的假设"②。因此，我必须解释，为什么这一常见的因其自身之故而被欲求的"目的"的含义不能打动杜威，他为什么会故意贬低这一观念。我认为，杜威对预演的描述蕴含了对这一点的解释。

V

让我们来讨论**完全**因其自身而被欲求的那些事物的情况。如果我对杜威理解得没错，那么他肯定认为，任何重要的东西都不可能

① 我说的是，一个人因对象的缘故想要某个**对象**，而不是因体验的缘故想要他对这个对象的某种**体验**。如果我可以展开我的分析，而将关于对象的**体验**(问题过于复杂，我不可能在此展开)包括进来，我就需要一种类似于"固有的"和"内在的"价值之间的区分，就像 C.I. 刘易斯在他的《知识和评价》(芝加哥大学出版社，1946)第 14 章中的讨论(尽管通常是关于满足而非欲望的)那样。

② [美]杜威：《哲学的改造》，131 页，纽约，1950。

符合这一描述。或者更明确地说，他很满意这一假设：我们**很少**完全因物自身而欲求某物，即使在某些个别情况中我们确实如此，我们也不会长久如此；即使是大概的、不完善的预演也足以使我们的欲望变得更为复杂。让我通过例子来解释这一点。

如果我们对音乐感兴趣，那么我们完全是因为它自身的缘故而欲求它的吗？起初，有可能是这样；但要知道，听音乐会**有**结果——如果不是那些具有思想性的能够激励我们的音乐，至少也是那些能够让我们放松，陪伴我们度过百无聊赖、毫无生活效率的音乐。现在，如果在某些特殊情况下，在我们考虑要不要听音乐的时候，我们的预演有可能会揭示上面我提到的某种结果，大概我们也想要这种结果。所以，我们最初纯粹因音乐自身的缘故而听音乐的欲望，可能会变成一个更复杂的欲望。当然，我们仍然在**很大程度上**是因音乐自身而欲求音乐，但是我们也因为音乐带来的那些结果而欲求音乐。于是，我们不再**完全**因音乐自身的缘故而想听音乐。

在我们考虑传统伦理学所推崇的大“目的”时，这一点会更加清楚，如果我们终究愿意称这些是目的，那么我们必须否认它们是在完全因自身之故而被欲望的意义上的目的。事实上，作为一种心理可能性，它们是否能完全因自身的缘故而被欲求，是值得怀疑的；说它们**应该**作为结果而被欲望是否有意义，同样也值得怀疑。让我们以最大多数人的最大幸福为例。我毫不怀疑大多数人想望这一点。利他主义想望这一点，**部分是**因其自身之故；但是我也认为，他们对此的想望部分是因为它的结果，即它能够促进社会合作，而社会合作会带来（假设人群之间是相互独立的）他们家庭和朋友的幸福。在构成他们慎思的预演中，他们的家庭和朋友的幸福显然比那些素昧平生的人的幸福更重要。简言之，他们想望所有人的幸福，**部分是将其作为**促进一个很小团体的幸福的**手段**。一般而言，如果我们问是否有人**完全**因它自身之故而想望最大多数人的最大幸福，我想我们的回答肯定是：它的可能性几乎为零。

可能这就是为什么杜威在谈论功利主义时，有限制地赞扬它。他写道：“总体上，功利主义最好地标示了从经典理论……向现在可能的理论的转变……它使道德善更自然、更人性化，与生活中的自然善相联系……但是在基本思想上它仍深受旧思维方式的影响。它从不质疑不变的、终极的、最高目的的观念。”①在此“不变的、终极

① ［美］杜威：《哲学的改造》，143页，纽约，1950。

的、最高目的”的含义需要解释；但是也许杜威用它来表示我们理应完全因其自身之故而欲求的某种东西，而且甚至也许是我们理应因其自身之故(无论是完全还是部分)而欲求的唯一的东西。综上所述，我们能清楚地看到，为什么杜威对预演的强调(带有对常识的心理尊重)会导致他拒斥任何与人类本性格格不入的目的。

Ⅵ

到目前为止，我谈论的仅是那些**完全**因自身之故而被欲求的事物，并且试着说明为什么杜威会可理解地认为，这些事物极其少见并且稍纵即逝，因此并不重要。但是，我还必须要讨论**部分**因其自身之故而被欲求的事物。为什么杜威没有把**这些**事物作为他伦理学的核心？为什么他没有提出应该把它们看作一个人的目的，并且因此而承认预演仅仅是发现达到这些目的的手段？

当然，我们不能回答说，部分因其自身之故而被欲求的事物极其少见并且稍纵即逝就不重要。显而易见，它们并不少见。我们在史密斯的盒子、音乐，以及(利他主义者)“最大多数人的最大幸福”那里发现了它们的例子。类似的例子不胜枚举。比如，一个法国餐馆的老主顾喜欢吃法国菜，通常部分是因为法国菜自身的缘故，而不仅仅是将它当作生存的手段。一个经常散步的人喜欢散步，通常部分是因为散步自身之故，而不仅仅是把它当作到达某处或者增进健康的手段，等等。此外，这些例子中的任何一个，都属于我们所说的这种欲望可能**延伸**成为部分地因其自身之故的那类；它不一定只是短暂地属于哪一类。

但是，我们仍可以解释，为什么杜威没有强调那些部分因自身缘故而被欲求的事物，或者说，为什么他没有采用伦理学家讨论“目的”的传统方式。我认为，他意识到那些部分因自身的缘故被欲求的事物**数不胜数**，我们根本不能用这种方式来讨论，而这种意识支配了他的研究。这些事物中有一大部分是我们随心所欲地期望的。这种观点很容易归结到杜威。杜威认为，每个通过预演而引起我们的注意的连续性结果，都很容易引入一种“形成统一偏好”的新的力量；而且这些结果在某种程度上能做到这一点，甚至在依次面对**它的**结果之前，我们就会被它的直观性所打动。① 于是，那些部分因自身

① ［美］杜威：《人性与行为》，192 页，纽约，1922。

之故而被欲求的事物无所不在，我们不用像讨论那些普遍欲望的对象那样过多地关注它们。当然，这不只对于欲望来说是成立的，对于所有的态度——无论是赞成的态度还是反对的态度——也都是成立的。①

在这种联系里，我们一定要特别注意，我们因其自身之故而欲求某物的程度，根本不是在“全盘考虑”后我们欲求它的程度的衡量标准。当考虑了欲望的对象所产生的整体情况后，我们对它的欲望可能增强，也可能减弱，甚至可能消失。例如，一个因滑雪而喜欢滑雪的人，如果认为滑雪有助于健康，他就可能会更喜欢它。或者相反，如果他认为滑雪占用了他太多的工作时间，他对滑雪的喜欢程度就可能会减弱，甚至会消失。这对于更强烈的欲望同样成立。一个想求生的人部分是因为求生本身之故，但不管这种冲动有多么强烈，如果他想到他的孩子需要他抚养，那么一般说来这种求生的欲望会更强。相反，如果他想到自己的生存只能以(假如)叛国为代价，那么即便冒着失去生命的危险，他也不会为求生欲望所动。

于是，很显然，如果我们选择了某个部分因其自身缘故而欲求的事物(即使我们非常渴望得到它)，并且把我们的慎思缩小到发现获得它的手段的范围内，我们的伦理慎思也明显不完善。它代表了一种“单向逻辑”，只有把它完全当作一种暂时性的过度单纯化的事情时，杜威认为才可以勉强接受。不管我们选择什么都会有代价，也就是说，它有它的购买成本；就我们所知，当反省这些代价时，我们会感到触目惊心。的确，当慎思被看作一出预演时，它绝不是一种发现如何满足某种获得特权的特别欲望的方式。毋宁说，它是一种决定是否屈从于这一欲望的方式，这取决于这种欲望与其他态度相配合的方式。

我们读完仿佛是杜威自己对预演的说明后所得到的这一判断，有助于理解为什么杜威如此坚持原因和结果的关系。他认为，说对一件事物的想望部分是因该物自身的缘故，这在心理学上是不成立的，“那才是真正重要的东西，即使在审视它所处的因果背景之前，

① 为了简化，这篇论文我准备只涉及赞成性态度，暗含反对性态度。一个充分的说明会表明(1)我们赞成某物，可能部分是因事物自身的缘故，而部分是因它所带来的结果。(2)我们可能部分因事物自身的缘故而赞成它，**尽管**我们讨厌它的部分结果，但还是从整体上赞成它。(3)我们可能部分因事物自身的缘故而赞成它，但是从整体上讨厌它，因为我们讨厌它的结果，以及其他可能性，其中，结果决定了我们的态度是赞成还是反对。因为我的论述是以图式表达的，所以只和上述(1)相关。

我也完全能意识到这一点”。因为任何这类事物最多只是真正重要的“**许多中的一个**”。只有在弄清了它所处的因果背景时，我们才有资格谈论它。对于整个行动过程而言，它只是其中的一个方面。一旦我们将整个行动过程中的其他方面考虑在内，我们对这一方面的原初欲望就可能改变。

简言之，杜威式的伦理学观念，必须一开始就将结果的诉求引入伦理学。因为，如果我们到后来才考虑结果，那么在此之前我们应该讨论什么呢？显然，我们只能继续走不切实际的老路，讨论据称具有特权的那些欲望对象，诸如生存、社会福利等——对于我们试图赋予特权的那些对象，我们至今都没有关于其因果背景的清晰认识，而这种背景，通过预演，在帮助我们决定是否真的**想要**赋予它们特权方面是必不可少的。

Ⅶ

到目前为止，我所讨论的“目的”，仅仅是在这个术语和那些因自身缘故而被欲求的事物相联系的意义上而言的；而且我一直在解释，为什么杜威在那些似乎使用这一常见意义的段落里，坚持说传统伦理学对目的强调得过分。因为如果所期待的结果完全是因其自身而被欲求的，那么事实上就**不可能**有这种目的，至少这种目的不会长久。如果所期待的结果是部分因其自身而被欲求的，那么它们的数目又太过繁多而不必特别注意；在决定是否要追求这些(部分的)目的中的某一个时，将它从所处的因果背景中抽取出来(这在传统伦理学中司空见惯)是行不通的。

不过，允许“目的”这个常见的词具有一种几乎不用的含义，是令人遗憾的。所以，在他的建设性工作部分，杜威着手将这个术语转换成完全不同的另一种含义。不幸的是，在这样做的时候，他几乎没有给我们任何提醒；由于这个缘故，他的作品变得令人困惑。但是，我认为我们有可能从他的上下文中看出他心中的含义是什么。这个含义不可能和任何**一个**日常使用的含义相冲突；但是为了将它与其他含义相区分，我愿意用一个更长的术语“所期待的结果”来表示。①

一个“所期待的结果”通常是部分因自身的缘故而被欲求的，但这根本不是它的本质特征。如果它碰巧完全是因其结果之故而被欲

① ［美］杜威：《人性与行为》，225 页，纽约，1922。

求的，那么(在这种意义上)它仍可被称为目的。“所期待的结果”的本质特征有两点。首先，它被作为一个具有特权的欲望对象，完全是暂时的、试验性的，是就一个特殊的环境而言的。换言之，它是这样一个欲望对象：它不太可能像有人想的那样，被由慎思评判出局的那些欲望所改变或超越。其次，它往往在一个人自觉的关注中占据显著的位置。这类位置使人去问：“我怎么才能得到它?”而不是去问：“当我进一步考虑之后，我有可能发现我确实想得到它吗?”

我们可以找到一个“所期待的结果”的简单例子。让我们回到史密斯先生那个例子，大家一定还记得他想要一个适合邮寄东西的木盒子。起初，史密斯先生可能并没有把盒子当作他所期待的结果。但是当他设计完毕等待制作的时候，他大概会认为它就是他所期待的结果。也就是说，他大概会以为可能不需要再重新考虑他对盒子的欲望了；这一欲望引导他去选择实现这一欲望的手段，包括去买木头、磨工具等，他以这样的方式将这一欲望置于支配他注意力的位置。

当然，这个目的很快会让位于另一个目的；所以，就像杜威所说的，“目的是无穷无尽的”①。比如，一旦史密斯先生做好了盒子，他就会毫无疑问地认为它是达到另一个所期待的结果的手段，即能通过它而使一件物品到达那个朋友手中。于是史密斯立刻获得了后一个所期待的结果。毫无疑问，史密斯先生接着开始关心其他目的，比如，希望他的朋友能以一种特别的方式对待这样东西，诸如此类，不一而足。

我认为我的评论非常符合杜威自己对所期待的结果的论述。他这样写道：“手段和目的是同一个实在的两个名称。这两个术语表示的是判断的区分，而不是现实的分隔。”②我们通过例子已经看清了这一点，同一个实在即史密斯的盒子，有时被当作一种目的，有时被当作一种手段。此外，杜威还写道，我们必须“坚信有一种具有多重变化的、运动的、个别化的……目的”③。从同一个例子中，我们也能清晰地看到，上面所定义的、所期待的结果，能够很容易以这种方式加以描述。

在我看来，杜威的“所期待的结果”这一概念很重要，主要是因为它表明，我们尝试如何能暂时安全地摆脱预演的**复杂性**。在不确

---

① ［美］杜威：《人性与行为》，232页，纽约，1922。

② 同上书，36页。

③ ［美］杜威：《哲学的改造》，132页，纽约，1950。

定的情况下，我们无法考虑是否要屈从于某种欲望，在实践中，最常见的就是让这些欲望自由地支配我们，而且我们着手寻找能够满足它们的手段。所以，我们暂时赋予这些欲望的对象以特权，把它们当作“所期待的结果”。不过，我们不需要永远赋予它们这样的特权(那是旧伦理学的典型做法，旧伦理学还包括了杜威强烈反对的目的观点)。我们只是暂时地、试验性地赋予它们以特权，无论何种情况，只要出现了更深入的慎思，就容许一种更新了的预演来纠正我们的进程。

当然，我关于目的所说的话含蓄地说明了为什么杜威会如此强调手段。但是，这些含义乍看起来可能并不直截了当，所以让我更明确地阐述它们。

显而易见，如果我们确实想**达到**所期待的结果，那么关注手段通常就非常重要。如果史密斯先生不考虑怎么做盒子，那么他永远不可能做成盒子。与此非常类似，但要重大得多的是，一个人永远不可能通过民主政治而使世界安全，除非他知道**那**该怎么做。但不管这些手段对于“所期待的结果”多么重要，杜威想强调的都不仅是它们。在杜威看来，它们不是伦理学中最重要的那类手段。杜威肯定不容许他关于“手段”一词的变动用法向我们隐瞒这一点。

在伦理学中，当我们所考虑的问题是，我们是否需要**修改**所期待的结果，而不只是我们如何**实现**所期待的结果时，我们对手段的关注要比上面说的更重要，更典型。我所说的不是我们已经确定了自己的目的，剩下的只是一个一个地实现这些目标的情况。我所说的情况和我先前提到过的(即讨论购买和养护代价时说的)有些类似，我所说的是代价。在那种情况下，我们为所期待的结果寻找手段已经有一段时间了，我们不再考虑手段，不再考虑我们有多么喜欢**它们**，不再考虑我们所期待的结果是否真的证明它们有效。此外，还有一些情况，如我们已经不再从**更深远的后果**来考虑我们所期待的结果，而是考虑后者是否将我们原来所期待的结果纳入权衡之中。当史密斯先生开始怀疑是否要做他的盒子的时候，这样的情况就出现了，但无关紧要。史密斯之所以产生怀疑，也许是因为他发现，要得到所需要的那种木材出乎意料地困难，也许是因为史密斯知道他的朋友不想要他准备寄去的东西了。而在下面的情况下，它的出现就事关重大。像在一所大学里，一个教师所期待的结果即保住工作，只有通过对同事隐瞒他的观点才能实现，而进一步的后果，就是他被逼无奈只得教学生一些半真半假的东西。

你会注意到，在后面的这些例子中，“手段”远不是达到那些暂时的、毫无异议的、所期待的结果的手段。它们涉及欲望的**任何**对象**始终**所处背景的整个因果关系。这样想来，杜威对手段重要性的强调，只是重复了他所说的：我们需要以所有可能的知识来引导我们的欲望。正如我们所看到的，这一过程要求我们从一开始就认真对待结果。在杜威的伦理学中，不可能有这样的思想，即将手段(在这种宽泛的意义上)留到“以后”和“让他人”来考虑。

Ⅷ

让我再说一遍，我一直在讨论的是杜威的那个劝告：我们要“把**方法和手段**置于过去只有目的才拥有的重要地位”。现在我想简要地指出，杜威观点的哪个方面通向一种更**实用的**伦理学。(下面的说明带有为了简短而不可避免的武断。)

我相信，杜威关于普遍准则的可更改性、可变通性理论的实用性已经非常明显，毋庸赘言。但这里还需要强调他关于手段的论述的实用性，之所以如此，在很大程度上是因为这一事实：它有助于我们意识到，在伦理学中，我们不需要专注于那些宏大的普遍准则，比如，涉及生存，最大多数人的最大幸福之类的那些普遍准则。我们已经知道，根本不存在完全因自身缘故而被欲求、所有其他事物只是达到它的手段的那种东西，所以，说我们应该欲求这种东西是毫无意义的。它能被欲求只能部分是因其自身的缘故，或者最多只能将它看作一个特别强烈的期待的结果。但是，为什么在那种情况下我们需要如此专注于它呢？因为它是一个如此宏大，如此遥远的所期待的结果，我们会很容易在通过手段实现它的努力中彻底迷失自己。此外，要决定我们是否真正接受它作为一个所期待的结果，我们就必须分析**它的**结果，而这同样是件很容易让我们迷失的事情。

与此同时，我们有更实际的选择。一个是发展一种元伦理学，换言之，澄清伦理判断的意义，以及发现能用以证实(establish)伦理判断的方法。杜威伦理学的很大一部分就是关于这一点的。实质上，杜威伦理学认为，“得出你想要的伦理学结论，要至少考虑这里所提议的方法(利用一个人全部的经验知识来引导欲望)，是否真的不是你将发现的最有用的”**方法**。

另一个实际的选择是，赞成那些“中号”的普遍准则，这些准则不涉及任何关于最大多数人的最大幸福之类的东西，它涉及的是这样一些问题，诸如，我们应该如何教育孩子，我们应该怎样改变我们的民主观念，或者我们应该获得何种程度的言论自由。尽管这个水平上的普遍准则，在处理行动过程的实质部分时仍会有很大的困难，但是它不至于困难到一定会使我们迷失的程度。你会看到关于这个话题杜威自己写了很多，在他看来，伦理学家需要关心的就是这些准则，而不是那些宏大的、被称为终极准则的准则，否则哲学家提出的理想就只能"用于含糊地唤起'渴望'"①，而不会为我们的渴望指出任何确定的方向。

自第二次世界大战以来，我们已经有很多关于元伦理学的作品，但我认为非常遗憾的是，在严格意义上的伦理学范围内，像杜威的著作这样的作品非常少见。也许这是因为，在那些相对明确的话题上，一个人**明显地**必须非常了解原因和结果的关系。大部分哲学家仍然喜欢感到，他们有一个明确的主题，这个主题能很好地与一般意义上的社会学家、科学家不得不告诉他们的东西相隔绝。这不能促进哲学健康的发展；而且它很可能会导致，像旧伦理学一样继续诉诸终极的伦理学根本毫无成效这一事实被一个感人的术语体面地掩盖了。让我们寄希望于杜威的影响能抵制这一点吧！

Ⅸ

在这篇论文的结语中，我想指出，我总是把对方法和手段的评论与预演联系在一起，当然这么做纯粹是因为杜威就是这样做的。如果我有时间能进一步展开的话，我希望能具有更强的批判性，讨论预演是否像杜威所说的那么重要。我特别希望能就杜威所强调的伦理学中与"非个人问题"截然不同的"个人问题"的见解提出问题(这里"个人问题"指，当一个人只是整理他自己的想法以确定他"确实想要"什么时所产生的问题；"非个人问题"指，当一个人"确实想要"这个东西，而另一个人"确实想要"那个东西，而这两个东西又不相容时所产生的问题)。假设一个人的预演导致他赞同种族歧视，而另一个人的预演导致他反对种族歧视。这当然包含伦理学问题；而杜威关于伦理学的方法论，尽管有关于这类问题的建议，但他从没有清楚地对此做出解答。

在展开元伦理学这后一部分的内容时，我本该引入我在其他地

① [美]杜威：《确定性的寻求》，279页，纽约，1929。

方已经讨论过的许多话题。比如，我本该讨论态度分歧，这让人联想到杜威式冲突的放大。我还应该讨论关于我们语言的诸多方面，正是语言为我们提供了表达和激发态度的可能。杜威在他关于预演的论述中也相当重视这些方面，然而不知何故，在强调预测时，他在解释可以把伦理判断看作意味什么时却忽略了这一点。但是要把这些话题整理到一起，可不是一篇文章能写完的，所以我就以下面这个评论结尾吧。

如果杜威关于伦理学方法的观念非常不完善，那么就其本身而言，它绝不会因为名副其实的洞察力而如此强烈地吸引和影响我。它关于普遍准则的可变通性、拒绝的重要性的建议，以及从一开始就考虑到目的依赖于手段的观点，都可能引起任何一种尊敬经验心理学的伦理学的重视。如果我们可以期待，最终杜威的著作能在伦理学传统中有它既定的位置，那么我们就可以期待并确信，最终伦理学会走出课堂和图书馆，而且在我们实际生活中发挥积极的作用。

可避免性；非决定论[1]

Ⅰ 独立的可避免性与非决定论

人们在进行评价时，通常总是把自己的判断限定在可**避免**的或者说主观可以控制的行为范围内。对于不可避免的行为，人们倾向于认为它们既不是对的也不是错的，是不用评价的。这是为什么呢？

这属于伦理学方法论问题。如果用另一种方式来述说，那么，问题就可以看得很清楚了。例如，下面这个例子：

A：你不应该允许那样。

B：但我对此无能为力，它是不可避免的。

在这个例子里，如果B的回答是确定的，那么，我们必须探究一下，为什么A会接受这种答复，并把它作为取消对B的行为所做的判断的**理**

① 选自《伦理学与语言》(中国社会科学出版社，1991)，第14章，秦志华译。——编者注

由？答案必须采取常识的心理学形式，必须解释理由和判断是如何相关联的。这个问题本来很简单，但意志自由和决定论的争论却常常涉及它。这样的争论，正如我们将要看到的，并不会给伦理学带来永久性的困难，它大部分是由混乱造成的，这种混乱古今作者都反复指出过。但我们一定不能因此就认为混乱已经完全消除，或者相信伦理学分析完全可以忽略它们。

我们首先来弄清楚"可避免"这个术语的意义。让我们以下面的方式定义它：

> "A 的行为是可避免的"这句话的意义是："如果 A 做了某种他实际上并没有做出的选择，那么，他的行为就不会发生。"①

当一个人的行为在这种意义上是可避免的时，这个人就像霍布斯所主张的那样是"自由"的人，是"不受阻碍地做他想做的事"的人。② 或者用休谟的话说，这个人有反对**强迫**的自由。我们必须把这种自由与反抗**必然性**的自由区别开来。③ 因此可避免性这一概念常常受到注意。但是即使如此，指出上述定义的含义仍然是有益处的。

"A 的行为是可避免的"与"A 的行为产生于**非决定性**的选择"，这两个陈述不是同义的。④ 可避免性与这样的事相关，即**如果**做出了一种本来没有做的选择，它就不会发生。条件从句显然与事实相反，但不能因此**否认实际**的选择已经完全被从前的事件所决定。当说"如果水凝固冻结，湖底就会结冰"时，我们并没有否定水的实际

① 当涉及将来时，这个定义就成了"A 打算做出的行为是可避免的"。这一陈述具有这样的意义："如果 A 做出某种选择，他的行为将不会发生。"对于过去来说，条件从句总是与事实相反；而对于未来而言，则可以相反也可以不相反。在下面的论述中，我们对涉及未来情境的看法，要通过隐含的方式表达出来。

② [英]霍布斯：《利维坦》，第 2 部分第 21 章，第 1 段和第 2 段，伦敦，1651。

③ [英]休谟：《人类理智研究》，第 8 章第 1 部分结尾，伦敦，1748。霍布斯以相同的方式说过，自由是对"反对"的反对。

④ "X 是被决定的"有这样的意义：从一种可以指出 X 本性的完全知识来看，存在着自然法和表示原因的因素。"X 是不受决定的"否认了这一点，虽然正像后面所解释的那样只能是"部分的"否认，但是决定论的一般含义是它主张**所有** X 都是被决定的，而非决定论的一般含义是它主张至少有些 X 是不受决定的。大多数作者都以与此近似的方式来使用这两个术语，在笔者看来，没有必要使这个定义更严密。布劳德在《决定论、非决定论和自由论》一书中提出了较精确的分析。这一章受惠于布劳德，虽然我们断然拒绝了他关于决定论与伦理学关系的令人迷惑的结论，但仍很感激他。

行为是受决定的，正像在这个关于水的陈述中，与事实相反的条件并不意味着物理学中的非决定论一样。所以，“可避免性”定义中所包含的关于选择陈述的相应内容也不意味着心理学上的非决定论。这是下述形式句子的一般特征：“如果 X 代替 Y，那么 Z 就会发生。”这句话**没有**表述任何决定 Y 的因素，而是表述了 X(虽然在其他方面都是相等的)是一种决定 Z 的因素。① 因此，人们行为的可避免性，与引起**实际**选择的**原因**无关；而与伴随**不同**选择的效果有关。因此，“A 的行为是可避免的”与 A 的行为是由“非决定的选择造成的”绝不是同义语，相反，倒是截然不同的，第一句既不蕴含也不否定第二句。在许多作者看来，把“自由”与这两个陈述相联系的模糊方式，就是造成许多“自由意志”之争的令人困惑问题的原因。②

正如上面定义中出现的那样，对“选择”这个词的详尽说明反过来又需要审慎的定义，但在这里它与我们的讨论无关。实际上，“选择”常常以一种便利的转喻方式被用来代表“挑选”“尝试”“努力”“训练意志力”等。不幸的是，存在那种可以用来指称各种不同现象的既简单又一般的术语，过去有些作者似乎把这些现象统统归为所谓“意志的表现形式”，因此，扩展“选择”一词的含义来达到这一目的是方便的。然而在这样的使用中，“选择”这个术语也是模糊的，确实就像“意志的表现形式”这个术语一样模糊。但是，它有助于出现原有论述与原有争论的关系，而且其模糊性不会带来很大的损害，即不会产生那种随后无法消除的东西。“自由意志”争论所引起的混乱，就其与伦理学的关系来说，与其说主要集中在指称心理事件的术语上，不如说主要集中在指称其**原因**和**结果**的术语上。于是，只要“选择”(以及其他被作为典型分析的术语)指称的是某些具有原因和结果的东西，指称的是某些不能很快脱离其指称对象的习惯范围的东西，就不必急切地对之进行更精密的分析。

再者，暗中预先假设一个与任何当代心理学流派的一般精神相

① 关于与事实相反的“虚拟”条件的情况，可以说的东西不能比这更多了。像奎因(W. V. Quine)在他的《数学逻辑》(诺敦，1940)16 页中所论述的：“虚拟条件不能直接等同于任何真值函项的组合方式(Truth-functional made of composition)，它需要更细致的分析。”史蒂文森从来没有做出过这种“更细致的分析”，然而卡尔纳普关于“P—可派生性”提出了有益的建议。[美]卡尔纳普：《语言的逻辑句法》，180、184 页，纽约，1937。

② 休谟论述道：“根据可以加在必然和自由这些术语上的合乎理性的意义，任何人都会同意必然和自由的学说；而且……迄今为止的全部争论已经转到了仅仅是词汇的争论上。”([英]休谟：《人类理智研究》，第 8 章第 3 段，伦敦，1748。)

违背的“选择”定义，也是没有必要的。例如，只要一个人在“选择”中的小规模(small-scale)行为不同于由选择而产生的大规模(large-scale)行为，那么，行为主义的定义就是合格的；而且即使把对行为X的某个选择等同于形成做X的意向，行为主义的定义也是合格的，然而在这种情况下，选择只是在第三章①所提及的意义上引起了X。而且必定存在着判定不同于X本身的选择是否存在的标准，或判定X的标准。同时，一个内省的定义也能同样好地帮助我们达到目的。② 总之，定义能够在极宽的范围内悬而不决，目前还不需要非常精确的定义。③

Ⅱ　如果判断要指导随后的行为，那么可避免性就是至关重要的

我们现在直接回到我们的中心问题上，即“A的行为是不可避免的”这个陈述，为什么能够常常被认为是一个放弃对A的行为所做的道德判断的理由？

答案在很大程度上依赖于下面这个初步的观察结论：尽管我们做出判断并影响决定的意图是复杂的和多重的，但我们的一部分意图(通常是最重要的)，支配着我们随后将如何行动，特别是如何尽力控制那种我们所判断的行为。例如，我们告诫一个人，为了使他自己不被偷盗，他不应该去偷盗别人。我们对其态度的直接影响，只不过是达到一个更远目标的步骤。我们如果认为他没有因此而产生任何悔改，那么就会放弃这种劝阻方式，而去报告警察。或者反过来，我们如果认为他完全没有而且永远也不会有偷盗，那么，就用不着因对他进行这样的告诫而费心。当我们对某些已经做出的事进行道德判断时，我们的动机就是这样的。如果某人偷了东西而我们告诫他不应该这样做时，我们并不企图影响已经做出的行为，这

---

① 指《伦理学与语言》的第3章。

② 如果“选择”被定义为一组可内省的感情，那就必须假定，感情有时会**引起**一个人去做所选择的行为。这似乎又反过来以赞成身心相互作用的方式预设了古老的“心—身”问题，但实际上它并不一定如此。人们可以接受一个关于原因的规律论解释，它只要求选择(及其他因素)必须合法地产生于被选择行为之前。这种规律论显然可用来解释平行论或副现象论。布劳德在《心灵及其在自然中的位置》中提到了这一点，并特别涉及了平行论。

③ 从这里开始，下文主要通过对史蒂文森的一篇论文《伦理判断与可避免性》中的材料整理而成，虽然其中做了许多改变、省略和增添。(《心灵》1938年1月号)

个行为已经不可挽回了。实际上，我们关于目的的知识在于试图阻止将来再发生同样的行为。“本来应该”的感情意义使我们能够在该人心中建立起与其行为相反的态度，使他想到该行为时就感到内疚和不愉快。这种感情，及其与行为的一切关联，并不仅仅与过去的行为相连，而且还与类似的其他行为相连。它可以作为威慑，使这个人以后不再偷盗别的任何东西。

其他情况只是稍微复杂一点而已。我们常常对一本小说的角色做道德判断。如果我们成功地通过不赞成的判断在听者心中建立对某个想象角色的厌恶态度，我们就能够使他不把这个角色看作指导自己以后行为的榜样；或许我们还有更个人的目标，我们正在强化一种决心，即**我们**将不把角色作为榜样的决心。另外，我们还可以用这个角色的名字来判断许多被他典型地加以表现的人和我们在日常生活中有可能碰到的人。

因此，很清楚，道德判断看来主要是关于**将来的行为**的。即使当它们所判断的是过去的或想象的行为时，这种道德判断仍然有助于达到一个能动的意图，即阻止(或鼓励)类似的行为在以后发生。虽然这个结论下面将受到限制，但这种限制并不影响它对于我们目前面临的问题的意义。

现在我们从某种角度看一看道德判断是如何与可避免性相关联的。道德判断总是被用于调整被判断的行为，但并不是所有行为都可以用这种方式来调整。道德判断常常使得人们为慈善事业捐钱，但从来不能使他们的境界稍微增高一点。如果我们告诉一个人，他**应该**更慷慨地资助慈善事业，那么，我们的判断也许能够实现自己的目的，使他将来较慷慨地资助。但如果我们告诉他应该去提高他的境界，那么我们的判断就不能达到自己的目的。既然我们不愿无的放矢地谈论问题，那么我们应该把判断限制在第一种类型的行为上，即限制在那些判断可能调整的行为上。但是在这种限制意义上，只有**可避免的**行为才能被道德判断所调整，因此，只有它们才可能被判断。换句话说，“A 的行为是不可避免的”，这个陈述的意思是说一个判断不能**控制**与 A 相似的行为，因此这常常使人们放弃关于该行为的任何判断。

当然，对这个说明的扩展，必须特别注意它的主要前提。我们必须考虑，为什么道德判断只能支配可避免的行为。我们用例子来说明这一点。

一个陆军军官在战争中失败了，他的司令正在决定是不是处罚他。现在假定，司令知道失败是可避免的，军官如果做出了不同的选择就可以防止这次失败。由此得到的结论是：只要性质不变，那么，在将来任何同样的情况下，军官做出必要的选择，失败实际上都是可以避免的。当然，将来的情况不可能与过去的情况**完全**相同，但有些情况也许是大致相同的，在这种情况下，如果军官做出不同的选择，不失败就是**可能**的。但是，什么是促使该军官做出不同选择的东西呢？也许司令的相反判断会做到这点。他对军官过去失败的评判会使这个军官羞愧不已，并促使他在任何可能出现的大致相同的情况下修正自己的选择。总之，对一个可避免的行为做出的判断，是能够控制所判断的这类行为的。

然而，假定失败是不可避免的，这个军官面临的是无法对付的覆灭前景。根据上面那样的推论步骤，也可以推出，将来在大致相同的情况下，即使军官做出不同的选择，失败仍然会发生。道德判断不能直接阻止随后而来的失败，它只能通过控制军官选择的这一中间步骤去获得这一效果。① 但是，既然选择上的改变也不能防止同样的失败，那么，这种判断就不能达到预期的效果。总之，对一个不可避免的行为所做的判断，并不能控制所判断的这类行为。

我们现在把上述论述结合起来，以使之更加明确。当一个道德判断成功地控制了所判断的那一行为时，它并不是直接而总是通过中间步骤间接获得这一效果的。这一判断通过改变一个人的态度来改变他的选择，从而改变他随之而来的行为。因此，只有当选择是一个控制行为的因素时，判断才可以成为一个控制行为的因素。但是，只有在这种选择是可避免的时候，判断才能成为这种因素。从“可避免”的定义来看，从这个定义引入的与事实相反的条件(这种条件所表明的选择会给行为带来某种影响)来看，这是明显的。因此，判断只有在行为是可避免的时候才能控制行为。既然我们判断一个行为的主要目的，是要控制这种行为，或者控制将来的类似行为，那么，只有在被判断的行为是可避免的时候，我们的判断才会有助于实现这种目的。换句话说，一个人对于不可避免的行为所进行的判断，是不可能达到判断的主要目的的。由于我们对其他方面都已经清楚了，所以这就成了有待证明的主要方面。在日常生活中，当知道一个判断不能实现自己的主要目的时，我们通常也就不再坚持进行这种判断了。而且根据常识来看，对于不可避免的行为进行的

① 我们可以假定，这里“选择”一词代表着好几种其他词项的含义。关于这一假定我们下面还将讨论。

判断也是一种相对无目的的判断。如果看到了这一点，当一个行为的不可避免性引起我们的注意时，我们通常就会中止对这个行为的判断。这是本文的主要问题，我们可以用这种简单的方式对其基本内容做出回答。

然而，这种说明仍然是不确定的，必须加以限制。有的限制将在下面提出，但对其中的两个限制必须立即予以注意。

正像上面已经提到的，每当一个判断有助于控制所判断的那一类行为时，它总是通过控制态度和选择的中介效果做到这一点。为什么必须将态度和选择放在一起提及呢？或者说，为什么全面地考察选择的内容不是多余的呢？在所使用的扩展意义上，“选择”一词代表着任何一种“意志表现形式”；我们很难弄清楚怎样才能把选择当作某种比实际起作用的态度更多的东西，这种态度是在它与既定行为的具体联系中被考虑的。[①] 看来它之所以表面上似乎具有更多的内容，只是因为这个术语暗示着某种意志所独具的功能，即实体化把握的功能。

这个论点表面上看似乎是有道理的，但我们很容易看出，它更多的是加强了本部分的说明而不是对之提出非难。如果以所提出的方式来理解选择，那么，虽然谈到态度和**选择**似乎有些多余，但多余只能说是不雅观的，却不能说是错误的。同时，由于态度很明显的是联结道德判断和该判断所控制的行为之间的中介，因此把“选择”设想为一种正在起作用的态度也是完全可以的，它们具有同样的地位，目前的说明需要的就是这些。

除了“态度”之外，还使用“选择”一词的主要理由在于，它可以使我们不去讨论那些超出我们兴趣范围的内容。如果有人希望把“选择”一词理解为某种独特的心理现象——坚持认为只有在这种意义上我们的说明才能对传统的争议问题和常识的实践产生影响——那么，他不用否定上述解释的根本特征就可以很容易地做到这一点。当然，这个人必须赋予“选择”以一种广泛的意义，仍然必须让这个术语指称某些可以由态度引导的东西。更一般地说，虽然“可避免”一词是由“选择”这个术语来定义的，但是人们依然必须赋予“可避免”一词以这样一种意义，在这种意义上人们可以说，只有可避免的行为才可以被道德判断所控制。但是，如果“选择”和“可避免的”具有某种

① 霍布斯的《利维坦》(伦敦，1651)第1部分第6章，28页：“在斟酌之中，直接与行动或不行动相连的那种最后的欲望或反感，便是我们所谓的**意志**，它是意愿的行为而不是意愿的**能力**。”

意义，这种意义使它们对下述伦理问题具有全面的影响力，即全面影响传统上总是与“意志”联系在一起来讨论的问题，那么，上述要求就不是自然的。而且，它并不是一个特别严格的要求，并没有特别限制术语所指称的关于态度的范围。

现在我们继续讨论第二种限制。在我们所举的司令和军官的例子中，假定司令做出相反判断的**动机**是防止这个军官在以后的类似情况下再次失败。显然，这个司令可能还有更复杂的动机。他可能希望他的判断是对一个带有普遍性的**先例**提出警告，以有效地阻止他手下的**所有**军官出现类似的失败。他还可能把他的判断当作一个使这个军官彻底丧失自信心的手段，以致使他在军事条件一旦允许时就辞去自己的职务。在后一种情况下，他的判断并不会使这个军官“在以后的类似场合中”采取不同的行动，而是使他不再**遇到**这样的情况。这些问题使我们的说明复杂化了，但并没有改变说明的意义。司令的动机仍然是有远见的，而且需要他判断的仍然只是一个可避免的失败。当然通过判断一个不可避免的行为而确立的先例，在很大程度上，也将继续对**其他**的不可避免的行为发生影响。但是，对于司令下属的其他军官来说，对他们无力控制的事情进行恐吓只能是一种**无效**的警告。军官由于判断而产生的羞辱感，如果没有完全被义愤所压倒，就很少会使他辞职。因为如果知道了失败是不可避免的，那么他就几乎没有理由去假定他的继任者在防止失败上能比他做得更好，因此就会发现自己辞职是没有意义的。总之，只有对于一个可避免的行为而言，判断才能成为一种控制的手段。

Ⅲ　惩罚理论中的相似问题

我们对可避免性的研究并没有给我们的伦理学分析增加什么新的东西。我们还必须进一步看到，这种研究也没有给传统哲学理论增加什么新的东西。因为尽管可避免性和**伦理判断**之间的关系（就笔者所知）从没有以目前这样的方式被分析过，但是相似的分析在可避免性和**惩罚**问题上却反复出现过。感化理论和预防理论早就清楚地指出，对不可避免的行为进行惩罚并不能解决重要的问题，它们所忽视的不过是，作为准祈使的道德判断具有一种感化和预防的功能。理论家们由于难以置信地过分强调了语言的认识功能，因而无法看清这一点。

伦理分析的这个方面与惩罚理论之间具有很多相似之处。对这点简要展开，有助于发展前面的说明。

只要在对行为给予社会惩罚时，将惩罚仅限于可避免的行为，那么，感化理论和预防理论在强调惩罚功能时就是富于远见的。这种控制施加于被惩罚的人身上，其目的也许是使他以后采取不同的行为方式，也许是防止出现这些行为的机会。它还可以通过警告某个先例达到控制其他人的目的。我们已经知道，一个相反的道德判断可通过同样的方式发挥同样的控制效力。确实，一个反向的道德判断是一种责备，而责备则是惩罚的某种语词中介。我们对于可避免性和道德判断的观察，实际上是关于可避免性与惩罚的非常一般的理论的一种特殊表现形式。①

在对一个行为受判断的人进行反向判断时，这种情况尤其明显，因为这种判断所施的惩罚是直接由羞辱实现的。当对其他人进行反向判断时，例如，当 A 对 B 和 C 说 D 的行为是错误的时候，情况本质上一样，只是不那么明显而已。这个判断通过影响 B 和 C 而改变他们对 D 的行为，从而间接惩罚了 D；而且即使在 A 的判断没有这种效果时，它对 B 和 C 并通过他们对其他人的影响，也能实现一种类似于惩罚的**警告效果**的控制。因此，我们现在的考虑与惩罚具有"相似"之处，这不过是一种委婉的说法。

但至此我们考虑的只是惩罚的感化和预防的作用方面，那么，关于惩罚的报复方面，即那些明显是复仇、愤怒，或残忍的行为又怎样呢？如果我们力求真实地描述惩罚，就必须给予这些方面以适当的位置。克莉奥佩特拉(Cleopatra)听到安东尼(Antony)结婚的消息后，惩罚了带来这个消息的无辜送信者。② 在日常生活中我们很容易找到类似的例子。虽然惩罚的理论是有争议的，但这种争议主要是规范性的，即争论惩罚**应该**主要是为了感化，还是主要为了预防，抑或主要为了报复？关于这一类问题显然可以给予完全不同的回答。这些问题虽然重要，在这里却是不相干的。我们没有必要去判断惩罚的功能，正如我们没有必要去判断道德功能一样。所必须做的仅仅是理解它们究竟是什么。在实际应用中，惩罚显然具有许多功能，这些功能像许多其他功能一样，在不同的时候产生不同的动机，并且通常产生混合的动机。在这些动机之中，必定也包含着

① 同样，一个**赞成**的判断是一种**奖励**。如果奖励理论像惩罚理论一样流行的话(在斯威夫特的《小人国》中，既用奖励也用惩罚来实施法律，或许就是这样)，那么这种理论可以把赞成判断和可避免性的关系作为某种一般问题的特殊情况来处理。

② 参见莎士比亚的《安东尼与克莉奥佩特拉》，于 1606—1607 年首次上演。

某些**没有**远见的动机，这些动机显示出非反思冲动的力量。

道德判断的动机，在这方面显然与惩罚没什么不同。一个愤怒的人既可以挥动拳头砰砰地砸门，也可以做出某种道德判断。当这样做的时候，他心中并没有别的目的，仅仅是为了发泄一下感情而已。既然承认存在着这种迄今为止为了简单的表达方式而被忽视了的动机，那么，我们就必须问一问，这些动机是否要求我们改变对于可避免性和道德判断如何关联所做的解释?

必须做的改变几乎是没有的，因为道德判断在有报复性或冲动性的时候，也就往往是这些判断与可避免性**没有**任何联系的时候。当讨论人们为什么一般或通常把他们的判断仅限于可避免的行为时，我们为那些相对不经常出现的情况留下了余地；在这种情况下，人们并不承认这种限制。那些表现说话者盲目感情的判断(如当一个急躁的中学校长碰巧发现了某个不幸的孩子身上的缺点时，或当一个生意上失败的人盲目地训斥他的推销员没有卖掉某种无法卖掉的产品时所做的判断那样)，既可以落到可避免的行为上，也可以落到不可避免的行为上。在这里，“它是不可避免的”这种说法，并**不被认为**是一个放弃判断的理由。我们希望说它**应该**是这种理由，但这是在**评价**伦理学方法，已经超出了我们现在所关心的内容范围。

然而，一定不能过早地将这个问题放到一边，因为我们还必须问一问为什么对不可避免的行为所做的判断如此少见。愤怒和冲动常常伴随着道德判断，但是通常并没有将这些判断导向不可避免的行为。为什么会出现这样的情形呢?有时可以用混合动机来做出解释。虽然一个判断在**一定程度上**可以是某种一时冲动的表现形式，但同时这个判断也是有远见的，远见的动机足以使判断指向那些当事人相信是可以避免的行为上，在另外一些时候，解释就稍微复杂一点。

我们在进行道德判断时所观察到的限制，在很大程度上是习惯的产物。因此，甚至在一个人并没有抱着改变他所判断的行为和自觉的目标时(甚至在这种目标不能被恰当地承认为“不自觉”的东西时)，他的判断也会被限制在某种习惯的方式之中。如果这个人以前不断地拒绝对不可避免的行为做出判断，而且他的判断是有远见的，那么，他在纯粹表达情感愤怒的许多情况下，也不会对不可避免的行为做判断。一个人并不经常是有远见的，他的习惯仍然可以限制他的判断范围，尽管这些习惯的起源可能是完全不同的：或许他进行或拒绝判断的方式受到了其他人的影响，这些人是有远见的，是他着意仿效的；或许他如果判断了不可避免的行为，就会受到一些人的批评，虽然他并没有意识到为什么不能这样做，但这些人的批评却有效地控制了他自己的判断。因此，即便在这样的情况下，可避免性与道德判断之间的关系只要存在，就依然依赖于判断能否有效地控制被判断的那一类的行为。当这种控制并非说话者当时的意图时，我们可以在他以前的意图中发现它，或者在那些影响了他判断习惯的人们的意图中发现它。

虽然这些论述并不要求实质性地改变人们对可避免性所赋予的伦理地位。但是，它们对于改善现有的说明，使其对日常实践的各种行为更为敏感，似乎是重要的。判断主要是远见方面占有优势——就如为了简明起见而暂时做的那样——这种假定将会使我们通常的心态过分理智化。这不仅低估了我们所做的某些判断中存在的盲目激情，而且暗示(特别是在赞成判断的情况下)，我们考虑的完全是生活事务，而根本没有考虑到人性的完整性。它暗示我们的判断总是经过精心计算的，就像一句谚语所说的那样：“感谢只是为了礼貌地向你要求更多的东西。”它没有考虑到自发的感激、羡慕、同情、热情等，而这些东西常常鼓舞和装饰着我们的动机。但是现在，由于我们对这个假定已经做了限制，解释就变得灵活了，这就可以更为忠实地描述预见、冲动、习惯的统一体及其相互作用，这些东西构成了所有交谈和行为的根本特征。

Ⅳ　判断的其他先决条件

现在我们再考察一些例子，这些例子将引进某些上面的说明所没有充分强调的内容。

假定一个人的行为导致了我们感到不幸的后果，而他选择了不同的行动就会防止这些后果出现。再假定他并**不知道**这些后果会产生，那么，我们是“原谅”他的行为，即放弃对其他行为的判断呢，还是对他做不赞成的判断？显然，答案将依赖于与他的行为相伴随的环境。如果他对这个后果的**无知**是可避免的，而且，这种无知是我们觉得他应该纠正的，那么，我们也许就会做出负向判断。必须注意，我们的判断方式并不一定只是指责他的无知，也可能指责与他的无知相伴随的行为方式。相反，如果我们觉得他的无知是不可避免的，那么，我们就很可能对他的无知和行为都拒绝做出判断。

这个例子是符合所谓判断通常仅限于可避免的行为这个原则的。这个例子也意味着判断还有更多限制，即仅限于那些并非出于不可避免的无知而发生的行为。这种进一步的限制虽然对于本部分目的来说不是主要内容，但仍然比较有意思，因为它引起了某些前面提到的相似思考。一个产生于不可避免的无知的行为，虽然本身是可避免的，但它仍然不是判断可以控制的行为。只有那种产生于可避免的无知的可避免的行为，才**是**判断可以控制的行为，这是因为，判断既适合于作为一种间接刺激来纠正无知，又可以以此为手段来促进对行为的控制。

我们通常把自己的判断限制于其中的行为范围是不是能更窄一些？答案无疑是肯定的，但对于它的任何详尽阐述都会包含一些与现在的议题无关的细节问题。因此这里只要提一提以下的内容就足够了。

有些行为是我们喜欢用判断来控制，而且合乎情理地希望用判断来控制的。在这些行为中，我们实际判断的通常只是那些不用费多大力气就可以控制的行为。我们什么时候认为“费力太大”，这当然依赖于我们对所期望判断的行为的态度，还依赖于许多其他因素，但很明显，我们每一个人都会这样那样地使自己的判断受这种考虑的引导。例如，与拒绝对一个壮年人的行为做不赞成的判断相比，我们更愿意拒绝对一个上了年纪的人的行为做不赞成的判断，尽管两者的行为性质完全相同。我们常常在我们的判断中这样来解释他们行为的差异：人们在变老的时候，就不太容易改变他们的行为方式了。当然，可能还有其他动机指导着我们，例如，我们宁愿忍受老年人的行为，也不愿意由于我们的指责而引起老年人的痛苦，如此等等。在其他考虑之中，使判断成为一种恰当的控制手段的困难，依然是拒绝进行判断的明显理由。

这个观点有助于把前一节所展开的关于可避免性的论述放到一个较大的背景之中。我们在大多数场合下都是不愿意判断那种不可避免的行为的，因为我们觉得这种行为本质上**不能**控制。但我们只是稍微有些不情愿判断那些“实际上不可能”控制，即非常难控制的行为。随着控制困难的减弱，我们也不断增加关于判断的情感程度（当然，假如其他条件不变的话）。

在这方面，用一个众所周知的例子是很容易说明的。如果一个人吸毒成瘾，我们可以在其形成习惯的早期阶段来判断他，这时我们的判断可以作为一个阻止他形成恶癖的现成手段。但如果他的习惯进一步发展，那么我们即使仍然认为吸毒成瘾是可以避免的，也很可能拒绝再对他的行为进行判断了。我们要使判断有效，就必须用劝导的方法和理性的方法给予全面的论证。而这又会使判断成为效率很低的工具。于是我们必须经常使用更直接的办法，例如，采取积极的行为限制他可能得到的毒品数量。当然，我们仍可以对其他人说，你们永远也不应该形成这种习惯，但这只适合作为一个警告，以阻止**其他人**不去吸毒。

在另一些判断能引起某种既定变化的情况下，在决定应该强调哪些判断的情况下所出现的考虑并没有什么新颖之处。如果一个改革者试图改变穷人公认的道德标准，那么，他是把他的论证主要讲给穷人听，还是主要讲给富人听，从而鼓励他们去改变那些形成穷人道德标准的环境呢？可以假定，任何一种判断都是形成控制的**可能**根源，但其中一种也许要比另一种包含着更多的困难。改革者的决定必须考虑到这一点。但很明显，除此之外还存在着许多其他值得认真考虑的因素。没有任何改革能够不付出代价就取得成功；改革者还必须考虑是哪一种人，富人还是穷人要付出这种代价。但在实践上，比较以这种手段或以另一种手段来进行变革时困难的大小，通常是人们思考的核心问题。

必须强调，本文关于可避免性的论述，以及关于道德判断在支配某种被判断行为中的作用的论述，远远没有穷尽导致我们做出或拒绝做出判断的许多理由的研究。我们放弃判断也可能是由于谦逊、仁慈、懒惰等，这些考虑与我们的判断(如果做出的话)是否能成功地控制所说的行为无关。它们也许全都可以影响行为，但这种影响并不是我们所考虑的那种直接影响。尽管人们常常认为，可避免并因此易于控制是一个行为能否被判断的必要条件，但还有许多别的条件常常也同样必要。然而，尽管如此，可避免性仍然是一个特别有意思的问题。这是因为它在传统的争论中具有极为重要的地位，虽然是以其他的名目出现的，而且因为对于既深刻又直观的缺乏分析的日常生活智慧来说，它是一个不可缺少的组成部分。

V　非决定论对道德是不相干的

我们现在来看看伦理学与选择的决定论与非决定论之间是否存在着一些联系。我们关于可避免性的论述并没有回答这个问题，因为正如前面所解释的那样，一个行为是可避免的与对它的选择是决定的还是非决定的无关。

人们有时坚持认为非决定论是全部伦理学的基本前提。为这种观点提出的理由虽然可能采取多种形式，但下面的形式具有代表性。

如果已知一个人的选择是被决定的，那么任何深思熟虑的人都不会去判断作为这一选择结果的行为。人们会把这个人看作环境的牺牲品。他的行为受自然法的制约，对这种行为的判断就像因为天下雨所以对天进行判断，或者就像为了保持星辰的运行方式而对星辰进行判断一样无聊。因此，深思熟虑的人不仅把自己的判断限于可避免的行为，而且还限于那些产生非决定性选择的行为。如果后一种行为存在，就没有可供深思熟虑者判断的行为。因此，确立非决定论是伦理学理论的一个建设性任务，因为要说明明智的伦理学是可以建立的，这一步非常必要。

这个论点的最后部分常常受到反驳，对此，这里需要多说几句话。引证非决定论无助于为明智的伦理学的"可能性"辩护，而只不过是以一种困难代替了另一种苦难。如果一个人的选择是非决定的，那么，这种选择在理论上就是不可预见的。这个人既不能预见他自己的选择，又不能采取任何步骤来防止他这种选择。这种选择不是从他的人格中产生出来的，而继续是从无中产生的。他仍然是一个"牺牲品"，虽然不是决定性环境的牺牲品，但却是偶然性的牺牲品。在这里，还有进行道德判断的余地吗？

这个观点的主要混乱不在于它不能避免困难，而在于它造成了人为的困难。没有任何理由假定，一个深思熟虑的人仅仅由于相信人的行为产生于被决定的选择，就会因此不去判断这个行为。在对这个行为的判断和对天下雨的判断之间存在着这样的差别：对下雨的判断并不会使下雨的情况改变，对人类行为的判断——只要该行为是可避免的——有助于使这种行为在将来较为频繁地出现，或不太频繁地出现；在后一种情况中，判断本身就是一个新的决定因素，是一个被增加到人们选择的原有决定因素之上的新因素，而且这种判断可以作为一个控制或指导人们选择的手段。因此，如果一个"深思熟虑"的人，仅仅由于相信选择是受原因制约的，就马上丧失了判断这一选择的兴趣，这是很荒谬的。

那些对非决定论感兴趣的人认为，要使伦理学成为可能，就必须有非决定论，从而为一个虚构的问题提供了一个不合适的解决办法。可避免性的确对伦理学具有意义，但非决定论所引入的问题却与此不相关。

但是，如果伦理学并不以非决定论为前提，那么，与此相对立的学说怎么样呢？从现在的分析能不能得出结论说，道德判断是以决定论为前提的呢？

表面上看来似乎如此。道德判断通过控制人们的选择这一中介步骤来控制行为。如果一个人的选择是非决定的，那么，这种选择就不能以任何方式去控制。我们的判断虽然抵消了那些在我们的努力之外发挥作用的因素，但却不能成为一个使他在将来采取不同行为方式的原因。因此，要使道德判断具有通常的功能，决定论就是必需的。

然而，我们稍微思考一下就可以看出，严格地说来，情况并非如此。必须以一种"部分的"决定论，而不是"完全的"决定论作为伦理学的前提。从下面的例子中我们清楚地了解这些术语的意思：如果我们对规律和环境有充分的了解，有无限发展的理解能力，可以预见某个人的选择所具有的某些一般特征，但还不能预言比这些特征更为具体的东西，那么这个人的选择就可以叫作"部分地"被决定。如果我们可以预见这个人的选择本身所具有的全部特殊性，那么，他的选择就可以叫作"完全地"被决定。虽然伦理学**允许**完全的决定论存在，但它所**要求**的只是部分的决定论。由于它只要求一个人的选择和行为能够受到判断的某种控制，因此部分的决定论就足够了。一个判断虽不能使得某人**严格地**按照说话者希望的方式去行动，但可以大致使他沿着这个方向去做。

很明显，如果一个事件是部分地被决定的，那么一定程度上它也是**非**决定的。人们能够说它是"部分"非决定的。那些为非决定论辩护的人，希望辩护的并不比这更多，同时他们还常常忽略了限制性形容词。既然没有人会坚持说存在着与以前的事件**完全**脱离的心理事件，那么，争论就与某些事件是完全决定的还是部分决定的有关，换句话说，与这些事件是完全决定的还是(部分)非决定的有关。既然无论哪种情况都足以使道德判断具有实际的功能，那么我们可以得出结论说，仅仅为了消除导致理论家们夸大决定论与非决定论之争的重要性的混乱，伦理学也必须提及这一争论。

我们有必要暂时停下来谈一谈决定论与伦理学相联系的一种间接方式。有时，有人会极力主张如果人们相信了决定论，他们就会失去为某种他们认为最好的目标而奋斗的动因，因为完全的决定论使他们假定，任何问题的结果都是预先注定了的，他们的奋斗不能使这种结果产生任何不同。人们对这种论点是很容易加以批评的。

无论所提到的实际上存在的动因什么时候消失，都不能把它归咎于对决定论的信念，而应该归咎于伴随这种信念所出现的混乱。对于那些不能区分决定论和不可避免性的人来说，这是一件麻烦事。只有在行为不可避免的情况下，即在那种不同选择（像有意识地努力等）并不导致不同结果的场合，奋斗才是无谓的。但决定论并不含有这种意思。一个人的选择是决定的这一事实，**并不会**妨碍这种选择对他所力求成功地达到的结果产生某种影响。并且，认识到他的选择有可能造成的差异（这通常还是促使他进行选择的因素之一），成为促使他为推进他的目标而奋斗的因素之一。换句话说，“无论我做什么选择，事件的一般进程都不会受影响”，像这样一个经常作为悲观主义惰性借口的陈述，不是选择决定论的结论，而是另一种（荒谬的）论点的结论，这种论点认为事件的一般进程是完全不可避免的。这个陈述并没有指出选择的原因，而是说选择对于结果的产生是无能为力的。只是由于混淆了两种界限（这种混淆与混淆决定论和宿命论，或决定论和预定论，或决定论和强制论一样），人们以为决定论包含使行为无效的意思。

一般地说，那些为决定论而烦恼的人，和把非决定论作为伦理学中不可缺少的因素的人，在可避免性的问题上总是沉迷于某种他们假定的非决定论应该带来的好处。因此，伴随着那么多关于非决定论的讨论所出现的**不根据前提的推理**（non sequiturs）甚至没能表达出一个稍微有点启发意义的设想。只要这个问题得到清楚的阐述，它就不会引起人们的偏爱或厌恶。的确，人们应该把它看作一个严肃的争论问题。当人们未能预见到某些事件时（假设他们总是愿意预见），这一失败既可以归因于他们对原因和规律的无知，也可以归因于大自然存在的绝对偶然性。因此，人们在面对这些证据时仍能坚持决定论或者（部分的）非决定论。同时，由于没有其他可以获得的更为明确的证据，人们既不能绝对地证实，也不能绝对地证伪这两种学说之中的任何一个。在这样的情况下，承认任何一种假设都有利于达到眼前的目的，这完全是合情合理的。对于许多目的来说，决定论是方便的假定，但是对于伦理学的目的来说，两种假设中的任何一种都是合适的，因为每一种都与该学科所要求的因果解释方式相适合（假定这种解释只是部分决定论的）。

如果人们在伦理学中不考虑决定论和非决定论之争，那么为什么许多学者都假定它是重要的呢？当然理由之一是“自由”这个词。当“自由”一词被用来模棱两可地既指可避免性又指非决定论时，后一个概念就因为与前一个概念相混淆而获得了一种人为的重要意义。但这只是问题的外表方面，这与其说是混淆的原因不如说是它的一种表现形式。更有意思的解释是下面这样的。

理论家习惯于强调语言的认识方面，而没有恰当地强调道德判断的准祈使方面，这就使他们看不到道德判断是指向未来的。因此，他们不是着眼于将来的“自由”(可避免性)与道德判断的联系——不去了解道德判断随后可以控制的可避免行为——而是到过去寻找这种联系，于是我们很自然地认为，要解释它们的联系，就必须把**选择**神秘化，好像它对于实际上不可改变的过去来说，仍是多少可以改变的一样。有些人一开始就谈到了非决定论，而另一些人由于认识到这实际上于事无补，从而转向了信奉非理智的形而上学了。

虚拟条件从句中使用的语言形式无疑加重了这种倾向，即只向过去寻找联系的倾向。当我们说“如果他做了不同的选择，他的行为就会不同”时(这句话与“他的行为是可避免的”同义)，我们所用的动词是过去时态的。这个陈述表明，选择和行为之间存在着合乎规律的联系[1]，并因此对**将来**的情况具有某种影响。但这一事实往往没有得到人们的注意。

可避免性和非决定论相混淆的另一个原因在于做出道德判断时的情感心态。正如我们所知，当我们的道德判断面向将来时，我们并没有完全失去较为冲动的动机。伴随着判断的可能心态有愤怒、恐惧、恼怒等，而它们使判断具有很强的自发性。这时，如果我们停下来考虑被判断行为的原因，我们的情感就会失效，我们的判断就会缺少说服力。因此，对行为原因的研究被取消了，代之而起的是虚构。通过半诗意的表达方式，我们常常不是去研究判断的原因，而是去发明这种或那种虚构的东西，并通过使这些虚构具有半诗意的表达方式来加强我们的情感。这时候，我们其实假定了某种行为完全来自那个被判断的人，无需遥远的因果前提。这个人“生来就是卑劣的”，就像一个老式通俗闹剧中的恶棍那样。他的行为不仅与社会条件或他不幸的童年无关，而且确实也与那些常常使我们改变对行为直接对象的不赞成态度的因素无关。于是非决定论的虚构就为我们的态度提供了一个现成的注意焦点，使我们的判断暂时具有了说服力。这可能是导致错误的一个重要根源。人们容易做出过多的

① 关于部分的决定论仍然存在着一种法则，但这种法则只是描述了以一般方式来阐明的具体事件之间的一致性。注意虚拟条件从句只是“指出”了一个法则，它并没有提及一个法则必须考虑的全部**因素**。

这样的虚构，或者将它们与经过检验的心理学假设混合起来。人们很容易得出这样的结论，即非决定论的前提正是在道德判断的“意义”中被发现的。

我们在努力消除这些混乱时，一定不能忘记在很长一段时期内，我们的日常生活充满了混乱。在很久以前，它们就已经具有了对语言的影响。因此必须承认，就某个既定人群的用法来说，道德判断**的确**含有非决定论的意义，如果这些人相信“他的选择是被决定的”，那么这个理由就会使他们放弃判断，或至少会因迷惑不解而犹豫不决。我们的理论不打算否定这点，而只是想证明，如果人们完全明白自己在做什么，就不会再以这种方式使用伦理学术语了，也不会再觉得决定论是拒绝进行判断的理由。但是，不管在什么情况下，只要人们**的确**把决定论看作拒绝判断的理由，那么，要解释他们为什么会这样，就不存在什么不可克服的困难了(虽然假定的详尽说明是极为复杂的)。他们把决定论和不可避免性相混淆，把向后看的判断与向前看的判断相混淆，把表达上的虚构与事实上的事件相混淆(还有其他我们不必提及的混乱)，这些混淆为他们提供了一种心理结构，而他们的判断习惯正是在这种心理结构之上形成的。

伦理判断与可避免性[①]

I

在《伦理术语的情感意义》一文中，我曾指出伦理陈述是用来影响人的，是用来改变或者强化人的态度的，而不是用来描述人们已有的态度是什么的。伦理陈述的这种影响力不是以伦理术语的某种神秘的性质为中介的，而纯粹是通过它们的**情感**意义起作用的，情感意义适宜在建议中使用。

在本文中，我们必须让这种分析接受一项重要的检验。我们需要看一下，这种分析是否能为我们理解伦理判断和意志“自由”之间的关系提供可能。

我们的问题是从下面这类司空见惯的例子中产生的：A“你本不该那样做”，B“但是我实在控制不住!”很显然，如果A相信B，A就会立刻收回他的伦理判断。当一个人的行动是他“无法控制的”，或者换言之，当他没有改变行动的“自由”

① 选自《事实与价值》第8篇(Ethics Judgments and Avoidability)，冯平、刘冰译。该文首次发表于《心灵》，1938年第47卷。——译者注

时，没有人会自在地判断这种行动。但是为什么呢？“你本不该那样做”与“我实在控制不住”成为一个可以被普遍接受的反驳他人的**理由**之间有什么关系呢？这就是我们的核心问题。不过，我们的大部分注意力将首先集中于一个预备性问题：若“我实在控制不住”被用来抗拒一个伦理判断，**意味着**什么？

Ⅱ

用“我的行动不是可避免的”这个表达，替代“我实在控制不住”和“我别无选择”这种笨拙的表达，将更为方便。因此，我们的准备性任务就是定义“可避免的”(avoidable)这个词。

既然当我们谈到发生在过去的行动时，可避免性的主要困难就会产生，那么，我们就可以通过定义仅适合这个语境的可避免性一词来简化这一问题。这个定义如下：

> “A 的行动是可避免的”意味着：“A **已经做了某个选择，事实上如果他没有做这个选择，那么，他的行动本来是不会发生的。**”

我们将会看到这个定义是可以接受的，至少大体上是可以接受的。它既不令人惊讶也非不同寻常。霍布斯曾给出过相同的定义，亚里士多德也曾在一定程度上提出过这样的定义。[①] 但是，现在的理论家即使非常熟悉这个定义，通常也会拒绝它。当然，在其他地方它被认为是恰当的和重要的，但是在弄清伦理判断所假定的是何种可避免性这个问题上，这个定义毫无价值。既然我们要接受一种人们通常故意拒绝的定义，那么我们就必须在眼下这个伦理学语境中仔细检验它，以证实我们与当前的思潮分道扬镳是没错的。

例如，一个军官打了败仗。他的指挥官对他说，他本不该失败，军官回答说他的失败是不可避免的。我们必须确定，不管指挥官是在常识意义上还是在上述定义的意义上理解“可避免的”，指挥官都同样会接受这种回答。

假设，军官面对的是敌方势不可当的优势，指挥官就会在常识的意义上承认军官的失败是无可避免的，即使根据定义也是如此。

① [英]霍布斯：《利维坦》，第 2 部分，第 21 章，伦敦，1651。更详细的讨论可以在霍布斯的《对自由、必然和偶然的追问》中找到。

但是，如果这个军官做不同的选择就可以避免失败，那么，像“可避免的”在定义的意义上所要求的那样，“军官的失败是不可避免的”就不是真的。无论军官选择什么，失败都会发生。

假设失败不是因为敌方势不可当的优势，而只是因为军官使他的部下处于一个不必要的暴露位置，指挥官就会说失败是可避免的。而且根据定义也是如此。因为如果军官做了不同的选择，如果他选择了让他的部下处于更隐蔽的位置，那么他就不会失败。

像先前一样，假设失败是由于军官使军队置于不必要的暴露位置，并且，假设军官与指挥官的观点相逆而坚持认为失败**并非**可以避免，并给出以下理由：“我知道如果我选择让我的人避开暴露位置，本来是可以避免失败的，但我**不可能那样选择**。有些原因操纵着我做出了我做出的那种选择。我的选择、我的行动及失败的结果，都是不可抗拒的自然规律的结果。所以失败是不可避免的。”指挥官会置之不理，而且拒绝接受这种荒谬的理由。如果他是在定义的意义上使用“可避免的”的，他就有权这么说。根据定义，一种“可避免的”行动，是一种**如果**（和事实相反）做了不同的选择就不会发生的行动。现在很清楚，如果一个人做了不同的选择会产生什么结果，和他的实际选择是不是被决定的，这两者之间毫无关系。类似的，如果很少下雨，河水水位就会更低，和实际的降水量是不是被决定的，这两者之间毫无关系。因此，根据定义，试图参考决定论来寻找证明不可避免性的根据，是十分荒谬的，所以，我们应该像指挥官一样对它们置之不理。

以上例子证明，所提出的定义与通常使用的是一致的。尽管有一些其他的例子要求我们修改定义，但是因为它们对马上要讲的内容没有任何影响，所以我们暂且不论，等到后面再说。

现在产生了一个更重要的论点。定义不仅要保留“可避免的”的常用意义，还要为回答我们的核心问题提供可能。它必须使我们能够解释，为什么只有可避免的行动对于伦理学的判断是敞开的。

我们很快就会看到，这个定义为先前的问题提供了一个极其简单的答案。不过通常人们会拒绝接受这个答案。理论家再三地反对这个定义，理由是它让任何答案无论如何都是不可能的。在上面最后一个例子中，那个部队的军官已经部分地预感了这种反对意见。为了能够确实摆脱这种反对意见，我们来做出更充分的总结。

反对意见继续说：“推测的不可能性绝对是离题万里的。”所提出的定义引导我们推测不可能性；但是如果使可避免性和伦理判断联系起来，那么可避免性所考虑的肯定仅仅是由现实规律和运作原因引起的具有**可能性**的选择的结果。假设一个人的选择和随之发生的行动都是严格地被决定的，那么他就会成为环境的受害者，成为遗传因素或环境因素所导致的选择的受害者。坚持让他承担责任就是荒谬可笑的。通过指出他的行动在定义的意义上是“可避免的”，即通过指出，事实上**如果**他的遗传和环境所导致的是一个不同选择的话，他的行动就不会发生了，来“证明”他的责任就更加荒谬可笑。这种有条件的断言，不管多么真实，无非是使他成为**现实**环境的受害者，因此没有责任就不应该被评判。无论怎样，这个定义都不可能让我们理解可避免性和伦理判断之间的关系。的确，除非定义指称非决定论，否则任何定义在这一方面都无法胜任；因为只有根据不是因果上不可避免的选择，所采取的行动才可以考虑被评判。

这个反对意见的最后一部分很容易被驳倒。指称非决定论，反对意见认为这是有益的，但实际上对于理解“可避免性”定义的困难毫无助益。如果一个人的选择不是被决定的，在理论上说它就是不可预测的。这个人自己既不能预见他的选择，也不能采取任何措施避免这个选择。这不是由他的个性导致的，而是毫无原因的。他仍是一个受害者，不过不是自然力的受害者，而是偶然性的受害者。那么在此伦理判断还有什么可能呢？①

这个反对意见更具破坏性的部分同样是错误的。发生在“可避免性”定义中的和事实相反的那种情况绝不是不相关的。如果它们看起来好像是不相关的，那是由《伦理术语的情感意义》试图纠正的那种混淆所致，即由伦理术语意义的混淆所致。把反对意见归因于“可避免性”的定义的悖论，实际上是由错误的分析引起的，这一分析不言而喻地设定了“正确”“错误”和“应该”的意义。如果我们排除了这种混淆，反对理由的貌似有理就会顿时化为乌有。

Ⅲ

现在让我们回想一下那些由于其情感意义而具有准祈使句影响力的伦理判断。它们影响人们的态度，而不是描述人们已经有的态度是什么。

① 没有必要展开这个论点，因为它已经被人们一而再地论述过。特别清楚的说明，参见布劳德的《决定论、非决定论和自由论》(*Determinism*，*Indeterminism and Libertarianism*，1934)。

我们影响人们态度的主要目的(显然是充分的目的)，就是让他们以唯一应该的方式**行动**。我们告诉一个男孩不要吃生苹果，是为了阻止他吃。当我们对已经完成的某事做伦理判断时，我们的目的与此是完全相同的。如果那个男孩已经吃了生苹果，那么我们会跟他说他本不该吃。当然，我们不是为了挽回已成为过去的事情，而是为了防止以后再发生类似的事情。“应该”的情感意义给我们很大帮助。它使我们能够让那个男孩对他的行动持一种反对态度，使他每当回想起这件事情时，会有一种不愉快的负疚感。这种感觉不仅与过去的行动相联系，而且和所有与此类似的行动相联系。因此，它使这个男孩以后再也不敢吃生苹果。(我们通常会为伦理判断补充道：“注意，你千万不要再那样做了”，而且在那个男孩因为吃了生苹果而生病后，当他的疼痛使他更容易和吃生苹果那个行动建立一种不愉快的联系时，我们会重述我们的伦理判断。虽然没有提到任何形式的惩罚，但这些辅助性方法就像伦理判断一样服务于相同的目的，只不过它们起作用的方式不同罢了。)

其他情况只是稍微复杂些。我们经常对小说中的人物做出伦理判断。通过伦理判断，听者在心中建立起一种对想象中的人物的反对态度，从而防止他将这个想象中的人物作为他以后行动的榜样。

改变行动的目的如果不是有意识的，就是潜在的。换言之，如果有人提醒一个人，他所做的伦理判断对于改变行动而言是无效的，那么他就会认为他做这个伦理判断是在浪费时间。(对于伦理术语的某些用法来说，这是不确切的，但是因为这些用法和可避免性不相干，所以我们就无须考虑它们。)

于是非常明显，**伦理判断主要着眼于未来**。即使伦理判断的对象是过去的或想象的行动，伦理判断仍然服务于一个能动的目的，即服务于阻止(或促进)以后类似行动的发生。

恰是在这里，伦理判断才和可避免性相关。伦理判断被用来改变被评判的那种行动。但是能以这种方式被改变的行动种类是有限的。判断通常劝导人们向慈善机构捐钱，但是绝不会劝导人们增长身高。如果我们告诉一个人他应该向慈善机构捐钱，我们的判断对于这个目的而言是有用的。但是，如果我们跟他说他应该增高，那么我们的判断对于这个目的而言将毫无用处。既然我们不愿把时间浪费在无功之事上，我们就会把伦理判断限制在第一种行动上，即限制在伦理判断可能改变的那些行动上。不过，只有在定义的意义上的可避免的行动，才有可能被伦理判断所改变，因此，只有它们才被评判。简言之，这就是我们核心问题的答案。

不过，我们必须更仔细地考虑，为什么伦理判断只能控制可避免的行动。让我们回到部队军官的那个例子上。

假设军官的失败是可避免的，即他的不同的选择会避免失败。从这一点可以推出，假设性质一致，以后遇到同类情况时，如果军官做出相反的选择，实际上他就可以避免失败。当然，未来不可能有和过去完全相同的情况，不过有些情况会大致相似。在这些情况下，如果军官被引向不同的选择，那么他就**有可能**不失败。指挥官的伦理判断所具有的准命令的影响力，就非常可能引导军官做出不同的选择。关于他过去失败的判断会让他为自己感到羞愧，并促使他在今后大致类似的情况下做出不同的选择。伦理判断以这样的方式会减少未来失败的可能性。概言之，关于可避免性行动的判断可能控制被评判的那类行动。

然而，假设失败是不可避免的。根据上述的推论就会得出这样的结论：在将来大致相似的情况下，即使军官做了不同的选择，失败仍然可能发生。因此，伦理判断无助于防止失败。它只能通过控制军官的选择这一中介环节对未来产生影响，而这是不够的。概言之，关于可避免性行动的判断不能控制被评判的那类行动。

现在，“你本不该那样做”和“它是不可避免的”的关系失去了神秘的色彩。后一句被视为放弃前者的**理由**，因为它表明，如果后者是真的，那么前者就无益于它的目的。这一关系不是逻辑上的，而是心理上的。人们不愿意做无目的的伦理判断，这是一个心理事实。

以下类比也许对我们的理解有所帮助。A说：“请打开窗户。”B回答：“我开不了，因为窗户被嵌在了窗框里了。”B的话完全可以被称为一个“理由”，它在心理上和A的要求相关。它会促使A收回那个要求，因为那个要求对于目的而言是无用的。类似的，“它是不可避免的”这个陈述促使一个人不再对它做伦理判断。

这些考虑给伦理学方法论引入了一个不同寻常的特点。在《伦理术语的情感意义》中，我们看到，当经验上可证实的理由被用来支持或者反对一个伦理判断时，这通常和心理学上①的判断相关。这是

① 这种概括初看起来似乎太宽泛。如果一个人说：“走开和待在这儿”，我们可能因为不合逻辑而拒绝他的命令；那么，我们不会因为逻辑而拒绝伦理判断吗？会，但是我们的理由**应该**是逻辑的，而不是逻辑上与这个判断相关的**经验可证实的**。因此，那种概括没有例外。

可以被期待的。一个人使用伦理判断是为了施加影响。只有通过引导他去施加一种不同的影响，或者引导他根本不去施加任何影响，我们才能驳倒他。经验的理由使他改变了关于他影响力的结果或有效性的信念，并且这种方式**有可能**改变他稍后会施加影响的种类。经验的理由是否会导致这种改变取决于这个人的性情。碰巧，人们在不愿评判不可避免的行动的性情上非常相似。可避免性和伦理判断之间的密切关系就取决于这个心理事实。

现在我们至少可以大致给出核心问题的答案了。它几乎没什么新东西。人们对于"可避免性"的定义是熟悉的，甚至对于可避免性如何与伦理判断相联系也是熟悉的，不过"可避免性"的定义与现在的问题无关，它与由惩罚理论提出的类似情况有关。长期以来，预防和感化理论都已讲清楚，惩罚不可避免的行动无济于事。能动的伦理判断同样具有预防和感化的功能，而这一点被完全忽视了。理论家由于忽视了情感意义，因而就一直不愿和不能理解这一明显的事实。

现在，让我们稍微偏离一下主题，来弄清伦理学本身是否需要涉及意志的非决定论(自由意志论)。

很清楚，伦理判断并不预设非决定论。它们预设的仅仅是可避免性，而可避免性仅取决于选择的结果，它不取决于原因的缺失。

似乎伦理学更像预设了决定论。伦理判断必须通过控制一个人的选择这一中介环节而控制一个人的行动。如果这个人的选择不是被决定的，那么其行为也就不会以这种方式，或以任何方式被控制。伦理判断也不会对人们的行动有任何影响。难道对于伦理判断发挥作用而言决定论不是必要的吗?

稍稍思考一下就会发现，严格说来情况并非如此。我们至少必须预设一种"部分"决定论，但不需要预设一种"完全"决定论。从以下例子就可以明白这些术语的含义。太阳的运动可称为"部分"被决定的，根据对规律和环境的充分了解，我们可以预测它将在明天的5点和6点之间的某个时刻升起，但是不可能预测得比这更具体。如果我们能精确地预测它明天5点15分升起，那么太阳的运动就是"完全"被决定的。既然伦理学预设的仅仅是，一个人的选择是部分被决定的，那么伦理判断就仍然可能影响一个人的选择。我们的判断不能让一个人完全按照我们的希望行事，但至少能引导他大致朝我们希望的方向行事。

部分决定论是无关紧要的假设，这一点非常明显，毋庸证明。

争论的唯一焦点是，选择是完全被决定的，还是部分被决定的。既然每个选择都和我们对伦理判断如何与可避免性相关的解释是一致的，那么，我们就可以得出结论：只要关于决定论的争论涉及的是一般假设，它就和伦理学无关。

为什么如此多的理论家**认为**伦理学预设了非决定论？一个已被表明的原因就是他们忽视了伦理判断的准命令力。他们没看到伦理判断是着眼于未来的。因此，他们不是安排可避免性和伦理判断在未来的关系，也看不到唯有可避免性行动随后将由判断所控制，而是注意过去的联系。因此很自然的，他们只能通过使**选择**神秘化来做出解释，好像即便选择存在于不能挽回的过去，在某种程度上它也有可能被改变。有些人开始谈论非决定论，而另一些人看到这一点无济于事，便开始转向莫名其妙的形而上学。

导致混淆的另一个同样重要的原因，也许在于形成伦理判断的情感状态。伴随着伦理判断的那个改变行动的目的通常是潜在的。我们内省的精神状态可能有时是愤怒、恐惧，甚至是盲目的憎恨中的一种。这些情绪，时常通过给予伦理判断一种强有力的自发性而帮助我们达到我们潜在的目的。一旦我们不再考虑被评判行动的原因，我们的情感就失效了。我们的伦理判断就变得不那么有说服力了。我们不再寻找原因，而是倾向于编织幻想，通过赋予它们一种半诗化的表达而强化我们的情感。我们假称，我们评判的那个人的行动没有更深的因果前提，他“只是自然而然地卑鄙”，他的行动和社会压力或者和他不幸的童年经历毫无关系，他让我们朦胧地想起老式情节剧中的那个坏人。非决定论的幻想给我们的情感以一种更现成的焦点，有时它对于我们伦理判断的有效性而言是绝对必要的。这可能是一个非常重要的错误来源。在意识中占据主导地位的幻想是多么容易和判断所主张的含义相混淆啊！一个人很容易被诱使说，正是在伦理陈述自身的“含义”中，我们可以找到非决定论的假设。也许理论家正是这样才赋予非决定论以一种毫无根据的重要性。

Ⅳ

现在必须纠正前文中若干故意过分简单化的东西。这种过分的简单化最主要的体现在关于“可避免的”定义中。让我们通过例子来看我们必须如何改变这个定义。

假设那个部队军官只要给他的部下强有力的鼓舞，他就可以避免失败；除非军官有非常强烈的欲望想要这样做，否则他不可能有足够的力量鼓舞他的部下；而当时他没有强烈的欲望。在这样的条件下，我们不得不承认，根据定义，失败是“不可避免的”。军官不可能通过**选择**鼓舞他的部下来防止失败。他本来需要强烈的欲望以成功地做到这一点，但他却没有这种欲望，仅仅选择不同是无效的。不过，尽管根据我们的定义，失败是“不可避免的”，但指挥官不会这么认为，他会发现没有理由克制伦理判断。

为了更符合常规，定义必须如下：“A的行动是可避免的”与“如果A曾做过某个不同的选择，如果他对自己选择的产生曾抱有极大的兴趣，那么他的行动本来是可以避免的”意思相同。（这里所使用的“兴趣”，和培里所使用的兴趣相同，都意味着任何一种欲望和倾向等。）

在这个新的定义中，可避免性和伦理判断之间的关系在本质上相同。在上述例子中，指挥官看到，在其他条件大致相似的情况下，如果他能使军官具有更强烈的鼓舞部下的愿望，那么将来他们就未必会失败。指挥官的伦理判断将有助于增强这种欲望，因此，他有可能实现他预防的未来失败的目的。

现在，我们要更正第三部分中的一个不合理的假设。在那里，主要的论点是：只有可避免的行动才被评判，是因为只有它们可以通过判断而被控制。这一点需要的前提是，伦理判断只有通过控制一个人的选择这个中介才能控制一个人的行动，因为“可避免性”只是由**选择**这个术语定义的。但现在“可避免性”参照选择和兴趣这两个术语来定义。因此，我们可以用正确的假设取代那个不合理的假设：伦理判断不仅通过改变一个人的选择来控制一个人的行动，而且还可以通过一种更一般的方式，即通过强化一个人的兴趣来改变一个人的选择，并进而控制一个人的行动。

不过，关于“可避免性”的定义仍然太简单了，这一点可以通过下面这个例子看到。

一个人逐渐吸食鸦片成瘾。起初，我们说他吸食鸦片是“可避免的”，但当他越来越上瘾时，我们说他吸食鸦片的“可避免性越来越小”，直到最后我们说那是“不可避免的”。我们的定义未能赋予“较小的可避免性”以意义。它也不能要求我们说这个人吸食鸦片从不是“不可避免的”，因为，如果他选择戒毒并且有**足够**强烈的欲望戒毒，他就会戒掉毒瘾，在任何时候都是如此。

这个定义很容易被限制为：行动的“可避免性”越小，一个人防止行动的兴趣就必须越强。当行动被称为“可避免的”时，兴趣就必须强到极点。这些限制只是使我们的问题稍微复杂了些。一个人行动的可避免性越小，我们增强他修正自己行动的兴趣就越难。因此，可避免性的减少和做出伦理判断的犹豫相当。当所要求的兴趣的强度大于我们的伦理判断可以增强的兴趣的强度时，低程度的可避免性就变成不可避免性。关于可避免性行动的判断依然取决于通过判断控制行动的可能性。

鸦片吸食者的例子提出了一个更深层的问题：如果他的行动是可避免的，那么要防止这一行动发生，选择和兴趣必须正好在什么时候出现？恰好就在行动之前，还是在行动**之前的任何时候**？如果我们不限制时间（上面的定义就没有限制时间），那么甚至当他已经深陷毒瘾时，他吸食鸦片也**是**可以避免的，因为如果他一开始就选择了戒毒，那么即使他对戒毒只有一丁点儿兴趣，从那以后也不会吸食鸦片。

以下的限制将满足要求：当在选择和兴趣本可以防止行动时存在的条件，和基本不亚于防止行动的选择和兴趣出现的条件，不会再发生，甚至连大致再发生也不可能时，行动就不会被称为“可避免的”。这一点显然考虑了上面的例子。如果鸦片吸食者已经毒瘾极深，那么他永远不可能再回到吸毒的初始阶段。悬置判断的理由显而易见。如果初始阶段不能再现，如果初始阶段对于防止他的行动而言是绝对必要的，而且其效果绝不亚于伦理判断，那么伦理判断就不可能控制他的行动。

下一步，我们必须考虑更复杂一些的例子。一个人由于无知而免于伦理判断的责备，尽管这种情况不会常常发生。比如，如果那个部队军官本来可以通过某种选择避免失败，假如他没有预见能力，即使在对他所处的环境了若指掌的基础上，他也不能预见未来，那么他的指挥官就可能不会做出负面的伦理判断。

我们无须费心思考这个例子是否要求我们修改定义。看一下为什么军官不应被评判就足够了。这一点不言自明。一个判断将激励军官在他以后的进程中做出某种改变。他能做到的唯一有意义的改变是今后获得更多的知识。因此，只要注意到它的有效的命令，关于失败的判断就相当于“你本不该这么无知”。不过假设，军官已经非常注意获取知识，也许某种程度的无知是不可避免的（在上述限制的意义上），也许只有在很低的程度上无知才是可避免的，也许“只有以很大的代价”无知才是“可避免的”(换言之，如果军官有步骤地获取更多的知识，而他不得不因此忽视其他某些事情，并由此可能带来更大的灾难)，出于以上任何一种理由①，指挥官也许会中止对失败的评判。评判不会带来所期望的改变。

自始至终我们一直假定，伦理判断的唯一目的就是控制被评判的那类行动。这一假定有很多例外，注意到这一点非常重要。比如，B的社会地位与A的社会地位形成了竞争，每当A和B的朋友交谈时，A都会做出很多关于B的行动的负面伦理判断。A的目的不是要控制B的这些行动，而是想通过贬低对手来提高自己的声望。总之，关于一个人行动的伦理判断可以被用来改变他的社会地位。不过，就像先前的例子一样，当被评价的行动不可避免时，这种判断通常就没有什么用了。除非另外一个人的行动方式更能获得B的朋友们的喜爱，否则A就不会诱导B的朋友们把B的社会地位给予他人。如果B的行动是不可避免的，那么**通常**这种情况就不会发生。

不过事情通常不会总是这么简单。假设B开始嗜酒，而且嗜酒已经到了酗酒成为不可避免的程度。那么A就可以有效地评判B的行动，即使行动是不可避免的。原因很清楚，A的评判在命令上等于判断和理由的结合：“我们不应该给予B优越的社会地位，因为他是一个酒鬼。”以这种形式出现的判断是关于可避免的行动的(我们给予B优越的社会地位)，目的是控制被判断的那种行动。在严格意义上，后一个评价和前一个并不是完全等同的。因此，前者成了我们先前论述的真正例外。但是，读者自己无疑会看到一个完全正确的评判来论述接下来会是怎样的。

有必要以结语来总结和延伸本文所讨论的问题。我们已经讨论了“为什么(作为一个事实问题)伦理判断通常只限于可避免的行动”。我们发现，这是因为关于不可避免行动的伦理判断是毫无用处的。除了定义之外，我们的探究都是心理学的探究。我们不是在问：“伦理判断应该限制于可避免的行动吗?”这是一个完全不同的问题。这是一个伦理学问题，而不是和伦理学相关的心理学问题。

为了区别前后两个问题，我们最好简要地回答一下。我会毫不犹豫地回答道：**应该**这样限制伦理判断。必须理解这个陈述在本质

① 我提到的最后一个原因比它看起来的更有趣，因为它使我们想起了模糊性。如果我们暂时用“可避免的1”来保留上面讨论过的含义，那么我们会描述由于使用术语“可避免的2”可能产生的模糊性，当说到一种行为是“不可避免的2”时，是在说它是“可避免的1”，但只是要付出太大的代价。

上是劝导性的，我用它来影响人们不赞成评判不可避免的行动。我的目的是促使人们**继续**仅仅评判可避免的行动，就像他们现在通常做的那样。为了使我的影响力持久，我不得不通过理由来论证它。主要理由是，关于不可避免行动的判断是无用的。如此凑巧，在这个例子中，这种关于为什么人们现在确实把他们的判断局限在可避免的行动上的解释，和他们为什么应该这样做是一致的。也许这个理由不足以使我的影响长久。也许读者有不同寻常的目的，或者赞成无目的的行动。在这里，我不得不指出其他一些事实，那些事实可能会更成功地让他以我所希望的方式支持我。但在目前情况下，我相信无此必要。

相对主义价值论与非相对主义价值论[①]

I

“相对主义”这个术语，正如大多数其他的“……主义”一样，只有在事先被定义的情况下才能让人放心地使用。所以本文的导言部分，我将清理出这个词能与用于哲学研究的语言(philosophical English)达到合理的、和谐的意义。我之所以说要“达到合理的和谐”，是因为“相对主义”这个词在一些方面太粗略了，我要让它能用，就必须使之精确。

之后我将讨论价值论，并分别考察相对主义理论和我曾经在《伦理学与语言》一书中为之做过辩护的一种理论的简化形式。我希望能够表明，这后一种理论，哪怕只是它的简化形式，也具有与相对主义非常不同的内涵。我尤其想就价值判断**证明正当**(justification)的问题来表明这种差异，

① 选自《事实与价值》第5篇(Relativism and Nonrelativism in the Theory of Value)，胡志刚、李薇薇译，冯平校。此文为1962年5月史蒂文森在美国哲学协会的一个演讲。——编者注

可能是由于我自己的过错，我以前关于“证明的理由”(justifying reasons)这个话题的研究被严重曲解了。

Ⅱ

为了定义“相对主义”，我必须首先举例以解释我所谓的相对性词语(relative term)。第一个例子尽管琐细，但可引出那些关键点。

当用“高”这个词来描述X时，人们通常将X和某他物联系在一起。但是“某他物”常常不是同一物；依据说“高”时的语境，“某他物”可能是此也可能是彼。例如，10层的楼房在乡村算高的，但在纽约就不算高；根据该建筑坐落位置的不同，与它形成对照的建筑也不同。同样，一个身高为5英尺①11英寸②的人，可能是高的也可能不是；这取决于这人是男性还是女性；如果此人是男性，那么是否高还取决于他是属于这个种族还是属于那个种族。因此“高”不止有作为语境和情景产物的意义，“跟哪个他物比起来高呢?”这个问题有不同的答案。

因而我愿将“高”说成是一个相对性词语。当然，说它是一个相对性词语，不仅因为它代表了一种关系，而且因为在它表达这一关系时，它的被关系者(relata)之一是不清楚的。

让我用稍微不同的方式再说明这点。“X是高的”，在口语中的部分含义是“X比________高”。但是如果为了确定空白(blank)的含义而试图填空，那么我们就会发觉没有一个词或短语(除了那些完全含混的词之外)能用于所有情况。依照“高”在不同场合所获得的各种不同的、隐含的意义，这个空白必须时而填此，时而填彼。

做一下必要的转换，以上所言也适用于其他的相对性词语。我刚刚提出的对相对性词语做一种含空白的语言上的扩展，也许是揭示它们最便利的办法。③

让我们更进一步来看这个问题，下面这个例子涉及运动。介绍相对论的通俗作家们已经让我们熟悉以下这类事例。坐在火车里的说话者可以对走过他身边的X先生说：“他正在以每小时3英里的速度运

① 1英尺=30.48厘米。——编者注

② 1英寸=2.54厘米。——编者注

③ 一旦一个相对性语词被扩展成含空白的表达形式，并且恰当地填空的话，一般会比原来有更少的含混性。这种扩展在一定程度上疏于指明这个相对性语词在具体语境中的实际含义，虽然这并无大碍。

动”；但是一位站在车站附近的说话者在火车经过的时候透过车窗看见X先生，可以说：“他正在以比每小时3英里高得多的速度运动。”两种说法当然都是对的，而被那些著作家解释的两个说话者使用了不同的参照系。现在让我们用一种不同的方式来讲述同一件事情。谈论X先生运动速度的这两个说话者，所谈论的是一种速度，即X先生按与________的距离的变换来计算速度。但他们两人是在如此不同的情况下理解“在运动”这个词的，因此我们必须以不同的内容填“空”。比如，一种情况下填上“火车上的某个部分”，而另一种情况下填上“火车站”。因此，“在运动”(is moving)这个词就是一个相对性词语；它所隐含的、依据情境的参照系的变化而发生的变换，足以解释为什么这两人的说法乍看起来相互矛盾，而实际上却又能够相容。

把“X在运动”扩展成“X在变换与________的距离”，当然太简单了，不足以处理所有种类的运动问题。但是随着运动的复杂化，我们可以不断地引入空白，但不能一劳永逸地填好这个空白，也不可能使它适用于所有情况。因此，虽然运动的相对性可以导致复杂的理论，但它其实肇始于简单的基点，即我刚才所指出的，“在运动”是相对性词语。

接下来的例子是关于趣味的，它表明一个词语可以一方面是一个相对性词语，另一方面却不是一个相对性词语。

回想一下，在“人是万物的尺度”的论证中，普罗泰戈拉说，酒，对于健康的苏格拉底而言是甜的，但对于生病的苏格拉底而言就不是甜的。[①] 事实上他可能就是在说，“是甜的”这是一个相对性词语，也就是说，“这酒是甜的”可以扩展成“这酒对于________而言尝起来是甜的”。至少某些新普罗泰戈拉主义哲学家可能用这个稍微变换的形式来为这种观点辩护。但依我看，如果这样做的话，我们的新普罗泰戈拉主义哲学家就成了一位蹩脚的日常语言分析的哲学家了。因为仅仅只有生硬地打破语言的习惯用法时，我们所说的“是甜的”才能被视为相对性词语。我的理由如下。

“是甜的”扩展成“对于________而言尝起来是甜的”，实际上这个空白是不必要的。仅仅是在必须以不同方式填空的情况下，这个空白才成为必要的，而眼下它不属于这样的情形。因为如果我们完全接受这种规定的一般形式，那么我们就会消除那个空白，而赞成该词的通常含义，即把“是甜的”看作“在通常情况下对于大多数人而

① 柏拉图的《泰阿泰德篇》，159。

言是甜的”的缩略表达，这样看起来更为合理。当然不存在这样的情况，即我们可以将“酒是甜的”扩展成为“酒对于病人而言尝起来是甜的”。因而，如果在病中我们发现，酒尝起来不是甜的，并且据此得出结论，说酒不是甜的，那么我们的论证显然是无效的。当然，为了保留语言的想象空间和弹性，我们需要对“是甜的”做更复杂的规定；[①] 但这里仍然可能不需要一个空白。没有这个空白，“是甜的”至多只是关系指示词和被关系者指示词（a relation-designating and relatum-designating term），而不是相对性词语。

然而另一方面，“是甜的”明显**是**一个相对性词语，这无疑是一个微不足道的方面，而且同普罗泰戈拉和其他任何哲学家的问题不相干。因为“是甜的”常常可以视作“相比较而言是甜的”的缩略表达，这种情况下很容易扩展成“比________更甜”。例如，一位旅行者在布根地认为某种葡萄酒甜，但是在波尔多[②]对于同样甜度的葡萄酒他却说不甜。他的这两种说法表面上看起来相互冲突，其实不过因为他的比较标准发生了变化。

同一个词语一方面是相对性词语，另一方面却不是相对性词语，这种例子在语言中绝非罕见。这类词语提醒我们，“T 是相对性词语”这种形式的表述，常常太笼统而失掉了词语本身中的趣味意蕴。然而，一旦指明 T 在哪一方面是相对性词语，这些词语就能重拾他们的趣味意蕴。这很容易做到，只要将 T 扩展成的含“空”的短语明确化就行了。

相对性词语因而既表示一种关系又表示这个或那个被关系者，在表示被关系者时它是不明确的，需要根据说话时的情景来确定具体含义。它的被关系者**太过经常的**是含糊不清的。虽然很多词语有一定的模糊性，但相比较而言，很少有词语的模糊性能达到我举的例子如此模糊的程度。无疑会有一些临界性的情况，但我想不会是反例。有许多关于相对性词语的典型例子，也有许多非相对性词语的典型例子，后者如“纯铁制品”或“20 摄氏度”。值得一提的还有“比埃菲尔铁塔更高”和“变换与佛蒙特州布莱特波罗镇的火车站的距离”这类表述，它们属于我所说的以特定方式填“空”的相对性词语的扩展式，但它们本身不是相对性词语。

---

① ［美］尼尔森·古德曼：《现象的结构》（*the Structure of Appearance*）第 4 章，特别是 96 页以后，马萨诸塞州，1951。

② 布根地（Burgundy）和波尔多（Bordeaux）两地都以出产以本地地名命名的葡萄酒而闻名。——译者注

一旦定义好了“相对性词语”，定义“相对主义”就很容易了。我想强调的意思是，相对主义是一种分析，这种分析将一些词语展现为相对性词语，记住这个目标(无论能不能达到)可防止我们的讨论陷入混乱。

让我说得更准确点。我以为，关于普遍论题 Z，有一种元理论(meta-theory)宣称，Z 的核心术语是相对性词语，那么用“相对主义”来称呼这种元理论就是恰如其分的。因此，关于运动的相对主义把“运动”“加速”等词语展现为一些相对性词语；关于感觉的相对主义把相当多的描述可感物体的形容词展现为相对性词语；关于真理的相对主义把“真”及其同义词展现为相对性词语；诸如此类。然而，我们应该把作为相对性词语而使用的核心术语仅用于琐细的和显而易见的方面这种情况排除在外，因为“相对主义”这顶帽子太笨重了，用于这些情形不恰当。例如，一个人不会仅仅因为他接受了前述关于“高”的例子，就成为一个关于高度的相对主义者。当然，只是在非典型的语境中才是相对性词语的情形也必须受到此类限制。

毫无疑问，我们还可以赋予“相对主义”以其他意义，[①] 但上述规定对于我来说具有特别重要的意义。因为这种规定切近哲学家们讨论的问题(如果我对他们所举的例子判断无误的话)，同时也因为这种规定将他们讨论的问题放到了聚光灯下。

现在谈谈本文主题的另一个组成部分，即价值论(the theory of value)。在价值论中，相对主义的相对性词语有“好的”“坏的”“正当的”“美的”等。尽管各种流派将这些词语作为相对性词语的**着眼点**不尽相同，但它们通常所强调的也是我在这里唯一要讨论的，就是涉及变化不定的参照系的那种形式的相对主义，这种参照系是相对于不同的人和他们不同的态度而言的。

因此，相对主义价值论的主要形式比较简单，它把“X 是好的”扩展为诸如“X 被________所赞成”之类。有时“被赞成”可能替换成“被喜欢”“被喜爱”“被尊重”等其他态度指示词(attitude-designating term)。但无论如何，它们都有一个相对应的空白。相对主义价值论

---

① 理查德·布兰德(Richard Brandt)在其书《伦理学理论》(*Ethical Theory*)(1959)中对相对主义的规定与我的规定所差无多，但也有一些不同。把其书关于方法论相对主义的部分与本文的讨论相对照也不无裨益。更早期的和深入的关于相对主义的论述参见史德斯(W. T. Stace)所著《道德概念》(*The Concept of Morals*，1937)一书，尤其是 1、2 两章。

主张，在说“好的”各种情形中，我们必须当时就要填空，或就当下的说话者而言，或就说话者所属的团体而言，或仅就大多数时候的大多数人而言，或就特别熟悉 X 的某些人而言，如此等等。唯一的限制是其相对者一定要能够为事实性词语(factual terms)所指明；因为评价性词语(evaluative terms)的使用仅能更新关于它们含义的问题，而不能保证从价值到事实的还原，自然主义的相对主义者通常致力于建立这种还原。

当人们说“好的”的时候，情境并不足以明确指出这是谁的态度，相对主义认为这种情况很容易发生，因此，我们必须询问说话者以使其对这一点更为明确。相对主义暗示说，这并不比物理学中的类似情况更令人惊奇。一个人在谈论运动时，因为质疑他正使用的参照系而走出房间，在这种情况下，如果我们要求他更明确些就过分了。

我认为，我对“相对主义”精确化的规定合乎哲学研究的旨趣。有一种看法认为，行为的价值依赖于因而“相对于”行为发生的环境，我对相对主义的规定当然与这种看法没有亲缘关系，之所以如此，是因为这种看法可为相对主义者和非相对主义者所共有。例如，一般认为苏格拉底不是相对主义者，然而他也认为行为的价值依赖于行为发生的环境，苏格拉底关于是否归还发疯朋友寄存的武器的谈话就是明证。①

我以为，普罗泰戈拉的理论是相对主义的鼻祖，它很接近朗兹的伦理学②和波特尔③的美学中的那种公然宣称的相对主义，有时社会科学家和历史学家著作中那种不言而喻的相对主义也很明显。由于观察到人们的评价随态度、时间、地点而变，这些著作家们或明或暗地指示了一个关于评价性词语应当被展现为什么的结论。可以设想，相对主义著作家们的结论是，评价性词语无例外地在表达一种态度，或是说话者的态度，或是影响说话者的那个群体的态度，这正是威斯特马克④的相对主义的重心所在。但也许其他相对主义者认为评价性词语的这种用法尽管常见，但仍是偏狭的，类似于物理学家把自己限定于只以地球或太阳为参照系的那种偏狭。他们似

---

① ［古希腊］柏拉图：《理想国》，6—7 页，郭斌和等译，商务印书馆，1997。——译者注

② ［美］亨利·朗兹(Henry Lanz)：《寻求道德》(*In Quest of Morals*)，加利福尼亚，斯坦福大学出版社，1936。

③ ［美］弗雷得里克·波特尔(Frederick Pottle)：《诗的语言》(*The Idiom of Poetry*)，纽约，伊萨卡学院出版社，1932。

④ ［美］爱德华·威斯特马克(Edward Westermarck)：《伦理的相对性》(*Ethical Relativity*)，纽约，1932。

乎认为要研究评价性词语更复杂一些的用法，就需要识别出那些人们潜在的更**多变**的参照系，这里的"人们"包括"对于某人而言"有价值的所有"某人"①。以下会提及，我所说的空白不过使"对于某人而言"从句(在我所言的意义上)所称的那样的必要性更显著一些而已。

我刚才已经探讨了强调态度的相对主义，这是一种常见的相对主义，但其他方式的相对主义也许还值得一提，特别是从直觉主义分化出来的某种方式。假设摩尔的某个后继者与摩尔本人不同，终于相信伦理直觉(ethical intuitions)浸渗了个体的不可更改的差异。②某物相对于某些人的直觉而言是好的，但相对于另一些人的直觉而言并不必然是好的；由于承认这点，这位后继者可能想把"X是好的"扩展为"X被________直觉为具有非自然的价值性(nonnatural value-property)"。但据我所知，还没有人主张肯定此种直觉主义。直觉主义者希望避免相对主义，因而他们心照不宣地从一开始就假定，即使个人的差异完全浸渗我们的直觉，这些差异也会在慎思的光芒中趋于消融。这样，直觉主义者就使空白成为多余的了。

我想强调一下，将此前论述中只是隐含的一点当作本部分的总结。我们无须仅仅因为一种价值论承认价值判断事关那些在不重要的和显而易见的方面是相对的那些词语，就认为它是一种"相对主义"价值论。因此，"X是好的"有时是"相比较而言，X是好的"的缩略表达，这又可顺次扩展为"X比________好"。但我们在此只能得到如下结论，即如前面所说的"高"和"甜"的例子中的第二种用法，其中这些耳熟能详的词语都是非比较级形容词执行了比较级形容词的语法功能。这个例子确定无疑地表明了"好"可以成为一个相对性词语，但只能在非常不重要的方面是相对性词语，因而无论是在我的规定的意义上，还是其他合理的意义上都无法确立起"价值的相对性"(relativity of value)。

① 人们"潜在的更多变的"参照系是培里的论著《一般价值论》第一部分的观点，给人的印象是"X是好的"可以扩展为"X有利于产生和满足________的全面兴趣"。但在该书的后面，培里似乎改变了观点。在那里，培里又认为可以用一个对**所有人**不变的参照系来填空。这样，通过使空白成为多余的，即通过否认"好的"是一个相对性语词，否定规定意义上的相对主义。换言之，如果培里把"X是好的"等同于"X有利于产生和满足所有人的全面兴趣"，那么，如果合适，我们可将他称为"价值关系主义者"(a relationalist about value)；但如果没有对空白的任何隐含的使用，在我规定的意义上，他就不是相对主义者。可比较他著作中的明显的相对主义调子的部分和明显的非相对主义调子的部分。

② 摩尔本人的观点见《伦理学原理》(1903)。

Ⅲ

如果大家还记得，本文的目标是比较相对主义价值论和我在《伦理学与语言》中所完成理论的简化形式。后者，也就是我那个理论的简化形式，权且可以称为“所谓的非认知主义理论”(the so－called noncongnitive view)，对它可以简要概述如下：

> 这种理论主张，尽管说话者常常用“X是黄的”表达他对于X的信念(belief of X)，但当他说“X是好的”时则不同，后者通常是在表达他对X的赞成(approval of X)。此外，它认为“好”作为一个赞扬性词语(a term of praise)，常常用来向别人推荐X，以期待别人也赞成X。类似的，这一理论对诸如“正当”“义务”等词语也持此看法。

我猜想没有人会继续原封不动地持有这种观点。罗素、卡尔纳普、艾耶尔和我本人都曾经捍卫过它(如果不是与上述完全相同的理论形式，那也至少是相似的形式)[①]，但对它做出限定的必要性从那以来变得非常明显，如果考虑到我们语言的弹性就更是如此。本书第三篇论文[②]关于这些限定条件(qualification)刚开了个头，在《伦理学与语言》中，我将其拓展为“分析的第二种模式”。自论争开始以来，许多著作家认为有必要做出进一步的限定，其中有黑尔、诺威尔-史密斯、乌玛森[③]；他们的说法有些是我可以接受的。然而，情况仍然是，未做出限定的观点深深地影响着后来的依赖性观点。虽然它仅与我们的主题部分相关，而且又是超乎寻常的复杂，但我们仍不能对它置若罔闻。因此，尽管有人为的简化，我还是想对它重新考察一番。

这种观点与相对主义形成了非常完美和明显的对照。它**不**认为评价性词语是相对性词语，在相对主义滔滔大潮中，它也不把“这是

---

① 见[英]罗素：《宗教与科学》，第二章，伦敦，1935；[美]卡尔纳普：《哲学和逻辑句法》，22—26页，纽约，1935；[英]艾耶尔：《语言、真理和逻辑》，第六章，伦敦，1947。

② 指“劝导性定义”(*Persuasive Definitions*)，此文首次发表于《心灵》，1938年第47卷。——编者注

③ 见[英]R. M. 黑尔：《道德语言》，牛津，1952；[英]P. H. 诺威尔-史密斯(Nowell-Smith)：《伦理学》(*Ethics*)，伦敦，1954；[英]J. O. 乌玛森(J. O. Urmson)：《论评级》(*On Grading*)，载《心灵》，1950年第59卷。

好的”扩展为“这为________所赞成”。请注意，这种扩展的言下之意是认为，说话者价值判断的典型形式是在表达信念(belief)的过程中做出的。无疑，这一信念是**关于**态度的，而且因为填“空”的方式不同，信念关于不同人的态度也不同，但是，信念仍然是信念。所谓的非认知主义理论明确拒斥这种认为价值判断是信念表达的理论。所谓的非认知主义理论认为，说话者典型的价值判断是在表达**态度**(attitude)的过程中做出的，态度和价值判断直接相关，在态度和价值判断之间不存在信念这一中介。①

应该说在这两种观点之间存在的**一种**差异是无可争辩的。但也许这一差异首先与技术性有关。好像所谓的非认知主义理论**几乎**就是相对主义的一种表现形式，它与相对主义的不同并不造成实践上的差别。下面我就表明这些看法远非正确。

首先，所谓的非认知主义理论有利于我们认识到日常生活中的价值问题，常常是真问题而非假问题(除了所有可能的混乱之外，我们现在**所有的**讨论都是针对这种混乱的)。

相对主义无法带来这样的确信。我唯一讨论的相对主义，是那种强调关于态度的信念的观点，这种相对主义以一种奇异的价格收买科学成为它的同盟军，并由此而洋洋得意。它对那些问题做了科学化的处理，认为在那些问题中所有参与者谈论的是同一个态度，但是它又暗示我们在许多情况下并非如此，因而它使我们手足无措。例如，A 先生认为公费医疗好，B 先生认为不好，这里的争执可能仅仅是一个假问题，只不过 A 先生断言一些人赞成公费医疗，而 B 先生断言**另一些人**不赞成而已。在此没有人必然错误，他们的讨论之所以持续下来仅仅是因为他们被相对性词语所迷惑，看不到对方所谈论的到底是**哪些人**的态度。

与此不同，所谓的非认知主义理论很容易避免这种自相矛盾的看法。之所以能够如此，只不过是它指明了，在上例中，A 先生和

① 也许有人问，是否所谓的非认知主义理论甚至在要用指代说话者本人的语词填空时，即在“这是好的”展现为“这为我所赞同”时，仍然反对相对主义。只要“这为我所赞同”仅仅表达说话者关于他赞同的信念，并因此而是内省的，答案就是肯定的。因为内省的态度并不是在表达态度。但是，由于我们语言中语词的弹性，只要“这为我所赞同”不是用于内省，而是为了直接表达态度，那么，答案就是否定的。然而，应当注意到，所谓的非认知主义理论仍在此有别于相对主义。相对主义常常强调“为我所赞同”的内省用法。而所谓的非认知主义理论认为，这同价值论无关；因为这种用法与相对主义关于价值判断的一般看法相贯通，这种看法与社会科学和心理学中的许多论述类似，认为价值判断表达了**关于态度**的经验性的和可检验的**信念**。

B先生是在各自褒扬和贬抑同一件事物。非认知主义理论把A与B的争论看作态度上的不同，即在此，人们一开始表达的是相互反对的态度，而不是相互反对的信念，并因此准备通过讨论的方式改变彼此的态度或使其转向。这类问题根本不是所谓的假问题或词语之争。它不是纯粹科学性的问题，但它是一个真问题，而且这一问题的重要性不容置疑。

因而这两种观点的第一方面的差别显而易见。此外，还有第二方面的差别，我认为那是更为重要的差别。这涉及支持价值判断的**理由**，我将以下面的方式介绍它，并尽我所能讲清楚。

当一个人表达他的信念(任何一种信念，更不用说是表达关于态度的信念)时，他所说的理由，当然是想要支持这种信念，想表明这一信念是有充分根据的，而不是偶然的或武断的。因而，他的理由与在归纳和演绎逻辑中研究的“相信的理由”相同。相对主义意味着，价值论只需承认此种理由而无其他。但是，当一个人表达对某事的赞成时，到底发生了什么呢？此时他所说的理由是想支持他的赞成，想表明**它**有充分的根据，它不是偶然的或武断的。因而他的理由是“赞成的理由”。我想说的是，所谓的非认知主义理论的旨趣就在于表明，价值论应当提供后一种“赞成的理由”，否则价值论就没有什么太大意义了。

再考虑一下前面这个例子：A先生对于公费医疗的赞成性评价。按照相对主义的看法，他的理由是试图表明公费医疗为________所赞成，因此他“**相信**”如此这般被赞成的理由。那么照此，在大多数情况下，A先生的理由完全来自处理实际中的赞成的心理学和社会科学的细节部分。我要承认，其他理由有时可能与想象中的某位能知道公费医疗所有后果的人的赞成相关联，在A先生碰巧所指的就是此人的情况时，这种关联尤其明显。但相对主义对此类关联不做过多强调。它暗示价值判断就是价值判断，即使说的是根本不了解情况的人的价值判断，也能得到理由的充分支持。

与此相反，所谓的非认知主义理论认为，A先生的理由是**赞成**公费医疗的理由。因此我们可以期望他说出例如公费医疗对提高公共卫生状况的可能的作用，使弱势群体免于困窘，不像纳税人事先想的代价那么昂贵，不会太多减少医学院的合格申请人数，它的管理问题易于解决，等等。我当然不能保证这些理由全部都是真的，但很明显这些理由在我们愿认真采纳的理由之列，它们并不如相对主义所强调的那样不是指导、赞成，而只是描述过程中的一些相对不重要的方面。

当然，这里关于赞成理由的观念没有什么新东西，它不过是提醒我们，心(heart)脑(head)能同用而已①。所谓的非认知主义理论关于这些理由作用方式的观念，也没有什么新东西。理由通过加强赞成而支持赞成，换言之，通过表明或试图表明赞成的对象同其他可赞成的对象相联系来支持赞成，因而这些理由是允许不同态度同时登场的中介。例如，A 先生说到公费医疗对公共卫生的作用，是假设这些作用如果被认同的话，就通过一种众所周知的心理原则加强了对作为公众健康作用的原因的赞成。

然而，所谓的非认知主义理论也有新东西，**就是**它对理由和理由所支持的判断之间关系的理解方式。通过把(合意)判断[a (favorable)judgment]解读为在表达一种赞成，它表明为什么**赞成**需要有理由的指导。而相对主义和其他观点都把这一点解读为在表达**关于**赞成的**信念**，这让我们以为只有信念才需要有理由的指导。

稍加思索就知道赞成的理由相当复杂。它们和任何评价对象恒常位于其中的、与之有因果关系的环境一样复杂。它们如此复杂多变以至于牵扯进**所有**科学，因而不能从我们所知道的或我们自以为知道的那些特殊部分出发得出理由，而要全面通晓后才能得出。它们提供给所谓的非认知主义理论以事实上无限的认知的丰富性。因此，极端重要的是，不要把它们和相对主义喜欢强调的那些过于简单的理由相混淆，那些理由是表明人们实际上赞成某事物的理由。

Ⅳ

我所要说的，还远没有结束。我想进一步表明，所谓的非认知主义理论的力量在于它的方法论方面。话虽如此，但这些方面看起来好像是它的弱点。虽然所谓的非认知主义理论是我所讨论的相对主义的确定无疑的对立面，但它们好像不过是提出了另一种与相对主义一丘之貉的东西，并容易遭受与相对主义相同的反对。我完全不能同意这种观点，与相对主义一丘之貉的东西与所谓的非认知主义理论没有任何关系。但既然(如本文一开始所说)这经常是许多错误认识的来源，我想还是该尽己所能说清楚这个问题。

要搞清楚这个问题，我们就要记住，所谓的非认知主义理论承

① 此处指感情和理智同时起作用并互有关联。——译者注

认提供评价结论的事实性理由(factual reason)的可能性。在我举的关于公费医疗的例子中，其反复申述的就是这些理由，这足以表明它们并没有任何与众不同之处。但他们当然不能通过演绎和归纳逻辑的规则来形成判断。这恰恰为“赞成的理由”这个概念所排除，它们在逻辑之外仅仅是因为，从信念表达句到态度表达句需要推论(如果我可以称它们为“推论”的话)。理由本身的真理性可以为逻辑所检验，但理由对评价结论的作用既非合逻辑的，也非不合逻辑的(illogical)。它是非逻辑的(nonlogical)。

所谓的非认知主义理论要应对以下问题：“既然判断理由是非逻辑的，那么有何种根据(假如有这样的根据的话)让我们接受一些理由而反对另一些理由呢?”当然，这个理论如果没有疯狂，那么它就不会认为人们接受和反对理由是完全没有任何根据的。在通常讨论中，所有人接受某些理由都是因为这些理由**证明了**一个评价结论是**正当的**，而拒斥某些理由是因为这些理由**未能证明**一个评价结论是**正当的**。让我们考虑一下如下事例。

某个国家在考虑实行高额累进所得税的可能性。普罗先生认为实行高额累进所得税相当可取，并这样给出他的理由：“富人将负担大部分税额，穷人负担会减轻。”康先生承认实行此税有这样的作用，但认为这并不能证明普罗先生的合意判断(favorable judgment)是正当的，康先生会如此回应普罗先生：“实际上，你的理由恰好证明了对高额累进所得税的**非**合意判断(*un*favorable judgment)是正当的，因为富人的负担已经很沉重了。”如此等等。

注意康先生之所以拒斥普罗先生的理由，不是因为康先生认为普罗先生的理由是错误的，而是因为这个理由无法证明那些据称可被它证明是正当的结论是正当的。暂且对康先生在此争论中到底是对还是错的问题不论，康先生的话无疑是有意义的。无论是所谓的非认知主义者还是其他什么主义者，没有任何理论家情愿把此类情境中的“证明正当”看作无意义的。

现在所谓的非认知主义理论看起来很明显是从另一条道路绕回了相对主义，尽管它在诸如“好”“正当”等词的含义方面与相对主义有巨大的分野。因为既然“证明正当”被赋予了非逻辑的意义，在理由导向赞成方面也就容许了个人的差异性，它看起来也就不比认为“证明正当”是相对性词语的看法好到哪里去。因此，看起来它好像效忠于被称为“方法论相对主义”的理论，换言之，它效忠于捍卫以下原则的理论：说事实性理由 R 证明了评价 E 的合理性，就等于说关于 R 的信念事实上使________类人更倾向于接受 E。

据我看，对方法论相对主义的反对，与对价值相对主义的其他种类的反对非常类似。这里可能又是一个假问题，因为普罗先生认为某个理由 R 证明评价 E 是正当的，康先生否认这点，他们可能都没错，他们的不一致仅仅是因为他们被相对性词语所迷惑。即使这里的问题是真问题，R 证明 E 的理由通常涉及的不过是影响某人的、介入考量的社会学和心理学的探求罢了。尽管方法论相对主义不在场，但它好像还是在指导着演出。

但要记住，我说过只不过是表面上**好像**，如此而已。我现在就要证明事实上并非如此。

V

既然需要解释“证明正当”的含义，我最好从考虑人们指望用这个词解决什么样的问题开始。那么，假设我们试图把某一系列中的每一个价值判断和它的证明理由联系起来——注意仅仅将那些真正能证明判断正当的理由包含进来，而警惕那些尽管辩论上有些作用但不能真正证明判断正当的理由。我们在做什么呢？我们是否仅处在评价性探究的入口处，还是已经身处评价性探究之中？

第一个候选项颇有吸引力。我们可能说：“证明性理由的研究之所以有用，是因为它让我们有可能采取非评价性的第一步，决定什么是好的或什么是对的，这一步提供给我们一套方法，用这些规则可以进行可信的推理。随后，我们可以进行第二步，即应用这套方法，更可靠地得出评价结论。”

在我看来，这种回答完全错了。我想所谓的这两个步骤只是在表面上是两个罢了，前者不过是后者的镜中之影。说得更直白些，我想任何此类试图发现证明价值判断正当的事实性理由的探究本身就是评价性的。实际上，这种探究如果充分展开，就会要求我们对所面临的每一个评价性问题采取一定的立场。我已经通过事例的研究得出了这个结论，以下是一些典型的事例。

假设一个理论家说：“假定任何形式的特殊判断，X 是**好的**，有且仅有一种理由能完全证明这个判断是正当的，该形式的理由为，X **带来普遍幸福**。”那么他的说法与规范伦理学有些不同，这仅与规范伦理学的方法论相关呢，还是只是一种通常的伦理主张呢？

我想关于这个问题没有疑义。我们的理论家不只是一个具有功利主义倾向的方法论者，还是(就是)一个功利主义者。他对“理由”“证明正当”的使用，无法让我们以为他的主张是中立的、一种方法论的、一种不同于功利主义的主张。因为如果他不认为“某物是好的，当且仅当它能带来普遍幸福”，他如何能主张“X **带来普遍幸福**”是证明“X **是好的**”为正当的唯一充足的理由呢?

也许这个例子太笼统了，并不具有普遍的启发意义，现在我们再来看几个更具体的例子。假设亚瑟泽斯多先生受贿，但他认为他没有什么错，因为许多同事都这样做。当然，大多数人会否定他的理由，并认为他的这个理由根本无法证明他的判断正当，无论在这种具体情况下还是在其他类似情况下都是如此。在我看来，我们对他所提出的理由的否定等于说：“无论别人受不受贿，你受贿的错误程度是一样的。”因此，这看起来似乎是我们反对亚瑟泽斯多先生的逻辑(在这个词的某种扩展意义上)，实际上我们的反对与通常的伦理判断没有任何区别。

令人感兴趣的情况发生于将理由用来加强一个人并未完全确定的立场的时候。如劳思格先生说他的一位朋友是勤劳的，因而是一个好人。我们可能想回答说，他的理由**不足以**证明他的结论是正当的，因而我们拒绝这样的判断：“只要他勤劳他就是好人，无须考虑他的其他品质。”但我们也可能把他的理由作为矢量合力的一部分，可以说是这个理由**有助于**证明他的结论正当，因而实际上做出这样的判断：“勤劳是一种美德，但一个好人还需要其他的美德。”因此我们对关于证明性理由的评论的两个方面再次提出了问题，这些问题直接是评价性的。

我还可以举出无数的例子，但仅再举一例。假设佩斯费斯特先生[①]说：“避免战争是我们的义务，哪怕是失去自由也在所不惜。”他的理由是：“在原子时代，战争将夺去成千上万无辜者的生命，对文明造成毁灭性的打击。”对于这个论证，大部分人都不会以与对待亚瑟泽斯多先生和劳思格先生的论证同样快的速度去对待它。有些人在决定佩斯费斯特先生的理由能否证明他的结论上会颇为踌躇。我们到底要决定什么呢? 这是仅仅与方法论相关的某个前伦理学问题吗? 对于我而言，很明显面对的是恶，确切地说面对的是要在两种恶中做出选择，我们希望这些恶仅仅是假设性的，但我们不能十分确定可以承受忽略它们的代价。为保持和平而失去自由，或杀死成

① Mr Pacifist，即和平主义先生，此名字颇有诙谐之意。——译者注

千上万无辜者并毁灭文明，两者相权何者更糟？当我们如此追问时，我们实际上不断追问的是如果佩斯费斯先生的理由为真，这理由能否证明他的结论正当？在这种逼真的情境中，我们显然不会被“理由”“证明正当”和“结论”等词语所蒙蔽，以致看不清我们面临的问题是一个真实的**伦理**问题。

因此大致情况是，当我们宣称事实性理由 R 为真，即 R 可以证明或有助于证明评价结论 E 是正当的时，我们事实上是在做另外一个价值判断 E′——如果其中的事实包括 R 所想描述的那些，E′就用于评价我们所处的形势。

一旦确立了这一点，我们就不难读懂与本文主题有关的推论。在处理证明性理由方面，所谓的非认知主义理论立即避免了与方法论相对主义同流合污的嫌疑。的确，我们只须回顾已经说过的东西：

> 当一种方法论的探究试图发现证明给定的评价结论 E 正当的那些理由 R 时，它不是处于评价探究之外，而是评价探究的继续，它所产生的结论是用不同词语表达的普通的价值判断。因而所谓的非认知主义理论在证明正当的问题上是非相对主义的，正如它的普通价值判断是非相对主义的一样。它不把“好的”展现为相对性词语，同样也不把“证明正当”展现为相对性词语，因为后者不过是扩展了前者所引起的问题而已。

这就是对看起来如此复杂的问题的简单答案。但为了消除这个回答可能带来的不解，我做以下的评论。

如果我们一开始就以怀疑的态度来处理所有的价值判断，即假定在给出证明它们正当的所有充足理由之前，我们无论如何都“必须”拒绝做出价值判断，于是，上述将“R 证明 E 正当”还原为后一级的判断 E′，就真的会让我们困惑。因为用这种办法，我们将永远无法**开始**评价。在找到证明价值判断 E 正当的理由 R 之前，我们将拒绝给 E 以任何判断；但是照此还原，要证明理由 R 正当，我们就应该做出另一个价值判断 E′；所以我们又得拒绝给 E′以任何判断，直到我们找到能证明 E′正当的理由 R 为止……如此反复以至无穷。故我们最初的怀疑永远无法清除。但请允许我指出，只有当我们一开始就采取怀疑的态度，并且这种最初的怀疑态度影响了我们**所有的**价值判断时，这种情况才是真的。但是为什么一开始我们要采取这种怀疑态度呢？为什么我们不从日常生活开始呢？在日常生活中，我们有一些最初就得到信赖的态度，而且我们还表达这些态度。理由不是用来形成我们的态度，而是用来调整(redirect)我们的态度。当我们接受和拒斥理由时，我们是在做新的评价，并因而是在表达新的态度，这就是说以理由为中介，我们更多的态度开始发挥作用。简言之，如果我们最初对我们的所有态度不信任，那么理由不会**给予**我们任何态度；而认为我们对我们所有的态度有一种原初的不信任的看法显然是非常荒谬的，根本不值得认真对待。

在揭示了证明性理由的范围和种类之后，所谓的非认知主义理论就没有什么东西是自相矛盾的了。而且只要非认知主义理论不试图说明理由 R 将证明给定的评价结论 E 是正当的，仅仅是因为表明了这样一种探究同时是一种评价性探究，那么它就小心地处于限定的目标之内而没有越界。作为关于规范的非规范性元理论，非认知主义理论的任务不是做价值判断，而是审视和澄清价值判断。

Ⅵ

我将说明在所谓的非认知主义者看来相对主义价值论意味着什么，并以此作为本文的总结。因为如此一来，我可以进一步突出两种理论的基本差别，这个差别无论怎么强调都不为过。

简单地说，我的观点就是，从我们探讨的这个视角来看，相对主义是一种元理论，这种元理论系统地强加于“好的”以“被认为是好的”的含义，强加于“证明正当”以“被认为证明正当”的含义，等等。我说得更详细些。

我们已经看到，所谓的非认知主义理论拒绝把“X 是好的”扩展为“X 为________所赞成”。但是，它当然不会在处理“X 被**认为**是好的”时拒绝这种扩展。因为“被认为”这个词引导的是间接引语，它所造的句子不再保证说话者所说的价值判断就是说话者自己的价值判断，只不过授权他可以把价值判断说成是其他某人的，即据称是“做出认为”的那个人的。那么所谓的非认知主义理论如何处理后一种句子呢？

首先，它采取琐细的一步将“X 被认为是好的”扩展为“X 被________认为是好的”，其目的是通过突出相对性词语来表明据称为“做出认为”的人随语境的变化而变化(顺便说一下，如果这就是相对主义的标志，那么所有的理论都可算作相对主义)。其次，它注意到“被________认为是好的”和“为________所赞成”的相同点，这个相同点来自一个事实(在所谓的非认知主义理论看来它毫无疑问是事实），这个事实就是，X 被认为是好的，当且仅当 X 是被实际或潜在表达出来的赞成的对象时。最后，虽粗略但也并非让人不可接受，它得出分析性的结论：它将“X 被认为是好的”扩展为“X 为________所赞成”。

这个结论的重要性很明显，它让我们看到，所谓的非认知主义理论处理“X **被认为**是好的”的方式和相对主义试图去处理“X 是好的”的方式是一样的。因而，所谓的非认知主义理论不仅拒斥相对主义，而且找出了它的错误所在：非认知主义理论认为相对主义模糊了直接引语“X 是好的”和间接引语“X 被认为是好的”的区别，并进而处理前者，好像前者就是后者似的，从而将人们引入歧途。

如果把这番评论贯彻到底，我们就会发觉在直觉上它是具有说服力的。所有相对主义的论点一旦所谈的是“被认为是好的”而不是“好的”，就都变得看起来比较合理，尽管都是些老生常谈。例如，老生常谈地主张事物常常被某些人认为是好的，另一些人则不以为然。这至多不过是提醒我们，评价问题经常是有争议的。它也大可不必如此表白：它可表明事物仅在某些条件下才被认为或不被认为是好的，即 X 在条件 C_1 下被认为是好的，在条件 C_2 下被认为是不好的。第二种情况下“做出这个认为”的人们，根本无须加入争论。①

同样老生常谈的是，主张关于“什么被认为是好的”的问题可以交给社会科学去处理。“被认为”这个词把**所有**问题都推到了这个方向，因为这个问题就是关于这样那样的人们**持有**的观点的问题，而社会科学能真正地检验出人们是否真的持有如是观点。

当一个相对主义者处理“被认为是好的”，以及处理同样的“被认为是正当的”“被认为证明正当”等时，他完全是在考验我们的耐心。他的观点只在转而处理“好的”“正当的”“证明正当”等时才有点看头。但如所谓的非认知主义理论所言，此时相对主义者完全处于混淆之中。

的确，这种混淆是如此彻底，以至于人们信奉相对主义就无法生存下去。当被问到“什么是好的？什么是正当的？”等此类问题时，一个彻底的相对主义者实际上只会谈“什么被认为是好的？什么被认为是正当的？”等，诸如此类，因而他根本不能承诺任何价值判断。他根本不会参与任何评价问题，而在实践中，没人能如此这般。

我们要记住，对于所谓的非认知主义者来说，相对主义不管混

① 参见本文第 2 节 6.2。——译者注

淆得多么令人吃惊，对社会科学界仍颇具吸引力。社会科学家试图暂时置身事外，不偏不倚地探究人们的评价，并且不涉及评价可能引起的规范问题。因而“**他的**”问题根本不同于他所描述的问题。简言之，“他的问题”是“什么**被认为是**好的”，而他所描述的问题是“什么**是**好的”。这是一个类似于威廉·詹姆斯所称的“心理主义谬误”的错误，然而，他却假设他的问题**并非**根本不同于他所描述的问题。当他屈服于这个有诱惑力的错误时，他可能徘徊于“被认为是好的”和“是好的”之间而不知其过。

因此，在“所谓的非认知主义理论”这些字眼的一个重要意义上，所谓的非认知主义理论既不为通常的相对主义辩护，也不为方法论的相对主义护航。它是对相对主义的**回应**，它能解释——至少能部分地解释——相对主义的错误为什么如此有诱惑力。

摩尔反对伦理自然主义的某些形式的几个论证①

I

在《伦理学》②第三章中，摩尔给出了几个论证，以表明"正确"和"错误"并不仅仅指称使用这些词语者的情感或态度。在稍后几年，他对日常语言的灵活性越来越敏感，而且我怀疑他是否还坚持"正确"和"错误"**从未**被那样使用过。但是，他很可能仍旧会认真地接受这一观点：**即使**有人以那种方式使用这两个词语，他也不是在和伦理学家通常处理的那些问题相关的意义上使用的。我将以这种方式来解释他的这些论证，以使它们能支持他后面的这个论点，我希望确定它们到底能证明到什么程度。

① 选自《事实与价值》第7篇(The Moor's Arguments against Certain Forms of Ethical Naturalism)，冯平、刘冰译。该文首次发表于《摩尔哲学》(*The philosophy of G. E Moore*, ed. Paul Schilpp, Northwest University Press)，1942。——译者注

② [英]摩尔：《伦理学》，威廉斯·诺加特出版社，1912；本文写于摩尔逝世之前。

Ⅱ

以一种更形式化的方式表达这些论证的论点，就形成了下面的定义：

> 定义 1：“X 是正确的”和“我赞成 X”意思相同；
>
> 定义 2：“X 是错误的”和“我不赞成 X”意思相同。① 定义中的“我”可以指称使用被定义项的任何人。这些定义歪曲或忽视了对于规范伦理学而言最重要的意义。

如果摩尔的论证成功地证明了这一论点，那么它们无疑将非常有趣。大概有某种粗略地可理解的意义或者一系列这样的意义，根据这些意义，不仅规范伦理学的专业作家，而且各种各样的“业余伦理学家”都诚挚地试图确定什么是正确的和什么是错误的，而且还与其他人争论这类问题。如果定义能将这些人对“正确的”“错误的”的使用从混乱中解救出来，那么定义将会对他们有所帮助。然而，如果定义使“正确的”“错误的”指称某种非但完全和问题无关，反而还混乱地想当然地被认为是有关的东西，那么定义对于他们来说就是麻烦，就会毫无助益。如果定义 1 和定义 2 就是如此，并且如果它们不断地被引入日常伦理争论之中，那么它们就只会致使人们“改变”他们争论的“主题”，也许是以一种逃避注意的方式改变争论的主题，因为人们将继续使用这些老词。它们也许就是一些“窃取命题”的定义。

当然，这种考虑并非无法回答。一个理论家可能会说，通常人们使用“正确的”和“错误的”的方式是**完全**杂乱无章的，我们永远不可能从日常伦理争论中**打捞出**任何有条理的问题。因此，他也许希望根据定义 1 和定义 2 而**赋予那些**词项以一种意义，他不希望“**忠诚**”于那些日常用法混乱的词项，而希望给人们当头一棒以使他们认识到，如果他们不在他的意义上，或不在与此类似的自然主义的意义上使用这些词项，那么他们讨论的就是一些伪问题。一个行为主义者可能会以同样的方式，根据高级神经系统的过程来定义“灵魂”。他的目的(不管一个人对它的看法如何)大概就是给人们当头一棒使

---

① “赞成”和“不赞成”这些词可用来表明说者**倾向于**现有的一种情感，由此给说者提供了一种真实地讲出他现在赞成还是不赞成的可能，即使他当时没有强烈的直接的情感。摩尔提出这一点和韦斯特马克(Westermarck)有关。

他们相信他，相信“灵魂”要么意味着像他所说的这种东西，要么就得被贴上“混乱”的标签。

有人**也许**会继续这样做，但我属于不想这样做的人。尽管人们使用伦理学术语的方式明显地很混乱，但在检验过所有选择之前就叫喊“完全混乱”，肯定是不明智的。而一开始就假设通常使用的伦理学术语**并非**完全混乱，则是明智的。这个假设会引导我们在它们的使用中**寻找**某些可挽救的元素。只有寻找，我们才能确定这种因素是否存在，它是否就是代表规范伦理学最典型的困难的那个因素。所以让我们假设，至少让我们先假设：伦理学术语并不是完全混乱的；同时让我们进一步假设，**如果**摩尔的论证很好地证明了他的论点，即如果定义 1 和定义 2 歪曲或者忽视了对于讨论道德问题的作家而言最有趣的意义，那么这些定义就是在窃取命题，甚至是在制造更大的混乱，而不是在使所面对的问题更加清晰。

Ⅲ

在基本不改变摩尔原话①力量的前提下，我们可以将第一个论证明确地表述为：

(1)有可能发生这样的情况，一个人 A 赞成 X，而另一个人 B 不赞成 X。

(2)因此，根据上述的定义 1 和定义 2，A 可能会说“X 是正确的”，B 可能会说“X 是错误的”，而这两句话都是实话。②

---

① ［英］摩尔：《伦理学》，威廉斯·诺加特出版社，1912。“如果，任何时候我评价一种行为是否正确，仅仅是在判断我自己对它有特殊的情感，那么很简单，假定我确实有这种情感，那么我的判断为真，因而，这种行为确实是正确的。而且，就此而言，对于我而言是真的，对于其他人也是真的……所以，从这个理论可以严格地推导出，无论什么时候，**无论任何人**对某一行为确实具有一种特殊的情感，这种行为确实是正确的；无论什么时候，**无论任何人**对某一行为确实具有另一种特殊的情感，那种行为确实是错误的。”(91 页)并且，“如果我们考虑第二个事实，好像能清楚地推论出……同一种行为肯定经常是既正确又错误的。第二种事实仅仅是被观察到的事实，而且似乎很难否认，无论我们获得什么样的一对情感或者一种情感，两个不同的人对同一种行为具有相反情感的情况，确有发生”。(93 页)

② 根据通常的逻辑惯例，一个“X”可能不会经历引号之中出现的那种情况。不过，就目前而言，我希望以不同的方式使用“X”。如果读者擦掉“X”这个符号，不管它是否出现在引号之中，并且**始终**用一个特殊行为的某个名称取而代之，并假设这个名称毫无歧义，那么他就会有我想要的那种论点。这一解释有助于说明，当我说“X 是正确的”时说的是实话。我仅仅是想说，那个表达，当它的第一个字母被一个名称所取代时，也许会表明真相。

(3)因此，如果根据定义1和定义2来使用“正确的”和“错误的”，那么X可能同时既为正确的又为错误的。

(4)但是，如果在任何一种典型的伦理学意义上使用“正确的”和“错误的”，那么“X”就不可能既为正确的又为错误的。(对于“验证”①而言，这一点显而易见。)

(5)因此，定义1和定义2归于“正确的”和“错误的”的含义，不是典型的伦理学意义上的含义。

对第一个论证的批评必须注意摩尔能够推导至步骤(3)的方式。他有可能使用合法的假设和有效的逻辑证明，如果根据定义1和定义2使用“正确的”和“错误的”，那么X可以既为正确的又为错误的吗？我们可能会认为这不可能，这完全是因为我们能从定义1和定义2中推出一个相当不同的结论。步骤(3)的最后一部分——

(a)X可以既为正确的又为错误的

根据定义1和定义2(仅通过简单的置换，即通过微不足道的语法变换，我们就可以看到)，它等于

(b)我可以既赞成X又不赞成X。

根据语言得体的要求，可以将后一个句子看作是自相矛盾的。因此定义1和定义2蕴含着可以将(a)看成是自相矛盾的。因此人们可以极力主张：

(3x)如果根据定义1和定义2使用“正确的”和“错误的”，那么X不可能既是正确的又是错误的。

请注意这个结论，它非但不能表明定义1和定义2歪曲日常用法的方式，反而表明了它们忠于日常用法的方式。请进一步注意，如果我们既接受(3x)又接受摩尔的(3)，那么我们就不得不得出结论说，定义1和定义2隐含着X既可能又不可能既为正确的又为错误的这种自相矛盾。现在不管定义1和定义2是否歪曲了日常用法，很显然，这种合法的定义包含着如此明显的自相矛盾，简直令人难以置信。因此，如果我们接受了(3x)的这个推导，我们就有理由猜想摩尔步骤(3)的推导存在着某些错误。

当然，人们**无须**坚持(b)是自相矛盾的，而且既然我们习惯于努力使我们的言说前后一致，那么我们就可能被引导做出更宽容的解释。我们可能会将“我既可以赞成X的某些方面，又可以不赞成X的其他方面”这种表述，视为一种荒谬的说法；或许我们可能将“我

---

 ① [英]摩尔：《伦理学》，86—96页，威廉斯·诺加特出版社，1912。

的某些冲动致使我赞成 X，而我的其他冲动致使我不赞成 X”视为一种荒谬的说法，一种对可能的态度冲突的证明。但如果我们愿意对(b)做出一种更宽容的解释的话，我们就不能对(a)和对论证中的问题(4)也做出一种更宽容的解释吗？摩尔显然没有提到是否有理由反对这一点。在任何情况下，肯定有一种方法，一种语言学上适宜的方法将(b)解释为自相矛盾的。因此对于定义的一种使用而言，定义 1 和定义 2 并没有被显示为歪曲了日常用法。这个定义也许仍然是值得反对的，但是无论如何，摩尔的第一个论证都没有表明它们是值得反对的。

弄清摩尔的推论(3)(用我自己关于摩尔第一个论证的说法，但我相信这个说法是忠于作者原意的)错在何处是非常有趣的。摩尔的这一步似乎出自(2)，而(2)完全正确；于是似乎只是因为代词[1]的混乱才导致了这个推论。(2)表明，“根据定义 1 和定义 2，A 会说‘X 是正确的’，B 会说‘X 是错误的’，而两个人说的都是实话”。在(2)中“正确的”和“错误的”这两个词出现在直接引语中。因此，根据定义 1 和定义 2，“我”在伦理学术语的使用中是隐含的，可以恰当地认为它指称的既不是摩尔也不是任何一个说者，而是那些人，这些人关于“X 是正确的”或“或 X 是错误的”的判断被引用了。隐含在“X 是正确的”中的“我”指称 A，而隐含在“X 是错误的”中的“我”指称 B。而(3)可以缩写为：“根据定义 1 和定义 2，X 可以既是正确的又是错误的。”在(3)中，“正确的”和“错误的”这些词并不是被摩尔当作被某人用过而引用的。因此，我们根据定义 1 和定义 2 就推导出这样的结果：伦理学术语指称使用这两个词言说的人(这与引用别人如何使用这两个词的那个人是不同的人)，在(3)中隐含的这个“我”首先指的不是 A，其次指的也不是 B，而指的是摩尔，或任何一个说“X 可能既是正确的又是错误的”的那个人。简要地说，在(2)被引用的“我……”中所隐含的那个“我”，和(3)未被引用的“我……”中所隐含的“我”并非同一个人。但是，通过假定他们是同一个人，摩尔就使他论证中这一不合理的一步看似合理了。

用其他方式表述这一点会更好。它似乎是这样的：

(a1)如果 A 说的“X 是正确的”为真，那么 X 是正确的。

并且

① 这种混乱常常伴随着纳尔逊·古德曼(Nelson Goodman)所称的“指示性词语”的使用而出现。我对摩尔第一个论证的批评，在很大程度上是把古德曼的成果应用到具体情况中。

(a2)如果B说的“X是错误的”为真，那么X是错误的。

如果(a1)和(a2)都为真，而且**如果**它们的前提也都为真，那么它们的结论也都为真。而这一点肯定为真。因此，如果定义1和定义2使人有权利接受(a1)和(a2)，并且有权利将它们前提的合取视为可能的，那么它就使人有权利接受它们结论的合取是可能的，或者换言之，即有权利断言X可以既为正确的又为错误的。这似乎就是摩尔通过(3)部分要坚持的观点。但不幸的是，对于摩尔的论证来说，定义1和定义2**既不能**给人以权利接受(a1)，**也不能**给人以权利接受(a2)。因为根据定义1，(a1)似乎是，

如果A说的“我赞成X”为真，那么我赞成X。

而根据定义2，(a2)似乎是，

如果B说的“我不赞成X”为真，那么我不赞成X。

只要每一个前提中所引用的“我……”和结论中未被引用的“我……”指称不同，上面两个句子就没有一个为真。在摩尔的论证中不言而喻地预设了从步骤(2)到步骤(3)得出(a1)和(a2)，但似乎未能说明定义1和定义2所推导的东西对于日常用法而言是荒谬的。在说明所谓的荒谬的过程中，他不知不觉地否认了这些关于(a1)和(a2)虚假性定义的蕴含，因此，实际上，他就**否决**了**在**试图说明**接受**它们所意味的荒谬性这个论证过程中的那些定义。

如果定义1和定义2已经分别标明：

“X是正确的”与“**某人**赞成X”意思相同。

“X是错误的”与“**某人**不赞成X”意思相同。

并且这两种情况下的“某人”可以是不同的人，那么摩尔就有权到达步骤(3)，而且只要承认了(4)，那么他的论证在说明**这些**自然主义的定义歪曲了日常用法方面就是正确的。但仅说明了那一点，他还未触及比定义1和定义2实际所提供的要有趣得多的定义。

我们必须承认摩尔论证中的步骤(2)为真。根据定义1和定义2，A可以说“X是正确的”，而B可以说“X是错误的”，并且他们两个人说的可能都是真话。而摩尔可以**用不同的**方式从那一点继续往前推论，以说明这些定义违反了日常伦理用法。但是我认为另外只有一种方式是看似合理的，这就是摩尔自己在他的第三个论证中所展开的那种方式，就像这里所列出的一样，而且我们必须在它合适的位置讨论这种方式。

Ⅳ

第二个论证也不是摩尔的原话[①]，但毫无疑问是忠于它们的原意的。这一论证可表述为：

(1)如果 A 说“我现在赞成 X，但先前我不赞成 X”，他可能说的是实话。

(2)因此，根据定义 1 和定义 2，如果 A 说“X 现在是正确的，但它先前是错误的”，他可能说的是实话。

(3)但是在“正确的”和“错误的”这两个词的任何一种典型的伦理学意义上，当 A 说“X 现在是正确的，但 X 先前是错误的”时，他都**没有**说实话。如果在每一个句子中“X”指称**同一类**行为中的**不同**行为，那么他说的可能就是实话了，因为现在的“X”和先前的“X”也许具有不同的结果；但是如果“X”在此指的就是同一个行为(就像这里想做的那样)，那么在这个词项的任何一种日常用法的意义上，这句话都是自相矛盾的(这对于“验证”而言是不言自明的)。

(4)因此，归于定义 1 和定义 2 的“正确的”和“错误的”的含义，根本不是典型伦理学意义上的。

对于第二个论证的批评必须注意步骤(2)的推导。根据定义 1 和定义 2，它似乎可以完全从(1)中推导出来。但事实上，它还需要“推断”，也就是说，需要定义 1 和定义 2 的推断，即：

定义 1 的推断：“X(先前)是正确的”和“我(先前)赞成 X”意思相同。

定义 2 的推断：“X(先前)是错误的”和“我(先前)不赞成 X”意思相同。

这些推断与定义 1 和定义 2 的区别，纯粹在于被定义词项和定义词项的时间性指称都是从现在到过去。[②] 非常明显(2)从(1)中推出，假设接受了定义 1 和定义 2 具有上述“推断”，那么，因为我接受了论证的其余部分——尽管对(3)有些犹豫——所以我就接受了这

---

① [英]摩尔：《伦理学》，97 页，威廉斯·诺加特出版社，1912：“一个人先前所……不赞成的一个行动(一个人)，现在他可能……赞成，反之亦然。由于这一原因，和不同人的不同情感的情况不同，根据我们的理论(也就是，现在正讨论的论证中那个被批评的定义)，我们将不得不承认，一种**曾**是正确的行为**现在**常常是真的，尽管同一种**曾**是错误的行为在先前曾是真的。”

② 实际上，从(1)推到(2)只需要定义 2 与定义 1；但是我也列出了定义 1 的推断，这纯粹是因为论证很容易以需要它的方式而彻底改动。

个论证。但是，只有在下述条件下我才这样做，即推断 1 和推断 2 必须被理解为是隐含在定义 1 和定义 2 中的。

现在，当然再自然不过的事情，就是假设定义 1 和定义 2 **确实**隐含推断 1 和推断 2。但是有一种可能性相当有趣，即有人也许坚持“正确的”和“错误的”总是指称说者**在使用这个词语时**所具有的态度。包含这些**词**的句子中的任何时间性指称，也许总是被认为指称被称作“正确的”或“错误的”的行为**发生**的那个时间，而不是这一行为**被赞同**的那个时间。以下定义可以证明这种观点，它们是定义 1 和定义 2 的修订版。

定义 3：“X 是(现在是，曾是，将来是，本该是，等等)正确的”和“我赞成 X”意思相同。这种赞成发生在现在(发生在过去，发生在将来，本应发生等)。

定义 4：“X 是(现在是，曾是，将来是，本该是，等等)错误的”和“我不赞成 X”意思相同。这种不赞成发生在现在(发生在过去，发生在将来，本应发生等)。

请注意，通过这些定义，除非用像“我曾感到 X 是正确的”这样的习惯用语，否则任何人都不能用“正确的”去说任何等于“我**曾**赞成 X”的话。

很容易明白这一点，即如果用指称定义 3 和定义 4 取代指称定义 1 和定义 2 的方式重写第二个论证，那么这个论证就不再有效。(2)不能再从(1)中推导出来，因为这个句子：“X(现在)是正确的，但是 X 先前是错误的”，根据定义 3 和定义 4 可以直接等于：“我现在赞成 X，这种赞成(现在)正在发生，但是我现在不赞成 X，这种不赞成发生于先前。”无论是由于所断言的态度前后矛盾，还是由于让 X 指称相同行为①的不可能性，后一个句子都不可能为真。因此，和后一个句子等同的前一个句子也不可能为真。但是根据(2)，在重写的论证中，前一个句子**可能**为真，因为(2)可以理解为：根据定义 3 和定义 4，如果 A 说“X 现在是正确的，但 X 先前是错误的”，A 也许在说实话。因此错误的(2)，不可能从合法的前提(1)中推论出来；而论证的其余部分则随着(2)的崩溃而崩溃。

相应的，尽管摩尔的第二个论证不赞成定义 1 和定义 2，倘若他做出了包含时间性指称的某种相当自然的假设，那么该假设就和明

---

① 我在假设(至少有句俗语允许我这么做)，言说此陈述所需的时间不足以阻止“诸多现在”指称所有相同的时间，也不足以证明从“is”(现在是)到“was”(先前是)的转换是合理的。

确排除了这种假设的定义3、定义4不相抵触了。既然摩尔认为他的论证不赞成任何使“正确的”和“错误的”纯粹指称说者态度的定义，那么很明显他就是要求论证具有它自身不具有的价值。

当定义3和定义4保持不变时，我不想为之辩护；与摩尔的理由不同，我认为它们是令人误解的，而且容易使人们忽视伦理学的核心问题。但是我愿意从**摩尔的**反对理由出发为这些定义进行辩护。这么做可以使我自由地（否则就不自由）用非常简单的方式修正这些定义，而根本不用提及非自然性质，并且因此而使它们呈现**一种**意义（非常接近日常使用允许的那种含糊性），至少我认为这是一种典型的伦理学意义。这一点稍后再解释。

定义3和定义4有一个非常奇怪的逻辑结论，通过摩尔的第二个论证，这个逻辑结论好像使我们更有道理质疑这些定义的一成不变的常规。如果A在时间1说：

(a)X是(is)正确的，

而在时间2说：

(b)X是(was)错误的，

那么他的第二句话和第一句话**并不矛盾**。因为根据定义3和定义4，(a)(b)将变成：

(aa)我现在赞成A，赞成这件事现在正在发生。

(bb)我现在不赞成X，不赞成这件事发生在过去。

如果A是在不同时间说这两句话的，即他是在时间1和时间2分别说的这两句话，那么这两句话就是相容的。因为(aa)中的“现在”和(bb)中的“现在”所指的不是同一时间。并且在两句话中“X”也许指称（必须考虑到兴趣）的就是同一个行为，因为从句(aa)中的“正在发生”到句(bb)中的“过去在发生”只是证明了A说(aa)的时间1早于A说(bb)的时间2。因此，既然A在时间1说的(aa)可以和A在时间2说的(bb)相容，那么根据定义3和定义4，A在时间1说的(a)也可以和A在时间2说的(b)相容。而且，**即使**在任何说话环境中，(a)和(b)都不相容，只要“正确的”和“错误的”是在任何典型的伦理学意义上使用的，那么我们**将**推出定义3和定义4不具有任何典型的伦理学意义的结论。但是，以所提到的方式表达的(a)和(b)，难道不是明显不相容吗？我对这个问题的“验证”可能不如摩尔的具有决定性；但是，在我们讨论过第三个论证之后，进一步讨论这一点会更容易些，现在我们就转到第三个论证。

V

第三个论证[①]可以表述如下：

(1)如果 A 说"我赞成 X"，而 B 说"我不赞成 X"，那么他们的陈述在逻辑上是相容的。

(2)因此，根据定义 3 和定义 4[②]，如果 A 说"X 是正确的"，而 B 说"X 是错误的"，那么他们的陈述在逻辑上是相容的。

(3)因此，根据定义 3 和定义 4，如果 A 说"X 是正确的"，而 B 说"X 是错误的"，就这些陈述所显示的而言，A 和 B 在意见上**没有**不同。

(4)但是，如果 A 说"X 是正确的"，而 B 说"X 是错误的"，那么，就这些陈述所显示的而言，在任何典型术语的意义上，他们的意见**确实**不同。

(5)因此，定义 3 和定义 4 没有给予它们所定义的词项以任何典型的伦理学意义。

对论证三的批评，必须要注意从(2)到(3)的推导，以及(4)的真实性。无疑摩尔是通过这一假设来证明从(2)到(3)的推导是正确的：(a)当 A 和 B 各自做出一个伦理陈述时，就这些陈述所显示的而言，只有他们的陈述在逻辑上不相容时，他们才有意见上的分歧。

无疑，如果采用另一种方式将"A 和 B 意见不同"表述为"A 和 B 都相信，如果他们拘泥于文字地表达自己的看法，那么这将使他们做出不相容的陈述"，那么上述的(a)就是真的。让我们假设摩尔希望在这个意义上理解"意见不同"，而且假设他因此使论证有权凭借(a)从(2)推导出(3)。在这种情况下，为了使论证有效，我们必须假设论证中的(4)是在这同一种意义上使用"意见不同"的。而我的批评

---

① 摩尔的《伦理学》(1912)，100—110 页，即"如果，当一个人说'这种行为是正确的'，而另一人说'不，它是错误的'时，他们每个人都始终只是在断言**他们自己**的情感。因此很简单地就可以得出：他们之间实际上根本没有意见分歧，他们中的任何一个人的断言都绝不会真正同另一个人的断言矛盾。这不会比一个人说'我喜欢糖'，而另一个人说'我**不**喜欢糖'更矛盾……并且可以肯定，它(所考虑的这种分析类型)包含着：这种结论足以宣告它不适用"。

② 事实上，只有定义 3 应该被提及，因为论证中并没有使用定义 4 所界定的"错误"一词。但是我还是提到了定义 4，这纯粹是因为，如果用"错误"取代"正确"，那么论证就可以非常容易地被重写，而毫不影响它的有效性或无效性。也涉及了定义 1 和定义 2，因为论证(如果它从根本上成立的话)会反对任何使伦理学术语仅指称说者自身的态度的定义。

的有效性在于：这样解释(4)绝不是显而易见的。

我同意有一点**是**很明显的，即当A和B在任何典型的伦理学意义上分别断言“X是正确的”和“X是错误的”时，在**某种**意义上他们是不一致的或者是有分歧的。但是我不同意，在那种情况下，所谓A和B“意见不同”一定是在我们假设摩尔想要使用这一短语的意义上而言的。我认为，摩尔之所以被错误地导向断言(4)，纯粹是因为，他过于强调伦理语言的认知方面，因而不能理解，在没有上面所定义的狭隘意义的意见不同的情况下，人们怎么可能在任何意义上意见不同或者有分歧。

当A和B分别断言“X是正确的”以及“X是错误的”时，他们显然确实“有分歧”，我将通过“态度分歧”这个短语来保持这里“分歧”的含义。当A和B对某物具有相反的态度时，我们说他们态度上有分歧，而且至少其中一人试图改变另一人的态度。我已经在其他地方论证，这种意义上的分歧在伦理学讨论中非常典型，因此对于这一点我在此将不再展开。① 我只指出态度分歧通常导致**争论**这一点就足够了，在争论中每个人都表达这种信念，如果对手接受的话，那么在争论结束时其中的人就会使对手具有不同的态度。态度通常是信念的函数，因此我们通常表达信念以希望改变态度。摩尔可能混淆了态度分歧与“意见分歧”，而这一混淆导致他做出断言(4)。

当然，“意见分歧”**可能**被理解为和“态度分歧”意思相同；但是如果摩尔也这么认为，他就没有权利从(2)推出(3)，而且即使(4)为真，论证三依然不成立。

请注意，当人们态度有分歧时，任何人都不一定对他自己的态度或其他人的态度有错误的信念。如果A说“X是正确的”，而B说“X是错误的”，而且他们两人都接受定义3，那么很有可能A和B**都**知道A赞成X而B不赞成X。他们很可能依然有态度分歧。他们彼此不是向对方描述态度，用弗兰克·拉姆齐的话说，不是“内省观念的比较”。没有人专门对其他人**现在**态度的**真实性**感兴趣。人们更想做的是**改变**对方的兴趣，希望他们彼此的态度稍后会相同。如果他们想表明态度分歧，那么他们的伦理判断就不必在逻辑上不相容。

因此，假设一个人有一种内省的感觉，假设那些关于正确的和错误的词语的看似不相容的判断事实上确实不相容，那么这种感觉仅能证明这些判断存在着态度分歧，而不能证明这些判断在逻辑上

① 论文2(伦理术语的情感意义)，及论文1(伦理分歧的性质)，括号内为译者注。本书未摘选论文1。——编者注

不相容。或者，倒不如说，也许具有态度分歧的人确实经常对态度对象的结果做出不相容的判断，等等。在他们争论的过程中，他们会使一个人毫无根据地感到，典型意义上的任何伦理判断本身都必定是不相容的。在我看来，事实上伦理学术语的使用非常模糊，以至于人们至今**尚未确定**A说的“X是正确的”和B说的“X是错误的”究竟是相容的还是不相容的，诸位也无法确定。似乎A和B已经确定了这一点。所以，只要我们忠实于伦理学争论通常提出的这些问题，**我们**就能以任何一种我们喜欢的方式确定这一点。在某些(尽管不是所有)表述情境中，我们会做出不相容的判断。我已经在前文“劝导性定义”中讨论过这一点，由于时间关系在此只能说，可以用免遭摩尔反对的方式展开这一过程。同时，我们可以使A和B各自表达的判断在逻辑上相容，正如定义3和定义4所做的那样。我认为，这两种选择都会为伦理学术语提出在日常生活中伦理争论经常提出的问题提供可能，尽管它们当然不会允许以某些哲学家可能想用的那种方式使用这些术语，因为那些哲学家在使用这些术语时是混乱的。当然，在最后一点上，我既不能伪称超人的确定性，也不能在这里随心所欲地详说；但我希望，我已经充分说明了，定义3和定义4提出了一些替代摩尔非自然性质的认真的可供选择的办法。

不过，我必须补充，定义3和定义4的误导性在于，它们没有恰当地表明态度分歧。它们过分地暗示了一种纯粹的“内省观念的比较”。但我们可以根据定义3和定义4以一种非常简单的方式来补救这一点，就像我在“4”的末尾所许诺的那样。“正确的”“错误的”以及所有其他伦理学术语，都具有比任何纯粹的心理学术语更强烈的情感意义。不是要通过定义3和定义4维护这种情感意义，而是必须要分别论及这种情感意义。这种情感意义使伦理判断能被用于改变听者的态度，而且有助于包含态度分歧的论证。所以，在我看来，定义3和定义4可以免遭摩尔所有反对意见的诘难。

“4”的末尾有令人困惑的考虑，即根据定义3和定义4，A在时间1所说的“X是正确的”与A在时间2所说的“X是错误的”在逻辑上相容这一点，现在可以得到解释。显然，在任何典型意义上，这些陈述都是以某种方式“相反对的”。但我认为，在日常用法的模糊范围内，在表达情境中，可以认为这些陈述在逻辑上是相容的，正如指称情感意义所限定的定义3和定义4会隐含的那样。它们**看似**不相容是源于这一事实，即判断施加了不同类型的情感**影响**，即在时间 2 做出的判断，摧毁了在时间 1 做出的判断的效果。比如，如果 A 在时间 1 做出的判断使 B 同意了 A 的态度，而且如果 B 随后没有改变他的态度，那么 B 会发现自己与在时间 2 的 A 有态度分歧。所以，以粗略但可以理解的方式说，B 可能鼓动 A 重新回到他先前的“意见”。但是，我们无须坚持说，这种现成的说话方式断言，A 在时间 1 的陈述和他在时间 2 的陈述在逻辑上是不相容的。难道这不可以看作 A 已经有了一种态度并且想要施加一种影响，而这与他先前的态度和想要施加的影响是相反对的吗？

Ⅵ

现在显而易见，我所批评的任何一个论证都不是不容反驳的。摩尔的论证**方法**，就如我对它自由地加以解释的那样，是非常有用的。它包括从一个被设定的定义中得出结论，并表明，根据被定义词语的**通常**用法，这些结论是“古怪的”。这种“古怪”启发性地提出了被预设的定义是否窃取论题的问题。尽管这个方法很有用，但它很可能被误用。它的误用既可能发生在从一个被设定的定义中得出结论的过程中，也可能发生在判断这些结论是否表明被预设的定义可能窃取了论题的方面。我认为摩尔在这两种情况下都完全误用了这个方法。

尽管摩尔的论证并没有像他所预料的那样(至少，像他写《伦理学》时所预料的那样)说明问题，但它绝不是无用的。我希望他对《伦理学原理》的大多否定，不会被那些漫不经心的批评理解成摩尔的伦理学著作是徒劳无功的。不管摩尔自己在多大程度上被语言所误导，他对语言缺陷的敏感，都要比他的许多自然主义对手强得多，而且他的一些论证有助于人们意识到语言的缺陷。在第二个和第三个论证中，我们发现不可能不加限制地接受定义 1 和定义 2。一定要明确地认识到伦理判断中时态混淆的特点、态度的分歧及伦理判断的情感意义。而自然主义的分析很容易忽略这些东西。当摩尔写这些时它们确实完全被忽略了，论证二和论证三有助于揭示自然主义分析的这种感觉迟钝。

为了避免我自己被指责为语言学感觉迟钝，我希望强调定义 3 和定义 4 需要比我已经给出的限制有更进一步的限制。我们可以用很多方式定义“正确”和“错误”(它们尤其模糊和灵活)，尤其是在我们称为“日常用法”的混浊的连续体限度内。没有**一种**定义能处理它们多变的用法；可能也没有一份定义**清单**(无论这份清单有多长)是令人满意的。人们所能做的一切就是给出"样本"定义，再就是希望通过越来越充分地理解日常语言的灵活性(正像理查德经常规劝的那样)来避免混淆。

"正确的"和"错误的"特别容易随语境的不同而改变意义。比如，我们问某人一个**问题**："X是正确的吗?"我们通常不是希望听者告诉我们，**我们**现在是否赞成X(就像定义3和定义4易于暗示的那样)。我们可能更希望听者说，**他**是否赞成X，并且是否影响我们接下来的赞成。或者，我们也许希望了解其他人对X的态度，等等。或者，如果我们一开始就知道听者赞成X，那么我们就会用"X是正确的吗?"这个问题旁敲侧击地说其实X是错误的，并以此表明我们和听者态度上有分歧，这种分歧稍后可能会导致争论，在这一争论中，许多信念会以一种能够致使(作为一种心理学事实问题)我们自己或我们的对手改变态度的方式表达。或者，如果一个人"想要确定"X是否正确，那么他通常不会仅仅描述他现在的态度。这种确定通常是通过态度的冲突而施加于他的，并且是在他努力解决这个冲突的过程中产生的。它会引入对先例的事实性考虑、对社会态度的考虑，以及对X的本质和结果的考虑，等等，这一切会决定他随后是否能获得一种赞成X的心理状态，同时所有相反的冲动都被压抑了或者改变了方向。这些就是以不同方式使用"正确"的一些例子，这种方式或多或少偏离了定义3所暗示的方式。这些只是诸多例子中的一部分，大量的例子都表明，必须将定义3和定义4看作只是定义"样本"。

Ⅶ

尽管定义3和定义4只是"样本"定义，它们只有在涉及情感意义时才有效，但是对于许多目的而言它们都是非常有趣的样本。在这篇论文的最后一部分，我希望表明它们的逻辑推论也许可以解释摩尔自己的某些结论。

根据《伦理学原理》中的一些类似的话，我们判断摩尔很可能会否认，"如果我现在赞成X，X就是正确的"这句话就词语的一般含义而言，是一个分析陈述。根据定义3，这句话是分析的；而且我准备接受那个推论，同时坚持**如果**定义3只有涉及情感意义才有效的话，那么它就会像界定含糊的日常术语的那些精确定义所能做的一样拘泥于俗套。不过，我不同意的是，这个陈述像大多数分析陈述一样是**微不足道**的。在上面这个陈述中，倘若说者赞成X的话，那么“正确的”这个词的情感意义可以用于劝导**听者**赞成X。即使它是分析的，任何不希望被这样影响的听者也会因此而反对这个陈述。尽管这个陈述在认知方面无足轻重，但在影响态度方面绝非无关紧要；正因如此，人们常常不愿做这种陈述，我自己就是如此。很多时候，我和所有人一样，都希望劝导别人拥有和我们同样的态度；但是在任何情况下几乎没人愿意那样做，或者在我们肯定而不是假设自己采取什么态度之前，就好像期望听者与我们态度一致那样行动。正因如此，人们很少做出上述陈述。这不是摩尔做出的结论，但是我认为它能解释摩尔（他有意识地只注意语言的认知性方面）为什么会强调这些判断（并非无关紧要）不可能是分析陈述。

在《伦理学》中，摩尔做出了一些透彻的论述。摩尔以一种明显赞同的口吻提到一些理论家，那些人“假定一种行为**是**否正确这个问题，不可能完全通过表明任何一个人或者任何一些人对它具有某种情感而得到解决。他们会承认人们的情感可以通过各种不同的方式影响这个问题；但是他们会说，某个特定的人或某类特定的人具有某种特定的感觉这一纯粹的事实**本身**，绝不能充分地说明一种行为是正确的还是错误的”①。我完全同意这一点，事实上，倘若定义3和定义4仅涉及态度分歧和情感意义的话，那么这一点就隐含在这些定义中。当A坚持“X是正确的”，而B坚持“X是错误的”时，解决“什么是正确的”（在这一语境中），大概就是在解决A和B之间可能存在的分歧。这种分歧是**态度**分歧，而且只有当A和B开始有了相似的态度时，这种分歧才能解决。如果有人偏袒A或偏袒B，那么要想停止争论，也必须是这些人最后有了类似的态度才行。人们不可能期望只要指出一个人或一类人实际赞成什么，就能导致态度一致。正如摩尔所说的，这样一个程序“以不同的方式影响着问题”，但是了解一个人赞成什么，**也许**完全不能改变其他人的赞成。如果改变信念可以改变赞成，那么我们就必须利用所有种类的信念。事实上，一个人必须利用各种科学；因为所有不同种类的信念能共同作用以促使态度的改变；但是即使如此，我们也不能保证一个人能成功地通过改变信念这种方式来改变态度。正因为如此，要支持一种伦理判断才如此艰难。支持伦理判断绝非仅仅是证明它们的真理性，比如，绝不能仅仅通过改变

---

① 翻译时为了句子的完整，删掉了其中容易引起误读的省略号。——译者注

信念，就加强伦理判断所施加的影响。我同意上面所引的摩尔的那些话，但是很明显，我的理由和摩尔的理由很不同。

我希望解释，尽管一种分析遵循定义 3 和定义 4 的路线，涉及情感意义和态度的分歧，但作为摩尔非自然主义观点的另一种供选择的解决办法，并没有断然反驳这一观点，即断然反驳无论是直接的还是间接的，“正确”都与非自然主义的性质有关。我不知道摩尔现在会对“正确的”说些什么，但是这里不拒斥情感意义或态度分歧，他**也许就会**说，“X 是正确的”有时意味着 X 具有某种性质，或者 X 和其他具有某种性质的某物相关，这种性质是科学手段无法发现的。因此，摩尔可能会承认“正确的”具有一种情感意义，但是，它绝对标明了这种性质。如果假设这种性质是一种能引起赞成的性质，那么这种性质的名称就会戴上赞美性的光环；而且就会承认人们关于“什么是正确的”是一种态度分歧，但这纯粹是因为他们赞成或不赞成某物，取决于他们相信或不相信这种性质是以某种方式和这一事物相联系的。如果摩尔坚持这一点，而且如果他实际上确信他是在经验中或在“直觉”中与这种性质不期而遇的，并且如果他肯定这种性质是非自然主义的，那么我不能妄称我在这里所说的任何一句话都能说服他相信相反的东西，即使我私下怀疑他在以常识的名义苦心孤诣地构造深奥微妙的幻象。不过，我确实坚信，如果摩尔赞成这种观点，那么他一定会以一种更实证的方式为之辩护。他不可能把它当作表明自然主义弱点的唯一选择。他与之战斗的那种自然主义，忽视了态度的分歧和情感性意义，确实需要另一种供选择的解决办法；但是除非能找到新的相反的论证，否则这种供选择的解决办法就只能沿着我在此建议的路线发展下去。①

还必须再补充一点，现在这种供选择的解决办法，绝不是叫喊伦理判断代表了一种“完全混乱”。把一种部分是情感的意义归于判断，绝不意味着这个判断是混乱的。当情感意义被看作是其所不是时，它确实是一种混乱；但如果情感意义被看作是其所是时，它依然是伦理判断明显具有的意义中的明确的一部分。这类分析也绝不蕴含伦理问题是“伪”问题这种古怪的观点。源于态度分歧的问题绝

---

① 与我在此所辩护的非常近似的分析，请参见艾耶尔的《语言、真理与逻辑》(1948)第 6 章；伯兰特·罗素的《宗教与科学》(1935)第 9 章；巴恩斯的《关于价值的建议》(《分析》1934 年第 1 期)；布劳德的《“善”是单名、一种非自然性质吗?》(《亚里士多德学会学报》1933—1934，致 Duncan-Jones)，以及卡尔纳普的《哲学和逻辑句法》(1935)第 4 部分。

不是伪问题，而是我们倾注全力要解决的问题。我们任何一个人都不是与世隔绝的，我们不可能在考虑其他人有分歧的观点时，感到不可遏制地想偏袒一方，不希望其中一方的态度能胜过另一方。我们任何一个人在**所有**问题上都不是“孤立主义者”，这纯粹是因为其他人的所作所为，其他人对做什么的赞成，是如此经常地与我们息息相关。在此，我暂时悬置对道德问题的偏袒；但这只是为了把我对道德判断的**分析**与我施加道德影响的努力区分开。这两者暂时的分离，绝不意味着(通常也没必要坚持)我认为伦理问题是伪问题，也不意味着我(总体上自相矛盾地)主张讨论“什么是正确的”或“什么是错误的”这件事情是错误的。

图书在版编目(CIP)数据

史蒂文森卷/姚新中，张燕主编. —北京：北京师范大学出版社，2024.5

（现代西方价值哲学经典）

ISBN 978-7-303-28661-4

Ⅰ. ①史… Ⅱ. ①姚… ②张… Ⅲ. ①价值(哲学) Ⅳ. ①B018

中国版本图书馆 CIP 数据核字(2023)第 018572 号

营 销 中 心 电 话 010-58805385
北 京 师 范 大 学 出 版 社
主题出版与重大项目策划部

出版发行：北京师范大学出版社 www. bnupg. com
北京市西城区新街口外大街 12-3 号
邮政编码：100088

印　　刷：北京盛通印刷股份有限公司
经　　销：全国新华书店
开　　本：710 mm×980 mm 1/16
印　　张：22.75
字　　数：382 千字
版　　次：2024 年 5 月第 1 版
印　　次：2024 年 5 月第 1 次印刷
定　　价：128.00 元

策划编辑：祁传华　　责任编辑：张　爽
美术编辑：王齐云　　装帧设计：王齐云
责任校对：陈　民　　责任印制：马　洁　赵　龙

版权所有　侵权必究

反盗版、侵权举报电话： 010-58800697

北京读者服务部电话：010-58808104

外埠邮购电话：010-58808083

本书如有印装质量问题，请与印制管理部联系调换。

印制管理部电话：010-58804922